세상의 속도를
따라잡고 싶다면

Do it!

JAVA 8 & 14 최신 반영

전면 개정판

내 손으로 직접 코딩하며 확인한다!

자료구조와 함께 배우는
알고리즘 입문

자바 편

217개 도해, 102개 실습 예제, 84개 연습 문제로 완벽하게 이해!

일본 공학교육협회 저작상 수상 저자!
Boh Yoh Shibata 지음 | 강민 옮김

이지스퍼블리싱

세상의 속도를 따라잡고 싶다면 **Do it!**
변화의 속도를 즐기게 됩니다.

Do it!
자료구조와 함께 배우는 **알고리즘 입문** — **자바 편** 전면 개정판

개정 1판 발행 • 2022년 4월 25일
개정 1판 4쇄 • 2024년 4월 20일

초판 발행 • 2018년 5월 15일
초판 7쇄 • 2021년 6월 18일

지은이 • 시바타 보요(柴田望洋)
옮긴이 • 강민
펴낸이 • 이지연
펴낸곳 • 이지스퍼블리싱(주)
출판사 등록번호 • 제313-2010-123호
주소 • 서울특별시 마포구 잔다리로 109 이지스빌딩 4층(우편번호 04003)
대표전화 • 02-325-1722 | **팩스** • 02-326-1723
홈페이지 • www.easyspub.co.kr | **페이스북** • www.facebook.com/easyspub
Do it! 스터디룸 카페 • cafe.naver.com/doitstudyroom | **인스타그램** • instagram.com/easyspub_it

총괄 • 최윤미 | **기획 및 책임편집** • 김은숙 | **IT 2팀** • 한승우, 신지윤, 이소연 | **베타테스터** • 송혁중, 채희선, 최인주
교정교열 • 이희숙, 박명희 | **표지 및 본문 디자인** • 트인글터 | **인쇄** • 보광문화사
마케팅 • 박정현, 한송이, 이나리 | **독자지원** • 박애림, 오경신
영업 및 교재 문의 • 이주동, 김요한(support@easyspub.co.kr)

ISBN 979-11-6303-348-6 13000
가격 22,000원

프로그램을 프로그램답게!
개발자의 '내공'을 알아서 쌓아 주는 책

프로그램을 작성할 때 여러분은 어떤 고민을 하나요?

- 여러 값 가운데 특정한 값을 찾고 싶어요.
- 불규칙하게 나열되어 있는 값을 오름차순이나 내림차순으로 정리하고 싶어요.
- 데이터를 알파벳 순서대로 저장하고 싶어요.

새롭게 단장한 《Do it! 자료구조와 함께 배우는 알고리즘 입문 - 자바 편(전면 개정판)》은 이런 요구 사항을 스스로 해결할 힘을 키울 수 있도록 최대한 배려했습니다. 기본 알고리즘과 자료구조부터 원하는 데이터를 찾아내는 '검색 알고리즘', 데이터를 특정 순서로 줄 세우는 '정렬 알고리즘' 그리고 '스택', '큐', '재귀 알고리즘', '선형 리스트', '이진검색트리' 등을 살펴보고, 각 알고리즘에서 사용하는 자료구조를 자바로 실습할 수 있도록 구성했습니다.

알고리즘과 자료구조는 이미지나 도해와 함께 공부하면 더욱 쉽게 이해할 수 있습니다. 그래서 알고리즘, 자료구조를 한눈에 익힐 수 있도록 도해와 도표 217개를 함께 수록했습니다. 또한 개념을 설명한 후에는 관련된 프로그램을 제공하여 바로 체화하는 실습으로 구성했습니다. 이렇게 본문과 도해로 공부하고 나서 실습 예제 102개를 그대로 따라 하다 보면 알고리즘과 자료구조의 기초는 물론이고 어느새 자바를 다루는 능력 또한 향상된 자신을 발견할 것입니다.

여기서 한 걸음 더 나아가고 싶은 독자를 위해 실습 예제로 익힌 내용을 바탕으로 풀 수 있는 연습 문제 84개를 준비했습니다. 연습 문제는 대부분 배운 내용을 응용하거나 앞에서 직접 작성한 프로그램을 수정해야 해서 처음에는 쉽게 풀리지 않을 것입니다. 하지만 과감히 도전하고 하나씩 해결해 나간다면 공부한 내용을 좀 더 깊게 이해할 수 있고 실력을 더 높일 수 있습니다.

이 책을 통해 알고리즘과 자료구조의 기초 지식은 물론, 이를 이용한 프로그래밍 기술을 정확하고 빠르게 습득하기를 기원합니다.

시바타 보요(BohYoh Shibata)

IT 기업은 물론 모든 시험에서 기초가 되는
자료구조와 알고리즘을 모두 담았다!

자료구조와 알고리즘은 함께 배우는 것이 효율적입니다!

프로그램은 컴퓨터에게 일을 하라고 지시하는 명령의 모임입니다. 컴퓨터는 프로그램의 명령에 따라 순서대로 일을 처리하는데, 이때 효율적인 결과를 얻기 위해 필요한 것이 바로 알고리즘입니다. '문제 해결 순서'를 의미하는 알고리즘(algorithm)은 4차 산업혁명을 이끄는 한 축인 인공지능의 바탕이자 핵심 기술입니다. 그리고 이러한 알고리즘을 구현하는 데 빼놓을 수 없는 것이 자료구조입니다. 자료구조는 컴퓨터에 정보를 효율적으로 저장하고 관리하는 방법입니다. 효율적인 자료구조를 선택하면 알고리즘의 효율도 향상됩니다. 이처럼 알고리즘과 자료구조는 상호 보완하는 관계입니다. 즉, 자료구조를 만드는 과정은 알고리즘으로 순서화하고 이 자료구조로 효율적인 알고리즘을 다시 구현합니다. 그래서 알고리즘과 자료구조는 함께 배우면 좋습니다.

자료구조와 알고리즘을 처음 공부하는 사람도 쉽게 배울 수 있습니다!

이 책은 자료구조와 알고리즘의 이론부터 실습까지 차분하고 친절하게 설명합니다. 개념을 적용할 수 있는 사례나 문제 상황을 구체적으로 보여 줄 뿐만 아니라 도해와 표를 사용하여 해결하는 과정까지 함께 설명해서 처음 공부하는 사람도 쉽게 이해할 수 있습니다. 독자 여러분이 알고리즘을 이해하고 실습할 때 크게 도움받을 것입니다.

자료구조, 알고리즘과 함께 자바 능력자로 만들어 주는 책

자바는 전 세계 개발자 수백만 명이 사용하는 가장 인기 있는 객체 지향 프로그래밍 언어입니다. 안드로이드 앱도 대부분 자바를 기반으로 합니다. 〈포천(Fortune)〉에서 선정한 500대 기업 가운데 90%가 백엔드 개발에서 자바를 채택하고 있습니다. 우리나라 정부나 기업의 시스템 통합 프로젝트도 대부분 자바로 구현하므로 알고리즘을 자바로 익힌다면 실무에서 매우 유용할 것입니다.

이 책은 《Do it! 자료구조와 함께 배우는 알고리즘 입문 − C 언어 편》,《Do it! 자료구조와 함께 배우는 알고리즘 입문 − 파이썬 편》과 마찬가지로 알고리즘을 구현하는 과정을 비롯해 자바의 기본 자료형부터 메서드, 클래스, 인스턴스, 생성자 등에 이르기까지 자바의 핵심 개념을 이해하고 정확하게 적용하는 연습도 충분히 할 수 있습니다. 이 책을 끝내고 나면 여러분도 자신의 프로그램에 적용할 자료구조와 알고리즘을 자바로 직접 작성할 수 있을 것입니다.

이 책을 통해 알고리즘뿐 아니라 자바를 능숙하게 활용하는 실력자가 되기를 바랍니다.

강민

최소한의 시간 투자로 최대의 효과를 얻는
자료구조, 알고리즘 입문서!

그동안 학교에서 또는 독학으로 다양한 알고리즘, 자료구조를 공부했지만 원리나 특징을 짧게 배워서 그런지 실제 프로그래밍에 활용할 때 막히는 부분이 많았습니다. 이런 저에게 실질적으로 도움을 주었던 책이 바로 《Do it! 자료구조와 함께 배우는 알고리즘 입문 — 자바 편(전면 개정판)》입니다. 이 책은 자바의 고유한 특징을 잘 활용하면서 코드를 작성하고, 자료구조와 알고리즘을 자세히 설명해 활용도가 높았습니다.

그리고 알고리즘의 실행 과정, 결과가 책에 친절하게 담겨 있어서 개념만 잘 이해하면 코드를 직접 실행하지 않고 눈으로 그 과정을 이해할 수 있습니다. 그 결과, 내용을 이해하는 데 걸리는 시간을 줄이고 소설책처럼 편하게 읽을 수 있어서 좋았습니다. 여러분도 소설책처럼 이 책을 읽는 것만으로도 자료구조와 알고리즘의 지식이 충분히 쌓일 것입니다.

· 경기과학고등학교 3학년_**송혁중**

이 책은 알고리즘을 공부하는 사람들에게 최소한의 시간 투자로 최대 효과를 얻을 수 있도록 도와주는 훌륭한 교과서입니다. 특히 알고리즘의 과정을 그림으로 자세히 설명하고, 친절한 주석으로 코드를 보충 설명해 주기 때문에 더 쉽게 공부할 수 있습니다. 오래전에 알고리즘을 한번 배운 적이 있지만 이번에 이 책을 읽으면서 잊었던 내용을 빠르게 상기할 수 있었고, 예전에 몰랐던 새로운 알고리즘 또한 배울 수 있었습니다. 또한 자바 언어의 특징과 자바 라이브러리를 활용한 지식도 다루어서 이와 관련하여 직접 프로그래밍하고 싶은 사람도 큰 도움을 받을 수 있습니다.

· 중앙대학교 소프트웨어학부 4학년_**채희선**

알고리즘의 기초 지식이 필요한 입문자에게 적합한 책입니다. 자료구조 개념을 이해하기 쉬울 뿐 아니라 다양한 알고리즘의 문제 유형과 접근법도 배울 수 있기 때문입니다. [Do it! 실습]에서는 앞에서 배운 개념을 바탕으로 코드를 직접 작성하고, 장이 끝날 때쯤에는 조금 어려운 [연습 문제]까지 풀어 볼 수 있습니다. 또한 [보충수업]에서는 본문에서 다룬 내용 외에 자바의 핵심 개념도 설명해서 입문자뿐만 아니라 자바에 능숙한 개발자도 개념을 다시 다질 수 있습니다. 마지막으로 책에 있는 진도표를 참고해 목표를 세우고 개념 공부와 실습을 꾸준히 하다 보면 한 단계 업그레이드한 자신을 발견할 것입니다. 쏙쏙 이해되는 개념서, 다양한 실습으로 구성된 입문서를 찾는다면 적극 추천합니다.

· 9년 차 백엔드 개발자_**최인주**

연관된 장으로 돌아가서 다시 공부하면 더 쉽게 이해할 수 있습니다!

이 책은 알고리즘과 자료구조의 기초를 학습할 수 있도록 구성했으며, 몇몇 장은 서로 연관된 내용을 포함하고 있습니다. 순서대로 공부한 뒤 연관된 장으로 돌아가서 다시 공부하면 이해의 폭을 더 넓힐 수 있습니다.

01장 기본 알고리즘	05장 재귀 알고리즘	09장 트리
02장 기본 자료구조	06장 정렬 알고리즘	10장 해시
03장 검색 알고리즘	07장 문자열 검색	
04장 스택과 큐	08장 리스트	

01, 02장에는 모든 장의 기초가 되는 내용을 담았습니다. 03장에서 다루는 '선형 검색'은 이후 여러 장에서 응용하는 알고리즘입니다. 04장의 '스택'은 05, 06장을 공부하기 전에 반드시 알고 넘어가야 합니다. 또한 원서 03-4절의 '해시법'은 10장으로 옮겨 재구성했습니다.

이 책은 어떻게 구성되어 있는가?

01 실습 예제

자료구조, 알고리즘의 핵심 개념을 코드로 체험해 볼 수 있습니다. 이 책의 모든 실습 예제는 장별로 정리해 놓았으며, 이지스퍼블리싱 홈페이지에서 내려받을 수 있습니다. 이 실습 예제 그대로 실행해 보는 것보다 코드를 하나하나 직접 입력하면서 실습하길 권합니다.

02 연습 문제

실습 예제를 응용하여 새로운 프로그램을 만들 수 있도록 준비했습니다. 연습 문제를 풀기 전에 본문과 실습 예제를 통해 개념을 충분히 학습하길 바랍니다. 그런 다음 스스로 연습 문제를 풀어 보고 정답 코드와 비교해 보세요.

03 보충수업

자바의 기초 내용이나 본문에서 설명한 개념을 조금 더 자세히 살펴볼 수 있습니다. 또한 실습 예제와 비슷한 응용 프로그램도 만날 수 있습니다. 실습 예제, 연습 문제와 더불어 보충수업도 적극 활용하여 자료구조와 알고리즘에 익숙해지세요.

> **연습 문제 84개를 활용하는 팁!**
>
> 이 책은 84개의 연습 문제를 담았습니다. 개념을 익힐 때마다 연습 문제를 바로 풀어도 좋지만, 만약 너무 어렵다면 우선 실습 예제만 따라 하면서 끝까지 읽으세요. 책을 끝까지 읽었다면 연습 문제로 돌아와서 다시 공부하면 됩니다. 또는 기초 개념은 실습 예제로 다지고 연습 문제는 풀 수 있는 것만 도전해 보세요. 이후 여러 시험과 면접에 대비할 때 연습 문제를 풀어 보는 것도 좋은 전략입니다.

이 책을 16주 안에 정복해 보세요! 매주 꾸준히 목표를 달성하고 완료 날짜를 채우다 보면 어느새 알고리즘과 자료구조를 완벽하게 습득한 자신을 발견할 것입니다!

주	진행	배우는 내용		완료 날짜
1주차	01장 기본 알고리즘	01-1 알고리즘이란? 01-2 반복		/
2주차	02장 기본 자료구조	02-1 배열이란? 02-2 클래스란?		/
3주차	03장 검색 알고리즘	03-1 검색 알고리즘이란? 03-2 선형 검색 03-3 이진 검색		/
4주차	04장 스택과 큐(1/2)	04-1 스택이란?		/
5주차	04장 스택과 큐(2/2)	04-2 큐란?		/
6주차	05장 재귀 알고리즘(1/2)	05-1 재귀 알고리즘의 기본 05-2 재귀 알고리즘 분석		/
7주차	05장 재귀 알고리즘(2/2)	05-3 하노이의 탑 05-4 8퀸 문제		/
8주차	06장 정렬 알고리즘(1/2)	06-1 정렬 알고리즘이란? 06-2 버블 정렬	06-3 단순 선택 정렬 06-4 단순 삽입 정렬	/
9주차	06장 정렬 알고리즘(2/2)	06-5 셸 정렬 06-6 퀵 정렬 06-7 병합 정렬	06-8 힙 정렬 06-9 도수 정렬	/
10주차	07장 문자열 검색	07-1 브루트-포스법 07-2 KMP법	07-3 보이어·무어법	/
11주차	08장 리스트(1/2)	08-1 리스트란? 08-2 포인터로 연결 리스트 만들기		/
12주차	08장 리스트(2/2)	08-3 배열 커서로 연결 리스트 만들기 08-4 원형 이중 연결 리스트 만들기		/
13주차	09장 트리(1/2)	09-1 트리 09-2 이진트리와 이진검색트리(1/2)		/
14주차	09장 트리(2/2)	09-2 이진트리와 이진검색트리(2/2)		/
15주차	10장 해시	10-1 해시법		/
16주차	보충 수업 기간	복습하거나 연습 문제 풀기 추천!		/

기초 내용

여러 장에서 응용하므로 중요!

05, 06장을 보기 전에 반드시!

이 책은 이렇게 활용하세요!

이 책의 예제 파일은 이지스퍼블리싱 홈페이지에서 제공합니다

실습에 필요한 예제와 연습 문제(해답) 파일은 이지스퍼블리싱 홈페이지의 [자료실]에서 내려받을 수 있습니다. 이론만 읽고 넘어가지 말고 반드시 본문에서 제공하는 실습 예제와 연습 문제를 실습하며 공부해 보세요.

이지스퍼블리싱 홈페이지: www.easyspub.co.kr → [자료실]에서 도서명 검색

매달 전자책을 한 권씩 볼 수 있어요 — 이지스 소식지

이지스퍼블리싱 홈페이지에서 회원 가입을 하여 정기 소식지를 받아 보세요. 신간과 책 관련 이벤트 소식을 누구보다 빠르게 확인할 수 있습니다. 매달 전자책 한 권을 공개하는 이벤트도 진행하고 있답니다.

친구와 함께 공부하고 책 선물도 받아 가세요! — Do it! 스터디룸

네이버 카페 'Do it! 스터디룸'에서 같은 고민을 하는 친구들과 함께 공부해 보세요. 내가 잘 이해한 내용은 남을 도와주고, 내가 잘 이해하지 못한 내용은 도움을 받으면서 공부하면 복습 효과도 누릴 수 있습니다. 서로서로 코드와 개념 리뷰를 하며 훌륭한 개발자로 성장해 보세요.

Do it! 스터디룸: cafe.naver.com/doitstudyroom

실습 전에 꼭 확인하세요! — 자바 환경변수 설정

QR코드를 찍어서 확인하세요

실습 예제와 연습 문제를 실행하려면 컴퓨터에 JDK(Java Development Kit)를 설치해야 합니다. 자바를 처음 공부하는 독자를 위해 JDK 설치와 자바 환경변수 설정에 대한 내용을 이지스퍼블리싱 홈페이지 자료실과 Do it! 스터디룸 카페에 올려 두었습니다. 또는 오른쪽의 QR코드를 찍어 확인해 보세요!

01

기본 알고리즘

01-1 알고리즘이란?

여기서는 짧고 간단한 프로그램을 실행하면서 '알고리즘'이 무엇인지 이해하고, 그 정의 등을 학습합니다.

세 값의 최댓값 구하기

먼저 '알고리즘(algorithm)이란 무엇인가?'를 간단한 프로그램을 통해 알아보겠습니다. 실습 1-1은 3개의 정숫값 가운데 '최댓값'을 구하는 프로그램입니다. 변수 a, b, c에 들어가는 값은 키보드에서 입력한 값이며, 이 중에서 최댓값을 변수 max로 찾을 수 있습니다. 프로그램을 실행하여 어떻게 동작하는지 확인합니다.

Do it! 실습 1-1

• 완성 파일 chap01/Max3.java

```
01   // 3개의 정숫값을 입력하고 최댓값을 구하여 출력
02
03   import java.util.Scanner;
04
05   class Max3 {
06     public static void main(String[] args) {
07       Scanner stdIn = new Scanner(System.in);
08
09       System.out.println("세 정수의 최댓값을 구합니다.");
10       System.out.print("a의 값: "); int a = stdIn.nextInt();
11       System.out.print("b의 값: "); int b = stdIn.nextInt();
12       System.out.print("c의 값: "); int c = stdIn.nextInt();
13       int max = a;
14       if (b > max) max = b;        ── a, b, c의 최댓값을 구하여 max에 대입합니다.
15       if (c > max) max = c;
16
17       System.out.println("최댓값은 " + max + "입니다.");
18     }
19   }
```

실행 결과
세 정수의 최댓값을 구합니다.
a의 값: 1
b의 값: 3
c의 값: 2
최댓값은 3입니다.

변수 a, b, c의 최댓값을 max로 구하는 과정은 실습 1-1에서 13~15행입니다. 최댓값을 구하는 과정은 다음과 같이 정리할 수 있습니다.

> ① max에 a값을 넣습니다.
> ② b값이 max보다 크면 max에 b값을 넣습니다.
> ③ c값이 max보다 크면 max에 c값을 넣습니다.

세 문장이 아래로 나란히 있다면 이 문장은 순서대로 실행됩니다. 이렇게 여러 문장(프로세스)이 순차적으로 실행되는 구조를 순차(sequential) 구조라고 합니다. 그런데 ①은 단순한 대입이지만 ②, ③은 if 문입니다. ( ) 안에 있는 식을 평가한 결과에 따라 프로그램의 실행 흐름을 변경하는 if 문을 선택(selection) 구조라고 합니다.

📚 보충수업 1-1 숫자와 문자열 입력하기 1

키보드로 숫자와 문자열을 입력하는 방법은 다음과 같습니다. 자주 사용하는 방법이므로 정확하게 이해하고 넘어가세요.

```
import java.util.Scanner;        ── ⓐ 전체 프로그램 앞머리(클래스 선언보다 앞)에 작성합니다.
class A {
    public static void main(String[] args) {
        Scanner stdIn = new Scanner(System.in);    ── ⓑ main 메서드의 앞쪽(키보드값을
        stdIn.nextInt()                                  입력받는 ⓒ보다 앞)에 작성합니다.
    }                            ── ⓒ 키보드로 입력한 값 중 정숫값을 읽어 들입니다.
}
```

[그림 1C-1] 입력한 정숫값을 얻는 방법

ⓐ java.util 패키지에 있는 Scanner 클래스를 프로그램에 포함시킵니다.

🔘 import로 패키지를 포함하는 내용은 보충수업 3-1에서 자세히 알아보겠습니다.

ⓑ main 메서드의 앞쪽에 작성합니다. System.in은 키보드와 연결된 표준 입력 스트림(standard input stream)입니다.

ⓒ 키보드로 입력한 int형 정숫값을 읽어 들이는 부분입니다. stdIn.nextInt( )를 호출하면 입력한 정숫값을 얻을 수 있습니다.

키보드로 입력한 정숫값을 변수에 저장하는 과정은 다음과 같습니다. 입력값은 int형의 범위인 −2,147,483,648~2,147,483,647로 제한됩니다. 그리고 알파벳이나 기호 등은 입력할 수 없습니

다. stdIn은 키보드와 연결된 표준 입력 스트림 System.in에서 문자나 숫자를 꺼내는 장치 역할을 합니다. 변수명 stdIn은 다른 이름으로 바꿔도 됩니다.

실습 1-1에서는 변수 a, b, c를 선언하면서 C 로 초기화합니다. 세 변수 a, b, c는 키보드로 입력한 정숫값으로 초기화됩니다.

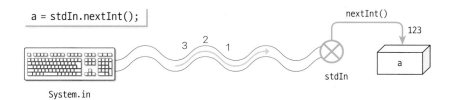

[그림 1C-2] 키보드로 값을 입력하는 과정

세 값의 최댓값을 구하는 순서를 이해하기 쉽게 그림으로 나타내 보겠습니다. 이런 그림은 여러 종류가 있으며, 여기서는 순서도(flowchart)를 사용합니다. 다음은 세 값의 최댓값을 구하는 순서도입니다. ⓒ 순서도의 주요 기호는 01-1절 마지막 부분에서 한꺼번에 살펴보겠습니다.

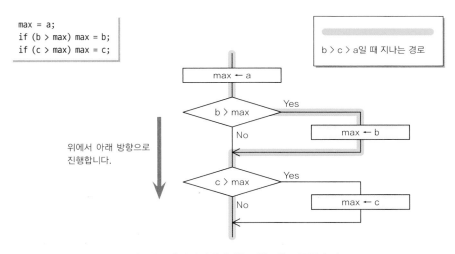

[그림 1-1] 세 값의 최댓값을 구하는 알고리즘의 순서도

프로그램의 흐름은 검은 실선 ——— 을 따라 위에서 아래로 향하고, 그 과정에서 ▭ 안에 작성한 처리 과정이 실행됩니다. 그리고 ◇ 를 지날 때는 그 안에 작성한 '조건'을 평가한 결과에 따라 Yes, No 중 하나를 따라갑니다. 다시 말해 조건 b > max, c > max가 성립(식 b > max와 식 c > max를 평가한 값이 true)하면 Yes로, 그렇지 않으면 No로 이동합니다. ⓒ if 문, while 문 등에서 조건 판정을 위해 괄호( ) 안에 넣는 식을 제어식이라고 합니다.

프로그램의 흐름은 두 갈래 중 어느 한쪽을 지나는데, if 문에 의한 프로그램 흐름의 분기를 쌍기(양 갈래) 선택이라고 합니다. 또한 ▢안의 화살표(→)는 값의 대입을 의미하는데, 예를 들어 'a → max'는 다음과 같은 의미입니다.

> 변수 a값을 변수 max에 대입하세요.

ⓒ 실습 1-1에 나오는 선언 int max = a;는 변수를 만드는 시점에 값을 넣는 '초기화'이고, 그림 1-1의 max = a;는 이미 만들어져 있는 변수에 값을 넣는 '대입'입니다. 초기화와 대입은 다르지만 이 책에서는 엄밀하게 구별할 필요가 없는 경우 '대입'이라고 표현합니다.

실습 1-1의 실행 결과와 같이 변수 a, b, c에 1, 3, 2를 입력하면 프로그램의 흐름은 그림 1-1 순서도의 ▬▬▬ 경로를 따라갑니다. 이번에는 다른 값을 가지고 순서도를 따라가 보겠습니다.

변수 a, b, c의 값이 1, 2, 3 또는 3, 2, 1인 경우도 최댓값을 구할 수 있습니다. 또, 세 값이 5, 5, 5처럼 모두 같거나 1, 3, 1처럼 2개가 같더라도 올바른 최댓값을 구할 수 있습니다.

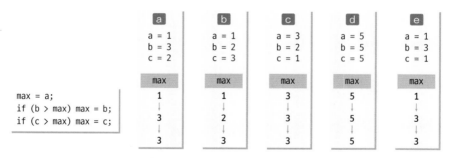

[그림 1-2] 세 값의 최댓값을 구하는 과정에서 변수 max값의 변화

세 변수 a, b, c의 값이 6, 10, 7이거나 -10, 100, 10인 경우에도 순서도의 ▬▬▬ 경로를 따라갑니다. 즉, b > c > a이면 반드시 같은 경로를 따라갑니다.

📚 보충수업 1-2 숫자와 문자열 입력하기 2

보충수업 1-1에서는 키보드로 int형의 정숫값을 입력해 보았습니다. 이때 호출하는 메서드(method)는 자료형에 따라 구분해야 합니다. 입력할 자료형에 따라 호출해야 하는 메서드는 다음과 같습니다.

[표 1C-1] Scanner 클래스에 포함되어 있는 next... 메서드

메서드	자료형	입력값의 범위
nextBoolean( )	boolean	true 또는 false
nextByte( )	byte	-128~+127
nextShort( )	short	-32768~+32767
nextInt( )	int	-2147483648~+2147483647
nextLong( )	long	-9223372036854775808~+9223372036854775807
nextFloat( )	float	±3.40282347E+38~±1.40239846E-45
nextDouble( )	double	±1.79769313486231507E+378~±4.94065645841246544E-324
next( )	String	문자열(공백, 줄 바꿈 문자로 구분)
nextLine( )	String	문자열 1줄

그러면 여러 값에 대해서도 최댓값을 제대로 구할 수 있는지 확인해 보겠습니다. 이런 경우에는 값을 일일이 입력하면서 테스트하기보다는 다음처럼 프로그램을 작성하는 것이 좋습니다.

Do it! 실습 1-2

• 완성 파일 chap01/Max3Method.java

```
01    // 3개의 정숫값 가운데 최댓값을 구하여 출력
02
03    class Max3Method {
04        // a, b, c의 최댓값을 구하여 반환
05        static int max3(int a, int b, int c) {
06            int max = a;    // 최댓값
07            if (b > max)
08                max = b;
09            if (c > max)
10                max = c;
11
12            return max;    ─── 구한 최댓값을 호출한 곳으로 반환합니다.
13        }
14
```

실행 결과
```
max3(3,2,1) = 3
max3(3,2,2) = 3
max3(3,1,2) = 3
max3(3,2,3) = 3
(… 생략 …)
max3(2,3,2) = 3
max3(1,3,2) = 3
max3(2,3,3) = 3
max3(1,2,3) = 3
```

```java
15      public static void main(String[] args) {
16          System.out.println("max3(3,2,1) = " + max3(3, 2, 1));    // Ⓐ a > b > c
17          System.out.println("max3(3,2,2) = " + max3(3, 2, 2));    // Ⓑ a > b = c
18          System.out.println("max3(3,1,2) = " + max3(3, 1, 2));    // Ⓒ a > c > b
19          System.out.println("max3(3,2,3) = " + max3(3, 2, 3));    // Ⓓ a = c > b
20          System.out.println("max3(2,1,3) = " + max3(2, 1, 3));    // Ⓔ c > a > b
21          System.out.println("max3(3,3,2) = " + max3(3, 3, 2));    // Ⓕ a = b > c
22          System.out.println("max3(3,3,3) = " + max3(3, 3, 3));    // Ⓖ a = b = c
23          System.out.println("max3(2,2,3) = " + max3(2, 2, 3));    // Ⓗ c > a = b
24          System.out.println("max3(2,3,1) = " + max3(2, 3, 1));    // Ⓘ b > a > c
25          System.out.println("max3(2,3,2) = " + max3(2, 3, 2));    // Ⓙ b > a = c
26          System.out.println("max3(1,3,2) = " + max3(1, 3, 2));    // Ⓚ b > c > a
27          System.out.println("max3(2,3,3) = " + max3(2, 3, 3));    // Ⓛ b = c > a
28          System.out.println("max3(1,2,3) = " + max3(1, 2, 3));    // Ⓜ c > b > a
29      }
30  }
```

최댓값을 여러 번 반복해서 구할 때에는 메서드로 처리하면 편리합니다. 실습 1-2의 04~13
행은 int형 매개변수 a, b, c에 값을 받아 최댓값을 구하고 그것을 int형 값으로 반환하는 메서
드입니다.

> 🟢 **조금만 더!   매개변수를 좀 더 알아볼까요?**
>
> 메서드를 정의할 때 메서드에 전달되는 값을 저장하기 위해 변수(variable)를 선언하는데, 이를 매개변수
> (parameter) 또는 형식매개변수(formal parameter)라고 합니다. 형식매개변수를 가인수(假引數, 임
> 시 인수)라 하고, 메서드를 호출할 때 사용하는 매개변숫값(value)을 실인수(actual argument)라고 합
> 니다. 간단하게 메서드를 정의할 때는 '매개변수', 메서드를 호출할 때는 '실인수'라고 생각하면 됩니다.

main 메서드는 max3 메서드에 세 값을 실인수로 주어 호출하고 반환값을 화면에 13회 출력
합니다.

이 프로그램은 계산 결과를 쉽게 확인하기 위해 최댓값이 3이 되도록 실인수를 조합했습니
다. 이제 프로그램을 실행해 보겠습니다. 13가지 조합 모두 3이 출력되어 최댓값이 바르게 구
해진 것을 확인할 수 있습니다.

◎ 대소 관계에서 13가지 경우의 수가 나오는 과정은 보충수업 1-4에서 확인하세요.

'알고리즘'은 다음과 같이 정의할 수 있습니다.

어떤 문제를 해결하기 위한 절차로, 명확하게 정의되고 순서가 있는 유한 개의 규칙으로 이루어진 집합

물론 알고리즘을 아무리 명확하게 정의해도 변숫값에 따라 결과가 맞기도 하고 틀리기도 한다면 올바른 알고리즘이라 할 수 없습니다. 그래서 여기서는 세 값의 최댓값을 구하는 알고리즘이 올바른지 확인하기 위해 값을 여러 개 입력하여 프로그램의 결괏값을 확인했습니다.

 Q1 네 값의 최댓값을 구하는 max4 메서드를 작성하세요. 작성한 메서드를 테스트하기 위해 main 메서드를 포함한 프로그램을 작성해야 합니다. 이후의 문제도 마찬가지입니다.

```
static int max4(int a, int b, int c, int d)
```

Q2 세 값의 최솟값을 구하는 min3 메서드를 작성하세요.

```
static int min3(int a, int b, int c)
```

Q3 네 값의 최솟값을 구하는 min4 메서드를 작성하세요.

```
static int min4(int a, int b, int c, int d)
```

◎ 모든 연습 문제의 해답은 이지스퍼블리싱 홈페이지(www.easyspub.co.kr) 자료실에서 내려받을 수 있습니다.

📚 보충수업 1-3 메서드의 반환값과 메서드 호출식의 평가

메서드는 return 문에서 처리한 결괏값을 원래 호출한 곳으로 반환합니다. max3 메서드의 반환값은 int형이고, 메서드의 끝 부분에서 변수 max값을 반환합니다. 예를 들어 그림 1C-3에서 볼 수 있듯이 max(3, 2, 1)을 호출했을 때 메서드 호출식 max(3, 2, 1)을 평가한 값은 int형 3이 됩니다. 다만 반환값의 자료형이 void인 메서드는 값을 반환하지 않습니다.

메서드 호출식을 평가하면 메서드의
반환값을 얻을 수 있습니다.

[그림 1C-3] 메서드 호출식의 평가

세 값의 대소 관계

실습 1-2에서 세 값의 대소 관계는 13가지가 있다고 했는데, 그림 1C-4는 그 조합을 나열한 것입니다. 이때 조합을 나열한 모양이 나무(tree) 형태이므로 결정 트리(decision tree)라고 합니다. 결정 트리는 왼쪽 끝($a \geq b$)에서 시작하여 오른쪽으로 나아갑니다. ⬭ 안의 조건이 성립하면 윗가지로, 성립하지 않으면 아랫가지로 나아갑니다.

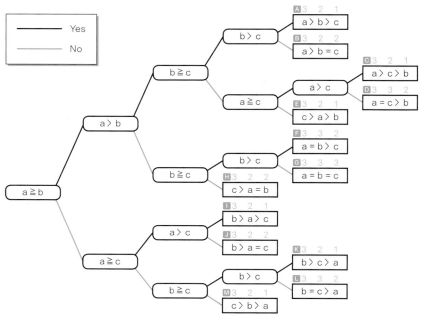

[그림 1C-4] 세 값 a, b, c의 대소 관계를 나열한 결정 트리

그림 1C-4에서 오른쪽 끝의 ☐ 안은 세 변수 a, b, c의 대소 관계를 나타냅니다. 그 위의 숫자는 실습 1-2 프로그램에서 사용한 세 변숫값입니다(프로그램에서는 🅰~🅼으로 표시한 13가지 값의 최댓값을 구했습니다).

세 값의 중앙값

최댓값, 최솟값과 달리 중앙값을 구하는 절차는 매우 복잡합니다(그래서 수많은 알고리즘을 생각할 수 있습니다). 다음 실습 1C-1은 중앙값을 구하는 프로그램입니다. 각 return 문 오른쪽의 🅰~🅼은 그림 1C-4에 표시한 기호입니다.

• 완성 파일 chap01/Median.java

```
01    // 3개의 정숫값을 입력하고 중앙값을 구하여 출력
02
03    import java.util.Scanner;
04
05    class Median {
06        static int med3(int a, int b, int c) {
07            if (a >= b)
08                if (b >= c)
09                    return b;
10                else if (a <= c)
11                    return a;
12                else
13                    return c;
14            else if (a > c)
15                return a;
16            else if (b > c)
17                return c;
18            else
19                return b;
20        }
21
22        public static void main(String[] args) {
23            Scanner stdIn = new Scanner(System.in);
24
25            System.out.println("세 정수의 중앙값을 구합니다.");
26            System.out.print("a의 값: ");
27            int a = stdIn.nextInt();
28            System.out.print("b의 값: ");
29            int b = stdIn.nextInt();
30            System.out.print("c의 값: ");
31            int c = stdIn.nextInt();
32
33            System.out.println("중앙값은 " + med3(a, b, c) + "입니다.");
34        }
35    }
```

실행 결과
세 정수의 중앙값을 구합니다. a의 값: 1 b의 값: 3 c의 값: 2 중앙값은 2입니다.

line 09 return b; — Ⓐ Ⓑ Ⓕ Ⓖ
line 11 return a; — Ⓓ Ⓔ Ⓗ
line 13 return c; — Ⓒ
line 15 return a; — Ⓘ
line 17 return c; — Ⓙ Ⓚ
line 19 return b; — Ⓛ Ⓜ

세 값의 중앙값을 구하는 과정은 '06-6절 퀵 정렬'에서도 다룹니다.

**연습
문제**

Q4 세 값의 대소 관계인 13가지 조합의 중앙값을 구하여 출력하는 프로그램을 작성하세요.

ⓒ 실습 1C-1과 실습 1-2를 참고하세요.

Q5 중앙값을 구하는 메서드는 다음과 같이 작성할 수도 있습니다. 그러나 실습 1C-1의
med3 메서드에 비해 효율이 떨어지는데 그 이유를 설명하세요.

```java
static int med3(int a, int b, int c) {
    if ((b >= a && c <= a) || (b <= a && c >= a))
        return a;
    else if ((a > b && c < b) || (a < b && c > b))
        return b;
    return c;
}
```

조건 판단과 분기

다음은 입력한 정숫값의 부호(양수/음수/0)를 판단하는 프로그램입니다. 이 예제를 통해 프
로그램 흐름의 분기를 자세히 살펴보겠습니다.

Do it! 실습 1-3

• 완성 파일 chap01/JudgeSign.java

```java
01    // 입력한 정숫값의 부호(양수/음수/0)를 판단
02
03    import java.util.Scanner;
04
05    class JudgeSign {
06      public static void main(String[] args) {
07        Scanner stdIn = new Scanner(System.in);
08
09        System.out.print("정수를 입력하세요.: ");
10        int n = stdIn.nextInt();
11
12        if (n > 0)
13          System.out.println("이 수는 양수입니다.");    ①
14        else if (n < 0)
15          System.out.println("이 수는 음수입니다.");    ②
```

실행 결과 1
정수를 입력하세요.: 15
이 수는 양수입니다.

실행 결과 2
정수를 입력하세요.: -5
이 수는 음수입니다.

실행 결과 3
정수를 입력하세요.: 0
이 수는 0입니다.

```
16      else
17          System.out.println("이 수는 0입니다.");     3
18    }
19 }
```

이 프로그램에서 12~17행의 순서도를 그림 1-3에 나타냈습니다. 변수 n값이 양수면 **1**, 음수면 **2**, 0이면 **3**이 실행됩니다. 즉, 실행되는 부분은 **1**, **2**, **3** 중 한 가지뿐이며, 두 가지가 동시에 실행되거나 하나도 실행되지 않거나 하는 경우는 없습니다. 이는 프로그램의 흐름을 세 가지로 분기하기 때문입니다.

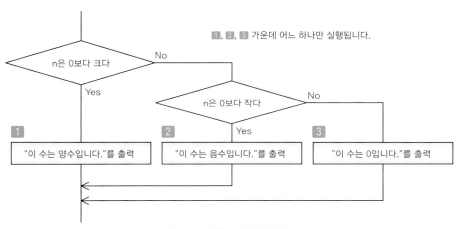

[그림 1-3] 변수 n의 부호 판단

이번에는 실습 1-4와 실습 1-5 프로그램의 분기를 살펴보겠습니다.

ⓖ 실습 1-4와 실습 1-5는 클래스와 변수 선언, main 메서드의 코드가 생략되었습니다. 전체 코드는 이지스퍼블리싱 홈페이지(www.easyspub.co.kr) 자료실에서 예제 소스를 내려받아 확인하세요.

Do it! 실습 1-4

• 완성 파일 chap01/JudgeABC1.java

```
(… 생략 …)
12  if (n == 1)
13      System.out.println("A");
14  else if (n == 2)
15      System.out.println("B");
16  else
17      System.out.println("C");
(… 생략 …)
```

실행 결과
정수를 입력하세요.: 3
C
정수를 입력하세요.: 4
C

Do it! 실습 1-5

```
(… 생략 …)
12   if (n == 1)
13     System.out.println("A");
14   else if (n == 2)
15     System.out.println("B");
16   else if (n == 3)
17     System.out.println("C");
(… 생략 …)
```

실행 결과
정수를 입력하세요.: 3
C
정수를 입력하세요.: 4

실습 1-4와 실습 1-5는 코드 길이가 같고, 프로그램의 흐름을 3개로 분기하는 것처럼 보입니다. 예를 들어 두 프로그램의 n값이 1이면 A, 2면 B, 3이면 C를 출력합니다. 하지만 1, 2, 3 이외의 값을 입력하면 다르게 동작합니다.

실습 1-4는 n값이 1이나 2가 아닌 어떤 값이라도 C를 출력합니다. 즉, 실습 1-3처럼 프로그램의 흐름이 3개로 분기합니다. 그런데 실습 1-5는 3개로 분기하는 것처럼 보이지만 n값이 1, 2, 3 이외의 값이면 아무것도 출력하지 않습니다. 따라서 실습 1-5의 원래 모습은 실습 1-6으로 나타낼 수 있습니다. 아무 작업도 하지 않는 else가 숨어 있어 프로그램의 흐름이 4개로 분기합니다.

ⓒ 아래 19행의 ';'만 있는 빈 문장은 아무것도 하지 않습니다.

Do it! 실습 1-6

```
(… 생략 …)
12   if (n == 1)
13     System.out.println(" A ");
14   else if (n == 2)
15     System.out.println(" B ");
16   else if (n == 3)
17     System.out.println(" C ");
18   else
19     ;
(… 생략 …)
```

📚 보충수업 1-5 연산자와 피연산자

+, - 등의 연산 기호를 연산자(operator)라고 하고, 연산의 대상이 되는 것을 피연산자(operand)라고 합니다. 예를 들어 a > b에서 연산자는 >이고 피연산자는 a, b입니다.

연산자는 피연산자의 수에 따라 다음과 같이 세 종류가 있습니다.

- 단항 연산자(unary operator) ⋯ 피연산자 1개. 예) a++
- 2항 연산자(binary operator) ⋯ 피연산자 2개. 예) a < b
- 3항 연산자(ternary operator) ⋯ 피연산자 3개. 예) a ? b : c

자바에서 유일한 3항 연산자는 조건 연산자(conditional operator) ?:입니다. 식 a ? b : c는 a가 true이면 b를 반환하고 false이면 c를 반환합니다.

```
a = (x > y) ? x : y;
System.out.println((c == 0) ? "c는 0" : "c는 0이 아님");
```

첫 번째 코드에서는 x와 y 중에서 큰 값을 a에 대입합니다. 두 번째 코드에서는 c 값이 0이면 "c는 0"을, 그렇지 않으면 "c는 0이 아님"을 출력합니다.

순서도의 기호

여기서는 문제의 정의·분석·해법을 그림으로 표현하는 순서도(flowchart)의 대표 용어와 기호를 살펴보겠습니다.

프로그램 순서도

프로그램 순서도(program flowchart)에서 사용하는 기호는 다음과 같습니다.

- 실제로 실행할 연산을 나타내는 기호
- 제어 흐름을 나타내는 선 기호
- 프로그램 순서도를 이해하거나 작성하는 데 편리한 특수 기호

데이터

데이터(data)의 입력과 출력을 나타냅니다.

[그림 1-4] 데이터

처리

처리(process)는 여러 종류의 처리 기능을 나타냅니다. 예를 들어 정봇값, 자료형, 위치를 바꾸도록 정의한 연산의 실행 또는 연속하는 몇 가지 흐름 가운데 하나의 방향을 결정하는 연산의 실행을 나타냅니다.

[그림 1-5] 처리

미리 정의된 처리

미리 정의된 처리(predefined process)는 서브루틴 및 모듈 등 다른 곳에서 이미 정의된 하나 이상의 연산 또는 여러 개의 명령어로 이루어진 처리를 나타냅니다.

[그림 1-6] 미리 정의된 처리

판단

판단(decision)은 하나의 입구와 하나를 선택하는 몇 개의 출구가 있고, 기호에서 정의한 조건을 평가하여 하나의 출구를 선택하는 판단 기능(스위치형 기능)을 나타냅니다. 예정된 평가 결과(예를 들면 Yes 또는 No)는 경로를 나타낸 선 옆에 씁니다.

[그림 1-7] 판단

루프 범위

루프 범위(loop limit)는 그림 1-8과 같이 두 부분으로 구성되어 루프의 시작과 종료를 나타냅니다. 기호의 두 부분에는 같은 이름(루프의 이름)을 사용합니다.

그림 1-9와 같이 루프의 시작 기호(⬠) 또는 종료 기호(⬠) 안에 초깃값(초기화), 증갓값, 종룻값(종료 조건)을 표기합니다.

[그림 1-8] 루프 범위

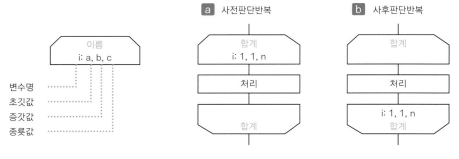

[그림 1-9] 루프의 범위와 초깃값, 증갓값, 종룻값

☺ 위 그림에서 **a**와 **b**는 변수 i를 1부터 n까지 1씩 증가하면서 '처리'를 n번 반복하는 순서도입니다. '1, 1, n' 대신 '1, 2, …, n'을 사용하기도 합니다.

선

선(line)은 제어의 흐름을 나타냅니다. 순서도에서 흐름의 방향을 분명 히 나타내고자 할 때, 또는 보기 쉽게 하기 위해 화살표를 붙이기도 합 니다.

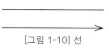

[그림 1-10] 선

ⓖ 순서도의 대부분 선은 위에서 아래로 내려가는 것이 원칙입니다.

단말

단말(terminator)은 외부 환경으로 나가거나 외부 환경에서 들어오는 것 을 나타냅니다. 예를 들어 프로그램 흐름의 시작과 종료를 나타냅니다.

[그림 1-11] 단말

01-2 반복

여기서는 프로그램의 흐름을 반복하는 간단한 알고리즘을 살펴보겠습니다.

1부터 n까지 정수의 합 구하기

이제 '1부터 n까지 정수의 합을 구하는 알고리즘'을 살펴보겠습니다. n값으로 2를 입력하면
1과 2의 합을 구하고, 3을 입력하면 1과 2와 3의 합을 구합니다. 즉, 1 + 2 + ⋯ + n을 구하는
알고리즘입니다. 실습 1-7은 이 알고리즘을 구현한 프로그램이며, 그림 1-12는 프로그램에
서 13~19행의 순서도를 나타냅니다.

Do it! 실습 1-7

• 완성 파일 chap01/SumWhile.java

```
01    // while 문으로 1, 2, …, n의 합을 구함
02
03    import java.util.Scanner;
04
05    class SumWhile {
06      public static void main(String[] args) {
07        Scanner stdIn = new Scanner(System.in);
08
09        System.out.println("1부터 n까지의 합을 구합니다.");
10        System.out.print("n값: ");
11        int n = stdIn.nextInt();
12
13        int sum = 0;            // 합                    1
14        int i = 1;
15
16        while (i <= n) {        // i가 n 이하이면 반복함
17          sum += i;             // sum에 i를 더함          2
18          i++;                  // i값을 1만큼 증가시킴
19        }
20        System.out.println("1부터 " + n + "까지의 합은 " + sum + "입니다.");
21      }
22    }
```

> **실행 결과**
> 1부터 n까지의 합을 구합니다.
> n값: 5
> 1부터 5까지의 합은 15입니다.

while 문 반복

어떤 조건이 성립하는 동안 처리(프로그램 명령문 또는 명령어의 집합)를 반복하여 실행하는 것을 반복(repetition) 구조라 하며 루프(loop)라고 부릅니다. 이때 while 문은 실행 전에 반복을 계속할지를 판단하는데, 이런 구조를 '사전판단반복'이라고 합니다. 제어식의 평갓값이 true이면 프로그램 명령문을 반복합니다.

다음은 while 문의 형식입니다. 여기에서 반복의 대상이 되는 '명령문'을 문법적으로는 '루프 본문'이라 합니다.

> while (제어식) 명령문

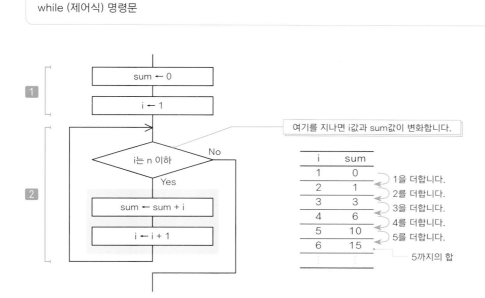

[그림 1-12] 1부터 n까지의 합을 구하는 순서도와 변수의 변화

이제 프로그램과 순서도의 **1**과 **2**를 자세히 살펴보겠습니다.

1 합을 구하기 위한 초기화입니다. 합을 저장하는 변수 sum을 0, 반복을 제어하기 위한 변수 i를 1로 초기화합니다.

2 변수 i값이 n 이하인 동안 i값을 1씩 증가하면서 루프 본문을 n회 반복하여 실행합니다.

ⓒ 이항인 복합 대입 연산자 '+='은 우변값을 좌변에 더합니다. 그리고 단항인 증가 연산자 '++'는 피연산잣값을 1 증가 (increment)시킵니다.

'i가 n 이하인지?'를 판단하는 제어식 i <= n(순서도의 <⟩)을 지날 때 변수 i값과 sum값의 변화를 정리한 것이 그림 1–12의 오른쪽 표입니다.

제어식을 처음 지날 때 변수 i값과 sum값은 실습 1-7의 **1** 에서 설정한 1과 0입니다. 그 후 반복해서 실행할 때마다 변수 i값이 증가되어 1씩 늘어납니다. 변수 sum값은 '루프 본문을 수행하는 동안의 합'이며, 변수 i값은 '다음에 더하는 값'입니다. 예를 들어 i가 5일 때 변수 sum값은 '1~4까지의 합'인 10입니다(즉, 변수 i값인 5가 더해지기 전의 값입니다). 그리고 i값이 n보다 크면 while 문의 반복이 종료되므로 최종 i값은 n이 아니라 n + 1입니다.

> **연습
> 문제**
>
> **Q6** 실습 1-7에서 while 문이 종료될 때 변수 i값이 n + 1이 되는지 확인하세요.
>
> ☺ 변수 i값을 출력하도록 프로그램을 수정하세요.

for 문 반복

하나의 변수를 사용하는 반복문은 while 문보다 for 문을 사용하는 것이 좋습니다. 실습 1-8은 1부터 n까지 정수의 합을 for 문으로 구하는 프로그램입니다.

Do it! 실습 1-8

• 완성 파일 chap01/SumFor.java

```java
01  // for 문으로 1, 2, …, n의 합을 구함
02
03  import java.util.Scanner;
04
05  class SumFor {
06    public static void main(String[] args) {
07      Scanner stdIn = new Scanner(System.in);
08
09      System.out.println("1부터 n까지의 합을 구합니다.");
10      System.out.print("n값: ");
11      int n = stdIn.nextInt();
12
13      int sum = 0;                  // 합
14
15      for (int i = 1; i <= n; i++)
16        sum += i;                   // sum에 i를 더함
17
18      System.out.println("1부터 " + n + "까지의 합은 " + sum + "입니다.");
19    }
20  }
```

실행 결과
1부터 n까지의 합을 구합니다. n값: 5 1부터 5까지의 합은 15입니다.

아래는 for 문의 형식입니다.

> for (초기화 부분; 제어식; 업데이트 부분) 명령문

초기화 부분은 for 문을 실행하기 전에 한 번만 실행합니다. 제어식을 평가한 값이 true이면 for 문의 명령문을 반복합니다. 명령문을 실행한 다음에는 업데이트 부분을 실행합니다. 이 프로그램의 for 문은 카운터용 변수 i값을 1, 2, 3, …으로 1부터 n까지 1씩 증가시키면서 루프 본문인 sum += i;를 실행합니다.

다음은 프로그램에서 합을 구하는 13~16행의 순서도입니다. 육각형의 루프 범위는 반복의 시작 지점과 종료 지점을 가리키는 기호로, 같은 이름을 가진 루프 시작과 루프 종료로 둘러싸인 부분을 반복합니다.

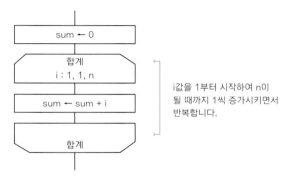

[그림 1-13] 1부터 n까지의 합을 구하는 순서도

Q7 1~10의 합은 (1 + 10) * 5와 같이 구할 수 있습니다. 이를 '가우스의 덧셈'이라고 하는데 이 방법을 이용하여 1부터 n까지의 정수 합을 구하는 프로그램을 작성하세요.

Q8 정수 a, b를 포함하여 그 사이의 모든 정수의 합을 구하여 반환하는 메서드를 작성하세요.

```
static int sumof(int a, int b)
```

ⓖ a와 b의 대소 관계에 상관없이 합을 구하세요. 예를 들어 a가 3, b가 5이면 12를, a가 6, b가 4이면 15를 반환합니다.

🐚 보충수업 1-6 for 문 자세히 알아보기

자바는 일반 for 문과 확장 for 문의 2가지 형식을 제공합니다. 우리가 이번 장에서 살펴볼 형식은 일반 for 문이며, 다음과 같은 문법 규칙을 지켜서 사용해야 합니다.

for 문의 초기화 부분

여기에서 변수를 선언합니다. 하나의 변수를 선언하거나 쉼표로 구분하여 여러 개의 변수를 선언할 수도 있습니다. 이때 for 문의 초기화 부분에서 선언한 변수는 for 문 안에서만 사용할 수 있습니다. 즉, for 문이 종료되면 선언한 변수는 무효가 됩니다. 이 문제를 해결하려면 다음 방법으로 작성하면 됩니다.

• for 문을 종료한 다음에도 변숫값을 사용하려면 다음처럼 for 문 앞에서 변수를 선언합니다.

```
int i;
for (i = 1; i <= n; i++)
  sum += i;
// for 문을 종료한 뒤에도 변수 i값을 사용할 수 있음
```

• 여러 개의 for 문에서 같은 이름의 변수를 사용하려면 각 for 문마다 변수를 선언합니다.

```
for (int i = 1; i <= 5; i++)
  sum += i;
for (int i = 1; i <= 7; i++)
  System.out.println(i);
```

제어식

반복의 계속 조건을 나타내는 식으로 생략할 수 있습니다. 제어식을 생략하면 조건을 true로 간주하여 계속 반복합니다. 이때 루프 본문에 break 문이나 return 문이 없으면 for 문은 영원히 반복하는 무한 루프가 됩니다.

for 문의 업데이트 부분

여기에는 루프 본문을 실행한 뒤에 평가, 실행하는 식을 작성합니다. 이때 쉼표로 구분하여 여러 개의 식을 작성해도 됩니다. 제어식과 마찬가지로 for 문의 업데이트 부분도 생략할 수 있습니다.

양수만 입력받아 1부터 n까지의 합 구하기

실습 1-8의 프로그램을 실행하여 음수인 -5를 입력하면 다음과 같이 출력됩니다.

> 1부터 -5까지의 합은 0입니다.

이 출력 결과는 수학에서는 정확한 표현이 아닙니다. 원래 이 프로그램은 n값으로 양수만 입력받게 해야 합니다. 그렇다면 다음과 같이 수정해 보겠습니다.

Do it! 실습 1-9

• 완성 파일 chap01/SumFor2.java

```java
01  // 양수만 입력하여 1, 2, …, n의 합을 구함
02
03  import java.util.Scanner;
04
05  class SumFor2 {
06    public static void main(String[] args) {
07      Scanner stdIn = new Scanner(System.in);
08      int n;
09
10      System.out.println("1부터 n까지의 합을 구합니다.");
11
12      do {
13        System.out.print("n값: ");
14        n = stdIn.nextInt();
15      } while (n <= 0);
16
17      int sum = 0;            // 합
18
19      for (int i = 1; i <= n; i++)
20        sum += i;            // sum에 i를 더함
21
22      System.out.println("1부터 " + n + "까지의 합은 " + sum + "입니다.");
23    }
24  }
```

n이 0보다 클 때까지 반복합니다.

실행 결과

1부터 n까지의 합을 구합니다.
n값: -6
n값: 0
n값: 10
1부터 10까지의 합은 55입니다.

프로그램을 실행하고 0이나 음숫값을 입력하면 다시 'n값: '이 출력되며 사용자에게 새로 입력할 것을 요구합니다. 실습 1-9는 양수만 입력받기 위해 do while 문으로 프로그램을 작성했습니다.

◎ while 문이나 for 문과 달리 do while 문의 끝에는 세미콜론(;)을 붙입니다.

do while 문은 일단 루프 본문을 한 번 실행한 다음에 계속 반복할 것인지를 판단하는 사후판단반복문입니다. while 문과 마찬가지로 () 안의 제어식을 평가한 값이 true이면 루프 본문의 명령문이 반복됩니다. 다음은 실습 1-9의 12~15행을 순서도로 나타낸 그림입니다.

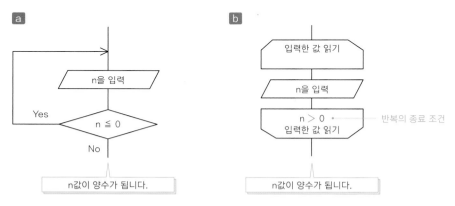

[그림 1-14] 입력한 값이 양수인지 판단하기

a와 b의 순서도는 같은 역할을 합니다. 그런데 반복의 종료 조건을 아래쪽 루프에 쓰는 순서도 b는 사전판단반복과 구별하기 어려우므로 순서도 a를 더 많이 사용합니다. 이 프로그램에서 입력한 n값이 0 이하면 루프 본문이 반복하여 실행됩니다. 그러므로 do while 문을 종료할 때 n값은 반드시 양수이어야 합니다.

> ◯ 조금만 더! **사전판단반복과 사후판단반복의 차이점**
>
> 사전판단반복문인 while 문과 for 문에서는 처음에 제어식을 평가한 결과가 false면 루프 본문은 한 번도 실행되지 않습니다. 이와 달리 사후판단반복문인 do while 문에서는 루프 본문이 반드시 한 번은 실행됩니다. 이것이 사전판단반복과 사후판단반복의 차이점이며, 다음과 같이 정리할 수 있습니다.
>
> • 사전판단반복(while 문, for 문): 루프 본문을 한 번도 실행하지 않을 수 있습니다.
> • 사후판단반복(do wihile 문): 루프 본문을 한 번은 반드시 실행합니다.

Q9 오른쪽 결과와 같이 두 변수 a, b에 정수를 입력하고 b - a를 출력하는 프로그램을 작성하세요.

ⓞ 변수 b에 입력한 값이 a값 이하이면 변수 b값을 다시 입력하세요.

```
a값: 6
b값: 6
a보다 큰 값을 입력하세요!
b값: 8
b - a는 2입니다.
```

Q10 양의 정수를 입력하고 자릿수를 출력하는 프로그램을 작성하세요. 예를 들어 135를 입력하면 '그 수는 3자리입니다.'라고 출력하고, 1314를 입력하면 '그 수는 4자리입니다.'라고 출력합니다.

반복 과정에서 조건 판단하기 1

다음은 1부터 n까지의 합과 그 값을 구하는 과정을 출력하도록 수정한 프로그램입니다.

Do it! 실습 1-10

• 완성 파일 chap01/SumVerbose1.java

```
01  // 1, 2, …, n의 합과 그 값을 구하는 과정을 출력(1)
02  import java.util.Scanner;
03
04  class SumVerbose1 {
05    public static void main(String[] args) {
06      Scanner stdIn = new Scanner(System.in);
07      int n;
08
09      System.out.println("1부터 n까지의 합을 구합니다.");
10
11      do {
12        System.out.print("n값: ");
13        n = stdIn.nextInt();
14      } while (n <= 0);
15
16      int sum = 0;                // 합
17
18      for (int i = 1; i <= n; i++) {
19        if (i < n)               // 중간 과정
20          System.out.print(i + " + ");      ①
21        else                     // 마지막 과정
22          System.out.print(i + " = ");      ②
23        sum += i;                // sum에 i를 더함
24      }
25
26      System.out.println(sum);
27    }
28  }
```

실행 결과

```
1부터 n까지의 합을 구합니다.
n값: 5
1 + 2 + 3 + 4 + 5 = 15
```

이 프로그램에서 더하는 값이 n개일 때 출력할 + 기호는 n − 1개입니다. 실행 결과처럼 더하는 n값이 5개라면 출력하는 + 기호는 4개입니다. 여기서 for 문의 i값을 1부터 n까지 증가시키는 코드는 앞에서 살펴본 실습 1-8과 같습니다. 하지만 실습 1-10의 루프 본문에서는 if else 문을 추가하여 다음 과정을 출력합니다. 이때 for 문은 반복을 n번, if 문은 판단을 n번 합니다.

> 1 중간 과정: 변수 i값 뒤에 +를 출력합니다. 예) "1 + ", "2 + ", "3 + ", "4 + "
> 2 마지막 과정: 변수 i값 뒤에 =을 출력합니다. 예) "5 = "

하지만 실습 1-10과 같이 프로그램을 만드는 것은 바람직하지 않습니다. 예를 들어 n값이 10,000이라면 for 문은 반복을 10,000번 수행합니다. 다시 말해 1~9,999번까지는 판단식 i < n이 성립하므로 1 을 실행하고, 판단식이 성립하지 않아 2 를 실행하는 경우는 단 한 번입니다. 마지막 과정을 한 번 실행하기 위해 무려 10,000번이나 판단해야 하는 셈입니다.

이렇게 마지막 과정을 실행하기 위한 방법을 알고 있는데도 반복할 때마다 항상 조건을 판단하여 실행하는 것은 프로그램의 효율을 떨어트립니다.

그렇다면 실습 1-10을 다음과 같이 수정하면 어떨까요? 앞에서 살펴보았듯이 i값과 n값이 같을 때는 실습 1-11처럼 작성하는 것이 좋습니다.

Do it! 실습 1-11

• 완성 파일 chap01/SumVerbose2.java

```
01    // 1, 2, …, n의 합과 그 값을 구하는 과정을 출력(2)
02
03    import java.util.Scanner;
(… 생략 …)
17
18        for (int i = 1; i < n; i++) {
19            System.out.print(i + " + ");
20            sum += i;          // sum에 i를 더함
21        }
22
23        System.out.print(n + " = ");
24        sum += n;              // sum에 n을 더함
25        System.out.println(sum);
(… 생략 …)
```

1
2

ⓒ 실습 1-11에서 for 문은 반복을 n-1번 하고, if 문에 의한 판단은 없습니다. 실행 결과는 실습 1-10과 같습니다.

이 프로그램은 다음과 같이 2단계로 값을 출력합니다.

> 1 중간 과정: for 문에서 1부터 n - 1까지의 값 뒤에 +를 출력합니다.
> 2 마지막 과정: n값 뒤에 =와 합계를 출력합니다.

실습 1-10과 비교하여 for 문의 반복 횟수가 n번에서 n - 1번으로 줄었고, if 문의 판단 횟수는 n번에서 0번으로 줄었습니다. 다만 반복 횟수가 한 번 줄었지만 2 를 추가 수행하므로 중간 과정의 횟수는 결국 상쇄됩니다.

여기서 복합 대입 연산자를 사용해 대입한 뒤에 왼쪽 피연산잣값을 생성하도록 만들면 2 부분을 다음과 같이 한 줄로 나타낼 수 있습니다.

◎ 단순 대입 연산자(=) 또는 복합 대입 연산자(+=, /= 등)를 사용하면 대입한 뒤 왼쪽 피연산자의 형과 값을 얻을 수 있습니다.

```
System.out.println(n + " = " + (sum += n));
```

◎ 위 코드의 전체 예제 소스는 chap01/SumVersbose2a.java 파일에 있습니다.

예를 들어 변수 a와 b가 int형일 때 대입식 a = 1의 결괏값으로 int형 1을 얻습니다. 이것을 그림으로 표현하면 그림 1-15와 같습니다. 그림처럼 b = a = 1을 실행하면 변수 b에 1이 대입되고, 결괏값으로 int형 1을 얻습니다(변수 a, b 양쪽 모두 1이 대입됩니다).

따라서 n이 5이고 sum이 10이면 대입식 sum += n을 실행한 결괏값은 int형 15입니다.

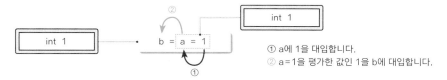

[그림 1-15] 여러 개의 변수에 같은 값을 대입

반복 과정에서 조건 판단하기 2

실습 1-12는 지정한 개수의 기호를 중간에 줄 바꿈 없이 연속해서 보여 주는 프로그램입니다. +, - 기호를 번갈아 출력합니다.

◎ 변수 n값을 읽어 들이는 코드는 생략했습니다. 전체 예제 소스는 chap01/Alternative1.java 파일에서 확인하세요.

• 완성 파일 chap01/Alternative1.java

```
01    // +와 -를 번갈아 출력(1)
02
03    import java.util.Scanner;
04
05    class Alternative1 {
06      public static void main(String[] args) {
07        Scanner stdIn = new Scanner(System.in);
08        int n;
09
10        System.out.println("+와 -를 번갈아 n개 출력합니다.");
11
(… 생략 …)
18        for (int i = 0; i < n; i++)
19          if (i % 2 == 0)              // 짝수
20            System.out.print("+");
21          else                         // 홀수
22            System.out.print("-");
23      }
24    }
```

실행 결과
+와 -를 번갈아 n개 출력합니다. n값: 12 +-+-+-+-+-+-

◎ for 문 반복을 n번, 나눗셈을 n번, if 문 판단을 n번 실행합니다.

for 문에서 변수 i값을 0부터 n-1까지 증가하는 과정을 정리하면 다음과 같습니다.

- i가 짝수(2로 나눈 나머지가 0)이면 +를 출력합니다.
- i가 홀수이면 -를 출력합니다.

그런데 이 프로그램에는 2가지 문제점이 있습니다.

첫째, 반복할 때마다 if 문을 실행해야 합니다. 다시 말해 for 문을 반복할 때마다 if 문을 실행합니다. 따라서 i값이 홀수인지 알아내기 위해 if 문을 모두 n번 실행해야 합니다. 예를 들어 n값이 50,000이면 if 문도 50,000번 실행합니다.

둘째, 변경할 때 유연하게 대응하기 어렵습니다. 이 프로그램의 카운터용 변수인 i값은 0부터 n-1까지 1씩 증가합니다. 만약 i값을 0부터 시작하지 않고 1부터 n까지 증가시키려면 다음과 같이 for 문 전체를 수정해야 합니다.

```
for (int i = 1; i <= n; i++)
  if (i % 2 == 0)                  // 홀수
    System.out.print("-");
  else                             // 짝수
    System.out.print("+");
```

ⓒ 위 코드의 전체 예제 소스는 chap01/Alternative1a.java 파일에 있습니다.

이처럼 for 문의 초기화 부분과 루프 본문인 if 문도 변경해야 합니다. 또한 print( ) 메서드를
호출하는 순서도 바꿔야 합니다. 그렇다면 다음과 같이 수정해 보겠습니다. 실습 1-13은 위
의 문제를 해결하여 작성한 프로그램입니다.

Do it! 실습 1-13   • 완성 파일 chap01/Alternative2.java

```
01   // +와 -를 번갈아 출력(2)
02
03   import java.util.Scanner;
(… 생략 …)
18        for (int i = 0; i < n / 2; i++)    ■1
19          System.out.print("+-");
20
21        if (n % 2 != 0)                     ■2
22          System.out.print("+");
(… 생략 …)
```

ⓒ 실습 1-13에서 for 문 반복을 n/2번, 나눗셈을 2번, if 문 판단을 한 번 합니다. 실행 결과는 실습 1-12와 같습니다.

수정한 프로그램을 그림 1-16과 함께 자세히 살펴보겠습니다.

■1 for 문은 +-를 n / 2회 출력합니다. 예를 들어 n값이 12이면 6번, 15이면 7번 출력합니다.
그러므로 그림1-16의 ⓐ 처럼 n이 짝수이면 18~19행만으로 출력을 완료합니다.

■2 n이 홀수일 때에만 +를 출력합니다. 그림 1-16의 ⓑ 처럼 n이 홀수이면 마지막에 +를 출
력하고 완료합니다.

이 프로그램에서는 반복할 때마다 if 문의 판단을 실행할 필요가 없습니다. 그러므로 if 문의
판단은 ■2에서 한 번만 실행됩니다. 또한 나눗셈 횟수도 ■1의 n / 2와 ■2의 n % 2를 실행한 것
처럼 2번으로 줄었습니다.

a n이 짝수인 경우의 출력

```
n값: 12
+-+-+-+-+-+-
```

b n이 홀수인 경우의 출력

```
n값: 15
+-+-+-+-+-+-+-+
```

1 +-를 n / 2개 출력

2 + 출력

[그림 1-16] 기호 +, -를 번갈아 출력

또한 카운터용 변수 i값의 시작을 1로 바꾸는 것도 유연하게 대응할 수 있습니다. **1** 의 for 문을 다음과 같이 변경하면 됩니다. for 문의 초기화 부분만 변경하고 루프 본문은 그대로 둡니다.

```java
for (int i = 1; i <= n / 2; i++)
  System.out.print("+-");
```

◎ 위 코드의 전체 예제 소스는 chap01/Alternative2a.java 파일에 있습니다.

반복 과정에서 조건 판단하기 3

다음은 *를 n개 출력하되 w개마다 줄 바꿈을 하는 프로그램입니다.

Do it! 실습 1-14

• 완성 파일 chap01/PrintStars1.java

```java
01  // *를 n개 출력하되 w개마다 줄 바꿈(1)
02
03  import java.util.Scanner;
04
05  class PrintStars1 {
06    public static void main(String[] args) {
07      Scanner stdIn = new Scanner(System.in);
08      int n, w;
09
10      System.out.println("*를 n개 출력하되 w개마다 줄을 바꿔서 출력합니다.");
11
12      do {
13        System.out.print("n값: ");
14        n = stdIn.nextInt();
15      } while (n <= 0);
16
17      do {
```

실행 결과

```
*를 n개 출력하되 w개마다 줄을 바
꿔서 출력합니다.
n값: 14
w값: 5
*****
*****
****
```

```
18          System.out.print("w값: ");
19          w = stdIn.nextInt();
20      } while (w <= 0 || w > n);
21
22      for (int i = 0; i < n; i++) {
23          System.out.print("*");
24          if (i % w == w - 1)
25              System.out.println();          // 줄 바꿈        1
26      }
27      if (n % w != 0)
28          System.out.println();              // 줄 바꿈        2
29  }
30 }
```

ⓒ for 문 반복을 n번, if 문 판단을 n+1번 실행합니다.

이 프로그램은 변수 i값을 1씩 증가시키면서 *를 출력합니다. 줄 바꿈은 다음과 같이 두 곳에서 실행합니다. 그림 1-17과 함께 살펴보겠습니다.

1 for 문에서 변수 i값을 w값으로 나눈 나머지가 w−1일 때 줄 바꿈을 합니다. 그림 1-17처럼 w값이 5라면 i값이 4, 9, 14일 때 줄 바꿈을 합니다.

2 그림 ⓐ 처럼 n값이 w값의 배수이면 15번째 *를 출력한 뒤에 마지막 줄 바꿈을 하면 됩니다. 그러나 그림 ⓑ 처럼 n값이 w값의 배수가 아니라면 마지막 줄 바꿈은 2 에서 합니다. 즉, 여기서는 n값이 w값의 배수가 아닐 때만 줄 바꿈을 합니다.

[그림 1-17] *를 n개 출력하되 w개마다 줄 바꿈(1)

그런데 실습 1-14는 for 문을 반복할 때마다 if 문을 실행하므로 효율적이지 않습니다. 이를 실습 1-15와 같이 개선할 수 있습니다.

Do it! 실습 1-15

```
01    // *를 n개 출력하되 w개마다 줄 바꿈(2)
(… 생략 …)
23          for (int i = 0; i < n / w; i++)
24            System.out.println("*".repeat(w));          ①
25
26          int rest = n % w;
27          if (rest != 0)                                ②
28            System.out.println("*".repeat(rest));
(… 생략 …)
```

ⓒ for 문 반복을 n/w번, if 문 판단을 한 번 실행합니다. 실행 결과는 실습 1-14와 같습니다.

이 프로그램은 다음과 같이 2단계로 구성되어 있습니다. 그림 1-18과 함께 살펴보겠습니다.

① *를 w개 출력하면서 n/w번 실행합니다. 즉, for 문에서 *를 w개 출력하는 것을 n/w번 실행합니다. 예를 들어 n값이 15이고 w값이 5이면 *****를 3번 출력합니다. n값이 14이고 w 값이 5이면 *****를 2번 출력합니다. n값이 w값의 배수이면 이 단계에서 출력을 완료합니다.

ⓒ 메서드 호출식 "*".repeat(w)는 *를 w번 반복한 문자열을 생성하여 반환합니다. 메서드 repeat( )는 String 클래스에 들어 있는 인스턴스 메서드입니다. 예를 들어 "ABC".repeat(3)을 호출하면 "ABCABCABC"를 반환합니다. 또한 String 클래스형 변수 s에 문자열 G12를 넣고 s.repeat(2)를 호출하면 "G12G12"를 반환합니다.

② *를 n % w번 출력하고 줄 바꿈을 합니다. 즉, n값이 w값의 배수가 아니라면 남아 있는 마지막 줄 바꿈을 합니다. n값을 w값으로 나눈 나머지를 구하여 변수 rest에 넣고 *를 rest개 출력한 다음 줄 바꿈을 합니다. 예를 들어 n값이 14이고 w값이 5이면 rest에는 4가 저장됩니다. 또한 n값이 w값의 배수이면 rest는 0이므로 *를 출력하거나 줄 바꿈을 하지 않습니다.

[그림 1-18] *를 n개 출력하되 w개마다 줄 바꿈(2)

다음 실습 1C-2는 2자리의 양수를 입력받는 프로그램입니다.

Do it! 실습 1C-2

• 완성 파일 chap01/TwoDigits.java

```
01   // 2자리의 양수(10~99)를 입력
02
03   import java.util.Scanner;
04
05   class TwoDigits {
06     public static void main(String[] args) {
07       Scanner stdIn = new Scanner(System.in);
08       int no;
09
10       System.out.println("2자리의 양수를 입력하세요.");
11
12       do {
13         System.out.print("no값: ");
14         no = stdIn.nextInt();
15       } while (no < 10 || no > 99);
16
17       System.out.println("변수 no값은 " + no + "이 되었습니다.");
18     }
19   }
```

실행 결과
2자리의 양수를 입력하세요.
no값: 5
no값: 105
no값: 57
변수 no값은 57이 되었습니다.

이 프로그램은 앞에서 살펴본 실습 1-9와 같이 do while 문을 사용하여 입력받은 값이 양수인지 확인합니다. 이때 15행의 제어식에서 변수 no에 입력한 값이 10보다 작거나 99보다 크면 루프 본문을 반복합니다. 여기서 사용한 ||(OR)는 논리합 연산자입니다. 논리 연산을 하는 또 다른 연산자로 논리곱 연산자 &&(AND)가 있습니다. 이 두 연산자가 하는 일을 그림 1C-5로 정리했습니다.

a 논리곱(AND)　　둘 다 참이면 참

x	y	x && y
참	참	참
참	거짓	거짓
거짓	참	거짓
거짓	거짓	거짓

b 논리합(OR)　　하나라도 참이면 참

x	y	x || y
참	참	참
참	거짓	참
거짓	참	참
거짓	거짓	거짓

[그림 1C-5] 논리곱, 논리합 연산자

논리 연산자의 단축 평가

no값이 5인 경우 식 no < 10의 평갓값은 true이므로 오른쪽 피연산자 no > 99를 평가하지 않아도 제어식 no < 10 ¦¦ no > 99의 값이 true가 됩니다. 왼쪽 피연산자 x와 오른쪽 피연산자 y 중 어느 하나라도 true면 논리식 x ¦¦ y의 값은 true가 되기 때문입니다. 그러므로 ¦¦ 연산자의 왼쪽 피연산자를 평가한 값이 true면 오른쪽 피연산자는 평가하지 않습니다.

마찬가지로 && 연산자의 경우 왼쪽 피연산자를 평가한 값이 false면 오른쪽 피연산자는 평가하지 않습니다. 이처럼 논리 연산의 식 전체를 평가한 결과가 왼쪽 피연산자의 평가 결과만으로 결정되는 경우 오른쪽 피연산자를 평가하지 않는데 이를 단축 평가(short circuit evaluation)라고 합니다.

드모르간 법칙

실습 1C-2에서 15행의 제어식을 논리 부정 연산자 !(NOT)을 사용하여 고치면 다음과 같습니다.

ⓖ 논리 부정 연산자는 피연산자가 true면 false를, false면 true를 만드는 단항 연산자입니다

```
!(no >= 10 && no <= 99)
```

드모르간 법칙(De Morgan's laws)은 '각 조건을 부정하고 논리곱을 논리합으로, 논리합을 논리곱으로 바꾸고 다시 전체를 부정하면, 원래의 조건과 같다'라는 것입니다. 이 법칙은 일반적으로 다음과 같이 표현합니다.

> 1️⃣ x && y와 !(!x ¦¦ !y)는 같습니다.
> 2️⃣ x ¦¦ y와 !(!x && !y)는 같습니다.

실습 1C-2의 제어식 no < 10 ¦¦ no > 99는 반복을 계속하는 '계속 조건'인 반면 위의 식 !(no >= 10 && no <= 99)는 반복을 종료하는 '종료 조건'의 부정입니다. 다음 그림 1C-6에 그 관계를 나타냈습니다.

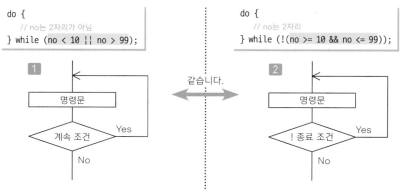

[그림 1C-6] 반복의 계속 조건과 종료 조건

다중 루프 다루기

지금까지 다룬 프로그램은 단순한 반복을 수행했습니다. 하지만 반복 안에서 다시 반복할 수
도 있습니다. 이런 반복을 루프가 중첩되는 수준에 따라 '이중 루프, 삼중 루프'라고 합니다.

곱셈표

실습 1-16은 이중 루프를 사용하여 구구단 곱셈표를 출력하는 프로그램입니다.

Do it! 실습 1-16

• 완성 파일 chap01/Multi99Table.java

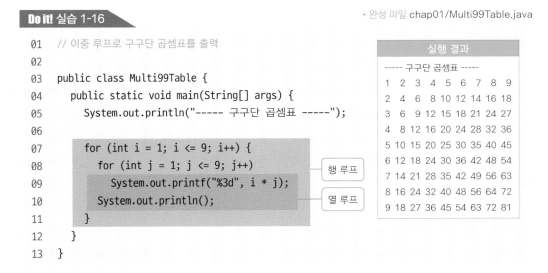

```
01    // 이중 루프로 구구단 곱셈표를 출력
02
03    public class Multi99Table {
04      public static void main(String[] args) {
05        System.out.println("----- 구구단 곱셈표 -----");
06
07        for (int i = 1; i <= 9; i++) {        행 루프
08          for (int j = 1; j <= 9; j++)
09            System.out.printf("%3d", i * j);
10          System.out.println();              열 루프
11        }
12      }
13    }
```

실행 결과

```
----- 구구단 곱셈표 -----
1  2  3  4  5  6  7  8  9
2  4  6  8 10 12 14 16 18
3  6  9 12 15 18 21 24 27
4  8 12 16 20 24 28 32 36
5 10 15 20 25 30 35 40 45
6 12 18 24 30 36 42 48 54
7 14 21 28 35 42 49 56 63
8 16 24 32 40 48 56 64 72
9 18 27 36 45 54 63 72 81
```

다음 그림 1-19는 실습 1-16의 07~11행을 실행하는 순서도입니다. 순서도의 오른쪽에 있
는 그림은 변수 i값과 j값의 변화를 각각 ●와 ●로 나타냈습니다. 이때 바깥쪽 for 문(행 루
프)은 i값을 1~9까지 1씩 증가시키며 1행, 2행, …, 9행을 출력합니다. 다시 말해 바깥쪽 for
문은 세로 방향을 반복합니다.

그리고 각 행에서 실행하는 안쪽 for 문(열 루프)은 변수 j값을 1~9까지 1씩 증가시킵니다. 이
것은 각 행 안에서 반복하는 가로 방향을 반복합니다.

정리하면 변수 i값이 1~9까지 증가하면서 행은 9번 반복합니다. 각각의 반복에서 변수 j값이

1~9까지 증가하면서 열은 9번 반복합니다. 열의 반복을 종료한 후 줄 바꿈 문자인 System.
out.println( );을 출력하고 그다음 행으로 이동합니다.

따라서 이 이중 루프는 다음과 같이 처리됩니다.

> i가 1일 때: j를 1 ⇨ 9로 증가시키면서 1 * j를 출력하고, 줄 바꿈을 합니다.
> i가 2일 때: j를 1 ⇨ 9로 증가시키면서 2 * j를 출력하고, 줄 바꿈을 합니다.
> i가 3일 때: j를 1 ⇨ 9로 증가시키면서 3 * j를 출력하고, 줄 바꿈을 합니다.
> (… 생략 …)
> i가 9일 때: j를 1 ⇨ 9로 증가시키면서 9 * j를 출력하고, 줄 바꿈을 합니다.

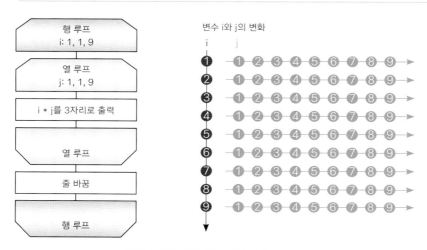

[그림 1-19] 구구단 곱셈표를 출력하는 순서도

**연습
문제**

Q11 오른쪽 결과와 같이 위쪽과 왼쪽에 곱하는 수가 있는 구
구단 곱셈표를 출력하는 프로그램을 작성하세요.
　😊 구분선은 수직선(|), 마이너스(-), 플러스(+) 기호를 사용하세요.

```
  | 1  2  3  4  5  6  7  8  9
--+--------------------------
1 | 1  2  3  4  5  6  7  8  9
2 | 2  4  6  8 10 12 14 16 18
3 | 3  6  9 12 15 18 21 24 27
4 | 4  8 12 16 20 24 28 32 36
5 | 5 10 15 20 25 30 35 40 45
6 | 6 12 18 24 30 36 42 48 54
7 | 7 14 21 28 35 42 49 56 63
8 | 8 16 24 32 40 48 56 64 72
9 | 9 18 27 36 45 54 63 72 81
```

Q12 구구단 곱셈표를 변형하여 곱셈이 아니라 덧셈을 출력하는 프로그램을 작성하세요.
　😊 Q11과 같이 표의 위쪽과 왼쪽에 더하는 수를 출력하세요.

Q13 오른쪽 결과와 같이 입력한 수를 한 변으로 하는 정사각
형을 *로 출력하는 프로그램을 작성하세요.

```
정사각형을 출력합니다.
변의 길이: 5
*****
*****
*****
*****
*****
```

보충수업 1-8 카운터용 변수의 이름은 왜 i나 j일까요?

많은 프로그래머들이 for 문과 같은 반복문을 제어하는 변수로 i나 j를 사용합니다. 그 역사는 과학 계산용 프로그래밍 언어인 포트란(FORTRAN)의 초기 시대로 거슬러 올라갑니다. 이 언어에서 변수는 기본적으로 실수형입니다. 그러나 이름의 첫 문자가 I, J, …, N인 변수는 자동으로 정수형으로 간주했습니다. 그러므로 반복을 제어하는 변수로 I, J, …를 사용하는 것이 가장 쉽고 편리한 방법이었습니다.

직각이등변삼각형 출력하기

이중 루프를 응용하면 기호를 나열하여 삼각형이나 사각형으로 출력할 수 있습니다. 실습 1-17은 왼쪽 아래가 직각인 이등변삼각형을 출력하는 프로그램입니다.

ⓒ 변수 n값은 양수로 입력합니다.

Do it! 실습 1-17
• 완성 파일 chap01/TriangleLB.java

```java
01  // 왼쪽 아래가 직각인 이등변삼각형을 출력
02
03  import java.util.Scanner;
04
05  public class TriangleLB {
06    public static void main(String[] args) {
07      Scanner stdIn = new Scanner(System.in);
08      int n;
09
10      System.out.println("왼쪽 아래가 직각인 이등변삼각형을 출력합니다.");
11
12      do {
13        System.out.print("몇 단 삼각형입니까?: ");          직각이등변삼각형의 단 수를 입력합니다.
14        n = stdIn.nextInt();
15      } while (n <= 0);
16
17      for (int i = 1; i <= n; i++) {          행 루프
18        for (int j = 1; j <= i; j++)          열 루프
19          System.out.print('*');
20        System.out.println();
21      }
22    }
23  }
```

실행 결과

```
왼쪽 아래가 직각인 이등변삼각형
을 출력합니다.
몇 단 삼각형입니까?: 5
*
**
***
****
*****
```

그림 1-20은 직각이등변삼각형을 출력하는 17~22행의 순서도입니다. 이 순서도의 오른쪽 그림은 변수 i와 j의 변화를 나타낸 것입니다. n값이 5인 경우 어떤 과정으로 처리되는지 살펴보겠습니다.

바깥쪽 for 문(행 루프)은 변수 i값을 1부터 n, 즉 5까지 증가시킵니다. 이것은 삼각형의 각 행에 대응하는 세로 방향을 반복합니다. 안쪽 for 문(열 루프)은 변수 j값을 1부터 i까지 증가시키면서 출력합니다.

따라서 이 프로그램의 이중 루프는 다음처럼 처리됩니다.

- i가 1일 때: j를 1 ⇨ 1로 증가시키면서 *를 출력하고, 줄 바꿈을 합니다.   (*)
- i가 2일 때: j를 1 ⇨ 2로 증가시키면서 *를 출력하고, 줄 바꿈을 합니다.   (**)
- i가 3일 때: j를 1 ⇨ 3으로 증가시키면서 *를 출력하고, 줄 바꿈을 합니다.   (***)
- i가 4일 때: j를 1 ⇨ 4로 증가시키면서 *를 출력하고, 줄 바꿈을 합니다.   (****)
- i가 5일 때: j를 1 ⇨ 5로 증가시키면서 *를 출력하고, 줄 바꿈을 합니다.   (*****)

이 삼각형을 위에서부터 1~n행이라고 하면 i행에는 *를 i개 출력하고 마지막 n행에는 *를 n개 출력합니다.

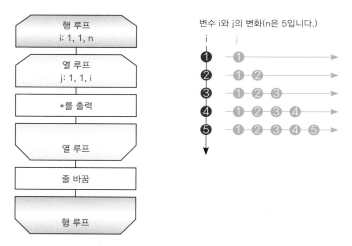

[그림 1-20] 왼쪽 아래가 직각인 이등변삼각형을 출력하는 순서도

Q14 직각이등변삼각형을 출력하는 부분을 아래와 같은 형식의 메서드로 작성하세요.

```
static void triangleLB(int n)        // 왼쪽 아래가 직각인 이등변삼각형을 출력
```

또, 왼쪽 위, 오른쪽 위, 오른쪽 아래가 직각인 이등변삼각형을 출력하는 메서드를 각각 작성하세요.

```
static void triangleLU(int n)        // 왼쪽 위가 직각인 이등변삼각형을 출력
static void triangleRU(int n)        // 오른쪽 위가 직각인 이등변삼각형을 출력
static void triangleRB(int n)        // 오른쪽 아래가 직각인 이등변삼각형을 출력
```

Q15 n단의 피라미드를 출력하는 메서드를 작성하세요(오른쪽은 4단의 예).

```
       *
      ***
     *****
    *******
```

```
static void spira(int n)
```

☺ i행에는 (i - 1) * 2 + 1개의 *가 출력되게 하세요. 마지막 n행에는 (n - 1) * 2 + 1개의
*를 출력하게 됩니다.

Q16 오른쪽과 같이 아래를 향한 n단의 숫자 피라미드를 출력하는 메서드를 작
성하세요.

```
       1
      222
     33333
    4444444
```

```
static void npira(int n)
```

☺ i행에 출력하는 숫자는 i % 10으로 구하세요.

02

기본 자료구조

02-1 배열이란?

01장에서는 알고리즘의 정의와 기본 알고리즘을 알아봤습니다. 여기서는 간단한 자료구조 (data structure)인 배열을 살펴보겠습니다.

자료구조 정의하기

배열을 공부하려면 자료구조가 무엇인지 알아야 합니다. 자료구조는 다음과 같이 정의할 수 있습니다.

> 데이터 단위와 데이터 자체 사이의 물리적 또는 논리적인 관계

◎ 여기에서 데이터 단위란 데이터를 구성하는 하나의 덩어리라고 생각하면 됩니다. 그리고 자료구조는 쉽게 말해 자료를 효율적으로 사용할 수 있도록 컴퓨터에 저장하는 방법을 말합니다.

배열 다루기

시험 점수를 집계하여 처리하는 것을 생각해 보겠습니다. 그림 2-1은 각 학생의 점수에 변수를 하나씩 할당한 상태를 나타냅니다.

[그림 2-1] 제각각 정의된 변수의 집합

그림 2-1과 같이 각각 변수를 만들면 변수 이름을 잘못 입력할 수도 있고, 변수 이름을 관리하기도 어렵습니다. 이런 경우 학생들의 점수를 저장할 변수 이름을 학번처럼 '몇 번째'라고 지정하면 편리합니다. 이때 사용하는 기본적이고 간단한 자료구조가 배열(array)입니다. 배열은 같은 자료형의 변수인 구성 요소(component)가 모인 것입니다. 배열 구성 요소의 자료형은 int형이나 double형 등 어떤 형이든 상관없습니다.

시험 점수는 정숫값이므로 구성 요소의 자료형이 int형인 배열을 예로 들어 살펴보겠습니다.
먼저 배열은 다음의 방식으로 선언합니다.

```
int[] a;    // 구성 요소의 자료형이 int형인 배열
```

그런데 배열 선언에서 만들어지는 a는 배열 변수(array variable)라고 부르는 특수한 변수일
뿐 배열 그 자체는 아닙니다. 배열 본체는 연산자 new를 사용하여 생성합니다. 예를 들어 구
성 요소의 자료형이 int형이고 구성 요소가 5개인 배열은 다음과 같이 배열 본체를 생성하고,
그것을 배열 변수 a가 참조하도록 연결합니다.

```
a = new int[5];   // new를 사용하여 배열 본체를 생성한 뒤 배열 변수 a와 연결
```

◎ 위와 같이 선언하면 생성한 배열 본체를 참조할 수 있습니다. 왼쪽 피연산자인 배열 a에 참조하는 곳을 대입하여 배열 변
수 a와 배열 본체를 연결합니다.

그림 2-2는 대입한 뒤의 배열 상태를 나타냅니다. 배열 변수에서 배열 본체로 향하는 화살표
는 참조를 의미합니다. 배열 본체 내부는 같은 형의 구성 요소가 직선 모양으로 연속하여 줄
지어 있습니다.

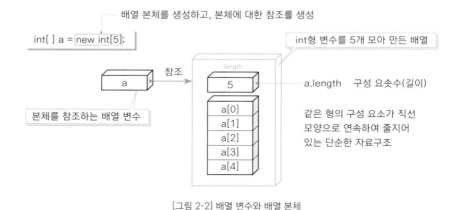

[그림 2-2] 배열 변수와 배열 본체

그림 2-2에 있는 코드는 배열 본체 생성과 배열 변수 연결을 하나의 선언으로 수행합니다.
즉, 배열 본체를 생성하는 new 식을 배열 변수의 초기자(initializer)로 사용합니다.

인덱스 식과 구성 요소

배열 본체 안의 구성 요소에 접근(access)하려면 정수형 인덱스를 연산자 [ ] 안에 넣은 인덱스 식을 사용합니다.

> 배열 변수 이름[인덱스]   // 배열 안의 특정 구성 요소에 접근

첫 번째 배열 요소의 인덱스는 0입니다. 따라서 각 구성 요소에 접근하는 인덱스 식은 처음부터 순서대로 a[0], a[1], a[2], a[3], a[4]입니다. 다시 말해 표현식 a[i]는 배열 a에서 처음부터 i개 뒤의 구성 요소에 접근합니다.

ⓒ 구성 요소가 n개인 배열의 구성 요소는 a[0], a[1], …, a[n-1]입니다. a[n]은 존재하지 않습니다.

배열 a의 모든 구성 요소는 int형이고, 각각의 요소는 배열이 아니라 단일로 선언한 int형 변수와 성질이 같습니다. 그러므로 각 요소에 자유롭게 int형의 값을 대입하거나 꺼낼 수 있습니다.

구성 요솟수(길이)

그림 2-2에 나타나 있듯이, 배열 본체와 함께 구성 요소의 개수인 구성 요솟수를 나타내는 length라는 변수가 만들어집니다. 배열의 구성 요솟수는 배열의 길이(length)라고도 합니다. 배열의 구성 요솟수는 다음과 같은 식으로 구할 수 있습니다.

> 배열 변수 이름.length   // 배열의 구성 요솟수

기본값

실습 2-1의 프로그램에서 배열의 특성을 확인해 보겠습니다.

Do it! 실습 2-1

• 완성 파일 chap02/IntArray.java

```
01    // 구성 요소의 자료형이 int형인 배열(구성 요솟수는 5: new에 의해  본체를 생성)
02
03    class IntArray {
04      public static void main(String[] args) {
05        int[] a = new int[5]; // 배열의 선언
06
07        a[1] = 37;          // a[1]에 37을 대입
08        a[2] = 51;          // a[2]에 51을 대입
09        a[4] = a[1] * 2;    // a[4]에 a[1] * 2, 곧 74를 대입
```

실행 결과
a[0] = 0
a[1] = 37
a[2] = 51
a[3] = 0
a[4] = 74

```
10
11        for (int i = 0; i < a.length; i++)   // 각 요솟값을 출력
12            System.out.println("a[" + i + "] = " + a[i]);
13    }
14 }
```

> 💬 **조금만 더!** **배열의 자료형은 구분해서 사용하세요**
>
> 실습 2-1에서 배열 a의 각 요소의 자료형은 int형이고 배열 a의 자료형은 int[5]형입니다. 다시 말해 a[0]
> 은 int형, a는 int[5]형입니다. 예를 들어 int a = new int[5]라고 선언하면 배열 a는 a[0], a[1], a[2],
> a[3], a[4]로 총 5개의 int형 저장 공간을 차지합니다.

배열 a는 구성 요소의 자료형이 int형이고 구성 요솟수가 5입니다. 실습 2-1의
프로그램에서는 3개의 구성 요소에 값을 대입합니다. 그림 2-3은 대입 후 배
열 본체의 모습입니다.

[그림 2-3]
실습 2-1의 배열

◎ 그림 2-3에서 상자 밖의 작은 숫자는 인덱스값이고, 상자 안의 숫자는 구성 요솟값입니다.

```
int[] a;                 // 선언하기
a = new int[5];          // 참조하기
```

이 프로그램의 실행 결과를 보면 값을 대입하지 않은 a[0]과
a[3]의 값이 0인 것을 알 수 있습니다. 배열의 구성 요소는
자동으로 0으로 초기화되는 규칙이 있습니다. 이 점은 보통
의 변수와 크게 다르므로(보충수업 2-1) 꼭 기억해 둡시다.
배열을 생성할 때 각 구성 요소에 넣는 초깃값을 기본값
(default value)이라고 합니다. 각 자료형의 기본값을 모아
정리한 것이 표 2-1입니다.

◎ 기본값은 '일부러 값을 설정하지 않아도 기본으로 값이 설정된다'는 사전적
의미가 있습니다. IT 업계에서는 기본값을 흔히 디폴트값이라고 합니다.

모든 자료형에서 기본값은 0 또는 0에 가까운 값입니다.

◎ 배열의 구성 요소뿐만 아니라 클래스의 필드(인스턴스 변수와 클래스 변수)
도 이 표 2-1의 기본값으로 초기화됩니다.

[표 2-1] 각 자료형의 기본값

자료형	기본값
byte	zero, 곧 (byte)0
short	zero, 곧 (short)0
int	zero, 곧 0
long	zero, 곧 0L
float	zero, 곧 0.0f
double	zero, 곧 0.0d
char	널(null) 문자, 곧 '\u0000'
boolean	거짓, 곧 false
참조형	널(null) 참조, 곧 null

배열의 요솟값을 초기화하며 배열 선언하기

배열 본체는 new 연산자뿐만 아니라 배열 초기화(array initializer)에서도 생성할 수 있습니다. 배열 초기화를 사용하면 배열 본체의 생성과 동시에 각 구성 요소를 특정값으로 초기화할 수 있습니다. 실습 2-2에서 배열 초기화를 사용한 프로그램을 실습해 보겠습니다.

• 완성 파일 chap02/IntArrayInit.java

Do it! 실습 2-2

```
01    // 구성 요소의 자료형이 int형인 배열(구성 요솟수는 5: 배열 초기화에 의해 생성)
02
03    class IntArrayInit {
04      public static void main(String[] args) {
05        int[] a = {1, 2, 3, 4, 5};    // 배열 초기화에 의해  생성
06
07        for (int i = 0; i < a.length; i++)
08          System.out.println("a[" + i + "] = " + a[i]);
09      }
10    }
```

실행 결과
a[0] = 1
a[1] = 2
a[2] = 3
a[3] = 4
a[4] = 5

배열 변수를 선언하면서 동시에 배열 a를 초기화하는 부분을 05행에서 살펴보겠습니다. 각 구성 요소의 기본값을 맨 앞부터 순서대로 쉼표(,) 로 구분하여 나열하고 {}로 둘러싼 부분입니다. 이렇게 하면 배열 a의 구성 요소 a[0], a[1], a[2], a[3], a[4]는 각각 처음부터 순서대로 1, 2, 3, 4, 5로 초기화됩니다.

그림 2-4는 배열 **a**의 본체를 나타냅니다. 네모 칸 안에 적힌 숫자나 문자가 요솟값이고, 네모 칸의 왼쪽 또는 위쪽에 적힌 작은 숫자가 인덱스입니다.

◎ 그림 **a**처럼 요소를 세로로 정렬할 때는 인덱스가 작은 요소를 위쪽에, 그림 **b**처럼 요소를 가로로 정렬할 때는 인덱스가 작은 요소를 왼쪽에 오도록 합니다. 이때 배열 변수와 length는 특별히 필요한 경우를 제외하고 생략합니다.

일반적으로 구성 요소의 자료형이 Type인 배열을 'Type형 배열'이라고 부릅니다. 이를테면 실습 2-2에서 배열 a는 'int형 배열'입니다.

앞으로 구성 요소를 '요소', 구성 요솟수를 '요솟수'라고 하겠습니다.

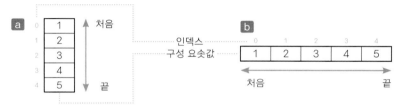

[그림 2-4] 배열의 표기

배열 요소의 최댓값 구하기

배열 요소의 최댓값을 구하는 과정을 살펴보겠습니다. 배열 a의 요소가 3개일 때 세 요소 a[0], a[1], a[2] 중 최댓값은 다음 코드처럼 구할 수 있습니다.

```
max = a[0];
if (a[1] > max) max = a[1];      요솟수가 3이면 if 문을 2회 실행
if (a[2] > max) max = a[2];
```

변수 이름이 다른 점을 제외하면 실습 1-1에서 살펴본 세 값의 최댓값을 구하는 프로그램과 과정이 동일합니다. 물론 요소가 4개면 다음처럼 작성해야 합니다.

```
max = a[0];
if (a[1] > max) max = a[1];      요솟수가 4이면 if 문을 3회 실행
if (a[2] > max) max = a[2];
if (a[3] > max) max = a[3];
```

먼저 배열의 요솟수와 관계없이 첫 번째 요소 a[0]의 값을 max에 대입합니다. 그런 다음 if 문을 실행하는 과정에서 필요에 따라 max값을 새로 대입합니다. 요솟수가 n이면 if 문 실행은 n − 1 번 필요합니다. 이때 max와 비교하거나 max에 대입하는 요소의 인덱스는 1씩 증가합니다. 그러므로 a[0], a[1], …, a[n − 1]의 최댓값을 구하는 프로그램은 다음처럼 구현할 수 있습니다.

```
max = a[0];
for (int i = 1; i < n; i++)      요솟수가 n이면 if 문을 n-1회 실행
    if (a[i] > max) max = a[i];
```

이 코드의 순서도는 다음과 같습니다.

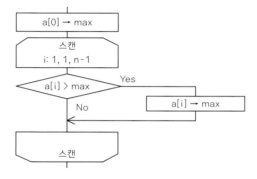

[그림 2-5] 배열 요소의 최댓값을 구하는 알고리즘

배열 a의 요소에서 최댓값을 구하는 과정은 다음과 같습니다.

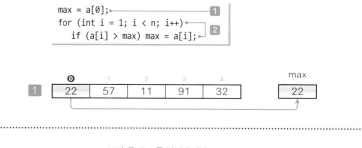

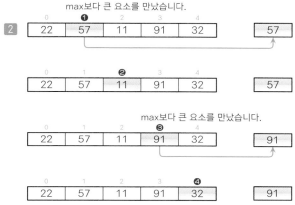

[그림 2-6] 배열 요소의 최댓값을 구하는 과정 예

그림 2-6에서 ● 안의 값은 우리가 조사할 요소의 인덱스입니다. 조사할 요소는 첫 번째부터 시작하여 하나씩 뒤쪽으로 진행합니다. 1 에서는 a[0]를 조사하고 a[0]의 값을 max에 대입합니다. 그리고 2 의 for 문에서는 a[1]부터 마지막 요소 a[n − 1]까지 차례로 조사합니다. 이처럼 배열 요소를 하나씩 차례로 조사하는 과정을 알고리즘 용어로 주사(走査, traverse) 또는 스캔이라고 합니다.

◎ 이 책에서는 '주사' 대신 '스캔'이라는 용어를 사용하겠습니다.

> ● 조금만 더! **주사의 정확한 뜻이 궁금해요!**
>
> 주사(走査)는 원래 텔레비전 화면이나 사진을 전송할 때 화면을 여러 개의 점으로 나눠 그 점을 전기 신호로 바꾸는 일 또는 이 전기 신호에서 점을 조립하여 화면을 재구성하는 것을 말합니다. 즉, 스캐닝(scanning)을 의미합니다. 이 책에서 주사는 데이터를 하나씩 지나면서(走, 달릴 **주**) 살피고 조사하는(査, 조사할 **사**) 일을 말합니다. 영어로는 traverse라고 하는데, 이는 '가로지르다', '횡단하다'라는 뜻입니다.

②의 스캔 과정에서 if 문의 제어식 a[i] > max가 참일 때(조사하고 있는 요소 a[i]값이 최댓
값 max보다 클 때) a[i]값을 max에 대입합니다. 결과적으로 배열의 모든 요소에 대해 스캔을
완료한 시점에 배열 a의 최대 요솟값은 max에 대입됩니다.

값을 대입하지 않은 지역 변수

본문에서 배운 대로 배열의 구성 요소와 클래스의 필드는 기본값으로 초기화됩니다. 그러나 메서드 안
에서 선언한 지역 변수는 기본값으로 초기화되지 않습니다. 즉, 변수를 만들어도 초기화는 수행되지 않
습니다. 자바에서는 초기화나 대입을 통해 값이 들어가는데, 그렇지 않은 변수, 곧 값이 들어 있지 않은
변수에서 값을 꺼낼 수는 없습니다. 따라서 다음 프로그램은 컴파일 오류가 발생합니다.

```
int a;
// 값이 들어 있지 않은 변수에서 값을 꺼내려고 함
System.out.println( "a값은 " + a + "입니다.");        // 컴파일 오류
```

프로그램 실행 중 배열의 요솟수 결정하기

배열 요소의 최댓값을 구하는 프로그램을 실습 2-3에서 살펴보겠습니다.

Do it! 실습 2-3

• 완성 파일 chap02/MaxOfArray.java

```
01    // 배열 요소의 최댓값 출력(값을 입력받음)
02
03    import java.util.Scanner;
04
05    class MaxOfArray {
06      // 배열 a의 최댓값을 구하여 반환
07      static int maxOf(int[] a) {
08        int max = a[0];
09        for (int i = 1; i < a.length; i++)
10          if (a[i] > max)
11            max = a[i];
12        return max;
13      }
14
15      public static void main(String[] args) {
16        Scanner stdIn = new Scanner(System.in);
17
18        System.out.println("키의 최댓값을 구합니다.");
```

실행 결과
키의 최댓값을 구합니다.
사람 수: 5
height[0]: 172
height[1]: 153
height[2]: 192
height[3]: 140
height[4]: 165
최댓값은 192입니다.

```
19        System.out.print("사람 수: ");
20        int num = stdIn.nextInt();        // 배열의 요솟수를 입력받음
21
22        int[] height = new int[num];      // 요솟수가 num인 배열을 생성
23
24        for (int i = 0; i < num; i++) {
25          System.out.print("height[" + i + "]:");
26          height[i] = stdIn.nextInt();
27        }
28
29        System.out.println("최댓값은" + maxOf(height) + "입니다.");
30      }
31    }
```

배열의 요소를 구하는 절차를 별도의 메서드 maxOf로 구현하고 있습니다. 이 메서드는 인수
로 받은 배열 a의 최댓값을 구하고 그 값을 반환합니다.

◎ 메서드 본체의 코드는 앞에서 살펴본 배열 요소의 최댓값을 구하는 프로그램과 같습니다. 다만 반복 종료 조건을 판단하기
위하여 제어식을 i < n이 아니라 i < a.length로 변경했습니다.

이 프로그램에서 배열 height의 요소가 나타내는 것은 사람의 '키'입니다. main 메서드에서
는 먼저 사람 수(배열의 요솟수)를 변수 num에 읽어 들이고, 요솟수가 num인 배열 height를
생성합니다.
지금까지의 프로그램과는 달리 배열 요솟수가 프로그램을 컴파일할 때가 아니라 실행할
(runtime) 때 결정됩니다. 각 요소에 넣을 값을 읽어 들인 후 배열 height를 메서드 maxOf에
전달하고 메서드가 반환한 최댓값을 출력합니다.

📚 **보충수업 2-2 메서드의 매개변수로 배열 사용하기**

실습 2-3의 main 메서드에서 29행의 maxOf(height)는 배열 height 요소의 최댓값을 구하는 메서
드를 호출합니다. 이때 배열을 전달하는 모습을 그림 2C-1에 나타냈습니다. 그림에서는 메서드 선언
에 필요한 public이나 static을 생략했습니다.

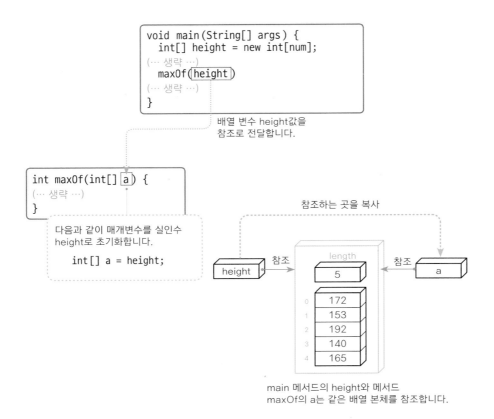

```
void main(String[] args) {
  int[] height = new int[num];
(… 생략 …)
  maxOf( height )
(… 생략 …)
}
```

배열 변수 height값을
참조로 전달합니다.

```
int maxOf(int[] a ) {
(… 생략 …)
}
```

다음과 같이 매개변수를 실인수
height로 초기화합니다.

```
int[] a = height;
```

참조하는 곳을 복사

height   참조   length   참조   a

5

0   172
1   153
2   192
3   140
4   165

main 메서드의 height와 메서드
maxOf의 a는 같은 배열 본체를 참조합니다.

[그림 2C-1] 메서드 사이에서 배열의 전달

호출하는 쪽에서 전달하는 실인수 height는 배열 본체를 참조하는 배열 변수입니다. 따라서 메서드 maxOf에 전달하는 값은 '배열 본체에 대한 참조'입니다. 자바에서 메서드를 호출하면 메서드의 매개변수는 호출하는 쪽에서 전달하는 실인숫값으로 초기화됩니다. 이때 배열 변수인 매개변수 a가 전달받은 참조로 초기화되므로 배열 변수 a는 배열 height의 본체를 참조합니다. 그 결과 메서드 maxOf 안의 배열 a는 사실상 main 메서드의 배열 height인 것입니다. 이런 원리로 배열을 전달하므로 메서드 maxOf 안에서는 전달받은 배열의 요솟수를 a.length로 얻을 수 있고, 각 요소를 a[i]로 액세스할 수 있습니다.

난수를 사용하여 배열의 요솟값 설정하기

배열 요소에 값을 하나씩 입력하는 것이 귀찮으면 각 요소에 난수를 대입하면 됩니다.

Do it! 실습 2-4

• 완성 파일 chap02/MaxOfArrayRand.java

```
01    // 배열 요소의 최댓값을 출력(값을 난수로 생성)
02
03    import java.util.Random;    ─①
04    import java.util.Scanner;
05
06    class MaxOfArrayRand {
07      // 배열 a의 최댓값을 구하여 반환
08      static int maxOf(int[] a) {
09        int max = a[0];
10        for (int i = 1; i < a.length; i++)
11          if (a[i] > max)
12            max = a[i];
13        return max;
14      }
15
```

실행 결과
키의 최댓값을 구합니다.
사람 수: 5
킷값은 다음과 같습니다.
height[0]: 172
height[1]: 137
height[2]: 168
height[3]: 189
height[4]: 113
최댓값은 189입니다.

```
16      public static void main(String[] args) {
17        Random rand = new Random();  ←②
18        Scanner stdIn = new Scanner(System.in);
19
20        System.out.println("키의 최댓값을 구합니다.");
21        System.out.print("사람 수: ");
22        int num = stdIn.nextInt();                      // 배열의 요솟수를 입력받음
23
24        int[] height = new int[num];                    // 요솟수가 num인 배열을 생성
25
26        System.out.println("킷값은 아래와 같습니다.");
27        for (int i = 0; i < num; i++) {
28          height[i] = 100 + rand.nextInt(90);  ←③      // 요솟값을 난수로 결정
29          System.out.println("height[" + i + "]: " + height[i]);
30        }
31
32        System.out.println("최댓값은 " + maxOf(height) + "입니다.");
33      }
34    }
```

ⓖ 실행 결과로 보이는 값은 하나의 예이며, 실행할 때마다 다른 값이 생성됩니다.

이제 프로그램을 실행해 보겠습니다. 사람 수를 입력하면 곧바로 그 사람 수만큼 킷값이 자동
으로 생성되고 최댓값이 출력됩니다(킷값을 일일이 입력하는 수고를 덜어 줍니다).
난수를 생성할 때 java.util 패키지의 Random 클래스를 사용합니다. 다음은 난수를 생성할
때 필요한 코드입니다.

> ① Random 클래스를 간단한 이름으로 사용하기 위해 import를 선언합니다.
> ② Random 클래스형의 변수(이 프로그램에서는 rand)를 만들기 위한 선언을 합니다.
> ③ 변수 rand에 대하여 난수를 생성하는 메서드 nextInt를 호출합니다.

이 코드는 값을 입력받을 때 사용하는 코드와 비슷합니다. nextInt(n)가 반환하는 것은 0부
터 n − 1까지의 난수입니다. 따라서 ③의 식 rand.nextInt(90)을 평가하면 0부터 89까지의
난수가 생성됩니다.

ⓖ 0~89 사이의 난수에 100을 더하므로 height[i]에 대입하는 킷값은 100~189입니다.

 **Q1** 키뿐만 아니라 사람 수도 난수로 생성하도록 실습 2-4를 수정하여 프로그램을 작성하세요.

📚 보충수업 2-3 **난수의 생성**

난수 생성에 필요한 **1**, **2**, **3**에 대해 요점을 정리해 보겠습니다(고급 기술이므로 깊이 이해할 필요는 없습니다). java.util 패키지에 속한 Random 클래스는 자바가 제공하는 아주 큰 클래스 라이브러리입니다. Random 클래스의 인스턴스는 일련의 의사 난수(진짜 난수와 비슷한 가짜 난수)를 생성합니다. 난수는 무(無)에서 생성되는 것이 아니라 'seed(씨앗)'라는 수의 값을 바탕으로 여러 연산을 수행하여 얻습니다(seed가 난수로 되는 것은 달걀이 닭이 되는 것과 같습니다). Random 클래스에서는 48비트의 seed를 사용하고, 이 seed는 선형 합동법이라는 계산법에 의해 특정 수(난수)로 바뀝니다. Random 클래스의 인스턴스 생성은 다음의 **a**와 **b** 중 어느 한 가지 형식으로 수행합니다.

```
a Random rand = new Random();     // seed를 임의로 생성
b Random rand = new Random(n);    // seed를 지정
```

실습 2-4에서 사용한 형식 **a**는 난수 생성기를 새로 만듭니다. 이때 Random 클래스의 다른 인스턴스와 겹치지 않도록 seed의 값을 자동으로 결정합니다. 프로그램을 할 때 분명하게 seed를 지정하는 방법이 **b**입니다. 주어진 seed를 바탕으로 난수 생성기가 난수를 생성합니다.

◎ rand라는 이름은 이 책에서 적당히 설정한 변수이므로 자유롭게 바꿀 수 있습니다.

실습 2-4에서 int형 정수의 난수를 생성하는 nextInt 메서드를 사용했습니다. 이 밖에도 표 2C-1과 같이 여러 메서드가 있으며 각각의 메서드는 용도나 목적에 따라 사용하면 됩니다. 또, java.lang.Math 클래스에서도 사양은 조금 다르지만 난수를 생성하는 라이브러리를 제공합니다.

[표 2C-1] 난수를 생성하는 Random 클래스의 메서드

구하는 식(메서드 호출)	자료형	생성한 값의 범위
nextBoolean( )	boolean	true 또는 false
nextInt( )	int	-2147483648 ~ +2147483647
nextInt(n)	int	0 ~ n - 1
nextLong( )	long	-9223372036854775808 ~ +9223372036854775807
nextDouble( )	double	0.0 이상 1.0 미만
nextFloat( )	float	0.0 이상 1.0 미만

배열 요소를 역순으로 정렬하기

이번에는 배열 요소를 역순으로 정렬하는 알고리즘을 살펴보겠습니다. 예를 들어 배열 a의 요솟수가 7이고 첫 번째부터 순서대로 {2, 5, 1, 3, 9, 6, 7}이 들어가 있다면 그것을 {7, 6, 9, 1, 5, 2}로 바꾸어 보겠습니다.

그림 2-7은 순서를 뒤바꾸는 과정을 나타내고 있습니다. 먼저 그림 **a**처럼 맨 앞의 요소 a[0]과 맨 뒤의 요소 a[6]의 값을 교환합니다. 이어서 그림 **b**와 **c**처럼 각각 하나씩 안쪽의 요솟값을 교환합니다.

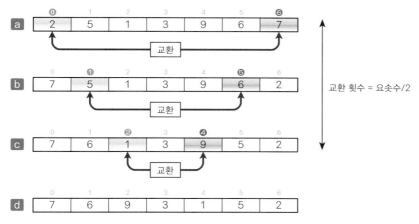

[그림 2-7] 배열 요소를 역순으로 정렬

교환 횟수는 '요솟수 / 2'이며, 이 나눗셈에서 나머지는 버립니다. 그림 2-7에서 볼 수 있듯이 요솟수가 홀수일 때 가운데 요소는 교환할 필요가 없기 때문입니다.

😊 '정수 / 정수' 연산은 나머지를 버리고 정수부만 얻을 수 있으므로 나머지를 버리기에 좋습니다(요솟수가 7인 경우 교환 횟수는 7/2, 곧 3입니다).

변수 i값을 0, 1, …로 증가시키는(increment) 방법을 통해 요솟수가 n인 배열의 처리 과정을 간단히 나타내면 다음과 같습니다.

1. 왼쪽 요소의 인덱스(그림에서 ● 안의 값)   ··· i   n이 7이면 0 ⇨ 1 ⇨ 2
2. 오른쪽 요소의 인덱스(그림에서 ● 안의 값)   ··· n - i - 1   n이 7이면 6 ⇨ 5 ⇨ 4

그러므로 요솟수가 n인 배열 요소를 역순으로 정렬하는 알고리즘을 코드로 나타내면 다음과 같습니다.

```
for (int i = 0; i < n / 2; i++)
    // a[i]와 a[n - i - 1]의 값을 교환
```

두 값의 교환

배열을 역순으로 정렬하려면 배열 안의 두 요소를 교환해야 합니다. 그럼 두 값은 어떻게 교환할까요? 그림 2-8을 보면서 살펴보겠습니다(교환값을 x, y라고 하겠습니다).

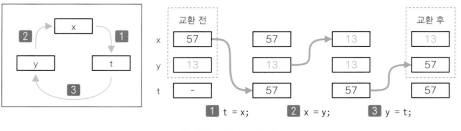

[그림 2-8] 두 값의 교환

여기에서 사용하는 작업용 변수를 t라 하면 교환 과정은 다음과 같습니다.

그런데 배열 요소를 역순으로 정렬하는 과정에서 교환하는 값은 x와 y가 아니라 배열 안의 두 요솟값입니다. 이 교환 과정을 메서드로 구현하면 다음과 같습니다.

```java
// 배열 요소 a[idx1]과 a[idx2]의 값을 교환
static void swap(int[] a, int idx1, int idx2) {
    int t = a[idx1];
    a[idx1] = a[idx2];
    a[idx2] = t;
}
```

메서드 swap는 교환 과정 코드에서 x가 a[idx1]로, y가 a[idx2]로 바뀌었을 뿐 수행하는 절차는 같습니다. 메서드 swap가 수행하는 것은 배열 a의 요소 a[idx1]값과 a[idx2]값을 교환하는 것입니다. 그러므로 swap(x, 1, 5)를 호출하면 메서드로부터 돌아올 때 x[1]값과 x[5]값이 바뀌어 있습니다.

배열 요소를 역순으로 정렬하는 프로그램이 실습 2-5입니다. 메서드 reverse는 매개변수로 전달받은 배열 a의 요소를 역순으로 정렬합니다.

◎ 보충수업 2-2에서 학습한 것처럼 매개변수인 배열 변수 a와 실인수인 배열 변수 x가 같은 곳의 배열 본체를 참조하기 때문입니다.

```java
01   // 배열 요소에 값을 읽어 들여 역순으로 정렬
02
03   import java.util.Arrays;      A
04   import java.util.Scanner;
05
06   class ReverseArray {
07     // 배열 요소 a[idx1]과 a[idx2]의 값을 바꿈
08     static void swap(int[] a, int idx1, int idx2) {
09       int t = a[idx1];  a[idx1] = a[idx2];  a[idx2] = t;
10     }
11
12     // 배열 a의 요소를 역순으로 정렬
13     static void reverse(int[] a) {
14       for (int i = 0; i < a.length / 2; i++)
15         swap(a, i, a.length - i - 1);
16     }
17
18     public static void main(String[] args) {
19       Scanner stdIn = new Scanner(System.in);
20
21       System.out.print("요솟수: ");
22       int num = stdIn.nextInt();    // 요솟수
23
24       int[] x = new int[num];       // 요솟수가 num인 배열
25
26       for (int i = 0; i < num; i++) {
27         System.out.print("x[" + i + "]: ");
28         x[i] = stdIn.nextInt();
29       }
30
31       reverse(x);    // 배열 a의 요소를 역순으로 정렬
32
33       System.out.println("요소를 역순으로 정렬했습니다.");
34       System.out.println("x = " + Arrays.toString(x));
35     }                                              B
36   }
```

실행 결과

```
요솟수: 7
x[0]: 2
x[1]: 5
x[2]: 1
x[3]: 3
x[4]: 9
x[5]: 6
x[6]: 7
요소를 역순으로 정렬했습니다.
x = [7, 6, 9, 3, 1, 5, 2]
```

배열 안의 두 요소를 교환하는 메서드 swap는 바로 앞에서 작성한 코드와 같습니다. 이 메서드는 06장에서도 자주 사용합니다.

ⓒ 여기에서는 코드를 표시하는 공간을 절약하기 위해 메서드 본체를 한 줄에 꽉 채워 표기했지만 프로그램을 작성할 때는 여러 줄로 나눠 여유 있게 표기하는 것이 좋습니다.

메서드 reverse는 매개변수로 전달받은 배열 요소를 역순으로 정렬합니다. 메서드의 본체는 65쪽에 있는 알고리즘 코드와 같습니다. 다만 요솟수의 식을 n이 아니라 a.length로 변경했습니다.

ⓒ main 메서드에서 생성한 배열에 대한 참조 x를 메서드 reverse에 전달합니다. 호출된 reverse는 매개변수 a로 전달받은 참조를 그대로 swap에 전달합니다. 즉, 2회에 걸쳐 차례로 돌아가며 배열을 참조합니다. 따라서 메서드 reverse의 매개변수 a와 swap의 매개변수 a는 모두 main 메서드 안에서 x로 생성한 배열 본체를 참조하게 됩니다.

배열의 전체 요소 표시

실습 2-5 프로그램은 for 문을 사용하지 않고 Arrays.toString 메서드를 사용하여 배열의 전체 요솟값을 한 번에 표시합니다. 즉, 🅰 처럼 프로그램 시작 부분에 형 import를 선언하고, 🅱 처럼 Arrays.toString(배열 변수 이름)으로 메서드를 호출하면 모든 요소를 쉼표(,)로 구분하여 [ ]로 둘러싼 문자열을 얻는 구조입니다.

ⓒ 실행 결과를 살펴보면 식 Arrays.toString(x)를 평가하여 얻은 문자열은 [7, 6, 9, 3, 1, 5, 2]이고, 그 문자열을 println 메서드로 전달하여 출력합니다.

연습문제

Q2 오른쪽처럼 배열 요소를 역순으로 정렬하는 과정을 하나하나 나타내는 프로그램을 작성하세요.

```
[2, 5, 1, 3, 9, 6, 7]
a[0]과 a[6]을 교환합니다.
[7, 5, 1, 3, 9, 6, 2]
a[1]과 a[5]를 교환합니다.
[7, 6, 1, 3, 9, 5, 2]
a[2]와 a[4]를 교환합니다.
[7, 6, 9, 3, 1, 5, 2]
역순 정렬을 마쳤습니다.
```

Q3 배열 a의 모든 요소의 합계를 구하여 반환하는 메서드를 작성하세요.

```
static int sumOf(int[] a)
```

Q4 배열 b의 모든 요소를 배열 a에 복사하는 메서드 copy를 작성하세요.

```
static void copy(int[] a, int[] b)
```

Q5 배열 b의 모든 요소를 배열 a에 역순으로 복사하는 메서드 rcopy를 작성하세요.

```
static void rcopy(int[] a, int[] b)
```

증가(increment)를 수행하는 증가 연산자 ++는 앞에 놓느냐 뒤에 놓느냐에 따라 동작이 다릅니다.

전위형 증가 연산자 ++a

++를 앞에 놓으면 식 전체를 평가하기 전에 피연산자의 값을 증가시킵니다. 그러므로 a값이 3일 때 b = ++a를 실행하면 먼저 a가 1 증가한 값인 4가 됩니다. 그런 다음 ++a를 평가한 값 4를 b에 대입합니다. 결국 a와 b는 4가 됩니다.

후위형 증가 연산자 a++

++를 뒤에 놓으면 식 전체를 평가한 후에 피연산자의 값을 증가시킵니다. 그러므로 a값이 3일 때 b = a++를 실행하면 먼저 a++를 평가한 값 3을 b에 대입합니다. 그런 다음 ++가 수행되어 a는 4가 됩니다. 결국 a는 4, b는 3이 됩니다.

기수 변환하기

이번에는 정숫값을 특정 기수(基數)로 변환하는 알고리즘을 살펴보겠습니다. 10진수 정수를 n진수 정수로 변환하려면 정수를 n으로 나눈 나머지를 구하고, 그 몫을 n으로 나누는 과정을 반복해야 합니다. 이 과정을 몫이 0이 될 때까지 반복하고, 이런 과정을 통해 구한 나머지를 거꾸로 나열한 숫자가 기수로 변환한 숫자입니다. 이런 생각을 바탕으로 10진수 59를 2진수, 8진수, 16진수로 변환하는 모습을 그림 2-9에 나타냈습니다.

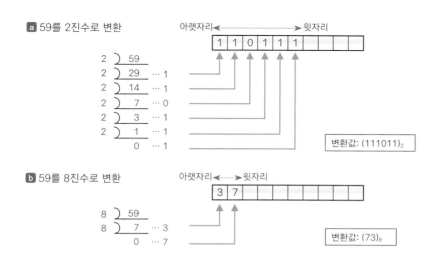

ⓐ 59를 2진수로 변환

변환값: $(111011)_2$

ⓑ 59를 8진수로 변환

변환값: $(73)_8$

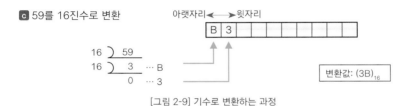

c 59를 16진수로 변환

[그림 2-9] 기수로 변환하는 과정

16진수는 다음 16개의 문자로 표현하는 수입니다.

> 0, 1, 2, 3, 4, 5, 6, 7, 8, 9, A, B, C, D, E, F

기수가 10을 넘으면 0~9 다음에 이어지는 숫자로 알파벳 문자인 A, B, …를 사용합니다. A, B, …는 10진수의 10, 11, …에 해당합니다. 숫자 0~9와 알파벳 A~Z를 이용하면 36진수까지 나타낼 수 있습니다.

📖 보충수업 2-5 **기수 살펴보기**

n진수는 n을 기수로 하는 수입니다. 10진수, 8진수, 16진수를 예로 들어 각 기수를 간단히 살펴보겠습니다.

☺ 기수(基數: 터 기, 셈 수)는 수를 나타내는 데 기초가 되는 수로, 10진법에서는 0에서 9까지의 정수를 말합니다. 그리고 서수(序數: 차례 수, 셈 수)는 사물의 순서를 나타내는 수입니다. 기수는 일, 이, 삼 …이고, 서수는 첫째, 둘째, 셋째 …라고 생각하면 됩니다.

10진수

10진수(decimal)는 다음 10종류의 숫자를 사용하여 수를 나타냅니다.

> 0 1 2 3 4 5 6 7 8 9

이 숫자를 모두 사용하면 자릿수가 한 자리 올라가 10이 됩니다. 2자리 숫자는 10에서 시작하여 99까지입니다. 99의 다음 수는 다시 한 자릿수가 올라가 100(3자릿수)이 됩니다.

10진수의 각 자리는 아랫자리부터 10^0, 10^1, 10^2, …으로 10을 거듭제곱한 값을 갖습니다. 예를 들어 10진수 1234는 다음과 같이 풀어 쓸 수 있습니다.

> $1234 = 1 \times 10^3 + 2 \times 10^2 + 3 \times 10^1 + 4 \times 10^0$

☺ 10^0은 1입니다(어떤 수의 0 제곱값은 1입니다. 따라서 2^0, 8^0은 모두 1입니다).

2진수

2진수(binary)는 다음 2종류의 숫자를 사용하여 수를 나타냅니다.

> 0 1

이 숫자를 모두 사용하면 자릿수가 한 자리 올라가 10이 됩니다. 2자리의 숫자는 10과 11 2개입니다. 11의 다음 수는 다시 한 자리 올라가 100이 됩니다.

위에 나오는 10, 11, 100은 10진수가 아니므로 10(일영), 11(일일), 100(일영영)으로 읽습니다. 2진수의 각 자리는 아랫자리부터 2^0, 2^1, 2^2, …으로 2를 거듭제곱한 값을 갖습니다. 예를 들어 2진수 1011(정수 상수로는 0b1011로 표기)은 다음과 같이 풀어 쓸 수 있습니다.

> $1011 = 1 \times 2^3 + 0 \times 2^2 + 1 \times 2^1 + 1 \times 2^0$

8진수

8진수(octal)는 다음 8종류의 숫자를 사용하여 수를 나타냅니다.

> 0 1 2 3 4 5 6 7

이 숫자를 모두 사용하면 자릿수가 한 자리 올라가 10이 되고, 그다음 수는 11이 됩니다. 2자리의 숫자는 10부터 시작하여 77까지입니다. 이 2자리의 수를 모두 사용하면 그다음 수는 100이 됩니다.

8진수의 각 자리는 아랫자리부터 8^0, 8^1, 8^2, …으로 8을 거듭제곱한 값을 갖습니다. 예를 들어 8진수 5306(정수 상수로는 05306으로 표기)은 다음과 같이 풀어 쓸 수 있습니다.

> $5306 = 5 \times 8^3 + 3 \times 8^2 + 0 \times 8^1 + 6 \times 8^0$

💬 **조금만 더!** **정수 상수의 n진수 표현 방법**

정수 상수는 정수 계열의 값을 나타내는 10진수(기수 10), 8진수(기수 8) 또는 16진수(기수 16)를 말합니다. 정수 상수는 변경할 수 없는 정숫값을 나타낼 때 사용합니다. 정수 상수가 0x 또는 0X로 시작하면 16진수이고, 숫자 0으로 시작하면 8진수입니다. 두 경우에 해당하지 않으면 10진수로 간주합니다. 아래 코드의 값은 같습니다.

```
0x1C    // 10진수 28에 대한 16진수 표기
034     // 10진수 28에 대한  8진수 표기
```

16진수

16진수(hexadecimal)는 다음 16종류의 숫자와 문자를 사용하여 수를 나타냅니다.

> 0 1 2 3 4 5 6 7 8 9 A B C D E F

0 ~ F는 10진수 0 ~ 15에 해당합니다(A ~ F는 소문자라도 관계없습니다). 이 숫자를 모두 사용하면 자릿수가 한 자리 올라가 10이 됩니다. 2자리의 숫자는 10부터 시작하여 FF까지입니다. 이 2자리의 숫자를 모두 사용하면 그다음 수는 100이 됩니다.

16진수의 각 자리는 아랫자리부터 $16^0, 16^1, 16^2, \cdots$으로 16을 거듭제곱한 값을 갖습니다. 예를 들어 16진수 12A0(정수 상수로는 0x12A0으로 표기)은 다음과 같이 풀어 쓸 수 있습니다.

> $12A0 = 1 \times 16^3 + 2 \times 16^2 + A \times 16^1 + 0 \times 16^0$

다음 실습 2-6 [A]는 기수 변환을 수행하는 프로그램입니다.

Do it! 실습 2-6 [A]

• 완성 파일 chap02/CardConv.java

```
01   // 입력받은 10진수를 2진수~36진수로 기수 변환하여 출력
02
03   import java.util.Scanner;
04
05   class CardConv {
06     // 정숫값 x를 r진수로 변환하여 배열 d에 아랫자리부터 넣어 두고 자릿수를 반환
07     static int cardConv(int x, int r, char[] d) {
08       int digits = 0;                          // 변환 후의 자릿수
09       String dchar = "0123456789ABCDEFGHIJKLMNOPQRSTUVWXYZ";
10
11       do {
12    ① →  d[digits++] = dchar.charAt(x % r);       // r로 나눈 나머지를 저장
13    ② →  x /= r;                               Ⓐ
14       } while (x != 0);
15
16       for (int i = 0; i < digits / 2; i++) {    // 배열 d의 숫자 문자열을 역순으로 정렬
17         char t = d[i];
18         d[i] = d[digits - i - 1];              Ⓑ
19         d[digits - i - 1] = t;
20       }
```

실습 2-6 [B]로 이어집니다. ➡

```
21
22        return digits;
23    }
```

메서드 cardConv는 정수 x를 r진수로 변환한 숫자 문자를 char형 배열 d에 넣어 두고 그 자릿수(배열에 넣어 둔 문자 수)를 반환합니다.

메서드 맨 앞에서 0으로 초기화하는 digits는 변환한 수의 자릿수를 나타내기 위한 변수입니다. A의 do 문에서 루프 본문은 다음 작업을 수행합니다.

> 1 먼저 x를 r로 나눈 나머지를 인덱스로 하는 문자를 배열 d의 요소 d[digits]에 대입하고 digits값을 1 증가시킵니다.
>
> 2 x를 r로 나눕니다.

☺ charAt는 문자열 가운데 특정 문자에 접근하는 메서드입니다(보충수업 7-1).

이 작업을 x가 0이 될 때까지 반복합니다. 그림 2–10은 10진수 59를 16진수로 변환하는 모습입니다.

☺ 문자 'B'를 d[0]에 저장한 후 digits는 1, x는 3이 되고, 문자 '3'을 d[1]에 저장한 후 digits는 2, x는 0이 됩니다. x가 0이 되면 do 문은 반복을 끝냅니다.

59를 16진수로 변환

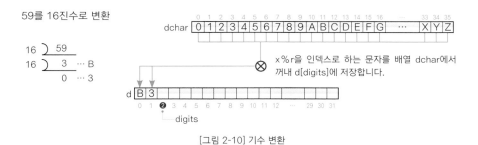

[그림 2-10] 기수 변환

```
25      public static void main(String[] args) {
26          Scanner stdIn = new Scanner(System.in);
27          int no;                        // 변환하는 정수
28          int cd;                        // 기수
29          int dno;                       // 변환 후의 자릿수
30          int retry;                     // 다시 한번?
31          char[] cno = new char[32];     // 변환 후 각 자리의 숫자를 넣어 두는 문자 배열
32
33          System.out.println("10진수를 기수 변환합니다.");
34          do {
35              do {
36                  System.out.print("변환하는 음이 아닌 정수: ");
37                  no = stdIn.nextInt();
38              } while (no < 0);
39
40              do {
41                  System.out.print("어떤 진수로 변환할까요? (2~36): ");
42                  cd = stdIn.nextInt();
43              } while (cd < 2 || cd > 36);
44
45              dno = cardConv(no, cd, cno);     // no를 cd진수로 변환
46
47              System.out.print(cd + "진수로 ");
48              for (int i = 0; i < dno; i++)      // 순서대로 출력
49                  System.out.print(cno[i]);
50              System.out.println("입니다.");
51
52              System.out.print("한 번 더 할까요? (1…예／0…아니요): ");
53              retry = stdIn.nextInt();
54          } while (retry == 1);
55      }
56  }
```

실행 결과

```
10진수를 기수 변환합니다.
변환하는 음이 아닌 정수: 59
어떤 진수로 변환할까요? (2~36): 2
2진수로 111011입니다.
한 번 더 할까요? (1…예/0…아니요): 0
```

배열 d의 문자열은 나머지를 구하는 순서대로 넣어 두므로 맨 앞이 아랫자리입니다. 곧, 기수 변환 후 자리 순서는 본래 자리의 역순입니다. 따라서 B 에서는 배열을 역순으로 정렬합니다 (앞에서 이미 학습한 알고리즘입니다).

main 메서드에서는 기수 변환을 대화식으로 수행합니다. 메서드 cardConv에서 반환한 값이 대입되는 변수 dno에는 변환한 후의 자릿수가 들어 있습니다. 변환한 후 각 자리의 문자는 배열 cno의 요소 cno[0], cno[1], …, cno[dno − 1]에 들어 있습니다. 따라서 48~49행에서는 배열 cno를 스캔하면서 변환 결과를 나타냅니다.

**연습
문제**

Q6 오른쪽처럼 기수 변환 과정을 자세히 나타내는 프로그램을 작성하세요.

```
10진수를 기수 변환합니다.
변환하는 음이 아닌 정수: 59
어떤 진수로 변환할까요? (2~36): 2

 2 |      59
   + ----------
 2 |      29  … 1
   + ----------
 (… 생략 …)
 2 |       1
   + ----------
          0  … 1
2진수로 111011입니다.
```

소수 나열하기

어떤 정수 이하의 소수를 모두 나열하는 알고리즘을 살펴보겠습니다. 소수는 자신과 1 이외의 어떤 정수로도 나누어떨어지지 않는 정수입니다. 예를 들어 소수인 13은 2, 3, …, 12 가운데 어떤 정수로도 나누어떨어지지 않습니다. 그러므로 어떤 정수 n이 다음의 조건을 만족하면 소수임을 알 수 있습니다.

> 2부터 n − 1까지의 어떤 정수로도 나누어떨어지지 않습니다.

만약 나누어떨어지는 정수가 하나 이상 존재하면 그 수는 합성수(composite number)입니다. 다음 실습 2-7은 1,000 이하의 소수를 나열하는 프로그램입니다.

ⓒ 이 프로그램은 아직 배열을 사용하지 않습니다. 배열은 개선된 실습 2-8, 실습 2-9에서 사용합니다.

Do it! 실습 2-7

• 완성 파일 chap02/PrimeNumber1.java

```java
01    // 1,000 이하의 소수를 나열(버전 1)
02
03    class PrimeNumber1 {
04        public static void main(String[] args) {
05            int counter = 0;          // 나눗셈의 횟수
06
07            for (int n = 2; n <= 1000; n++) {
08                int i;
09                for (i = 2; i < n; i++) {
```

실행 결과
2
3
5
7
(… 생략 …)
991
997
나눗셈을 수행한 횟수: 78022

```
10          counter++;
11          if (n % i == 0)     // 나누어떨어지면 소수가 아님
12            break;            // 반복은 더 이상 불필요
13        }
14        if (n == i)           // 마지막까지 나누어떨어지지 않음
15          System.out.println(n);
16      }
17
18      System.out.println("나눗셈을 수행한 횟수: " + counter);
19    }
20 }
```

소수를 구하는 부분은 이중 for 문 구조입니다. 바깥쪽 for 문에서는 n값을 2부터 시작하여 1,000이 될 때까지 1씩 증가시키면서 그 값이 소수인지를 판단합니다. 판단하는 과정을 그림 2-11에 나타냈습니다. 이 그림을 보면서 9와 13을 예로 들어 구체적으로 살펴보겠습니다.

	검은색 두꺼운 숫자	**3** 나눗셈을 실행, 나누어떨어지지 않음
소수	주황색 기울어진 숫자	*3* 나눗셈을 실행, 나누어떨어짐
합성수	검은색 가는 취소선 숫자	~~3~~ 나눗셈이 필요하지 않음

n	나누는 수	나눗셈 횟수
2		
3	2	1
4	2 ~~3~~	1
5	2 3 4	3
6	2 ~~3 4 5~~	1
7	2 3 4 5 6	5
8	2 ~~3 4 5 6 7~~	1
9	2 *3* ~~4 5 6 7 8~~	2
10	2 ~~3 4 5 6 7 8 9~~	1
11	2 3 4 5 6 7 8 9 10	9
12	2 ~~3 4 5 6 7 8 9 10 11~~	1
13	2 3 4 5 6 7 8 9 10 11 12	11
14	2 ~~3 4 5 6 7 8 9 10 11 12 13~~	1
15	2 *3* ~~4 5 6 7 8 9 10 11 12 13 14~~	2
16	2 ~~3 4 5 6 7 8 9 10 11 12 13 14 15~~	1
17	2 3 4 5 6 7 8 9 10 11 12 13 14 15 16	15
18	2 ~~3 4 5 6 7 8 9 10 11 12 13 14 15 16 17~~	1

[그림 2-11] 소수인지 판단하는 나눗셈 과정

9일 때 소수인지 판단하는 방법

안쪽 for 문에서 i값은 2, 3, …, 8로 증가합니다. 9는 i가 3일 때 나누어떨어지므로 break 문이 동작하여 for 문의 반복이 중단됩니다. 따라서 나눗셈은 '2, 3' 2회만 진행됩니다. for 문을 벗어날 때 i값은 3입니다.

13일 때 소수인지 판단하는 방법

안쪽 for 문에서 i값은 2, 3, …, 12로 증가합니다. 13은 한 번도 나누어떨어지지 않습니다. 따라서 11회의 나눗셈이 모두 수행됩니다. for 문을 벗어날 때 i값은 13입니다.

안쪽 for 문의 반복이 종료된 시점에서 변수 i값은 다음과 같습니다.

> • n이 소수인 경우: n과 같은 값   (for 문이 끝까지 실행됨)
> • n이 합성수인 경우: n보다 작은 값   (for 문이 중단됨)

실습 2-7의 14~15행에서 i값이 n과 같을 때 그 값을 소수로 출력합니다. 실행 결과에서 볼 수 있듯이 나눗셈을 실행한 횟수는 총 78,022회입니다.

◎ 나눗셈을 할 때마다 변수 counter가 증가해 연산 횟수를 계산합니다.

그런데 n이 2 또는 3으로 나누어떨어지지 않으면 2×2인 4 또는 2×3인 6으로도 나누어떨어지지 않습니다. 그러므로 이 프로그램은 불필요한 나눗셈을 하고 있음을 알 수 있습니다. 즉, 정수 n이 소수인지의 여부는 다음 조건을 만족하는지 조사하면 됩니다.

> 2부터 n - 1까지의 어떤 소수로도 나누어떨어지지 않습니다.

예를 들어 7이 소수인지는 7보다 작은 소수 2, 3, 5로 나눗셈을 하면 충분합니다. 이렇게 하면 계산 시간을 줄일 수 있습니다.

알고리즘 개선하기 1

앞의 아이디어를 바탕으로 개선한 프로그램이 실습 2-8입니다. 소수를 구하는 과정에서 그때까지 구한 소수를 배열 prime의 요소로 저장합니다. 이때 n이 소수인지 아닌지 판단하려면 그때까지 저장해 둔 소수로 나눗셈을 진행합니다. 프로그램의 진행에 따라 배열에 저장되는 값이 변화하는 모습을 그림 2-12에 나타냈습니다. 먼저 2는 소수이므로 점선 안의 그림처럼 값 2를 prime[0]에 저장합니다(❶). 배열에 저장한 소수의 개수를 나타내는 변수 ptr은 그림에서 ● 안의 값과 같습니다. prime[0]에 2를 저장한 바로 다음의 ptr값은 1입니다.

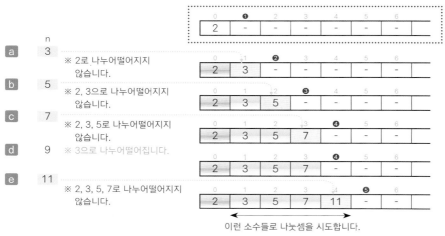

[그림 2-12] n이 소수인지 판단하는 나눗셈

3 이상의 소수는 이중 for 문으로 구합니다. 바깥쪽 for 문은 n값을 2씩 증가시켜 3, 5, 7, 9, …, 999로 홀숫값만을 생성합니다. 4 이상의 짝수는 2로 나누어떨어지므로 소수가 아니기 때문입니다. 안쪽 for 문은 i값을 1부터 시작하여 ptr - 1회 반복합니다. 그림에 있는 ▭ 안의 값으로 나눗셈을 수행하기 위한 반복입니다.

◎ 변수 i의 증가는 0이 아니라 1부터 시작합니다. 판단 대상인 n이 홀수이므로 prime[0]에 저장된 2로는 나눌 필요가 없기 때문입니다.

구체적으로 어떤 연산을 수행하는지 다음 4가지 과정을 예로 들어 살펴보겠습니다.

a 3이 소수인지 판단하는 과정(n은 3, ptr은 1 → 2)

ptr값이 1이기 때문에 안쪽 for 문은 실행되지 않고 if 문에 의해 n값 3이 prime[1]에 저장됩니다.

◎ ❷의 if 문은 제어식 ptr == i(1 == 1)이 참이므로 prime[ptr++]에 n을 대입합니다.

• 완성 파일 chap02/PrimeNumber2.java

```
01   // 1,000 이하의 소수를 나열(버전 2)
02
03   class PrimeNumber2 {
04     public static void main(String[] args) {
05       int counter = 0;                    // 나눗셈의 횟수
06       int ptr = 0;                        // 찾은 소수의 개수
07       int[] prime = new int[500];         // 소수를 저장하는 배열
08
09       prime[ptr++] = 2;                   // 2는 소수임      ①
10
11       for (int n = 3; n <= 1000; n += 2) {   // 조사 대상은 홀수만
12         int i;
13         for (i = 1; i < ptr; i++) {       // 이미 찾은 소수로 나누어 봄
14           counter++;
15           if (n % prime[i] == 0)          // 나누어떨어지면 소수가 아님
16             break;                        // 더 이상의 반복은 불필요
17         }
18         if (ptr == i)                     // 마지막까지 나누어떨어지지 않음   ②
19           prime[ptr++] = n;               // 소수로 배열에 저장
20       }
21
22       for (int i = 0; i < ptr; i++)       // 찾은 ptr개의 소수를 출력
23         System.out.println(prime[i]);
24
25       System.out.println("나눗셈을 수행한 횟수: " + counter);
26     }
27   }
```

실행 결과
(… 생략 …)
나눗셈을 수행한 횟수: 14622

🅑 **5가 소수인지 판단하는 과정(n은 5, ptr은 2 → 3)**

prime[1]에 저장한 3으로 나눗셈을 합니다. 3으로 나누어떨어지지 않기 때문에 소수라고 판
단되므로 n값 5를 prime[2]에 저장합니다.

ⓒ 모든 ▒▒▒▒▒ 안의 값으로 나누어떨어지지 않고 안쪽 for 문이 끝까지 실행되면 for 문 종료 시 i값은 ptr과 일치합니다.
즉, i와 ptr의 값이 같으면 소수입니다(②).

🅒 **7이 소수인지 판단하는 과정(n은 7, ptr은 3 → 4)**

prime[1]에 저장한 3과 prime[2]에 저장한 5로 나눗셈을 합니다. 3과 5로 나누어떨어지지
않기 때문에 소수라고 판단되므로 n값 7을 prime[3]에 저장합니다.

d 9가 소수인지 판단하는 과정(n은 9, ptr은 4)

prime[1]에 저장한 3으로 나눗셈을 합니다. 3으로 나누어떨어지므로 소수가 아닌 합성수라
고 판단합니다.

😊 ▨▨▨▨ 안의 값으로 나누어떨어져 안쪽 for 문이 중단되면 for 문 종료 시 i값은 ptr보다 작습니다. 즉, i값이 ptr보다 작
으면 합성수입니다.

이렇게 알고리즘을 수정하면 나눗셈을 수행하는 횟수가 78,022회에서 14,622회로 감소합
니다. 두 프로그램을 비교하면 다음과 같은 결론을 내릴 수 있습니다.

> • 같은 답을 얻는 알고리즘이 하나로 한정되지 않습니다.
> • 빠른 알고리즘은 메모리를 많이 필요로 하는 경향이 있습니다.

알고리즘 개선하기 2

100의 약수를 그림으로 나타내면 그림 2-13과 같습니다(단, 1 × 100은 제외합니다).

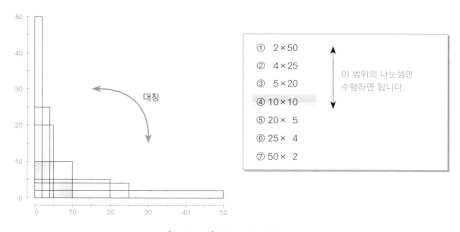

[그림 2-13] 약수 100의 대칭성

그림 2-13에서 곱하는 두 수는 넓이가 100인 직사각형의 가로, 세로의 길이와 같습니다. 예
를 들어 4 × 25와 25 × 4는 가로, 세로의 길이가 다르지만 같은 직사각형입니다. 그리고 그
림 2-13에서 모든 직사각형은 정사각형인 10 × 10을 중심으로 대칭 형태를 이루고 있습니
다. 이는 넓이가 같은 정사각형 한 변의 길이까지만 소수로 나눗셈을 시도하고, 그 과정에서
한 번도 나누어떨어지지 않으면 소수라고 판단해도 좋다는 것을 의미합니다.

😊 100이 4로 나누어떨어지지 않는다면 25로도 나누어떨어지지 않습니다.

즉, 어떤 정수 n은 다음 조건을 만족하면 소수라고 판단할 수 있습니다.

n의 제곱근 이하의 어떤 소수로도 나누어떨어지지 않습니다.

이 조건을 바탕으로 개선한 프로그램이 실습 2-9입니다. prime[i]가 n의 제곱근 이하인지를 판단하는 부분을 A로 표시했습니다.

prime[i]의 제곱이 n 이하인가?

이때 제곱근을 구하지 않고 곱셈을 사용하여 제곱을 구합니다. n의 제곱근을 구하는 것보다 제곱을 구하는 것이 훨씬 간단하고 빠릅니다.

새롭게 도입한 곱셈의 처리 비용은 나눗셈 처리 비용과 같습니다. 버전 1과 버전 2 프로그램에서는 나눗셈 횟수를 세었지만, 버전 3 프로그램에서는 곱셈과 나눗셈 횟수를 합하여 counter에 저장합니다.

Do it! 실습 2-9

• 완성 파일 chap02/PrimeNumber3.java

```
01    // 1,000 이하의 소수를 나열(버전 3)
02
03    class PrimeNumber3 {
04      public static void main(String[] args) {
05        int counter = 0;                        // 곱셈과 나눗셈의 횟수
06        int ptr = 0;                            // 찾은 소수의 개수
07        int[] prime = new int[500];             // 소수를 저장하는 배열
08
09        prime[ptr++] = 2;                       // 2는 소수임
10        prime[ptr++] = 3;                       // 3은 소수임
11
12        for (int n = 5 ; n <= 1000; n += 2) {   // 조사 대상은 홀수만
13          boolean flag = false;
```

```
실행 결과
(… 생략 …)
곱셈과 나눗셈을 수행한 횟수: 3774
```

```
14        for (int i = 1; prime[i] * prime[i] <= n; i++) {                    A
15          counter += 2;                                      B
16          if ( n % prime[i] == 0) {          // 나누어떨어지면 소수가 아님
17            flag = true;
18            break;                           // 더 이상의 반복은 불필요      1
19          }
20        }
21        if (!flag) {                         // 마지막까지 나누어떨어지지 않음
22          prime[ptr++] = n;                  // 소수로 배열에 저장
23          counter++;                                        2
24        }
25      }
26
27      for (int i = 0; i < ptr; i++)          // 찾은 ptr개의 소수를 출력
28        System.out.println(prime[i]);
29
30      System.out.println("곱셈과 나눗셈을 수행한 횟수: " + counter);
31    }
32  }
```

15행과 23행은 곱셈과 나눗셈 횟수를 나타내는 변수 counter를 증가시키는 부분입니다.

ⓒ counter 변수는 이 알고리즘이 처리 비용을 얼마나 요구하는지 알기 위해 저장하는 변수입니다.

안쪽의 for 문을 반복할 때마다 counter를 2씩 증가시키는 것은 다음 두 연산의 수행 횟수를
계산하기 위해서입니다.

A 곱셈   ⋯ prime[i] * prime[i]
B 나눗셈 ⋯ n % prime[i]

그런데 prime[i] * prime[i] <= n 이 성립하지 않는 경우, 프로그램 흐름이 안쪽 for 문의 루
프 본문으로 들어가지 않으므로 그 곱셈이 수행 횟수에 포함되지 않습니다. 그래서 for 문 종
료 후 2의 if 문에서 그 부분을 횟수에 포함시킵니다.

ⓒ 1의 if 문에서 flag가 true가 될 때 곱셈 prime[i] * prime[i]의 횟수는 이미 포함되므로 flag가 false일 때(n이 소수인 경
우)만 counter를 증가시킵니다. 곱셈과 나눗셈 횟수는 급격하게 줄어 3,774회입니다.

ⓒ 버전 1의 프로그램을 버전 2와 버전 3으로 개선했습니다. 프로그램을 실행해 보면 알고리즘에 따라 계산 속도가 달라지는
것을 실감할 수 있습니다. 버전 2와 버전 3에서는 소수를 저장하는 배열 prime의 요솟수를 500으로 하고 있습니다. 2 이외의
짝수는 소수가 아닌 것이 분명하고 적어도 절반을 준비하면 소수를 배열에 저장할 수 있기 때문입니다.

📖 보충수업 2-6 배열에 관련된 세부 규칙

여기서는 배열에 관한 세부 규칙 등을 보충 설명합니다.

빈 배열

배열 요솟수는 0이어도 됩니다. 이런 배열을 빈 배열(empty array)이라고 부릅니다.

배열 요소의 접근

배열 요소에 접근할 수 있는지 여부는 모두 런타임(실행 시)에 검사합니다. 만약 0 미만(인덱스값이 음수) 또는 배열 요솟수 이상의 인덱스를 사용하면 IndexOutOfBoundsException(인덱스 범위 벗어남 예외)이 발생합니다.

배열 초기화의 쉼표와 new 연산자

배열 초기화는 마지막 요소에 대한 초기화 뒤에 추가로 쉼표(,)를 넣을 수 있습니다. 선언은 다음과 같습니다.

```
int[] a = {1, 2, 3, 4,};
```

값을 세로로 나열하여 초기화할 때 주황색 박스 부분에 추가 쉼표를 도입하면 코드 형식이 가지런히 정리됩니다. 추가 쉼표는 초기화하는 행을 새로 삽입하거나 삭제할 때 쉼표를 추가하거나 삭제하다가 발생할 수 있는 오류를 방지하는 효과도 있습니다.

```
int[] a = new int[]{1, 2, 3, 4};
```

배열 복제(클론)

배열 복제는 다음처럼 clone 메서드를 호출하여 간단하게 수행할 수 있습니다.

```
배열 이름.clone()    // 배열의 복제
```

이 식은 배열을 복제하고 복제한 그 배열에 대한 참조를 생성합니다. 실습 2C-1은 배열을 복제하는 프로그램의 예입니다.

• 완성 파일 chap02/CloneArray.java

Do it! 실습 2C-1

```java
01    // 배열을 복제
02
03    import java.util.Arrays;
04
05    class CloneArray {
06      public static void main(String[] args) {
07        int[] a = {1, 2, 3, 4, 5};
08        int[] b = a.clone();          // b는 a의 복제를 참조
09
10        b[3] = 0;                     // 한 요소에만 0을 대입
11
12        System.out.println("a = " + Arrays.toString(a));
13        System.out.println("b = " + Arrays.toString(b));
14      }
15    }
```

실행 결과
a = [1, 2, 3, 4, 5] b = [1, 2, 3, 0, 5]

요솟수가 5인 배열 a는 {1, 2, 3, 4, 5}로 초기화되어 있습니다. 그리고 배열 변수 b는 배열 a의 복제를 참조하도록 초기화됩니다. 따라서 요솟수와 요솟값은 모두 a와 같습니다.

실습 2C-1은 b[3]값을 0으로 바꾼 뒤 모든 요솟값을 출력하고 있습니다. 이렇게 한 것은 배열 변수 b의 참조가 배열 a의 본체 그 자체가 아니라 그 복제임을 확인하기 위함입니다.

확장 for 문

지금까지 프로그램에서 본 것처럼 배열을 다룰 때는 거의 대부분 for 문을 사용합니다. 이 for 문을 기본 for 문(basic for statement)이라고 합니다. 또 다른 for 문인 확장 for 문(enhanced for statement)을 사용하면 배열의 스캔을 매우 간결하게 구현할 수 있습니다.

실습 2C-2는 확장 for 문을 사용한 프로그램 예입니다. 이 프로그램은 배열의 모든 요소의 합계를 구하여 출력합니다.

• 완성 파일 chap02/ArraySumForIn.java

Do it! 실습 2C-2

```java
01    // 배열의 모든 요소의 합을 구하여 출력(확장 for 문)
02
03    class ArraySumForIn {
04      public static void main(String[] args) {
05        double[] a = { 1.0, 2.0, 3.0, 4.0, 5.0 };
06
07        for (int i = 0; i < a.length; i++)
08          System.out.println("a[" + i + "] = " + a[i]);
```

실행 결과
a[0] = 1.0 a[1] = 2.0 a[2] = 3.0 a[3] = 4.0 a[4] = 5.0 모든 요소의 합은 15.0입니다.

```
09
10        double sum = 0;        // 합계
11        for (double i: a)
12          sum += i;
13
14        System.out.println("모든 요소의 합은 " + sum + "입니다.");
15      }
16    }
```

11~12행이 확장 for 문입니다. ( ) 안의 콜론(:)은 '~의 안에 있는'이라는 뜻입니다. 읽을 때는 in이라고 읽습니다. 그래서 확장 for 문을 'for-in 문' 또는 'for-each 문'이라고도 부릅니다.

실습 2C-1의 확장 for 문을 풀어서 쓰면 다음과 같습니다.

> 배열 a의 처음부터 끝까지 모든 요소를 한 개씩 스캔합니다. 루프 본문에서는 현재 선택한 요소를 i라고 표현합니다.

그러므로 변수 i는 int형 정숫값인 '인덱스'를 나타내는 것이 아니라 double형 실숫값인 '스캔할 때 선택한 요소'를 나타냅니다. 이 프로그램의 확장 for 문을 기본 for 문으로 바꿔 쓰면 다음과 같습니다.

```
for (int i = 0; i < a.length; i++)
  sum += a[i];
```

이 코드에서 제어식 i < a. length를 i <= a.length로 잘못 쓰면 프로그램을 실행할 때 IndexOutOfBoundsException이 발생합니다.

확장 for 문의 장점은 다음과 같습니다.

- 배열의 요솟수(길이)를 조사하는 수고를 덜 수 있습니다.
- 배열의 모든 요소를 빼놓지 않고 스캔할 수 있습니다. 즉, 시작 조건, 종료 조건을 지정할 때 발생하는 실수를 방지할 수 있습니다.
- iterator와 같은 방법으로 스캔할 수 있습니다.

ⓒ iterator는 자바의 컬렉션 프레임워크에서 컬렉션에 저장되어 있는 요소들을 읽어 들일 때 사용합니다. 이 책에서는 다루지 않습니다.

확장 for 문의 문장 구조는 루프 본문에서 인덱스값을 사용할 수 없는 구조입니다. 배열의 모든 요소를 스캔하는 과정에서 인덱스 자체의 값이 필요하지 않은 경우, 그 스캔은 확장 for 문으로 구현하는 것이 좋습니다.

02-2 클래스란?

클래스(class)는 서로 다른 여러 데이터형을 자유로이 조합하여 만들 수 있는 자료구조입니다.

클래스 다루기

어느 그룹의 신체검사 데이터를 처리하는 것을 생각해 보겠습니다. 데이터가 이름, 키, 시력 등 3개라면 그림 2-14와 같이 각각의 항목에 대해 배열을 구성합니다. 여기서는 7명인 그룹을 예로 들겠습니다.

name[0]에 있는 "강민하"의 키는 height[0]에 저장되고 시력은 vision[0]에 저장될 것입니다.

	name
0	강민하
1	김찬우
2	박준서
3	유서범
4	이수연
5	장경오
6	황지안

	height
0	162
1	173
2	175
3	171
4	168
5	174
6	169

	vision
0	0.3
1	0.7
2	2.0
3	1.5
4	0.4
5	1.2
6	0.8

[그림 2-14] 이름, 키, 시력을 각각 선언한 3개의 배열

이때 프로그램에는 각 개인의 데이터가 같은 인덱스에 저장되는 관계가 직접 나타나 있지는 않습니다. 괴짜 프로그래머가 키를 이름 순서의 역순으로 저장하거나 시력을 임의의 순서로 저장했을 수도 있습니다. 실제 업무에서는 보통 그림 2-15처럼 개인별 카드를 사람 수만큼 준비하고 시력과 키 등의 데이터를 적어 넣습니다. 프로그램에서도 이와 같이 구현하는 것이 좋습니다.

0	강민하	162	0.3
1	김찬우	173	0.7
2	박준서	175	2.0
3	유서범	171	1.5
4	이수연	168	0.4
5	장경오	174	1.2
6	황지안	169	0.8

[그림 2-15] 이름, 키, 시력을 set으로 묶은 카드의 배열

클래스 선언

여러 형의 요소를 조합하여 만든 자료구조가 클래스입니다. 물론 요소의 형이 모두 같아도 상관없습니다.

◎ 지금까지 프로그램 코드에서 클래스를 사용했지만, 이는 단지 특정한 처리를 수행하는 메서드와 그것을 테스트하는 main 메서드를 둘러싸기 위한 것이었습니다.

다음은 구조가 간단한 클래스를 선언하는 예입니다.

```
// 클래스 XYZ
class XYZ {
  int x;              // x는 int형 필드
  long y;             // y는 long형 필드
  double z;           // z는 double형 필드
}
```

클래스 XYZ는 3개의 데이터 요소를 가지고 있습니다. 데이터 요소를 필드(field)라고 합니다. int형 필드 x, long형 필드 y, double형 필드 z가 세트를 이룬 것이 클래스 XYZ입니다. 클래스형 변수를 사용할 때는 먼저 클래스형 변수(실체를 참조하는 변수)를 만들고, 그와 동시에 실체인 클래스 인스턴스를 생성합니다. 그리고 배열의 경우(배열 변수와 배열 본체를 연결하는 절차)와 같은 방식으로 연결해야 합니다. 클래스 XYZ형의 클래스형 변수를 선언하고, 인스턴스를 생성하여 연결하는 코드는 다음과 같습니다.

```
XYZ a;              // XYZ형의 클래스형 변수 a 선언
a = new XYZ();      // XYZ형의 클래스 인스턴스를 생성하고 참조하는 곳을 대입
```

다음과 같이 클래스형 변수에 대한 초기화로 new식을 사용하여 선언하면, 위의 2가지 작업을 한꺼번에 할 수 있습니다.

```
XYZ a = new XYZ();    // 변수 선언, 인스턴트 생성, 연결 짓기를 한꺼번에 수행
```

결국 그림 2-16과 같이 클래스형 변수 a는 실체인 인스턴스를 참조하게 됩니다.

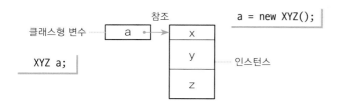

[그림 2-16] 클래스형 변수와 인스턴스

클래스형 변수 a가 참조하는 클래스 인스턴스 안의 필드는 멤버 접근 연산자 (.)를 사용하는 식 a.x, a.y, a.z로 접근합니다.

클래스에서 배열 구현하기

실습 2-10은 신체검사 데이터로 각각 배열을 만들어 관련성 없이 모아 놓은 것이 아니라, 관련 있는 배열을 모아 클래스로 구현한 프로그램입니다.

Do it! 실습 2-10
· 완성 파일 chap02/PhysicalExamination.java

```java
01  // 신체검사 데이터용 클래스 배열에서 평균 키와 시력의 분포를 구함
02
03  import java.util.Scanner;
04
05  class PhysicalExamination {
06
07    static final int VMAX = 21;      // 시력 분포(0.0~0.1 단위로 21개)
08
09    static class PhyscData {
10      String name;                   // 이름
11      int    height;                 // 키
12      double vision;                 // 시력
13
14      // 생성자
15      PhyscData(String name, int height, double vision) {
16        this.name   = name;
17        this.height = height;
18        this.vision = vision;
19      }
20    }
21
22    // 키의 평균값을 구함
23    static double aveHeight(PhyscData[] dat) {
24      double sum = 0;
25
26      for (int i = 0; i < dat.length; i++)
27        sum += dat[i].height;
28
29      return sum / dat.length;
30    }
31
32    // 시력 분포를 구함
33    static void distVision(PhyscData[] dat, int[] dist) {
34      int i = 0;
35
```

```
36          dist[i] = 0;
37      for (i = 0; i < dat.length; i++)
38          if (dat[i].vision >= 0.0 && dat[i].vision <= VMAX / 10.0)
39              dist[(int)(dat[i].vision * 10)]++;
40  }
41
42  public static void main(String[] args) {
43      Scanner stdIn = new Scanner(System.in);
44
45      PhyscData[] x = {
46          new PhyscData("강민하", 162, 0.3),
47          new PhyscData("김찬우", 173, 0.7),
48          new PhyscData("박준서", 175, 2.0),
49          new PhyscData("유서범", 171, 1.5),
50          new PhyscData("이수연", 168, 0.4),
51          new PhyscData("장경오", 174, 1.2),
52          new PhyscData("황지안", 169, 0.8),
53      };
54      int[] vdist = new int[VMAX];              // 시력 분포
55
56      System.out.println("■ 신체검사 리스트 ■");
57      System.out.println("이름       키      시력");
58      System.out.println("--------------------");
59      for (int i = 0; i < x.length; i++)
60          System.out.printf("%-8s%3d%5.1f\n",
61                              x[i].name, x[i].height, x[i].vision);
62
63      System.out.printf("\n평균 키: %5.1fcm\n", aveHeight(x));
64
65      distVision(x, vdist);                     // 시력 분포를 구함
66
67      System.out.println("\n시력 분포");
68      for (int i = 0; i < VMAX; i++)
69          System.out.printf("%3.1f~: %2d명\n", i / 10.0, vdist[i]);
70  }
71  }
```

실행 결과

```
■ 신체검사 리스트 ■
이름        키       시력
--------------------------------

강민하       162       0.3
김찬우       173       0.7
박준서       175       2.0
유서범       171       1.5
이수연       168       0.4
장경오       174       1.2
황지안       169       0.8

평균 키: 170.3 cm

시력 분포
0.0 ~: 0명
0.1 ~: 0명
0.2 ~: 0명
0.3 ~: 1명
0.4 ~: 1명
0.5 ~: 0명
(… 생략 …)
```

클래스 PhyscData의 필드는 3개로 이름(name, string형), 키(height, int형), 시력(vision, double형)입니다. 이 프로그램은 신체검사 데이터 리스트를 출력하고 평균 키와 시력 분포를 보여줍니다.

ⓒ 클래스 PhyscData는 클래스 PhysicalExamination의 멤버 클래스(보충수업 2-7)로 정의하고 있습니다.

이 장에서는 배열과 클래스라는 두 종류의 자료구조를 학습했습니다. 자바에서 배열 본체와 클래스 인스턴스는 프로그램을 실행할 때 new식으로 생성한다는 공통점이 있습니다. 이 2가지를 통틀어 객체(object)라고 부릅니다.

연습문제

Q7 시력 분포를 오른쪽처럼 그래프로 출력하도록 수정하여 프로그램을 작성하세요. 기호 문자 *를 사람 수만큼 반복하여 나타내세요.

```
0.1 ~: *
0.2 ~: ***
0.3 ~: *
(… 생략 …)
```

Q8 오른쪽처럼 년월일을 필드로 갖는 클래스를 만드세요. 다음과 같이 생성자(constructor)와 메서드를 정의해야 합니다.

```
class YMD {
    int y;      // 년
    int m;      // 월(1~12)
    int d;      // 일(1~31)
}
```

- 생성자(주어진 날짜로 설정)
  YMD(int y, int m, int d)
- n일 뒤의 날짜를 반환
  YMD after(int n)
- n일 앞의 날짜를 반환
  YMD before(int n)

📖 보충수업 2-7 클래스 더 알아보기

클래스를 상세하게 정리하자면 그것만으로도 책 한 권이 됩니다. 여기서는 최소한 알아야 할 중요 사항을 설명하겠습니다.

클래스 본체와 멤버
클래스 본체에서는 다음과 같은 내용을 선언할 수 있습니다.
- 멤버(필드, 메서드, 중첩(nested) 클래스, 중첩 인터페이스)
- 클래스 초기화, 인스턴스 초기화
- 생성자

그리고 클래스는 다음과 같은 문법 규칙과 특징을 가지고 있습니다.

- 필드, 메서드, 생성자를 선언할 때 public, protected, private을 지정할 수 있습니다.
- 메서드, 생성자는 다중으로 정의(오버로드)할 수 있습니다.
- final로 선언한 필드는 값을 한 번만 대입할 수 있습니다.
- 생성자는 새로 생성하는 인스턴스를 초기화하기 위해 사용합니다.

◎ 오버로드는 매개변수의 타입이나 개수가 다른 메서드, 생성자에 대해 같은 이름을 부여하는 것을 말합니다.

다음에 간단한 클래스의 예를 나타냈습니다.

```java
class A {
  private int f1;                        // 비공개 필드
  protected int f2;                      // 한정 공개 필드
  public int f3;                         // 공개 필드

  static final int S1 = 0;               // 정적 상수 필드

  public A() {                           // 생성자
    f1 = f2 = f3 = 0;
  }

  public A(int f1, int f2, int f3) {  // 생성자
    this.f1 = f1;
    this.f2 = f2;
    this.f3 = f3;
  }

  public void setF1(int f) {             // 메서드 f1의 setter
    f1 = f;
  }

  public int getF1() {                   // 메서드 f1의 getter
    return f1;
  }
}
```

공개 클래스

클래스 접근 제한자인 public을 붙여 클래스를 선언하면 다른 패키지에서 사용할 수 있는 공개 클래스(public class)가 됩니다.

파이널 클래스

클래스 접근 제한자인 final을 붙여 클래스를 선언하면 하위 클래스를 가질 수 없는(다른 클래스가 상속할 수 없는) 파이널 클래스(final class)가 됩니다.

파생 클래스

클래스 A를 직접 상위 클래스(direct superclass)로 하려면 선언할 때 extends A를 추가해야 합니다. 이때 선언한 클래스는 클래스 A의 직접 하위 클래스(direct subclass)가 됩니다.

클래스 선언에 extends가 없는 클래스의 경우 직접 상위 클래스는 Object 클래스가 됩니다.

ⓒ Object는 유일하게 상위 클래스를 갖지 않는 클래스입니다.

다음은 클래스 A를 상위 클래스로 하는 클래스 C의 선언입니다.

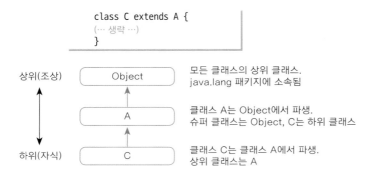

ⓒ 자바의 모든 클래스(API 또는 내가 만든 class 등)는 Object 클래스의 하위(자식) 클래스입니다. 곧, Object 클래스는 자바에서 최상의 클래스입니다. Object 클래스에는 다양한 메서드가 존재하는데 어떤 클래스에서도 이 메서드를 호출할 수 있습니다.

인터페이스 구현

인터페이스 X를 구현하려면 선언에 implements X를 추가해야 합니다. 다음은 인터페이스 X를 구현하는 클래스 Y의 선언입니다.

```
class Y implements X {
(… 생략 …)
}
```

추상 클래스

클래스 수식자인 abstract를 붙여 클래스를 선언하면 추상 메서드를 가질 수 있는 추상 클래스(abstract class)가 됩니다. 추상 클래스형은 불완전한 클래스이므로 인스턴스를 만들 수 없습니다.

ⓒ 추상 메서드란 실체가 정의되지 않은 메서드입니다. 실체는 하위 클래스에서 정의합니다.

중첩 클래스

클래스 또는 인터페이스 안에 선언한 클래스는 중첩 클래스(nested class)가 됩니다.

- 멤버 클래스(member class)는 그 선언이 다른 클래스 또는 인터페이스 선언에 의해 직접 둘러싸인 클래스입니다.
- 내부 클래스(inner class)는 명시적으로도 암묵적으로도 정적(static)이라고 선언하지 않은 중첩 클래스입니다. 정적 초기화나 멤버 인터페이스 선언을 할 수 없습니다. 그리고 컴파일을 할 때 상수 필드가 아니면 정적 멤버를 선언할 수 없습니다.
- 지역 클래스(local class)는 이름이 주어진 중첩 클래스인 내부 클래스입니다. 어떤 클래스의 멤버도 될 수 없습니다.

03

검색 알고리즘

03-1 검색 알고리즘이란?

이 장에서는 데이터 집합에서 원하는 값을 가진 요소를 찾아내는 검색 알고리즘을 살펴보겠습니다.

검색과 키 살펴보기

주소록을 검색한다고 가정해 보겠습니다. 검색(searching)은 다음과 같이 다양한 방법으로 이루어집니다.

> 1. 국적이 한국인 사람을 찾습니다.
> 2. 나이가 21세 이상 27세 미만인 사람을 찾습니다.
> 3. 찾으려는 이름과 가장 비슷한 이름을 가진 사람을 찾습니다.

이러한 검색은 특정 항목에 주목한다는 공통점이 있습니다. 이때 주목하는 항목을 키(key)라고 합니다. 국적을 검색할 때는 국적이 키이고, 나이를 검색할 때는 나이가 키입니다. 데이터가 정숫값과 같이 단일값이면 데이터값이 그대로 키값이 되지만 대부분의 경우에서 키는 데이터의 '일부'입니다. 그런데 위의 검색 과정을 살펴보면 키값을 다음과 같이 지정하고 있습니다.

> 1. 키값과 일치하도록 지정합니다(한국).
> 2. 키값의 구간을 지정합니다(21세 이상 27세 미만).
> 3. 키값과 비슷하도록 지정합니다(발음이 가장 비슷한 이름).

물론 조건은 하나만 지정하기도 하지만 논리곱이나 논리합을 사용하여 여러 조건을 복합해서 지정하기도 합니다.

배열에서 검색하기

그림 3-1은 검색의 세 가지 예를 나타내는데 이런 검색은 대부분 데이터를 저장하는 방식인 자료구조에 많은 영향을 받습니다. b의 선형 리스트에서 검색은 08장에서, c의 이진검색

트리에서 검색은 09장에서 설명합니다. 그리고 그림 3-1에는 나타나 있지 않지만 문자열에서 일부 문자열을 검색하는 것은 07장에서 배웁니다.

검색은 어떤 조건을 만족하는 데이터를 찾아내는 것입니다.

a 배열에서 검색

6	4	3	2	1	9	8

2를 검색

b 선형 리스트에서 검색

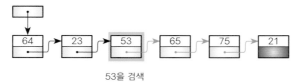

53을 검색

c 이진검색트리에서 검색

4를 검색

[그림 3-1] 검색의 세 가지 예

이 장에서 학습하는 내용은 a 의 '배열에서 검색'이며, 다음 알고리즘을 활용합니다.

> 1. 선형 검색: 무작위로 늘어서 있는 데이터 모임에서 검색을 수행합니다.
> 2. 이진 검색: 일정한 규칙으로 늘어서 있는 데이터 모임에서 아주 빠른 검색을 수행합니다.
> 3. 해시법: 추가, 삭제가 자주 일어나는 데이터 모임에서 아주 빠른 검색을 수행합니다.
>   - 체인법: 같은 해시값의 데이터를 선형 리스트로 연결하는 방법
>   - 오픈 주소법: 데이터를 위한 해시값이 충돌할 때 재해시하는 방법

해시법은 데이터 검색뿐만 아니라 추가나 삭제 등을 효율적으로 수행할 수 있는 종합적인 방법입니다.

데이터 집합이 있을 때 '검색만 하면 되지!'라고 생각한다면 검색에 사용할 알고리즘은 계산시간이 짧은 것을 선택하면 됩니다. 그러나 데이터 집합에서 검색뿐만 아니라 데이터를 추가하거나 삭제하는 작업을 자주한다면 검색 이외의 작업에 소요되는 비용을 종합적으로 평가하여 알고리즘을 선택해야 합니다. 예를 들어 데이터 추가를 자주한다면 검색이 빠르더라도

데이터의 추가 비용이 많이 들어가는 알고리즘은 피해야 합니다. 따라서 어떤 목적을 이루기 위해 선택할 수 있는 알고리즘이 여러 가지라면 용도나 목적, 실행 속도, 자료구조 등을 고려해야 합니다.

> ### 💬 조금만 더! 데이터 추가 비용은 어떤 경우에 더 많이 들까요?
>
> 예를 들어 학생의 번호 순서대로 키(height)의 값을 넣은 배열이 있다고 가정할 때 학생의 번호만 알면 바로 킷값을 알 수 있습니다. 하지만 새로운 학생이 전학을 와서 중간에 데이터를 끼워 넣어야 한다면 이후의 학생을 모두 뒤로 밀어내는 작업을 해야 합니다. 바로 이런 경우에 '배열을 빠르게 검색할 수는 있지만 데이터를 추가하는 데 비용이 많이 든다'라고 합니다.

03-2 선형 검색

이번 절에서는 배열에서 검색하는 방법 가운데 가장 기본적인 알고리즘을 살펴보겠습니다. 이 알고리즘은 선형 검색이라고 하며, 다음 장에서도 자주 사용하므로 확실히 익혀 두어야 합니다.

선형 검색 알아보기

요소가 직선 모양으로 늘어선 배열에서 검색은 원하는 키값을 갖는 요소를 만날 때까지 맨 앞부터 순서대로 요소를 검색하면 됩니다. 이것이 '선형 검색(linear search)' 또는 '순차 검색(sequential search)'이라는 알고리즘이고, 그림 3-2에 구체적인 과정을 나타냈습니다. 두 그림 Ａ와 Ｂ는 배열 {6, 4, 3, 2, 1, 2, 8}에서 검색하는 모습으로, 그림 Ａ는 2를 검색하는 데 성공한 예이고, 그림 Ｂ는 5를 검색하는 데 실패한 예입니다.

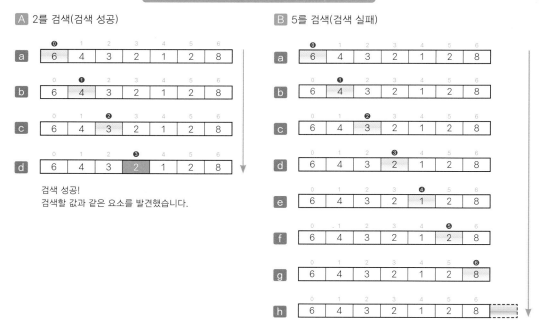

[그림 3-2] 선형 검색의 예

이 그림에서 ● 안의 값은 배열 요소의 인덱스입니다. 그림 Ⓐ에서 검색은 다음과 같이 진행됩니다.

> **a** 인덱스가 0인 요소 6을 선택합니다. 검색하려는 값이 아닙니다.
> **b** 인덱스가 1인 요소 4를 선택합니다. 검색하려는 값이 아닙니다.
> **c** 인덱스가 2인 요소 3을 선택합니다. 검색하려는 값이 아닙니다.
> **d** 인덱스가 3인 요소 2를 선택합니다. 검색하려는 값입니다. 검색 성공!

그림 Ⓑ에서는 **a**에서 **h**까지 배열 모든 요소를 맨 앞부터 순서대로 검색합니다. 검색을 끝까지 수행해도 키값과 같은 값의 요소를 만나지 못했습니다. 키값과 같은 값의 요소가 배열 안에 없기 때문에 검색에 실패합니다.

성공한 예와 실패한 예를 보면 선형 검색에서 배열 검색의 종료 조건은 2개임을 알 수 있습니다. 다음 조건 중 하나라도 성립하면 검색을 종료합니다.

> 종료 조건 ①: 종료 검색할 값을 발견하지 못하고 배열의 끝을 지나간 경우 ⇨ 검색 실패
> 종료 조건 ②: 종료 검색할 값과 같은 요소를 발견한 경우 ⇨ 검색 성공

배열의 요솟수가 n개일 때 종료 조건 ①, ②를 판단하는 횟수는 평균 n / 2회입니다.

◎ 원하는 값이 배열에 존재하지 않으면 ①은 n + 1회, ②는 n회 판단합니다.

요솟수가 n인 배열 a에서 값이 key인 요소를 검색하는 코드는 다음과 같습니다.

```
int i = 0;

while (true) {
    if (i == n)
        return -1;       // 검색 실패(-1을 반환)          ▪1
    if (a[i] == key)
        return i;        // 검색 성공(인덱스를 반환)       ▪2
    i++;
}
```

배열을 검색할 때 배열 요소의 인덱스를 가리키는 변수는 i입니다. i를 0으로 초기화하고 요소를 하나 검색할 때마다 while 문이 제어하는 루프 본문의 끝에서 1씩 증가시킵니다. while 문을 빠져나가는 경우는 앞에서 살펴본 종료 조건 가운데 하나가 성립할 때이고, 각 if 문의 판단과 대응합니다.

이 알고리즘을 구현한 프로그램이 실습 3-1입니다.

Do it! 실습 3-1

• 완성 파일 chap03/SeqSearch.java

```java
01    // 선형 검색
02
03    import java.util.Scanner;
04
05    class SeqSearch {
06      // 요솟수가 n인 배열 a에서 key와 값이 같은 요소를 선형 검색
07      static int seqSearch(int[] a, int n, int key) {
08        int i = 0;
09
10        while (true) {
11          if (i == n)
12            return -1;      // 검색 실패(-1을 반환)
13          if (a[i] == key)
14            return i;       // 검색 성공(인덱스를 반환)
15          i++;
16        }
17      }
18
19      public static void main(String[] args) {
20        Scanner stdIn = new Scanner(System.in);
21
22        System.out.print("요솟수: ");
23        int num = stdIn.nextInt( );
24        int[] x = new int[num];              // 요솟수가 num인 배열
25
26        for (int i = 0; i < num; i++) {
27          System.out.print("x[" + i + "]: ");
28          x[i] = stdIn.nextInt( );
29        }
30
31        System.out.print("검색할 값: ");      // 키값을 입력받음
32        int ky = stdIn.nextInt( );
33
```

1 (줄 11~12)
2 (줄 13~14)

실행 결과
요솟수: 7
x[0]: 6
x[1]: 4
x[2]: 3
x[3]: 2
x[4]: 1
x[5]: 2
x[6]: 8
검색할 값: 2
그 값은 x[3]에 있습니다.

```
34        int idx = seqSearch(x, num, ky);      // 배열 x에서 값이 ky인 요소를 검색
35
36        if (idx == -1)
37          System.out.println("그 값의 요소가 없습니다.");
38        else
39          System.out.println("그 값은 x[" + idx + "]에 있습니다.");
40    }
41  }
```

메서드 seqSearch는 배열 a의 처음부터 끝까지 n개인 요소를 대상으로 값이 key인 요소를 선형 검색하고 검색한 요소의 인덱스를 반환합니다. 만약 값이 key인 요소가 여러 개 존재하면 검색 과정에서 처음 발견한 요소의 인덱스를 반환합니다. 값이 key인 요소가 존재하지 않으면 -1을 반환합니다.

ⓒ 2를 검색하면 이 값은 배열 x[3]과 x[5]의 두 곳에 존재하지만 가장 먼저 찾은 x[3]의 인덱스 값인 3을 반환합니다.

무한 루프의 구현

실습 3-1의 while 문은 제어식이 true인 '무한 루프' 구조를 이루고 있습니다. 이렇게 무한으로 반복하는 구조는 break 문이나 return 문을 사용하여 루프에서 빠져나올 수 있습니다. 무한 루프는 다음 그림 3-3처럼 여러 방식으로 구현할 수 있습니다.

```
while (true) {          for ( ; true ; ) {          do {
(… 생략 …)               (… 생략 …)                   (… 생략 …)
}                       }                           } while (true);
```

[그림 3-3] 무한 루프의 구현 예

for 문은 반복을 계속할지를 판단하는 제어식 true를 생략할 수 있습니다. 제어식을 생략하면 true가 지정된 것으로 봅니다. 코드는 보통 위에서 아래로 읽습니다. 그래서 while 문과 for 문은 첫 번째 행만 읽어도 무한 루프인지 알 수 있습니다. 반면에 do 문은 끝까지 읽지 않으면 무한 루프인지 아닌지 알 수 없기 때문에 do 문으로 무한 루프를 구현하는 것은 권장하지 않습니다.

for 문으로 구현

배열 검색을 while 문이 아니라 for 문으로 구현하면 프로그램은 짧고 간결해집니다. 실습 3-2는 while 문을 for 문으로 수정한 프로그램입니다.

• 완성 파일 chap03/SeqSearchFor.java

```
(… 생략 …)
06    // 요솟수가 n인 배열 a에서 key와 값이 같은 요소를 선형 검색
07    static int seqSearch(int[] a, int n, int key) {
08      for (int i = 0; i < n; i++)
09        if (a[i] == key)
10          return i;              // 검색 성공(인덱스를 반환)
11      return -1;                 // 검색 실패(-1을 반환)
12    }
(… 생략 …)
```

요소를 순서대로 검색하는 선형 검색은 요소가 정렬되지 않은 배열에서 검색할 때 사용하는 유일한 방법입니다.

📚 보충수업 3-1 **형 import 선언**

클래스나 인터페이스 등의 자료형(type)은 반드시 어떤 패키지에 소속되어 있습니다. 예를 들어 Scanner 클래스와 Random 클래스가 소속된 곳은 java.util 패키지입니다. 따라서 Scanner 클래스의 전체 이름은 java.util.Scanner입니다. 패키지 이름을 포함한 전체 이름이 아니라 간단한 클래스 이름만으로 클래스를 사용하도록 하는 것이 형 import 선언입니다.

```
import java.util.Scanner;
```

형 import를 소스 프로그램의 시작 부분에서 선언하면 그 소스 프로그램 안에서는 import된 자료형의 이름(이 경우에는 Scanner)만으로 간단하게 사용할 수 있습니다. 하지만 형 import를 선언하지 않은 소스 프로그램에서는 Scanner를 사용하는 모든 곳에서 전체 이름인 java.util.Scanner로 표기하여 사용해야 합니다.

보초법으로 선형 검색 구현하기

선형 검색은 반복할 때마다 다음의 종료 조건 ①과 ②를 모두 판단합니다. 단순한 판단이라고 생각할 수 있지만 '티끌 모아 태산'이라는 말이 있듯이 종료 조건을 검사하는 비용은 결코 무시할 수 없습니다.

종료 조건 ①: 검색할 값을 발견하지 못하고 배열의 끝을 지나간 경우
종료 조건 ②: 검색할 값과 같은 요소를 발견한 경우

이 비용을 반(50%)으로 줄이는 방법이 보초법(sentinel method)입니다. 보초법에 따라 선형 검색을 수행하는 모습을 그림 3-4에 나타냈습니다.

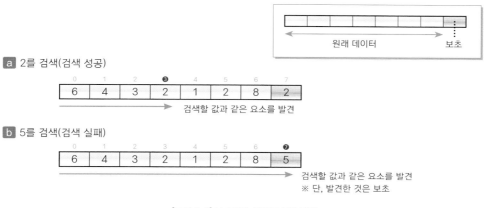

[그림 3-4] 보초법을 이용한 선형 검색

배열 요소 a[0]~a[6]은 초기에 준비해 놓은 데이터입니다. 맨 끝 요소 a[7]은 검색하기 전에 값을 저장하는 보초(sentinel)입니다. 보초에는 다음과 같이 검색하고자 하는 키값을 저장합니다.

ⓐ 2를 검색하기 위해 보초로 a[7]에 2를 저장합니다.
ⓑ 5를 검색하기 위해 보초로 a[7]에 5를 저장합니다.

ⓑ처럼 원하는 값이 원래 데이터에 존재하지 않아도 보초인 a[7]까지 검색하면 종료 조건 ②(검색할 값과 같은 요소를 발견했는가)가 성립됩니다. 이렇게 하면 원하는 키값을 찾지 못했을 때를 판단하는 종료 조건 ①이 없어도 됩니다. 보초는 반복문에서 종료 판단 횟수를 2회에서 1회로 줄이는 역할을 합니다. 이런 보초법을 적용하여 실습 3-1을 수정한 프로그램이 실습 3-3입니다. 25행인 A에서는 입력한 요솟수에 1을 더한 크기의 배열을 생성합니다.

◎ 요솟수로 7이 입력되면 요솟수가 8인 배열을 생성하는데, 이는 원래 데이터에 보초의 자리를 추가하기 위해서입니다.

Do it! 실습 3-3

```java
01    // 선형 검색(보초법)
(… 생략 …)
05    class SeqSearchSen {
06      // 요솟수가 n인 배열 a에서 key와 값이 같은 요소를 보초법으로 선형 검색
07      static int seqSearchSen(int[] a, int n, int key) {
08        int i = 0;
09
10        a[n] = key;                  // 보초를 추가
11
12        while (true) {
13          if (a[i] == key)           // 검색 성공
14            break;
15          i++;
16        }
17        return i == n ? -1 : i;
18      }
19
20      public static void main(String[] args) {
21        Scanner stdIn = new Scanner(System.in);
22
23        System.out.print("요솟수: ");
24        int num = stdIn.nextInt( );
25        int[] x = new int[num + 1];          // 요솟수가 num + 1인 배열
26
27        for (int i = 0; i < num; i++) {
28          System.out.print("x[" + i + "]: ");
29          x[i] = stdIn.nextInt( );
30        }
31
32        System.out.print("검색할 값: ");       // 키값을 입력받음
33        int ky = stdIn.nextInt( );
34
35        int idx = seqSearchSen(x, num, ky);   // 배열 x에서 값이 ky인 요소를 검색
36
37        if (idx == -1)
38          System.out.println("그 값의 요소가 없습니다.");
39        else
40          System.out.println("그 값은 x[" + idx + "]에 있습니다.");
41      }
42    }
```

실행 결과

```
요솟수: 7
x[0]: 6
x[1]: 4
x[2]: 3
x[3]: 2
x[4]: 1
x[5]: 2
x[6]: 8
검색할 값: 2
그 값은 x[3]에 있습니다.
```

seqSearchSen 메서드를 자세히 살펴보겠습니다.

1 검색할 값 key를 보초로 a[n]에 대입합니다.

2 배열 요소를 순서대로 스캔합니다. 실습 3-1의 while 문에는 다음과 같이 if 문이 2개 있습니다.

```
if (i == n)       // 종료 조건 ① ⇦ 보초법에서는 필요하지 않음
if (a[i] == key)  // 종료 조건 ②
```

이 프로그램은 종료 조건 ①이 필요하지 않으므로 하나의 if 문만 사용했습니다. 따라서 반복 종료에 대한 판단 횟수가 절반으로 줄어듭니다.

3 while 문에 의한 반복이 완료되면 찾은 값이 배열의 원래 데이터인지 아니면 보초인지 판단해야 합니다. 변수 i값이 n이면 찾은 값이 보초이므로 검색 실패임을 나타내는 −1을 반환합니다. 변수 i값이 n이 아니면 찾은 값이 원래 데이터이므로 i값을 반환합니다.

보초법을 적용하여 if 문의 판단 횟수를 줄였습니다. 즉, 판단 횟수는 **2**에서 절반으로 줄었고 **3**에서 if 문 대신 사용한 조건식으로 1회 증가했습니다.

03-3 이진 검색

이번 절에서는 이진 검색법을 살펴보겠습니다. 이 알고리즘을 적용하는 전제 조건은 데이터가 키값으로 이미 정렬(sort)되어 있다는 것입니다. 이진 검색은 선형 검색보다 좀 더 빠르게 검색할 수 있다는 장점이 있습니다.

이진 검색 알아보기

이진 검색(binary search)은 요소가 오름차순 또는 내림차순으로 정렬된 배열에서 검색하는 알고리즘입니다.   ⓒ 정렬 알고리즘은 06장에서 살펴봅니다.

다음 그림과 같이 오름차순으로 정렬된 데이터에서 39를 검색하는 과정을 생각해 보겠습니다. 먼저 배열의 중앙에 위치한 요소인 a[5](31)부터 검색을 시작합니다.

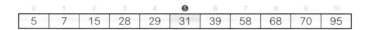

검색할 값인 39는 중앙 요소(a[5])보다 큽니다(a[5] 뒤쪽에 존재). 그러므로 검색 대상을 뒤쪽의 5개(a[6]~a[10])로 좁힙니다. 그리고 다음 검색 범위의 중앙에 위치한 요소인 a[8](68)을 선택합니다.

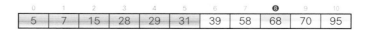

검색할 값인 39는 중앙 요소(a[8])보다 작습니다(a[8] 앞쪽에 존재). 그러므로 검색 대상을 앞쪽의 2개(a[6]~a[7])로 좁힙니다. 두 요소의 중앙 요소로 앞쪽의 값 a[6](39)를 선택하여 원하는 값인지 확인합니다.

ⓒ 두 인덱스 6과 7의 중앙값은 (6 + 7)/2로 계산하여 6이 되기 때문입니다. 정수의 나눗셈은 나머지를 버립니다.

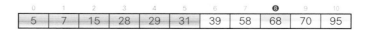

39는 원하는 키값과 일치하므로 검색 성공입니다.

이렇게 n개의 요소가 오름차순으로 늘어선 배열 a에서 키를 이진 검색으로 검색하는 과정을 그림 3-5에서 일반화하여 나타냈습니다. 검색 범위의 맨 앞 인덱스를 pl, 맨 끝 인덱스를 pr, 중앙 인덱스를 pc라고 지정합니다. 검색을 시작할 때 pl은 0, pr은 n - 1, pc는 (n - 1)/2입니다. 여기까지 설명한 내용이 **a**입니다.

검색 대상의 범위는 □ 안의 요소이고, 검색 대상에서 제외되는 범위는 ▨ 안의 요소입니다. 여기서 주목할 점은 이진 검색을 한 단계씩 진행할 때마다 검색 범위가 (거의) 반으로 좁혀진다는 것입니다. 그리고 선택 요소를 한 번에 한 칸씩 이동하는 선형 검색과 달리 이진 검색은 ●로 표시한 선택 요소 a[pc]를 단숨에 여러 칸 이동합니다.

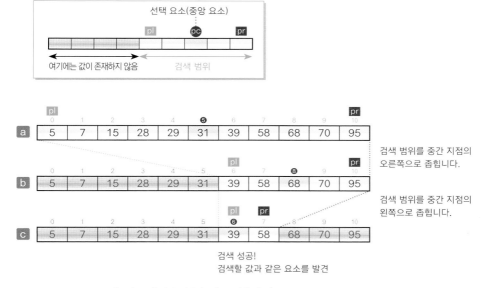

[그림 3-5] 이진 검색의 예(39 검색 성공)

c처럼 a[pc]와 key를 비교하여 값이 같으면 검색 성공입니다. 하지만 원하는 값을 찾지 못하면 다음과 같은 방법으로 검색 범위를 좁힙니다.

a[pc] < key일 때(예: **a** ⇨ **b**)

a[pl]~a[pc]는 key보다 작은 것이 분명하므로 검색 대상에서 제외합니다. 검색 범위를 중앙 요소 a[pc]보다 뒤쪽인 a[pc + 1]~a[pr]로 좁힙니다. 이를 위해 pl값을 pc + 1로 업데이트합니다.

a[pc] > key일 때(예: b ⇨ c)

a[pc]~a[pr]은 key보다 큰 것이 분명하므로 검색 대상에서 제외합니다. 검색 범위를 중앙 요소 a[pc]보다 앞쪽인 a[pl]~a[pc - 1]로 좁힙니다. 이를 위해 pr값을 pc - 1로 업데이트합니다.

검색 범위를 좁혀 가는 방법을 간단히 정리하면 다음과 같습니다.

> - 중앙값 a[pc]가 key보다 작을 때: 중앙 바로 오른쪽 인덱스를 새로운 검색 범위의 pl로 하여 뒤쪽으로 좁힙니다.
> - 중앙값 a[pc]가 key보다 클 때: 중앙 바로 왼쪽 인덱스를 새로운 검색 범위의 pr로 하여 앞쪽으로 좁힙니다.

이진 검색 알고리즘의 종료 조건은 다음 종료 조건 ①, ② 중 어느 한쪽이 성립하면 됩니다.

> 종료 조건 ①: a[pc]와 key가 일치합니다.
> 종료 조건 ②: 검색 범위가 더 이상 없습니다.

그림 3-5는 종료 조건 ①이 성립하여 검색에 성공한 예입니다. 이제 종료 조건 ②가 성립하여 검색에 실패하는 구체적인 예를 생각해 보겠습니다. 같은 배열에서 6을 검색하는 과정을 그림 3-6에 나타냈습니다.

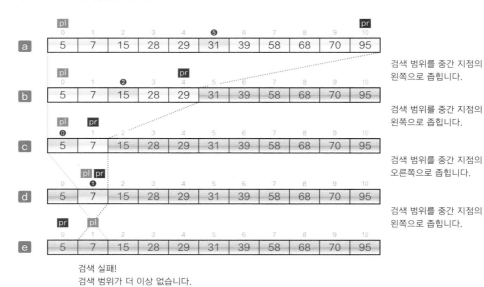

[그림 3-6] 이진 검색의 예(6 검색 실패)

ⓐ 검색할 범위는 배열 전체(a[0] ~ a[10])이고, 중앙 요소 a[5]값은 31입니다. 키값인 6보다 크므로 검색 범위를 a[0] ~ a[4]로 좁힙니다.

ⓑ 새로운 검색 범위에서 중앙 요소 a[2]값은 15입니다. 키값인 6보다 크므로 검색할 범위를 a[0] ~ a[1]로 좁힙니다.

ⓒ 새로운 검색 범위에서 중앙 요소 a[0]값은 5입니다. 키값인 6보다 작으므로 pl을 pc + 1(1)로 업데이트합니다. 그러면 pl과 pr은 둘 다 1이 됩니다.

ⓓ 새로운 검색 범위에서 중앙 요소 a[1]값은 7입니다. 키값인 6보다 크므로 pr을 pc - 1(0)로 업데이트합니다. 그러면 pl이 pr보다 커지면서 검색 범위가 없어집니다. 종료 조건 ②가 성립하므로 검색 실패입니다.

이 과정(이진 검색)을 구현한 프로그램이 실습 3-4입니다. 이진 검색은 검색을 반복할 때마다 검색 범위가 거의 절반이 되므로 검색에 필요한 비교 횟수의 평균값은 log n입니다. 검색에 실패하면 $\lceil \log(n + 1) \rceil$회, 검색에 성공하면 대략 log n - 1회입니다. 여기에서 $\lceil \log(n + 1) \rceil$의 $\lceil \ \rceil$는 천장 함수(ceiling function)를 나타내는 기호입니다. 즉, $\lceil x \rceil$는 x의 천장 함수라고 하며, x보다 크거나 같으면서 가장 작은 정수입니다.

ⓒ 예를 들어 $\lceil 3.5 \rceil$는 4이며, 천장 함수는 올림 함수라고도 합니다. 참고로 $\lceil \ \rceil$를 뒤집은 $\lfloor \ \rfloor$는 바닥 함수(floor function)를 나타내는 기호입니다. 예를 들어 $\lfloor 3.5 \rfloor$는 3이며, 바닥 함수는 내림 함수, 버림 함수, 가우스 함수라고도 합니다.

이진 검색은 검색 대상(배열)이 오름차순으로 정렬(sort)되어 있음을 가정합니다. 따라서 다음 프로그램의 36~41행은 사용자가 각 요솟값을 입력할 때 바로 앞에 입력한 요소보다 작은 값을 입력할 경우 다시 입력하게 합니다.

Do it! 실습 3-4

• 완성 파일 chap03/BinSearch.java

```
01    // 이진 검색
02
03    import java.util.Scanner;
04
05    class BinSearch {
06        // 요솟수가 n개인 배열 a에서 key와 같은 요소를 이진 검색
07        static int binSearch(int[] a, int n, int key) {
08            int pl = 0;              // 검색 범위의 첫 인덱스
09            int pr = n - 1;          // 검색 범위의 끝 인덱스
10
11            do {
12                int pc = (pl + pr) / 2;    // 중앙 요소의 인덱스
13                if (a[pc] == key)
```

실행 결과

```
요솟수: 7
오름차순으로 입력하세요.
x[0]: 15
x[1]: 27
x[2]: 39
x[3]: 77
x[4]: 92
x[5]: 108
x[6]: 121
검색할 값: 39
그 값은 x[2]에 있습니다.
```

```
14          return pc;                          // 검색 성공!
15        else if (a[pc] < key)
16          pl = pc + 1;                        // 검색 범위를 뒤쪽 절반으로 좁힘
17        else
18          pr = pc - 1;                        // 검색 범위를 앞쪽 절반으로 좁힘
19      } while (pl <= pr);
20
21      return -1;                              // 검색 실패!
22    }
23
24    public static void main(String[] args) {
25      Scanner stdIn = new Scanner(System.in);
26
27      System.out.print("요솟수: ");
28      int num = stdIn.nextInt( );
29      int[] x = new int[num];                  // 요솟수가 num인 배열
30
31      System.out.println("오름차순으로 입력하세요.");
32
33      System.out.print("x[0]: ");              // 첫 요소 입력받음
34      x[0] = stdIn.nextInt( );
35
36      for (int i = 1; i < num; i++) {
37        do {
38          System.out.print("x[" + i + "]: ");
39          x[i] = stdIn.nextInt( );
40        } while (x[i] < x[i - 1]);             // 바로 앞의 요소보다 작으면 다시 입력받음
41      }
42
43      System.out.print("검색할 값: ");          // 키값을 입력받음
44      int ky = stdIn.nextInt( );
45
46      int idx = binSearch(x, num, ky);         // 배열 x에서 값이 ky인 요소를 검색
47
48      if (idx == -1)
49        System.out.println("그 값의 요소가 없습니다.");
50      else
51        System.out.println("그 값은 x[" + idx + "]에 있습니다.");
52    }
53  }
```

복잡도 구하기

프로그램의 실행 속도는 프로그램이 동작하는 하드웨어나 컴파일러 등의 조건에 따라 달라집니다. 알고리즘의 성능을 객관적으로 평가하는 기준을 복잡도(complexity)라고 합니다. 복잡도는 다음의 두 가지 요소를 가지고 있습니다.

> • 시간 복잡도(time complexity): 실행에 필요한 시간을 평가한 것
> • 공간 복잡도(space complexity): 기억 영역과 파일 공간이 얼마나 필요한가를 평가한 것

02장에서 배운 '소수를 나열하는 프로그램(버전 1, 2, 3)'은 알고리즘을 선택할 때 두 복잡도(시간, 공간)의 균형을 생각할 필요가 있음을 말해 줍니다. 여기서는 선형 검색과 이진 검색의 시간 복잡도를 더 자세히 살펴보겠습니다.

선형 검색의 시간 복잡도

다음의 선형 검색 메서드를 바탕으로 시간 복잡도를 살펴보겠습니다.

```
    static int seqSearch(int[] a, int n, int key) {
1       int i = 0;

2       while(i < n) {
3           if(a[i] == key)
4               return i;          // 검색 성공!
5           i++;
        }
6       return -1;                 // 검색 실패!
    }
```

◉ 이 프로그램은 실습 3-1의 seqSearch 메서드를 수정한 코드입니다.

표 3-1은 ①~⑥의 각 단계별로 실행 횟수를 정리한 것입니다.

[표 3-1] 선형 검색에서 각 단계의 실행 횟수와 복잡도

단계	실행 횟수	복잡도	단계	실행 횟수	복잡도
①	1	$O(1)$	④	1	$O(1)$
②	n / 2	$O(n)$	⑤	n / 2	$O(n)$
③	n / 2	$O(n)$	⑥	1	$O(1)$

변수 i에 0을 대입하는 **1**은 처음 한 번 실행하고 나서 이후에는 없습니다(데이터 수 n과는 무관합니다). 이렇게 한 번만 실행하는 복잡도는 O(1)로 표기합니다. 마찬가지로 메서드에서 값을 반환하는 **4**와 **6**도 한 번만 실행하기 때문에 O(1)로 표기합니다. 배열의 맨 끝에 도달했는지를 판단하는 **2**와 현재 선택한 요소와 찾고자 하는 값이 같은지를 판단하는 **3**의 평균 실행 횟수는 n / 2입니다. 이처럼 n에 비례하는 횟수만큼 실행하는 복잡도는 O(n)으로 표기합니다.

ⓒ 복잡도를 표기할 때 사용하는 O는 order의 머리글자로, O(n)은 'O - n', 'Order n', 'n의 Order' 등으로 읽습니다.

> ● **조금만 더!** **컴퓨터에서 n / 2과 n의 차이는 크지 않아요!**
>
> n / 2번 실행했을 때 복잡도를 O(n / 2)가 아닌 O(n)으로 표현하는 이유는 n값이 무한히 커진다고 가정했을 때 그 값의 차이가 무의미해지기 때문입니다. 마찬가지로 100번만 실행하는 경우에도 O(100)이 아닌 O(1)로 표기합니다. 컴퓨터가 100번을 계산하는 시간과 한 번만 계산하는 시간의 차이는 사람이 느낄 수 없을 정도로 굉장히 작습니다.

그런데 n이 점점 커지면 O(n)에 필요한 계산 시간은 n에 비례하여 점점 길어집니다. 이와 달리 O(1)에 필요한 계산 시간은 변하지 않습니다. 일반적으로 O(f(n))과 O(g(n))의 복잡도를 계산하는 방법은 다음과 같습니다.

$$O(f(n)) + O(g(n)) = O(max(f(n), g(n)))$$

ⓒ max(a, b)는 a와 b 가운데 큰 쪽을 나타내는 메서드입니다.

2개 이상의 복잡도로 구성된 알고리즘의 전체 복잡도는 차수가 더 높은 쪽의 복잡도가 지배합니다. 둘뿐만 아니라 셋 이상의 계산으로 구성된 알고리즘도 마찬가지입니다. 다시 말해 전체 복잡도는 차수가 가장 높은 복잡도를 선택합니다. 그러므로 선형 검색 알고리즘의 복잡도를 구하면 다음처럼 O(n)이 됩니다.

$$O(1) + O(n) + O(n) + O(1) + O(n) + O(1) = O(max(1, n, n, 1, n, 1)) = O(n)$$

연습
문제

Q1 실습 3-3의 seqSearchSen 메서드를 while 문 대신 for 문을 사용하여 수정한 프로그램을 작성하세요.

Q2 오른쪽처럼 선형 검색의 스캐닝 과정을 자세히 출력하는 프로그램을 작성하세요. 이때 각 행의 맨 왼쪽에 현재 선택한 요소의 인덱스를 출력하고, 현재 선택한 요소 위에 기호 *를 출력하세요.

```
  | 0 1 2 3 4 5 6
--+--------------------
  | *
0 | 6 4 3 2 1 9 8
  |
  |     *
1 | 6 4 3 2 1 9 8
  |
  |       *
2 | 6 4 3 2 1 9 8
그 값은 x[2]에 있습니다.
```

이진 검색의 시간 복잡도

이진 검색의 복잡도를 살펴보겠습니다.

```
    static int binSearch(int[] a, int n, int key) {
1      int pl = 0;                      // 검색 범위 첫 인덱스
2      int pr = n - 1;                  // 검색 범위 끝 인덱스

       do {
3        int pc = (pl + pr) / 2;        // 중앙 요소의 인덱스
4        if (a[pc] == key)
5          return pc;                   // 검색 성공!
6        else if (a[pc] < key)
7          pl = pc + 1;                 // 검색 범위를 뒤쪽 절반으로 좁힘
         else
8          pr = pc - 1;                 // 검색 범위를 앞쪽 절반으로 좁힘
9      } while (pl <= pr);

10     return -1;                       // 검색 실패!
    }
```

ⓒ 이 프로그램은 실습 3-4의 binSearch 메서드를 수정한 코드입니다.

이진 검색법에서는 검색할 요소의 범위가 거의 절반씩 줄어듭니다. 프로그램 각 단계의 실행 횟수와 복잡도는 표 3-2와 같습니다.

[표 3-2] 이진 검색에서 각 단계의 실행 횟수와 복잡도

단계	실행 횟수	복잡도	단계	실행 횟수	복잡도
1	1	O(1)	6	log n	O(log n)
2	1	O(1)	7	log n	O(log n)
3	log n	O(log n)	8	log n	O(log n)
4	log n	O(log n)	9	log n	O(log n)
5	1	O(1)	10	1	O(1)

이진 검색 알고리즘의 복잡도를 구하면 아래처럼 O(log n)을 얻을 수 있습니다.

$$O(1) + O(1) + O(\log n) + O(\log n) + O(1) + O(\log n) + \cdots + O(1) = O(\log n)$$

O(n)과 O(log n)은 O(1)보다 큽니다. 이를 고려하여 복잡도의 대소 관계를 그림으로 나타내면 그림 3-7과 같습니다.

[그림 3-7] 복잡도와 증가율

Q3 요솟수가 n인 배열 a에서 key와 일치하는 모든 요소의 인덱스를 배열 idx의 맨 앞부터 순서대로 저장하고, 일치하는 요솟수를 반환하는 메서드를 작성하세요. 예를 들어 요솟수가 8인 배열 a의 요소가 {1, 9, 2, 9, 4, 6, 7, 9}이고 key가 9일 때 배열 idx에 {1, 3, 7}을 저장하고 3을 반환합니다.

```
static int searchIdx(int[] a, int n, int key, int[] idx)
```

Q4 오른쪽처럼 이진 검색 과정을 자세히 출력하는 프로그램을 작성하세요. 각 행의 맨 왼쪽에 현재 선택한 요소의 인덱스를 출력하고, 검색 범위의 첫 요소 위에 <-, 끝 요소 위에 ->, 현재 선택한 중앙 요소 위에 +를 출력하세요.

```
 |  0  1  2  3  4  5  6
---+---------------------
 |  <-          +      ->
 3|  1  2  3  5  6  8  9
 |
 |  <-    +  ->
 1|  1  2  3  5  6  8  9
2는 x[1]에 있습니다.
```

Q5 우리가 살펴본 이진 검색 알고리즘 프로그램은 검색할 키값과 같은 값을 갖는 요소가 하나 이상일 경우 그 요소 중에서 맨 앞의 요소를 찾지 못합니다. 예를 들어 다음 그림의 배열에서 7을 검색하면 중앙에 위치하는 a[5]를 검색합니다. 이를 개선하여 키값과 일치하는 맨 앞의 요소를 찾는 binSearchX 메서드를 작성하세요.

```
static int binSearchX(int[] a, int n, int key)
```

☺ 이진 검색 알고리즘으로 검색에 성공했을 때(**a**) 그 위치에서 앞쪽으로 하나씩 스캔하면(**b**) 여러 요소가 일치하는 경우에도 가장 앞에 위치하는 요소의 인덱스를 찾을 수 있습니다.

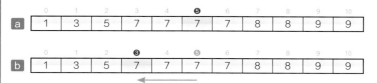

배열의 맨 앞을 넘지 않는 범위에서 같은 값의 요소가 계속되는 한 앞쪽으로 스캔합니다.

📖 **보충수업 3-2** java.lang 패키지의 자동 import

클래스를 간단한 이름으로 사용하기 위해서는 그 형(type)의 이름에 대하여 명시적으로 형 import를 선언할 필요가 있다는 것을 보충수업 3-1에서 공부했습니다.

그러나 예외가 있습니다. 자바 언어와 밀접하게 연관된 클래스나 인터페이스 등을 모아 놓은 java.lang 패키지는 형 import를 선언할 필요가 없습니다. 따라서 이 패키지에 속하는 Integer나 String, System 등의 클래스는 형 import를 선언하지 않고도 간단한 이름만으로 나타낼 수 있습니다.

Arrays.binarySearch에 의한 이진 검색

자바는 배열에서 이진 검색을 하는 메서드를 표준 라이브러리로 제공합니다. java.util. Arrays 클래스의 binarySearch 메서드가 바로 그것입니다. 이 메서드는 보충수업 3-3에서 자세히 다룹니다. binarySearch 메서드는 다음과 같은 장점이 있습니다.

- 이진 검색 메서드를 직접 작성할 필요가 없습니다.
- 배열 요소의 자료형과 관계없이 검색할 수 있습니다.

☺ binarySearch 메서드를 설명하기에는 내용이 너무 많습니다. 자세한 내용은 API 문서를 확인하세요(보충수업 9-2).

binarySearch 메서드는 오름차순으로 정렬된 배열 a를 가정하고 값이 key인 요소를 이진 검색합니다. binarySearch 메서드는 자료형과 관계없이 검색할 수 있도록 자료형에 따라 9가지 방법으로 오버로딩되어 있습니다(표 3-3).

◎ 오버로딩(overloading)은 같은 메서드 이름으로 매개변수의 자료형이나 개수를 다르게 정의하는 방법을 말합니다.

[표 3-3] java.util.Arrays 클래스가 제공하는 binarySearch 메서드

① static int binarySearch(byte[ ] a, byte key)
② static int binarySearch(char[ ] a, char key)
③ static int binarySearch(double[ ] a, double key)
④ static int binarySearch(float[ ] a, float key)
⑤ static int binarySearch(int[ ] a, int key)
⑥ static int binarySearch(long[ ] a, long key)
⑦ static int binarySearch(short[ ] a, short key)
⑧ static int binarySearch(Object[ ] a, Object key)
⑨ static ⟨T⟩ int binarySearch(T[ ] a, T key, Comparator ⟨? super T⟩ c)

검색에 성공한 경우

key와 일치하는 요소의 인덱스를 반환합니다. key와 일치하는 요소가 여러 개 있을 경우 어느 요소의 인덱스를 반환하는지는 정해져 있지 않습니다. 즉, 맨 앞에 있는 요소의 인덱스를 반환한다는 보증은 없습니다.

검색에 실패한 경우

검색에 실패했을 때에는 '배열 안에 key가 있어야 할 위치(삽입 포인트)를 추정할 수 있는 값'을 반환합니다. 삽입 포인트를 x라고 할 때 반환값은 −x − 1입니다. 검색하기 위해 지정한 key보다 큰 요소 중 첫 번째 요소의 인덱스입니다. 만약 배열의 모든 요소가 key보다 작다면 배열의 길이를 삽입 포인트로 정합니다. 그림 3-8을 보면서 좀 더 자세히 설명하겠습니다.

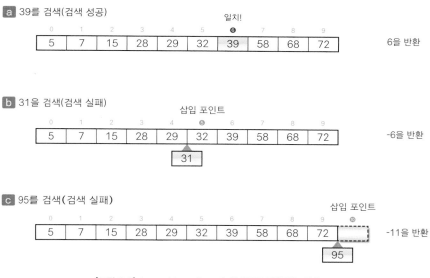

[그림 3-8] Arrays.binarySearch 메서드로 검색하는 경우

위 그림은 배열 {5, 7, 15, 28, 29, 32, 39, 58, 68, 72}에서 binarySearch 메서드를 사용하여 검색했을 때 반환하는 값을 나타낸 것입니다.

> a 39를 검색하면 검색 성공입니다. 해당 인덱스(6)를 반환합니다.
> b 31을 검색하면 31은 인덱스(4)와 인덱스(5) 사이에 위치해야 하므로 삽입 포인트는 5입니다. −6을 반환합니다.
> c 95를 검색하면 모든 요소가 검색하는 값보다 작기 때문에 삽입 포인트는 배열의 길이인 10이 됩니다. −11을 반환합니다.

기본 자료형 배열에서 binarySearch 메서드로 검색하기

표 3-3의 ①~⑦번 binarySearch 메서드는 int형이나 long형과 같은 기본 자료형 배열에서 이진 검색을 하는 메서드입니다. int형 배열에서 이 메서드를 사용하여 검색하는 프로그램을 실습 3-5에 나타냈습니다.

• 완성 파일 chap03/BinarySearchTester.java

```
01   // Arrays.binarySearch로 이진 검색
02
03   import java.util.Arrays;
04   import java.util.Scanner;
05
06   class BinarySearchTester {
07     public static void main(String[] args) {
08       Scanner stdIn = new Scanner(System.in);
09
10       System.out.print("요솟수: ");
11       int num = stdIn.nextInt( );
12       int[] x = new int[num];              // 요솟수가 num인 배열
13
14       System.out.println("오름차순으로 입력하세요.");
15
16       System.out.print("x[0]: ");          // 배열의 첫 요소를 먼저 입력받음
17       x[0] = stdIn.nextInt( );
18
19       for (int i = 1; i < num; i++) {
20         do {
21           System.out.print("x[" + i + "]: ");
22           x[i] = stdIn.nextInt( );
23         } while (x[i] < x[i - 1]);         // 바로 앞의 요소보다 작으면 다시 입력받음
24       }
25
26       System.out.print("검색할 값: ");      // 키값을 입력받음
27       int ky = stdIn.nextInt( );
28
29       int idx = Arrays.binarySearch(x, ky);     // 배열 x에서 값이 ky인 요소를 검색
30
31       if (idx < 0)
32         System.out.println("그 값의 요소가 없습니다.");
33       else
34         System.out.println("그 값은 x[" + idx + "]에 있습니다.");
35     }
36   }
```

실행 결과

```
요솟수: 7
오름차순으로 입력하세요.
x[0]: 15
x[1]: 27
x[2]: 39
x[3]: 77
x[4]: 92
x[5]: 108
x[6]: 121
검색할 값: 39
그 값은 x[2]에 있습니다.
```

실습 3-5의 29행에서 배열 x와 키값인 ky를 전달합니다. 이때 어느 메서드를 호출할지는 자료형에 따라 컴파일러가 자동으로 결정합니다. 즉, 메서드를 사용하는 개발자가 자료형에 맞게 일일이 지정하지 않아도 됩니다.

 Q6 실습 3-5를 수정하여 검색에 실패할 때 삽입 포인트의 값을 출력하는 프로그램을 작성하세요.

📖 보충수업 3-3 클래스 메서드와 인스턴스 메서드

자바 메서드의 종류는 다음과 같이 두 가지입니다.

- 인스턴스 메서드(비정적 메서드)
- 클래스 메서드(정적 메서드)

인스턴스 메서드는 static을 붙이지 않고 선언한 메서드이고, 그 클래스형의 개별 인스턴스에 속합니다. 클래스 메서드는 static을 붙여 선언한 메서드이고, 특정 인스턴스에 속하지 않습니다. 이것이 인스턴스 메서드와 다른 점입니다. 간단히 말해 개별 인스턴스에 포함되면 인스턴스 메서드, 그렇지 않으면 클래스 메서드입니다. 그러므로 클래스 메서드는 클래스 전체에 대한 처리 또는 클래스의 개별 인스턴스와 관계없는 처리를 할 때 사용합니다. 실습 3C-1의 예제 프로그램을 통해 구체적으로 설명하겠습니다.

실습 3C-1은 클래스 생성자를 테스트하는 프로그램입니다. 이 프로그램에서 클래스 생성자 public Id( )는 인스턴스를 생성할 때마다 각각의 인스턴스에 1, 2, 3, …으로 연속하는 아이디를 부여합니다. 04행, 10~11행은 static이 있으므로 클래스이고 05행, 07~08행, 13~14행은 static이 없으므로 인스턴스라고 생각하면 됩니다.

Do it! 실습 3C-1

• 완성 파일 chap03/IdTester.java

실행 결과
a의 아이디: 1 / b의 아이디: 2
부여한 아이디의 개수: 2

```
01   // 아이디를 부여하는 클래스
02
03   class Id {
04       private static int counter = 0;        // 아이디를 몇 개 부여했는지 저장        (클래스 변수)
05       private int id;                        // 아이디                            (인스턴스 변수)
06
07       // 생성자
08       public Id() { id = ++counter; }                                            (생성자)
09
10       // counter를 반환하는 클래스 메서드
11       public static int getCounter() { return counter; }                         (클래스 메서드)
```

```
12
13      // 아이디를 반환하는 인스턴스 메서드
14      public int getId() { return id; }                              (인스턴스 메서드)
15    }
16
17    public class IdTester {
18      public static void main(String[] args) {
19        Id a = new Id();    // 아이디 1
20        Id b = new Id();    // 아이디 2
21
22        System.out.println("a의 아이디: " + a.getId());
23        System.out.println("b의 아이디: " + b.getId());
24
25        System.out.println("부여한 아이디의 개수: " + Id.getCounter());
26      }
27    }
```

클래스 변수 counter는 인스턴스와 관계없이 1개만 만들어지고, 특정 시점에 아이디를 몇 번까지 부여했는가를 알 수 있습니다. 인스턴스 변수 id는 인스턴스마다 각각 1개씩 할당되고, 해당 인스턴스의 아이디를 나타냅니다. 클래스 메서드 getCounter는 마지막에 부여한 아이디를 반환하고, 인스턴스 메서드 getId는 개별 인스턴스의 아이디를 반환합니다. 인스턴스 메서드와 클래스 메서드를 호출하는 방식은 다음과 같습니다.

- 인스턴스 메서드 호출: 클래스형 변수 이름.메서드 이름(...)
- 클래스 메서드 호출: 클래스 이름.메서드 이름(...)

객체의 배열에서 검색하기

객체의 배열에서 검색은 표 3-3에서 살펴본 binarySearch 메서드 중 ⑧, ⑨번을 사용합니다. 이 두 메서드는 다음과 같이 정리할 수 있습니다.

Ⓐ static int binarySearch(Object[ ] a, Object key): 자연 정렬(natural ordering)이 된 배열에서 요소의 대소 관계를 판단하고 검색하는 메서드입니다. 따라서 정수 배열, 문자열 배열에서 검색할 때 적당합니다.

Ⓑ static <T> int binarySearch(T[ ] a, T key, Comparator<? super T> c): 자연 정렬이 아닌 순서로 나열된 배열에서 검색하는 메서드입니다. 자연 정렬을 논리적으로 갖지 않는 클래스의 배열에서 검색할 때 알맞습니다.

자연 정렬이 궁금하면 보충수업 3-4를 먼저 읽고 돌아와서 진행해도 좋습니다. 이제 이 두 메서드의 사용 방법을 예제를 통해 각각 알아보겠습니다.

Ⓐ 자연 정렬이 된 배열에서 검색하기(표 3-3의 ⑧번 메서드)

실습 3-6은 자연 정렬에서 대소 관계를 비교하는 메서드를 사용하여 검색하는 프로그램입니다. 검색 대상인 x는 문자열 배열입니다. 문자열을 ky에 입력하고 배열 x와 키값 ky를 binarySearch 메서드에 전달하면 검색할 수 있습니다.

Do it! 실습 3-6
• 완성 파일 chap03/StringBinarySearch.java

```
01   // 문자열의 배열(자바의 키워드)에서 검색
02
03   import java.util.Arrays;
04   import java.util.Scanner;
05
06   class StringBinarySearch {
07     public static void main(String[] args) {
08       Scanner stdIn = new Scanner(System.in);
09
10       // 자바에서 사용하는 키워드
11       String[] x = {
12         "abstract",   "assert",       "boolean",   "break",       "byte",
13         "case",       "catch",        "char",      "class",       "const",
14         "continue",   "default",      "do",        "double",      "else",
15         "enum",       "extends",      "final",     "finally",     "float",
16         "for",        "goto",         "if",        "implements",  "import",
17         "instanceof", "int",          "interface", "long",        "native",
18         "new",        "package",      "private",   "protected",   "public",
19         "return",     "short",        "static",    "strictfp",    "super",
20         "switch",     "synchronized", "this",      "throw",       "throws",
21         "transient",  "try",          "void",      "volatile",    "while"
22       };
23
24       System.out.print("원하는 키워드를 입력하세요.: ");   // 키값을 입력
25       String ky = stdIn.next();
26
27       int idx = Arrays.binarySearch(x, ky);   // 배열 x에서 값이 ky인 요소를 검색
28
29       if (idx < 0)
30         System.out.println("해당 키워드가 없습니다.");
```

실행 결과

원하는 키워드를 입력하세요.: int
해당 키워드는 x[26]에 있습니다.

```
31        else
32            System.out.println("해당 키워드는 x[" + idx + "]에 있습니다.");
33    }
34 }
```

ⓒ binarySearch 메서드가 전달받는 자료형은 Object입니다. Object는 모든 클래스의 최상위 클래스입니다. 그래서 어떤 형태의 클래스도 받을 수 있습니다. 이 내용은 보충수업 9-3에서 살펴봅니다. 지금은 메서드를 사용하는 방법에만 집중하고 이 내용은 나중에 공부해도 괜찮습니다.

📚 보충수업 3-4 **자연 정렬**

binarySearch 메서드에 배열과 키값을 전달하는 간단한 방법으로 검색할 수 있는 이유는 String 클래스가 Comparable〈T〉 인터페이스와 compareTo 메서드를 구현하고 있기 때문입니다. 다음은 자연 정렬된 상태와 그렇지 않은 상태의 예입니다.

문자열 정렬	자연 정렬
텍스트1.txt	텍스트1.txt
텍스트10.txt	텍스트2.txt
텍스트100.txt	텍스트10.txt
텍스트2.txt	텍스트21.txt
텍스트21.txt()	텍스트100.txt

둘 다 '정렬이 되었다'라는 사실은 같습니다. 하지만 왼쪽의 문자열 정렬은 말 그대로 자연스럽지 않습니다. 즉, '자연스러운 순서'를 갖고 있지 않습니다. 컴퓨터의 문자열 정렬은 동일한 위치에 있는 문자의 대소를 비교하여 정렬하기 때문에 왼쪽과 같은 결과가 나옵니다. 하지만 사람에게는 오른쪽 형태의 정렬이 더 자연스럽습니다. 바로 이런 정렬을 '자연스러운 순서'를 갖고 있는 정렬, 간단히 '자연 정렬'이라고 부릅니다.

자신이 직접 작성하는 클래스 A에 대해 '자연스러운 순서를 부여할 필요가 있겠다!'라는 생각이 든다면 실습 3C-2와 같은 방법으로 클래스를 정의하면 됩니다.

ⓒ 실습 3C-2는 클래스를 정의하는 패턴을 보여 주기 위한 예로, 이 상태로 컴파일하면 오류가 발생합니다.

• 완성 파일 chap03/A.java

```
01   // 자연 정렬을 하려면 다음과 같은 패턴으로 클래스를 정의
02
03   class A implements Comparable<A> {          ← Comparable 인터페이스 구현
04
05       // 필드, 메서드 등
06
07       public int compareTo(A c) {
08           // this가 c보다 크면 양의 값 반환
09           // this가 c보다 작으면 음의 값 반환     ← compareTo 메서드 구현
10           // this가 c와 같으면 0 반환
11       }
12
13       public boolean equals(Object c) {
14           // this가 c와 같으면 true 반환
15           // this가 c와 같지 않으면 false 반환    ← equals 메서드 구현
16       }
17   }
```

B 자연 정렬이 되지 않은 배열에서 검색하기(표 3-3의 ⑨번 메서드)

자연 정렬이 되지 않은 배열에서의 검색은 제네릭 메서드(generic method)를 사용합니다. 제네릭 메서드는 보충수업 3-5에서 자세히 설명합니다.

제네릭으로 구현한 아래 메서드에서 첫 번째 매개변수 a는 검색 대상이고, 두 번째 매개변수 key는 키값입니다. 제네릭 메서드는 자료형에 구애받지 않습니다. 따라서 매개변수로 전달하는 자료형은 Integer, String, 신체검사 데이터용 클래스 PhyscData 등 어떤 것을 전달해도 좋습니다.

◎ 신체검사 데이터용 클래스는 실습 2-10에서 다루었습니다.

다만 배열 요소가 어떤 순서로 나열되어 있는지, 각 요소의 대소 관계를 어떻게 판단할 것인지 등은 binarySearch 메서드에 알려 주어야 합니다. 이 정보는 세 번째 매개변수 c에 전달됩니다.

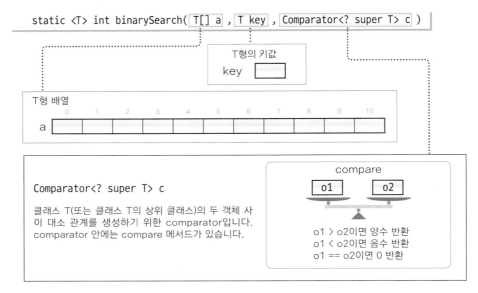

[그림 3-9] 제네릭 binarySearch 메서드의 매개변수

세 번째 매개변수 c에 comparator를 전달합니다. comparator의 근원은 다음과 같이 정의된 java.util.Comparator 인터페이스입니다.

```
// java.util.Comparator의 정의
package java.util;

public interface Comparator<T> {
   int compare(T o1, T o2);
   boolean equals(Object obj);
}
```

객체의 대소 관계를 판단하는 comparator를 사용자가 직접 구현하려면 Comparator 인터페이스를 구현한 클래스를 정의하고 그 클래스형의 인스턴스를 생성해야 합니다. 그런 다음 매개변수로 전달된 두 객체의 대소 관계를 비교하여 그 결과를 아래의 값으로 반환하는 compare 메서드를 구현하면 됩니다.

- 첫 번째 인수가 더 크면 양수
- 첫 번째 인수가 더 작으면 음수
- 첫 번째 인수와 두 번째 인수가 같으면 0

따라서 클래스 X에 대한 comparator는 실습 3-7의 09~15행처럼 정의할 수 있습니다.

• 완성 파일 chap03/X.java

Do it! 실습 3-7

```java
01    // 클래스 X의 내부에서 COMPARATOR를 정의하는 방법
02
03    import java.util.Comparator;
04
05    class X {
06      // 필드, 메서드 등
07      public static final Comparator<T> COMPARATOR = new Comp();    ←1
08
09      private static class Comp implements Comparator<T> {
10        public int compare(T d1, T d2) {
11          // d1이 d2보다 크면 양수 반환
12          // d1이 d2보다 작으면 음수 반환                              ←2
13          // d1이 d2와 같으면 0 반환
14        }
15      }
16    }
```

Comparator 인터페이스와 compare 메서드를 구현한 클래스를 먼저 작성합니다(2). 그 후에 클래스의 인스턴스를 생성합니다(1). 1에서 생성한 인스턴스인 COMPARATOR가 comparator(비교자)입니다. 실습 3-7도 어떤 방법으로 클래스를 구현해야 하는지 패턴을 보여 주기 위한 예제로, 실행되지는 않습니다. 이 프로그램에서는 comparator를 클래스 내부에 정의하고 있지만 클래스 외부에서 정의해도 됩니다.

지금까지의 복잡한 내용에 비해 comparator의 사용법은 간단합니다. binarySearch 메서드의 세 번째 매개변수에 클래스 X에 속한 comparator인 X.COMPARATOR를 전달하면 됩니다. 호출된 binarySearch 메서드는 전달받은 comparator를 기준으로 배열 요소의 대소 관계를 판단하여 이진 검색을 수행합니다.

실습 3-8은 키의 순서로 정렬된 신체검사 데이터의 배열에서 특정한 사람의 키를 검색하는 프로그램입니다. 이 예제를 통해 comparator를 완벽하게 익혀 보겠습니다.

Do it! 실습 3-8

```
01   // 신체검사 데이터 배열에서 이진 검색
02
03   import java.util.Arrays;
04   import java.util.Scanner;
05   import java.util.Comparator;
06
07   class PhysExamSearch {
08     // 신체검사 데이터를 정의
09     static class PhyscData {
10       private String name;         // 이름
11       private int    height;       // 키
12       private double vision;       // 시력
13
14       // 생성자
15       public PhyscData(String name, int height, double vision) {
16         this.name = name;  this.height = height;  this.vision = vision;
17       }
18
19       // 문자열로 만들어 반환하는 메서드
20       public String toString() {
21         return name + " " + height + " " + vision;
22       }
23
24       // 키의 오름차순으로 정렬하기 위한 comparator
25       public static final Comparator<PhyscData> HEIGHT_ORDER =
26               new HeightOrderComparator();
27
28       private static class HeightOrderComparator implements Comparator<PhyscData> {
29         public int compare(PhyscData d1, PhyscData d2) {
30           return (d1.height > d2.height) ?  1 :
31                  (d1.height < d2.height) ? -1 : 0;
32         }
33       }
34     }
35
36     public static void main(String[] args) {
37       Scanner stdIn = new Scanner(System.in);
38       PhyscData[] x = {                        // 키의 오름차순으로 정렬
39         new PhyscData("강민하", 162, 0.3),
40         new PhyscData("이수연", 168, 0.4),
```

실행 결과

키가 몇 cm인 사람을 찾고 있나요?: 174
그 값은 x[5]에 있습니다.
찾은 데이터: 장경오 174 1.2

```
41            new PhyscData("황지안", 169, 0.8),
42            new PhyscData("유서범", 171, 1.5),
43            new PhyscData("김찬우", 173, 0.7),
44            new PhyscData("장경오", 174, 1.2),
45            new PhyscData("박준서", 175, 2.0),
46        };
47        System.out.print("키가 몇 cm인 사람을 찾고 있나요?: ");
48        int height = stdIn.nextInt();              // 키값 입력받음
49        int idx = Arrays.binarySearch(
50                x,                                  // 배열 x에서
51                new PhyscData("", height, 0.0),      // 키가 height인 요소를
52                PhyscData.HEIGHT_ORDER               // HEIGHT_ORDER에 의해 검색
53            );
```
> 클래스 PhyscData에 속한 comparator HEIGHT_ORDER

```
54
55        if (idx < 0)
56            System.out.println("그 값의 요소가 없습니다.");
57        else {
58            System.out.println("그 값은 x[" + idx + "]에 있습니다.");
59            System.out.println("찾은 데이터: " + x[idx]);
60        }
61    }
62 }
```
> 묵시적으로, 즉 특별히 명시하지 않아도
> 자동으로 toString 메서드가 호출됩니다.

◎ toString 메서드는 보충수업 8-1에서 다시 공부합니다.

 Q7 실습 3-8을 수정하여 시력을 내림차순으로 정렬한 신체검사 데이터에서 특정 시력을 가진 사람을 검색하는 프로그램을 작성하세요.

📚 **보충수업 3-5 제네릭스**

제네릭스(Generics)는 처리 대상의 자료형에 의존하지 않도록 클래스(인터페이스)를 구현하는 기능입니다. 제네릭 클래스는 자료형에 의존하지 않기 때문에 범용(generic)으로 사용할 수 있습니다. 즉, 제네릭 클래스(인터페이스)는 자료형 문제로부터 자유롭고 안전합니다. 제네릭 클래스와 제네릭 인터페이스는 클래스와 인터페이스 이름 바로 뒤에 〈Type〉 형식의 매개변수를 붙여 선언합니다.

```
class      클래스 이름    <매개변수> { /* … */ }
interface  인터페이스 이름<매개변수> { /* … */ }
```

매개변수를 쉼표로 구분하면 여러 개 지정할 수 있습니다.

```
class      클래스 이름<매개변수1, 매개변수2, ···> { /* ··· */ }
interface  인터페이스 이름<매개변수1, 매개변수2, ···> { /* ··· */ }
```

이렇게 정의한 클래스나 인터페이스는 매개변수로 '자료형'을 전달받으므로 처리 대상 객체의 자료형
에 의존하지 않습니다. 파라미터 이름을 작성하는 방법은 다음과 같습니다.

> 1. 대문자는 1개를 사용합니다(소문자는 가급적 사용하지 않습니다).
> 2. 컬렉션(collection) 내부 요소의 자료형은 element의 머리글자인 E를 사용합니다.
> 3. 맵(Map) 내 키(key)와 값(value)의 자료형은 key와 value의 머리글자인 K와 V를 사용합니다.
> 4. 일반적인 자료형은 T를 사용합니다.

◎ 컬렉션은 자바에서 제공하는 기본 자료구조를 모은 것을 말합니다.

파라미터에는 와일드카드를 지정할 수도 있습니다.

```
<? extends T>: 클래스 T의 하위 클래스를 전달받습니다.
<? super T>: 클래스 T의 상위 클래스를 전달받습니다.
```

다음은 제네릭 클래스를 구현한 프로그램입니다.

Do it! 실습 3C-3

• 완성 파일 chap03/GenericClassTester.java

```
01  // 제네릭 클래스의 예
02
03  class GenericClassTester {
04      // 제네릭 클래스의 매개변수를 T라고 작성함
05      static class GenericClass<T> {
06          private T xyz;
07          GenericClass(T t) {        // 생성자
08              this.xyz = t;
09          }
10          T getXyz() {               // xyz getter
11              return xyz;
12          }
13      }
14
```

실행 결과
ABC
15

```
15    public static void main(String[] args) {
16        // 다음과 같이 매개변수에 String을 넘길 수도 있고 Integer를 넘길 수도 있음
17        GenericClass<String>  s = new GenericClass<String>("ABC");
18        GenericClass<Integer> n = new GenericClass<Integer>(15);
19
20        System.out.println(s.getXyz());
21        System.out.println(n.getXyz());
22    }
23 }
```

04

스택과 큐

04-1 스택이란?

이번 절에서는 데이터를 일시적으로 보관하는 자료구조인 스택을 살펴보겠습니다.

스택 알아보기

스택(stack)은 데이터를 일시적으로 쌓아 놓는 자료구조로, 데이터의 입력과 출력 순서는 후입선출(LIFO: Last In First Out)입니다. 즉, 가장 나중에 넣은 데이터를 가장 먼저 꺼냅니다. 스택에 데이터를 넣는 작업을 푸시(push)라 하고, 스택에서 데이터를 꺼내는 작업을 팝(pop)이라고 합니다. 스택에 데이터를 푸시하고 팝하는 과정을 그림 4-1에 나타냈습니다. 테이블 위에 접시를 겹겹이 쌓는 것처럼 데이터를 넣고 꺼내는 작업을 위쪽부터 수행합니다. 이렇게 푸시와 팝이 이루어지는 쪽을 꼭대기(top)라 하고, 그 반대쪽인 스택의 가장 아랫부분을 바닥(bottom)이라고 합니다.

ⓒ stack은 '마른 풀을 쌓은 더미', '겹겹이 쌓음'을 뜻합니다. 그래서 푸시를 '쌓기'라고도 하는데, 이 책에서는 푸시라고 하겠습니다.

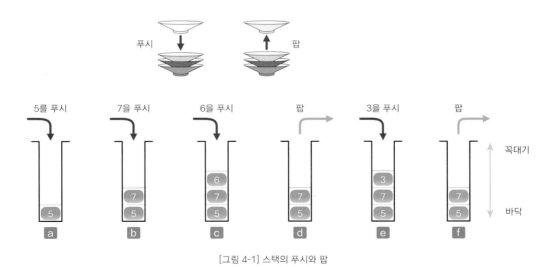

[그림 4-1] 스택의 푸시와 팝

자바 프로그램에서 메서드를 호출하고 실행할 때 프로그램 내부에서 스택을 사용합니다. 그림 4-2에 메서드의 호출과 실행 과정을 나타냈습니다. 이 그림의 프로그램은 main 메서드를 포함하여 총 4개의 메서드로 이루어졌습니다.

```
void x() { /*....*/ }

void y() { /*....*/ }

void z() {
    x();
    y();
}

void main() {
    z();
}
```

ⓐ main 메서드가 실행되기 전의 상태입니다.
ⓑ main 메서드가 호출되어 실행을 시작합니다.
ⓒ z 메서드를 호출합니다.
ⓓ x 메서드를 호출합니다.
ⓔ x 메서드가 실행을 종료하고 z 메서드로 돌아옵니다.
ⓕ y 메서드를 호출합니다.
ⓖ y 메서드가 실행을 종료하고 z 메서드로 돌아옵니다.
ⓗ z 메서드가 실행을 종료하고 main 메서드로 돌아옵니다.
ⓘ main 메서드가 실행을 종료합니다.

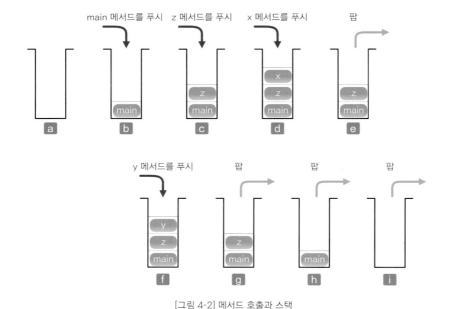

[그림 4-2] 메서드 호출과 스택

가장 먼저 main 메서드가 실행을 시작하고 이 main 메서드가 z 메서드를 호출합니다. 호출
된 z 메서드는 x 메서드와 y 메서드를 차례로 호출합니다. 그림 4-2는 메서드를 호출할 때는
푸시하고, 메서드가 실행을 종료하고 호출한 원래의 메서드로 돌아갈 때는 종료할 메서드를
팝하는 모습입니다.

그림 4-2의 ⓓ 를 자세히 살펴보겠습니다. 이 그림은 main → z → x의 순서로 메서드를 호출
하고 있음을 보여 줍니다. 이때 스택의 상태는 호출한 메서드의 역순으로 차례로 쌓여 있어 메
서드 호출이 계층 구조로 이루어졌음을 알 수 있습니다. ⓓ의 상태에서 x 메서드가 실행을 종
료하면 x 메서드를 팝합니다. x 메서드와 z 메서드가 동시에 팝되어 느닷없이 main 메서드로
돌아가는 일은 없습니다.

◎ 그림 4-2는 메서드 호출을 이해하기 위해 간단히 나타낸 것이며, 실제 스택은 더욱 복잡한 구조로 되어 있습니다.

스택 만들기

스택을 구현하는 프로그램을 만들어 보겠습니다. 기본 구조를 익히기 위해 스택을 생성할 때 용량(스택에 쌓을 수 있는 최대 데이터 수)을 결정하는 고정 길이 스택을 만들겠습니다. 여기서 스택에 저장하는 값은 int형입니다. 실습 4-1의 클래스 IntStack을 필드, 생성자, 메서드 순으로 살펴보겠습니다.

Do it! 실습 4-1 [A]

• 완성 파일 chap04/IntStack.java

```java
01    // int형 고정 길이 스택
02
03    public class IntStack {
04      private int[] stk;          // 스택용 배열
05      private int capacity;       // 스택 용량
06      private int ptr;            // 스택 포인터
07
08      // 실행 시 예외: 스택이 비어 있음
09      public class EmptyIntStackException extends RuntimeException {
10        public EmptyIntStackException() { }
11      }
12
13      // 실행 시 예외: 스택이 가득 참
14      public class OverflowIntStackException extends RuntimeException {
15        public OverflowIntStackException() { }
16      }
17
18      // 생성자
19      public IntStack(int maxlen) {
20        ptr = 0;
21        capacity = maxlen;
22        try {
23          stk = new int[capacity];     // 스택 본체용 배열을 생성
24        } catch (OutOfMemoryError e) {  // 생성할 수 없음
25          capacity = 0;
26        }
27      }
```

😊 클래스 IntStack에서 실행할 때 예외는 EmptyIntStackException과 OverflowIntStackException의 두가지입니다. 이 예외는 push, pop, peek 메서드에서 사용됩니다. 다음 절에서 학습할 실습 4-3의 클래스 IntQueue에서도 Empty-IntQueException과 OverflowIntQueException이 예외로 정의되어 있습니다.

스택용 배열 stk

푸시된 데이터를 저장하는 스택용 배열입니다. 그림 4-3에서 알 수 있듯이 인덱스 0인 요소가 스택의 바닥입니다. 가장 먼저 푸시된 데이터를 저장하는 곳은 stk[0]입니다.

ⓒ 필드 stk는 실제로는 배열 본체를 참조하는 배열 변수입니다. 배열 본체는 생성자에서 생성됩니다.

스택 용량 capacity

스택의 용량(스택에 쌓을 수 있는 최대 데이터 수)을 나타내는 int형 필드입니다.

스택 포인터 ptr

스택에 쌓여 있는 데이터 수를 나타내는 필드입니다. 이 값을 스택 포인터(stack pointer)라고 합니다.

물론 스택이 비어 있으면 ptr값은 0이 되고, 가득 차 있으면 capacity값과 같습니다. 그림 4-3은 용량이 8인 스택에 4개의 데이터가 푸시된 모습입니다. 가장 먼저 푸시된 바닥의 데이터는 stk[0]의 19이고, 가장 나중에 푸시된 꼭대기의 데이터는 stk[ptr - 1]의 53입니다.

ⓒ 그림에서 ● 안의 값이 ptr입니다. 가장 나중에 푸시된 데이터를 저장하는 요소의 인덱스에 1을 더한 값과 같습니다. 스택에 데이터를 푸시할 때 ptr을 1 증가시키고, 스택에서 데이터를 팝할 때 ptr을 1 감소시킵니다.

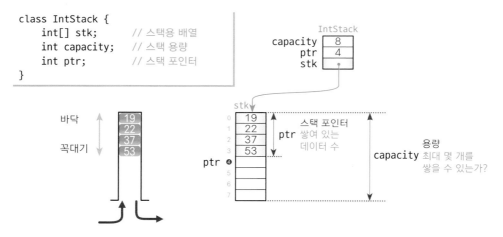

[그림 4-3] 스택을 구현한 예

생성자 IntStack

생성자는 스택용 배열 본체를 생성하는 등 준비 작업을 합니다. 생성할 때 스택은 비어 있으므로(데이터가 하나도 쌓여 있지 않은 상태) 스택 포인터 ptr값을 0으로 합니다. 그리고 매개변수 maxlen으로 전달받은 값을 스택 용량을 나타내는 capacity에 대입하고 요솟수가 capacity인 배열 본체를 생성합니다. 따라서 스택용 배열 본체의 개별 요소에 접근하는 인덱스식은 바닥부터 stk[0], stk[1], …, stk[capacity − 1]이 됩니다.

ⓒ 배열 본체 생성에 실패할 경우(OutOfMemoryError 발생할 때) capacity값을 0으로 합니다. 이렇게 하면 다른 메서드가 존재하지 않는 배열 stk에 잘못 접근하는 것을 막을 수 있습니다.

Do it! 실습 4-1 [B]　　　　　　　　　　　　　　　　　　　　　　• 완성 파일 chap04/IntStack.java

```
30        // 스택에 x를 푸시
31        public int push(int x) throws OverflowIntStackException {
32          if (ptr >= capacity)                    // 스택이 가득 참
33            throw new OverflowIntStackException();
34          return stk[ptr++] = x;
35        }
36
37        // 스택에서 데이터를 팝(꼭대기에 있는 데이터를 꺼냄)
38        public int pop() throws EmptyIntStackException {
39          if (ptr <= 0)                           // 스택이 비어 있음
40            throw new EmptyIntStackException();
41          return stk[--ptr];
42        }
```

푸시 메서드 push

스택에 데이터를 푸시하는 메서드입니다. 스택이 가득 차서 푸시할 수 없는 경우 예외 OverflowIntStackException을 내보냅니다.

ⓒ 여기서 '스택 포인터' ptr은 포인터 변수를 의미하지 않습니다. 새로운 데이터를 삽입할 인덱스를 저장하는 변수이며, '스택의 인덱스를 가리킨다'는 의미로 '스택 포인터'라고 합니다.

예외 처리를 빼면 실질적으로 1행만으로 된 메서드입니다. 그림 4-4의 🄰 에서 볼 수 있듯이 전달받은 데이터 x를 배열 요소 stk[ptr]에 저장하고 스택 포인터를 1 증가시킵니다. 메서드의 반환값은 푸시한 값입니다.

ⓒ return 문이 반환하는 것은 x를 저장한 후의 stk[ptr]값입니다(대입식을 평가하면 대입이 끝난 후에 왼쪽 피연산자의 형(type)과 값을 얻기 때문입니다).

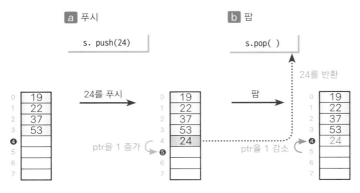

[그림 4-4] 스택에 푸시와 팝 하기

팝 메서드 pop

스택의 꼭대기에 있는 데이터를 팝(제거)하고 그 값을 반환하는 메서드입니다. 스택이 비어 있어 팝을 할 수 없는 경우 예외 EmptyIntStackException을 내보냅니다.

푸시와 마찬가지로 실질적으로 1행만으로 된 메서드입니다. 그림 4-4의 **b**에서 볼 수 있듯이 먼저 스택 포인터 ptr값을 1 감소시키고 그때 stk[ptr]에 저장되어 있는 값을 반환합니다.

피크 메서드 peek

스택의 꼭대기에 있는 데이터를 '들여다보는' 메서드입니다. 스택이 비어 있으면 예외 EmptyIntStackException을 내보냅니다.

Do it! 실습 4-1 [C]

• 완성 파일 chap04/IntStack.java

```
44    // 스택에서 데이터를 피크(꼭대기에 있는 데이터를 들여다봄)
45    public int peek() throws EmptyIntStackException {
46        if (ptr <= 0)                       // 스택이 비어 있음
47            throw new EmptyIntStackException();
48        return stk[ptr - 1];
49    }
```

스택이 비어 있지 않으면 꼭대기에 있는 요소 stk[ptr – 1]의 값을 반환합니다. 이때 데이터를 넣거나 빼지 않으므로 스택 포인터는 변화시키지 않습니다.

메서드 push, pop, peek에서는 스택이 가득 찼는지 또는 비어 있는지를 메서드 첫머리에서 판단합니다(실습 4-1 [B] 32행과 39행, 실습 4-1 [C] 46행). 이때 연산자는 >= 또는 <=를 사용합니다.

그런데 스택이 가득 차 있는지를 판단할 때 등가 연산자 ==를 사용해서 다음과 같이 수행할 수 있습니다.

```
if (ptr == capacity)     // 스택이 가득 찼는가?
```

그리고 마찬가지로 스택이 비어 있는지도 다음과 같이 판단할 수 있습니다.

```
if (ptr == 0)           // 스택이 비어 있는가?
```

이렇게 해도 클래스 IntStack의 생성자와 메서드를 사용하여 스택 관련 작업을 하는 한, 스택 포인터 ptr값은 반드시 0 이상 capacity 이하가 되기 때문에 별 문제 없어 보입니다. 하지만 프로그램 오류 등으로 ptr값이 잘못되면 0보다 작거나 capacity보다 클 수 있습니다. 그러므로 이 프로그램처럼 부등호를 붙여 판단하면 스택 본체 배열의 범위를 벗어나 접근하는 것을 방지할 수 있습니다. 이런 작은 노력이 프로그램의 안정성을 향상시킵니다.

스택의 모든 요소를 삭제하는 메서드 clear
스택에 쌓여 있는 모든 데이터를 한번에 삭제하는 메서드입니다.

Do it! 실습 4-1 [D]

• 완성 파일 chap04/IntStack.java

```
51      // 스택을 비움
52      public void clear() {
53          ptr = 0;
54      }
```

스택에서 푸시하고 팝하는 모든 작업은 스택 포인터를 바탕으로 이루어집니다. 따라서 스택의 배열 요솟값을 변경할 필요가 없습니다. 모든 요소를 삭제하는 작업은 스택 포인터 ptr값을 0으로 하면 끝납니다.

Do it! 실습 4-1 [E]

• 완성 파일 chap04/IntStack.java

```
55      // 스택에서 x를 찾아 인덱스(없으면 -1)를 반환
56      public int indexOf(int x) {
57          for (int i = ptr - 1; i >= 0; i--)     // 꼭대기 쪽부터 선형 검색
58              if (stk[i] == x)
```

```
59            return i;      // 검색 성공
60        return -1;        // 검색 실패
61    }
62
63    // 스택의 용량을 반환
64    public int getCapacity() {
65        return capacity
66    }
```

검색 메서드 indexOf

스택 본체의 배열 stk에 x와 같은 값의 데이터가 포함되어 있는지, 포함되어 있다면 배열의 어디에 들어 있는지를 조사하는 메서드입니다.

그림 4-5는 스택에서 검색을 수행하는 예를 나타낸 것입니다. 이 그림에 나타나 있듯이 검색은 꼭대기 쪽부터 바닥 쪽으로 선형 검색을 수행합니다. 즉, 배열 인덱스가 큰 쪽부터 작은 쪽으로 스캔합니다. 꼭대기 쪽부터 스캔하는 이유는 '먼저 팝이 되는 데이터'를 찾기 위해서입니다. 검색에 성공하면 찾아낸 요소의 인덱스를 반환하고, 실패하면 -1을 반환합니다.

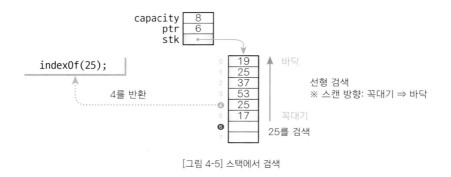

[그림 4-5] 스택에서 검색

그림 4-5를 살펴보면 스택의 요소로 25가 들어 있는 인덱스는 1과 4 두 곳입니다. 이 스택에서 25를 검색하면 꼭대기 쪽에 있는 25의 인덱스인 4를 반환합니다.

용량을 확인하는 메서드 getCapacity

스택의 용량을 반환하는 메서드입니다. capacity값을 그대로 반환합니다.

```
68        // 스택에 쌓여 있는 데이터 개수를 반환
69        public int size() {
70            return ptr;
71        }
72
73        // 스택이 비어 있는가?
74        public boolean isEmpty() {
75            return ptr <= 0;
76        }
77
78        // 스택이 가득 찼는가?
79        public boolean isFull() {
80            return ptr >= capacity;
81        }
82
83        // 스택 안의 모든 데이터를 바닥 → 꼭대기 순서로 출력
84        public void dump() {
85            if (ptr <= 0)
86                System.out.println("스택이 비어 있습니다.");
87            else {
88                for (int i = 0; i < ptr; i++)
89                    System.out.print(stk[i] + " ");
90                System.out.println();
91            }
92        }
93    }
```

데이터 개수를 확인하는 메서드 size

현재 스택에 쌓여 있는 데이터 개수(ptr값)를 반환하는 메서드입니다.

스택이 비어 있는지 검사하는 메서드 isEmpty

스택이 비어 있는지 검사하는 메서드입니다. 스택이 비어 있으면 true를, 그렇지 않으면 false
를 반환합니다.

◎ 판단식을 ptr == 0으로 할 수도 있습니다.

스택이 가득 찼는지 검사하는 메서드 isFull

스택이 가득 찼는지 검사하는 메서드입니다. 스택이 가득 찼으면 true를, 그렇지 않으면 false를 반환합니다.

◎ 판단식을 ptr == capacity로 할 수도 있습니다.

스택 안에 있는 모든 데이터를 출력하는 메서드 dump

스택에 쌓여 있는 모든 데이터를 바닥부터 꼭대기순으로 출력하는 메서드입니다. 스택이 비어 있으면 '스택이 비어 있습니다.'라고 출력합니다.

스택을 사용하는 프로그램 예

스택 클래스 IntStack을 사용하는 프로그램을 만들어 보겠습니다. 이 프로그램이 있는 동일한 디렉터리에 IntStack.class가 있어야 합니다.

◎ 클래스 IntStack은 05장과 06장 프로그램에서도 사용합니다.

Do it! 실습 4-2

• 완성 파일 chap04/IntStackTester.java

필요: IntStack

```
01  // int형 고정 길이 스택의 사용 예
02
03  import java.util.Scanner;
04
05  class IntStackTester {
06    public static void main(String[] args) {
07      Scanner stdIn = new Scanner(System.in);
08      IntStack s = new IntStack(64);     // 최대 64개를 푸시할 수 있는 스택
09
10      while (true) {
11        System.out.println();           // 메뉴 구분을 위한 빈 행 추가
12        System.out.printf("현재 데이터 개수: %d / %d\n", s.size(), s.getCapacity());
13        System.out.print("(1) 푸시  (2) 팝  (3) 피크  (4) 덤프  (0) 종료: ");
14
15        int menu = stdIn.nextInt();
16        if (menu == 0) break;
17
18        int x;
19        switch (menu) {
20         case 1:                        // 푸시
21           System.out.print("데이터: ");
22           x = stdIn.nextInt();
```

```
23            try {
24              s.push(x);
25            } catch (IntStack.OverflowIntStackException e) {
26              System.out.println("스택이 가득 찼습니다.");
27            }
28            break;
29
30         case 2:                    // 팝
31            try {
32              x = s.pop();
33              System.out.println("팝한 데이터는 " + x + "입니다.");
34            } catch (IntStack.EmptyIntStackException e) {
35              System.out.println("스택이 비어 있습니다.");
36            }
37            break;
38
39         case 3:                    // 피크
40            try {
41              x = s.peek();
42              System.out.println("피크한 데이터는 " + x + "입니다.");
43            } catch (IntStack.EmptyIntStackException e) {
44              System.out.println("스택이 비어 있습니다.");
45            }
46            break;
47
48         case 4:                    // 덤프
49            s.dump();
50            break;
51        }
52      }
53    }
54 }
```

현재 데이터 개수: 0/64
(1) 푸시 (2) 팝 (3) 피크 (4) 덤프 (0) 종료: 1
데이터: 1 ··· | 1을 푸시 |

현재 데이터 개수: 1/64
(1) 푸시 (2) 팝 (3) 피크 (4) 덤프 (0) 종료: 1
데이터: 2 ··· | 2를 푸시 |

현재 데이터 개수: 2/64
(1) 푸시 (2) 팝 (3) 피크 (4) 덤프 (0) 종료: 1
데이터: 3 ··· | 3을 푸시 |

현재 데이터 개수: 3/64
(1) 푸시 (2) 팝 (3) 피크 (4) 덤프 (0) 종료: 1
데이터: 4 ··· | 4를 푸시 |

현재 데이터 개수: 4/64
(1) 푸시 (2) 팝 (3) 피크 (4) 덤프 (0) 종료: 3
피크한 데이터는 4입니다. ····································· | 4를 피크 |

현재 데이터 개수: 4/64
(1) 푸시 (2) 팝 (3) 피크 (4) 덤프 (0) 종료: 4
1 2 3 4 ··· | 스택의 내용을 출력 |

현재 데이터 개수: 4/64
(1) 푸시 (2) 팝 (3) 피크 (4) 덤프 (0) 종료: 2
팝한 데이터는 4입니다. ······································· | 4를 팝 |

현재 데이터 개수: 3/64
(1) 푸시 (2) 팝 (3) 피크 (4) 덤프 (0) 종료: 2
팝한 데이터는 3입니다. ······································· | 3을 팝 |

현재 데이터 개수: 2/64
(1) 푸시 (2) 팝 (3) 피크 (4) 덤프 (0) 종료: 4
1 2 ··· | 스택의 내용을 출력 |

현재 데이터 개수: 2/64
(1) 푸시 (2) 팝 (3) 피크 (4) 덤프 (0) 종료: 0

Q1 실습 4-2에서 사용하는 메서드는 size, getCapacity, push, pop, peek, dump뿐입니다. 클래스 IntStack의 모든 메서드를 사용하는 프로그램을 작성하세요.

Q2 임의의 객체형 데이터를 쌓을 수 있는 제네릭 스택 클래스 Stack⟨E⟩를 작성하세요.

```
public class Stack<E> {
  private E [] stk;          // 스택용 배열
  private int capacity;      // 스택 용량
  private int ptr;           // 스택 포인터
    (… 생략 …)
}
```

Q3 하나의 배열을 공유하여 2개의 스택을 구현하는 int형 데이터용 스택 클래스를 만드세요. 스택에 저장하는 데이터는 int형 값으로 아래 그림처럼 배열의 처음과 끝을 모두 사용하세요.

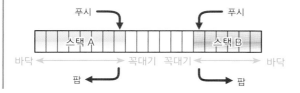

04-2 큐란?

이번에 살펴볼 큐는 스택과 마찬가지로 데이터를 일시적으로 쌓아 놓는 자료구조입니다. 하지만 가장 먼저 넣은 데이터를 가장 먼저 꺼내는 선입선출(FIFO: First In First Out)인 점이 스택과 다릅니다.

큐 알아보기

큐(queue)는 스택과 마찬가지로 데이터를 일시적으로 쌓아 두는 기본 자료구조입니다. 그림 4-6에서 볼 수 있듯이 가장 먼저 넣은 데이터를 가장 먼저 꺼내는 선입선출 구조로 되어 있습니다. 생활에서 볼 수 있는 큐의 예로는 은행 창구에서 차례를 기다리거나 마트에서 계산을 하는 대기열 등이 있습니다.

ⓒ 만약 이렇게 기다리는 대기열이 '스택'이라면 가장 먼저 줄을 선 사람이 가장 늦게까지 기다려야 합니다.

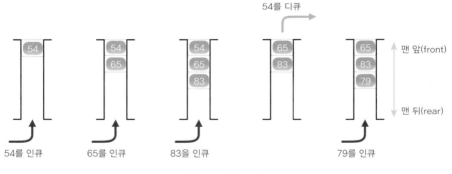

[그림 4-6] 인큐와 디큐

큐에 데이터를 넣는 작업을 인큐(en-queue)라 하고, 데이터를 꺼내는 작업을 디큐(de-queue)라고 합니다. 또, 데이터가 나오는 쪽을 프런트(front, 맨 앞)라 하고, 데이터를 넣는 쪽을 리어(rear, 맨 뒤)라고 합니다.

ⓒ 디큐(dequeue, 꺼내기)와 덱(deque, 양방향 대기열)을 혼동하지 않도록 주의해야 합니다.

배열로 큐 만들기

스택과 마찬가지로 큐 또한 배열을 사용하여 구현할 수 있습니다. 그림 4-7을 보면서 배열로 구현한 큐에 대한 작업을 살펴보겠습니다.

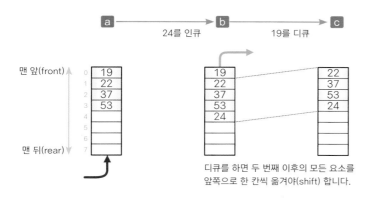

[그림 4-7] 배열을 사용하는 큐의 구현

그림 **a**는 배열의 프런트부터 4개{19, 22, 37, 53}의 데이터가 들어가 있는 모습입니다. 배열 이름을 que라고 할 경우 que[0] ~ que[3]에 데이터가 저장됩니다.

ⓒ 인덱스가 0인 요소를 큐의 프런트라고 합니다.

그림 4-7에서 24를 인큐하고 19를 디큐하는 자세한 과정은 다음과 같습니다.

24를 인큐

먼저 데이터 24를 인큐합니다. 그림 **b** 처럼 리어의 데이터가 저장된 que[3]의 다음 요소인 que[4]에 24를 저장합니다. 이 처리의 복잡도는 O(1)이고 적은 비용으로 구현할 수 있습니다.

19를 디큐

이번에는 19를 디큐합니다. 그림 **c** 처럼 que[0]에 저장된 19를 꺼낸 다음 두 번째 이후의 요소를 모두 앞으로 한 칸씩 옮깁니다. 이 처리의 복잡도는 O(n)이며, 데이터를 꺼낼 때마다 이렇게 처리하면 효율이 매우 떨어집니다.

Q4 '배열로 큐 만들기'에 나타낸 아이디어를 기반으로 큐를 구현하는 프로그램을 작성하세요. 이때 큐를 구현하는 클래스는 다음에 제시한 필드를 갖는 IntArrayQueue형으로 하고, 실습 4-3의 메서드에 대응하는 메서드를 모두 작성하세요.

```
public class IntArrayQueue {
  private int[] que;        // 큐용 배열
  private int capacity;     // 큐 용량
  private int num;          // 현재 데이터 개수
  (… 생략 …)
}
```

링 버퍼로 큐 만들기

이번에는 배열 요소를 앞쪽으로 옮기지 않는 큐를 구현해 보겠습니다. 이를 위해 사용하는 자료구조가 링 버퍼(ring buffer)입니다. 링 버퍼는 그림 4-8처럼 배열의 맨 뒤가 맨 앞과 연결되었다고 보는 자료구조입니다. 여기서 논리적으로 어떤 요소가 맨 앞의 요소이고 어떤 요소가 맨 뒤의 요소인지 식별하기 위한 변수가 프런트와 리어입니다.

◎ 여기서 프런트와 리어는 논리적인 데이터 순서를 말합니다(배열 요소의 물리적인 나열 순서가 아닙니다).

● 프런트(front): 논리적인 맨 앞 요소의 인덱스
● 리어(rear): 논리적인 맨 뒤 요소 하나 뒤의 인덱스(다음 요소를 인큐할 위치의 인덱스)

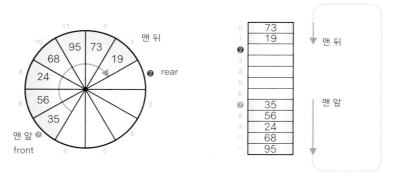

[그림 4-8] 링 버퍼를 사용하는 큐의 구현

인큐와 디큐를 수행하면 변수 프런트값과 리어값이 그림 4-9와 같은 과정을 거쳐 변화합니다.

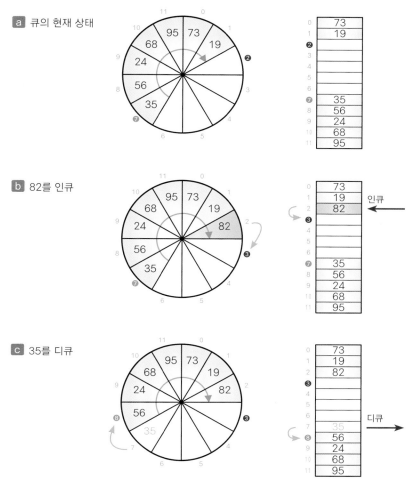

a 큐의 현재 상태

b 82를 인큐

c 35를 디큐

[그림 4-9] 링 버퍼를 사용한 인큐와 디큐

a 7개의 데이터 {35, 56, 24, 68, 95, 73, 19}가 차례대로 que[7] que[8], …, que[11], que[0], que[1]에 저장되어 있습니다. 프런트값은 7이고 리어값은 2입니다.

b 그림 a 에 82를 인큐한 다음의 상태입니다. que[2](리어가 가리키고 있는 위치)에 82를 저장한 다음 리어값을 1만큼 증가시킵니다.

c 그림 b 에 35를 디큐한 다음의 상태입니다. 프런트 요소 que[front](que[7])의 값 35를 꺼내고 프런트값을 1만큼 증가시킵니다.

이렇게 큐를 구현하면 프런트값과 리어값을 업데이트하면서 인큐와 디큐를 수행하기 때문에 그림 4-7에서 발생한 요소 이동 문제를 해결할 수 있습니다. 물론 처리의 복잡도는 O(1)입니다.

☺ 그림 4-7에서 구현한 큐는 요소 이동을 수행하기 때문에 복잡도가 O(n)이었습니다.

그러면 링 버퍼를 사용하여 큐를 구현하는 프로그램을 만들어 보겠습니다. 앞 절에서 공부한 스택과 마찬가지로 생성할 때 용량을 결정하는 고정 길이 큐이고 int형 데이터를 저장합니다.

Do it! 실습 4-3 [A]

• 완성 파일 chap04/IntQueue.java

```
01    // int형 고정 길이 큐
02
03    public class IntQueue {
04      private int[] que;        // 큐용 배열
05      private int capacity;     // 큐의 용량
06      private int front;        // 맨 앞의 요소 커서
07      private int rear;         // 맨 뒤의 요소 커서
08      private int num;          // 현재 데이터 개수
09
10      // 실행 시 예외: 큐가 비어 있음
11      public class EmptyIntQueueException extends RuntimeException {
12        public EmptyIntQueueException() { }
13      }
14
15      // 실행 시 예외: 큐가 가득 참
16      public class OverflowIntQueueException extends RuntimeException {
17        public OverflowIntQueueException() { }
18      }
19
20      // 생성자
21      public IntQueue(int maxlen) {
22        num = front = rear = 0;
23        capacity = maxlen;
24        try {
25          que = new int[capacity];      // 큐 본체용 배열을 생성
26        } catch (OutOfMemoryError e) {   // 생성할 수 없음
27          capacity = 0;
28        }
29      }
```

→

큐를 관리하는 IntQueue 클래스에는 다음과 같이 que, capacity, front, rear, num이라는 5개 필드로 구성됩니다.

큐로 사용할 배열 que

인큐하는 데이터를 저장하기 위한 큐 본체용 배열입니다.

◎ 필드 que는 실제로는 배열 본체가 아니라 본체를 참조하는 배열 변수입니다. 배열 본체는 생성자로 생성합니다.

큐의 최대 용량 capacity

큐의 최대 용량을 저장하는 필드로, 이 값은 배열 que에 저장할 수 있는 최대 요솟수와 같습니다.

프런트 front

인큐하는 데이터 가운데 맨 앞 요소의 인덱스를 저장하는 필드입니다.

리어 rear

인큐한 데이터 가운데 맨 뒤에 넣은 요소 하나 뒤 인덱스를 저장하는 필드입니다.

◎ 다음 인큐할 때 데이터가 저장될 요소의 인덱스를 미리 준비해 두는 것이라고 생각하면 됩니다.

현재 데이터 개수 num

큐에 쌓여 있는 데이터 개수를 나타내는 int형 필드입니다. front값과 rear값이 같을 때 큐가 비어 있는지, 가득 찼는지 구별할 수 없는 상황을 피하기 위해 이 변수가 필요합니다(그림 4-10). 큐가 비어 있을 때 num은 0이고, 가득 찼을 때 num값과 capacity값은 같습니다.

여기서 다음에 나올 그림 4-10의 a와 b를 비교하면서 'front값과 rear값이 같음'으로 큐의 상태가 비어 있는지, 아닌지 구분할 수 없는 경우를 생각해 보겠습니다. 그림 a는 큐가 비어 있는 상태이고, 반대로 그림 b는 큐가 가득 찬 상태입니다. 그런데 두 그림은 전부 front값과 rear값이 같습니다. 이렇게 num과 capacity가 없다면 front값과 rear값만으로는 두 상태를 구분할 수 없습니다.

◎ 그림 4-10과는 다른 상황으로 front와 rear 둘 다 0이 아닌 값이면서 큐가 비어 있는 경우도 있습니다.

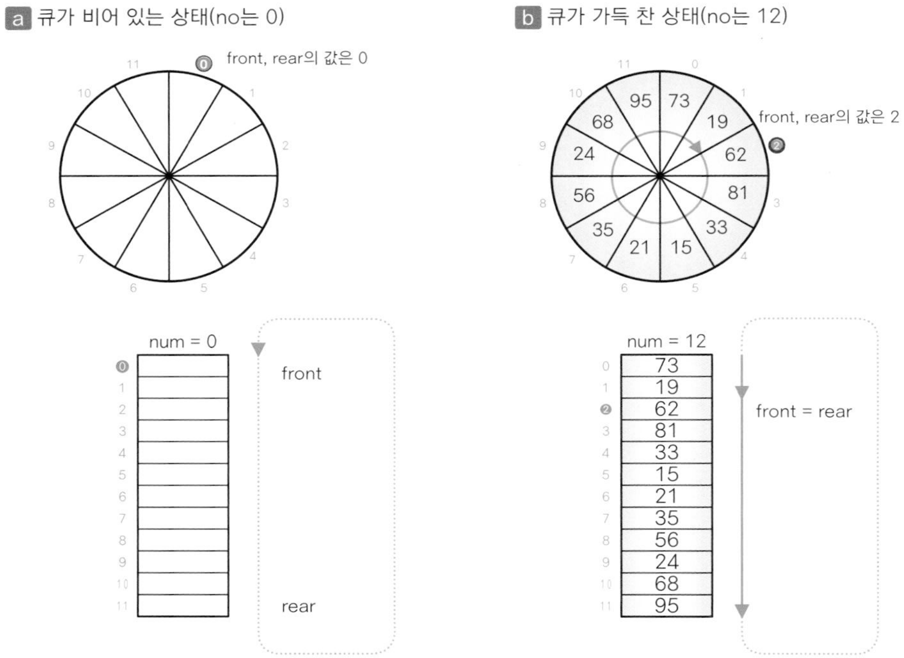

front, rear의 값은 0

95 73
68 19
24 62
56 81
35 33
21 15

front, rear의 값은 2

num = 0

front

rear

num = 12

0	73
1	19
2	62
3	81
4	33
5	15
6	21
7	35
8	56
9	24
10	68
11	95

front = rear

[그림 4-10] 비어 있는 큐와 가득 찬 큐

생성자 IntQueue

생성자는 큐 본체용 배열을 생성하는 등의 준비 작업을 수행합니다. 생성 시 큐는 비어 있기 때문에 num, front, rear의 값을 모두 0으로 합니다. 또, 매개변수 maxlen으로 전달받은 '큐의 용량'을 필드 capacity에 복사하고, 요솟수가 capacity인 배열 que의 본체를 생성합니다(그림 4-10의 ⓐ).

ⓒ 배열 본체의 생성에 실패했을 때 필드 capacity에 0을 대입하는 이유는 스택의 경우와 같습니다.

인큐 메서드 enque

큐에 데이터를 인큐하고 인큐한 값을 그대로 반환하는 메서드입니다. 그러나 큐가 가득 차서 인큐할 수 없으면(num >= capacity가 성립하면) 예외 OverflowIntQueue Exception을 내보냅니다.

```
32      // 큐에 데이터를 인큐
33      public int enque(int x) throws OverflowIntQueueException {
34        if (num >= capacity)
35          throw new OverflowIntQueueException();    // 큐가 가득 참
36        que[rear++] = x;
37        num++;
38        if (rear == capacity)
39          rear = 0;
40        return x;
41      }
```

그림 4-11의 a 는 맨 앞부터 차례로 데이터 {3, 5, 2, 6, 9, 7, 1}이 들어 있는 큐에 8을 인큐하는 모습입니다.

◎ 이 그림에서는 7개의 데이터 {3, 5, 2, 6, 9, 7, 1}이 차례로 que[7] que[8], …, que[11] que[0], que[1]에 들어 있습니다. 8을 인큐하기 전의 front값은 7, rear값은 2입니다.

que[rear](que[2])에 데이터 8을 인큐하고 rear와 num의 값을 1 증가시키면(실습 4-3 [B]의 1) 인큐 작업이 끝납니다. 하지만 생각지 못한 문제가 하나 있습니다. 만약 인큐하기 전의 rear값이 11이면 enque 메서드를 수행한 다음에는 rear값이 12가 되면서 capacity(생성자 메서드에서 초기화한 값 12)와 같아져 배열 마지막 요소의 인덱스를 초과하게 됩니다.

◎ rear값이 capacity와 같아지면 실제 배열에는 없는 공간인 que[12]를 가리키게 됩니다.

그림 4-11의 b 는 rear값이 capacity와 같아지는 것을 방지하도록 인큐를 구현한 모습입니다. rear값을 1 증가시켰을 때 큐의 최대 용량값인 capacity와 같아질 경우 rear를 배열의 첫 인덱스인 0으로 변경합니다(실습 4-3 [B]의 2).

◎ 이렇게 하면 다음에 인큐할 데이터가 que[0] 위치에 제대로 저장됩니다.

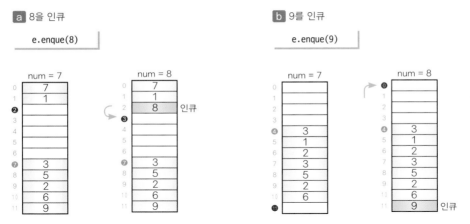

[그림 4-11] 큐에 인큐하는 과정

디큐 메서드 deque

큐에서 데이터를 디큐하고 그 값을 반환하는 메서드입니다. 그러나 큐가 비어 있어 디큐할 수 없으면(num <= 0이 성립하면) 예외 EmptyIntQueueException을 내보냅니다.

Do it! 실습 4-3 [C]   • 완성 파일 chap04/IntQueue.java

```
43    // 큐에서 데이터를 디큐
44    public int deque() throws EmptyIntQueueException {
45      if (num <= 0)
46        throw new EmptyIntQueueException();          // 큐가 비어 있음
47      int x = que[front++];
48      num--;                              1
49      if (front == capacity)
50        front = 0;                        2
51      return x;
52    }
```

그림 4-12는 디큐를 수행하는 과정으로, a 는 맨 앞부터 차례로 데이터 8개 {3, 5, 2, 6, 9, 7, 1, 8}이 들어 있는 큐에서 3을 디큐하는 모습입니다. que[front](que[7])에 들어 있는 값 3을 꺼내고 front값을 1 증가시킨 다음 num값을 1 감소시킵니다(실습 4-3 [C]의 1).

여기서 인큐와 마찬가지로 디큐도 인덱스 초과 문제가 발생합니다. 디큐하기 전의 front값이 배열의 맨 뒤(11)라면 위 과정을 거치고 난 후의 front값은 capacity(12)가 되어 배열 맨 뒤 요소의 인덱스를 초과합니다.

그림 4-12의 b 에 나타냈듯이 1 증가시킨 front값이 큐의 용량인 capacity와 같아지면
front값을 배열의 맨 앞 인덱스인 0으로 변경합니다(실습 4-3 [C]의 2).

◎ 이렇게 하면 다음에 디큐를 수행할 때 que[0]의 위치에서 데이터를 제대로 꺼낼 수 있습니다.

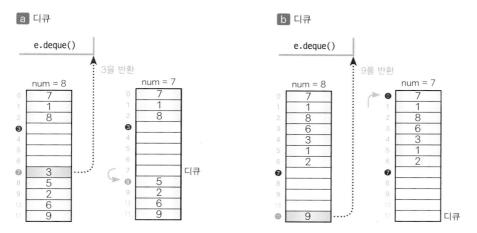

[그림 4-12] 큐에서 디큐하는 과정

Do it! 실습 4-3 [D] • 완성 파일 chap04/IntQueue.java

```
54    // 큐에서 데이터를 피크(프런트 데이터를 들여다봄)
55    public int peek() throws EmptyIntQueueException {
56      if (num <= 0)
57        throw new EmptyIntQueueException();        // 큐가 비어 있음
58      return que[front];
59    }
60
61    // 큐를 비움
62    public void clear() {
63      num = front = rear = 0;
64    }
65
66    // 큐에서 x를 검색하여 인덱스(찾지 못하면 -1)를 반환
67    public int indexOf(int x) {
68      for (int i = 0; i < num; i++) {
69        int idx = (i + front) % capacity;
70        if (que[idx] == x)                          // 검색 성공
71          return idx;
72      }
73      return -1;                                     // 검색 실패
```

```
 74        }
 75
 76        // 큐의 용량을 반환
 77        public int getCapacity() {
 78           return capacity;
 79        }
 80
 81        // 큐에 쌓여 있는 데이터 개수를 반환
 82        public int size() {
 83           return num;
 84        }
 85
 86        // 큐가 비어 있나요?
 87        public boolean isEmpty() {
 88           return num <= 0;
 89        }
 90
 91        // 큐가 가득 찼나요?
 92        public boolean isFull() {
 93           return num >= capacity;
 94        }
 95
 96        // 큐 안의 모든 데이터를 프런트 → 리어 순서로 출력
 97        public void dump() {
 98           if (num <= 0)
 99              System.out.println("큐가 비어 있습니다.");
100           else {
101              for (int i = 0; i < num; i++)
102                 System.out.print(que[(i + front) % capacity] + " ");
103              System.out.println();
104           }
105        }
106    }
```

피크 메서드 peek

맨 앞의 데이터(다음 디큐할 때 꺼낼 데이터)를 '들여다보는' 메서드입니다. que[front]값을 조사만 하고 데이터를 꺼내지는 않으므로 front, rear, num의 값은 변화하지 않습니다. 큐가 비어있으면 예외 EmptyIntQueueException을 내보냅니다.

모든 데이터를 삭제하는 메서드 clear

현재 큐의 모든 데이터를 삭제하는 메서드입니다. 인큐와 디큐는 num, front, rear의 값을 바탕으로 수행되므로 이 값들을 0으로 바꿉니다. 실제 큐에 들어 있는 배열 요솟값을 바꿀 필요가 없습니다.

검색 메서드 indexOf

큐 본체용 배열에서 x와 값이 같은 데이터가 저장되어 있는 위치를 조사하는 메서드입니다. 그림 4-13과 같이 프런트에서 리어 쪽으로 선형 검색을 수행합니다. 물론 스캔은 배열의 물리적인 첫 요소가 아니라 큐의 논리적인 첫 요소, 즉 프런트에서 시작합니다. 그래서 스캔할 때 주목하는 인덱스 idx의 계산식이 (i + front) % capacity로 복잡합니다. 검색에 성공하면 찾은 요소의 인덱스를 반환하고, 실패하면 −1을 반환합니다.

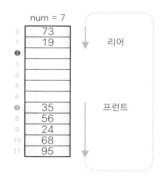

[그림 4-13] 큐의 선형 검색

◎ 그림 4-13의 예에서는 다음과 같이 바뀝니다.
```
i     0 ⇨ 1 ⇨ 2 ⇨ 3 ⇨ 4 ⇨ 5 ⇨ 6
idx   7 ⇨ 8 ⇨ 9 ⇨ 10 ⇨ 11 ⇨ 0 ⇨ 1
```

최대 용량을 확인하는 메서드 getCapacity

큐의 최대 용량을 반환하는 메서드입니다(필드 capacity값을 그대로 반환합니다).

데이터 개수를 확인하는 메서드 size

현재 큐에 들어 있는 데이터 개수를 반환하는 메서드입니다(필드 num값을 그대로 반환합니다).

큐가 비어 있는지 판단하는 메서드 IsEmpty

큐가 비어 있는지 판단하는 메서드입니다. 비어 있으면 true를, 그렇지 않으면 false를 반환합니다.

큐가 가득 찼는지 판단하는 메서드 IsFull

큐가 가득 찼는지 판단하는 메서드입니다. 가득 찼으면 true를, 그렇지 않으면 false를 반환합니다.

모든 데이터를 출력하는 메서드 dump

큐에 들어 있는 모든(num개) 데이터를 프런트에서 리어순으로 출력하는 메서드입니다. 큐가 비어 있으면 '큐가 비어 있습니다.'라고 출력합니다.

큐를 사용하는 프로그램 예

큐 클래스 IntQueue를 사용하는 프로그램을 살펴봅시다. 실습 4-4에서는 큐 클래스 IntQueue를 사용해 프로그램을 작성합니다. 이 프로그램이 위치한 동일한 디렉터리에 IntQueue.class가 들어 있어야 합니다.

Do it! 실습 4-4

• 완성 파일 chap04/IntQueueTester.java

```
01  // int형 고정 길이 큐의 사용 예                              필요: IntQueue
02
03  import java.util.Scanner;
04
05  class IntQueueTester {
06    public static void main(String[] args) {
07      Scanner stdIn = new Scanner(System.in);
08      IntQueue s = new IntQueue(64);  // 최대 64개를 인큐할 수 있는 큐
09
10      while (true) {
11        System.out.println();        // 메뉴 구분을 위한 빈 행 추가
12        System.out.printf("현재 데이터 개수: %d / %d\n", s.size(), s.getCapacity());
13        System.out.print("(1) 인큐  (2) 디큐  (3) 피크  (4) 덤프  (0) 종료: ");
14
15        int menu = stdIn.nextInt();
16        if (menu == 0) break;
17
18        int x;
19        switch (menu) {
20         case 1:                // 인큐
21           System.out.print("데이터: ");
22           x = stdIn.nextInt();
23           try {
24             s.enque(x);
25           } catch (IntQueue.OverflowIntQueueException e) {
26             System.out.println("큐가 가득 찼습니다.");
27           }
28           break;
29
30         case 2:                // 디큐
31           try {
32             x = s.deque();
33             System.out.println("디큐한 데이터는 " + x + "입니다.");
34           } catch (IntQueue.EmptyIntQueueException e) {
```

Do it! 자료구조와 함께 배우는 알고리즘 입문 — 자바 편

```
35              System.out.println("큐가 비어 있습니다.");
36            }
37            break;
38
39        case 3:                    // 피크
40          try {
41            x = s.peek();
42            System.out.println("피크한 데이터는 " + x + "입니다.");
43          } catch (IntQueue.EmptyIntQueueException e) {
44            System.out.println("큐가 비어 있습니다.");
45          }
46          break;
47
48        case 4:                    // 덤프
49          s.dump();
50          break;
51        }
52      }
53    }
54  }
```

◎ 이 프로그램은 최대 용량이 64인 큐를 생성하고 인큐, 디큐, 피크, 큐의 데이터 출력을 대화식으로 실행합니다.

실행 결과

현재 데이터 개수: 0 / 64
(1) 인큐 (2) 디큐 (3) 피크 (4) 덤프 (0) 종료: 1
데이터: 1 ·· 1을 인큐

현재 데이터 개수: 1 / 64
(1) 인큐 (2) 디큐 (3) 피크 (4) 덤프 (0) 종료: 1
데이터: 2 ·· 2를 인큐

현재 데이터 개수: 2 / 64
(1) 인큐 (2) 디큐 (3) 피크 (4) 덤프 (0) 종료: 4
1 2 ··· 큐의 내용을 출력

현재 데이터 개수: 2 / 64
(1) 인큐 (2) 디큐 (3) 피크 (4) 덤프 (0) 종료: 2
디큐한 데이터는 1입니다. ··· 1을 디큐

현재 데이터 개수: 1 / 64
(1) 인큐 (2)디큐 (3) 피크 (4) 덤프 (0) 종료: 4
2 ··· 큐의 내용을 출력

```
현재 데이터 개수: 1/64
(1) 인큐  (2) 디큐  (3) 피크  (4) 덤프  (0) 종료: 3
피크한 데이터는 2입니다. ─────────────────────────────────────────  │ 2를 피크 │

현재 데이터 개수: 1/64
(1) 인큐  (2) 디큐  (3) 피크  (4) 덤프  (0) 종료: 0
```

**연습
문제**

Q5 클래스 IntQueue에 임의의 데이터를 검색하는 메서드 search를 추가하세요.

```
int search(int x)
```

메서드 indexOf처럼 찾은 위치의 배열 인덱스를 반환하는 것이 아니라 큐 안에서 논리적으로
몇 번째에 있는가를 양수(큐의 프런트에 있으면 1로 함)로 반환합니다. 검색에 실패하면 0을 반
환합니다.
◉ 예를 들어 그림 4-13의 경우 35를 검색하면 1을 반환하고 56을 검색하면 2를, 99를 검색하면 0을 반환합니다.

Q6 임의의 객체형 데이터를 쌓아 놓을 수 있는 제네릭 큐 클래스 Queue\<E\>를 작성하세요.

```java
public class Queue<E> {
 private E[] que;          // 큐용 배열
 private int capacity;     // 큐의 용량
 private int num;          // 현재 데이터 개수
 private int front;        // 프런트 요소 커서
 private int rear;         // 리어 요소 커서
 (… 생략 …)
}
```

Q7 일반적으로 덱(deque)이라 하는 양방향 대기열(double ended queue)은 다음 그림처럼
맨 앞과 맨 뒤 양쪽에서 데이터를 인큐하거나 디큐하는 자료구조입니다. 양방향 대기열을 구현하
는 클래스 IntDeque를 만드세요. 이때 덱에 저장하는 데이터의 자료형은 int형으로 합니다.

📚 보충수업 4-1 링 버퍼의 활용

링 버퍼는 '오래된 데이터를 버리는' 용도로 사용할 수 있습니다. 이를테면 요솟수가 n인 배열에 계속해서 데이터가 입력될 때 가장 최근에 들어온 데이터 n개만 저장하고 오래된 데이터는 버리는 용도로 사용할 수 있습니다. 이런 방법으로 링 버퍼를 활용한 프로그램이 실습 4C-1입니다. 배열 a의 요솟수는 10입니다. 정수 입력(인큐)은 무한히 할 수 있지만 배열에 저장되는 데이터는 가장 최근에 입력한 10개의 데이터뿐입니다.

Do it! 실습 4C-1 · 완성 파일 chap04/LastNElements.java

```java
01  // 원하는 개수만큼 값을 계속 입력받고, 요솟수가 N인 배열에 마지막 N개를 저장
02
03  import java.util.Scanner;
04
05  class LastNElements {
06    public static void main(String[] args) {
07      Scanner stdIn = new Scanner(System.in);
08      final int N = 10;
09      int[] a = new int[N];          // 입력받은 값을 저장
10      int cnt = 0;                   // 입력받은 개수
11      int retry;                     // 다시 한번?
12
13      System.out.println("정수를 입력하세요.");
14
15      do {
16        System.out.printf("%d번째 정수: ", cnt + 1);
17        a[cnt++ % N] = stdIn.nextInt();
                ⌐─①
18
19        System.out.print("계속 할까요? (예.1 / 아니요.0): ");
20        retry = stdIn.nextInt();
21      } while (retry == 1);
22
23      int i = cnt - N;
24      if (i < 0) i = 0;
25                                                            ●─②
26      for ( ; i < cnt; i++)
27        System.out.printf("%2d번째 정수 = %d\n", i + 1, a[i % N]);
28    }
29  }
```

그림 4C-1은 다음 12개의 정수를 입력하는 예입니다.

> 15, 17, 64, 57, 99, 21, 0, 23, 44, 55, 97, 85

그러나 배열에 남아 있는 요소는 가장 나중에 입력한 10개뿐이고, 다음처럼 처음에 입력한 2개는 버려지고 없습니다.

> 15, 17, 64, 57, 99, 21, 0, 23, 44, 55, 97, 85
> ▲ ▲
> 버림

실습 4C-1의 **1**에서는 입력한 값을 a[cnt++ % N]에 대입합니다. 입력한 값이 어떤 과정으로 배열 요소에 저장되는지 자세히 살펴보겠습니다.

1번째 값 입력하기

cnt값은 0이고 10으로 나눈 나머지는 0입니다. 입력한 값은 a[0]에 저장됩니다.

2번째 값 입력하기

cnt값은 1이고 10으로 나눈 나머지는 1입니다. 입력한 값은 a[1]에 저장됩니다.

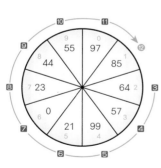

※원 안쪽의 작은 색깔 숫자: 요소의 인덱스
■안의 숫자: n번째로 입력한 값

실행 결과
정수를 입력하세요.
1번째 정수: 15
계속 할까요?(예.1/아니요.0): 1
2번째의 정수: 17
계속 할까요? (예.1/아니요.0): 1
(… 생략 …)
12번째 정수: 85
계속 할까요?(예.1/아니요.0): 0
3번째 정수 = 64
4번째 정수 = 57
5번째 정수 = 99
(… 생략 …)
10번째 정수 = 55
11번째 정수 = 97
12번째 정수 = 85

[그림 4C-1] 링 버퍼에 값을 입력하는 과정

(… 생략 …)

10번째 값 입력하기

cnt값은 9이고 10으로 나눈 나머지는 9입니다. 입력한 값은 a[9]에 저장됩니다.

11번째 값 입력하기

cnt값은 10이고 10으로 나눈 나머지는 0입니다. 입력한 값은 a[0]에 저장됩니다. 1번째 입력한 데이터를 11번째 입력한 데이터가 덮어씁니다.

12번째 값 입력하기

cnt값은 11이고 10으로 나눈 나머지는 1입니다. 입력한 값은 a[1]에 저장됩니다. 2번째 입력한 데이터를 12번째 입력한 데이터가 덮어씁니다.

입력한 값을 저장하는 위치의 인덱스를 'cnt++ % N'으로 구합니다. 이렇게 구현한 프로그램에 임의의 값을 입력하면 입력한 값이 링 버퍼(배열)에 순환하며 저장된다는 것을 알 수 있습니다.
그런데 입력한 값을 출력할 때 조금 더 생각해 볼 내용이 있습니다(실습 4C-1 ②). 입력한 값의 개수 (cnt)가 10 이하라면 다음을 순서대로 출력하면 됩니다(출력할 요소는 cnt개입니다).

a[0]~a[cnt − 1]

그러나 그림 4C-1에 나타낸 것처럼 12개의 값을 입력하는 경우에는 다음과 같은 순서로 출력해야 합니다(10개의 값을 출력합니다).

a[2], a[3], … , a[9], a[0], a[1]

실습 4C-1의 프로그램은 나머지 연산자(%)를 사용하여 간단하게 처리했습니다.
◎ 나머지 연산자는 어떻게 사용하여 처리했는지 프로그램을 꼼꼼하게 다시 한번 살펴보세요.

05

재귀 알고리즘

05-1 재귀 알고리즘의 기본

이번 절에서는 재귀 알고리즘의 기본을 알아보겠습니다.

재귀란?

어떤 사건이 자기 자신을 포함하고 있거나 또는 자기 자신을 사용하여 정의하고 있을 때 이를
재귀적(recursive)이라고 합니다. 그림 5-1은 재귀 개념을 그림으로 표현한 예로, 화면 가운
데에 다시 화면이 나타납니다. 그 화면 가운데에 또 다시 화면이 반복되어 나타납니다. 이러
한 재귀의 개념을 사용하면 1부터 시작하여 2, 3, … 과 같이 무한히 계속되 자연수를 다음과
같이 정의할 수 있습니다.

- 1은 자연수입니다.
- 자연수 n의 바로 다음 정수도 자연수입니다.

재귀적 정의(recursive definition)를 사용하여 무한으로 존재하는 자연수를 위의 두 문장으
로 정의했습니다. 재귀를 효과적으로 사용하면 이런 정의뿐만 아니라 프로그램도 간결하게
작성할 수 있습니다.

◎ 재귀 알고리즘은 06장에서 살펴볼 병합 정렬과 퀵 정렬, 09장에서 살펴볼 이진검색트리 등에서 사용합니다.

[그림 5-1] 재귀 개념을 표현한 예

팩토리얼 구하기

재귀를 사용한 예로 가장 먼저 음이 아닌 정수의 팩토리얼(factorial)값을 구하는 프로그램을 살펴보겠습니다. 음이 아닌 정수 n의 팩토리얼(n!)은 다음과 같이 재귀적으로 정의할 수 있습니다.

- 0! = 1
- n > 0이면 n! = n × (n − 1)!

예컨대 10의 팩토리얼인 10!은 10 × 9!로 구할 수 있고, 그 우변에서 사용한 식 9!은 9 × 8!로 구할 수 있습니다. 위의 정의를 프로그램으로 구현한 것이 실습 5-1에 나타낸 factorial 메서드입니다.

Do it! 실습 5-1

• 완성 파일 chap05/Factorial.java

```
01   // 팩토리얼값을 재귀적으로 구함
02
03   import java.util.Scanner;
04
05   class Factorial {
06       // 음이 아닌 정수 n의 팩토리얼값을 반환
07       static int factorial(int n) {
08           if (n > 0)
09               return n * factorial(n - 1);
10           else
11               return 1;
12       }
13
14       public static void main(String[] args) {
15           Scanner stdIn = new Scanner(System.in);
16
17           System.out.print("정수를 입력하세요.: ");
18           int x = stdIn.nextInt();
19
20           System.out.println(x + "의 팩토리얼은 " + factorial(x) + "입니다.");
21       }
22   }
```

실행 결과
정수를 입력하세요.: 3
3의 팩토리얼은 6입니다.

factorial 메서드가 반환하는 값은 다음과 같습니다.

> • 매개변수 n에 전달받은 값이 0 보다 클 때: n * factorial (n - 1)
> • 매개변수 n에 전달받은 값이 0 보다 크지 않을 때: 1

이 메서드의 본문은 조건 연산자를 사용하면 다음과 같이 한 줄로 구현할 수 있습니다.
ⓒ 아래 코드로 작성한 파일은 "chap05/Factorial2.java"에 있습니다.

```
return (n > 0) ? n * factorial(n - 1) : 1;
```

재귀 호출

factorial 메서드를 실행하여 3의 팩토리얼값을 구하는 과정을 그림 5-2에 자세히 나타냈습니다.

ⓐ 메서드 호출식 factorial(3)을 실행하면 factorial 메서드가 시작됩니다. 이 메서드는 매개변수 n에 3을 전달받아 3 * factorial(2)를 반환합니다. 그런데 이 곱셈을 수행하려면 factorial(2)의 값이 필요합니다. 2를 다시 매개변수로 전달하고 factorial 메서드를 호출합니다.

ⓑ 호출된 factorial 메서드는 매개변수 n에 2를 전달받습니다. 다시 곱셈 2 * factorial(1)을 수행하기 위해 factorial 메서드를 호출합니다.

ⓒ 다시 호출된 factorial 메서드는 매개변수 n에 1을 전달받습니다. 곱셈 1 * factorial(0)을 수행하기 위해 factorial 메서드를 호출합니다.

ⓓ 호출된 factorial 메서드는 매개변수 n에 전달받은 값이 0이므로 1을 반환합니다. 이때 return 문이 처음 실행됩니다.

ⓒ 반환된 값 1을 전달받은 factorial 메서드는 1 * factorial(0), 즉 1 * 1을 반환합니다.

ⓑ 반환된 값 1을 전달받은 factorial 메서드는 2 * factorial(1), 즉 2 * 1을 반환합니다.

ⓐ 반환된 값 2를 전달받은 factorial 메서드는 3 * factorial(2), 즉 3 * 2를 반환합니다. 이제 비로소 팩토리얼값 6을 얻을 수 있습니다.

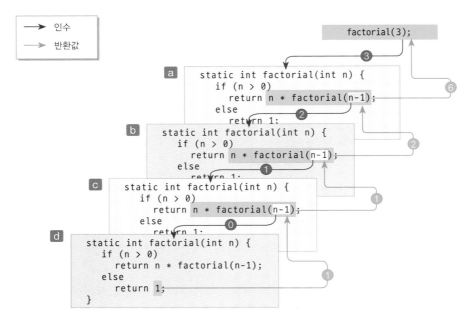

[그림 5-2] 3의 팩토리얼값을 재귀적으로 구하는 과정

지금까지 살펴본 것처럼 factorial 메서드는 n − 1의 팩토리얼값을 구하기 위해 다시 factorial
메서드를 호출합니다. 이러한 메서드 호출 방식을 재귀 호출(recursive call)이라고 합니다.

ⓒ 재귀 호출을 '메서드 자신'을 호출한다고 이해하기보다는 '자기 자신과 똑같은 메서드'를 호출한다고 이해하는 것이 자연
스럽습니다. 만약 실제로 메서드 자신을 호출한다면 자기 자신을 호출하는 것을 끝없이 계속할 테니까요.

직접 재귀와 간접 재귀

factorial 메서드는 그 내부에서 factorial 메서드를 호출합니다. 이처럼 자신과 동일한 메서드
를 호출하는 것을 직접(direct) 재귀라고 합니다(ⓐ). 이와 달리 간접(indirect) 재귀는 메서드
a가 메서드 b를 호출하고, 다시 메서드 b가 메서드 a를 호출하는 구조로 이루어집니다(ⓑ).

재귀 알고리즘에 알맞은 경우는 '풀어야 할 문제', '계산할 메서드', '처리할 자료구조'가 재귀로
정의되는 경우입니다. 이런 면에서 앞의 '팩토리얼값을 구하는 예'는 재귀의 원리를 이해하기
에는 좋지만 효율적인 알고리즘은 아닙니다.

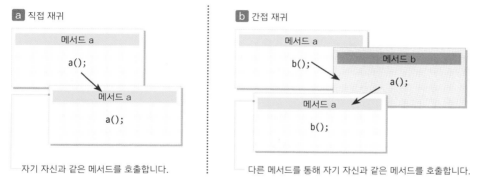

[그림 5-3] 직접 재귀와 간접 재귀

유클리드 호제법

두 정수의 최대공약수(greatest common divisor)를 재귀적으로 구하는 방법을 알아보겠습니다. 두 정수를 직사각형 두 변의 길이라고 생각하면 두 정수의 최대공약수를 구하는 문제는 다음 문제로 바꿀 수 있습니다.

> 직사각형을 정사각형으로 빈틈없이 채웁니다. 이렇게 만들어지는 정사각형 가운데 가장 긴 변의 길이를 구하세요.

그림 5-4는 각 변의 길이가 22와 8인 직사각형을 예로 들어 최대공약수를 구하는 과정을 구체적으로 설명한 것입니다.

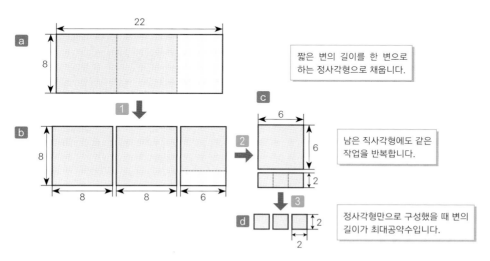

[그림 5-4] 22와 8의 최대공약수를 구하는 과정

1 22 × 8 크기의 직사각형에서 짧은 변(8)을 한 변으로 하는 정사각형으로 직사각형을 분할합니다(**a**). 이렇게 하면 **b**처럼 8 × 8 크기의 정사각형이 2개 생깁니다. 그리고 8 × 6 크기의 직사각형이 1개 남습니다.

2 남은 8 × 6 크기의 직사각형을 다시 같은 과정으로 분할합니다(**c**). 6 × 6 크기의 정사각형이 1개, 6 × 2 크기의 직사각형이 1개 남습니다.

3 다시 남은 6 × 2 크기의 직사각형에 같은 과정을 수행합니다(**d**). 이번에는 2 × 2 크기의 정사각형 3개로 나눌 수 있습니다. 여기서 얻은 2가 최대공약수입니다.

이렇게 두 정수가 주어질 경우 큰 값을 작은 값으로 나누었을 때 나누어떨어지면 그중에 작은 값이 최대공약수입니다(과정 **3**). 나누어떨어지지 않으면 작은 값과 나머지로 나누어떨어질 때까지 같은 과정을 재귀적으로 반복합니다(과정 **1**, **2**).

이 과정을 좀 더 수학적으로 표현하기 위해 두 정수 x, y의 최대공약수를 gcd(x, y)로 표기하겠습니다. x = az와 y = bz를 만족하는 정수 a, b와 최대 정수 z가 존재할 때 z를 gcd(x, y)라고 할 수 있습니다.

이를 정리하면 최대공약수는 다음과 같이 구할 수 있습니다.

> • y = 0일 때 최대공약수: x
> • y ≠ 0일 때 최대공약수: gcd(y, x % y)

이 알고리즘을 유클리드 호제법(Euclidean method of mutual division)이라고 합니다. 실습 5-2는 유클리드 호제법으로 두 정수의 최대공약수를 구하는 프로그램입니다.

Do it! 실습 5-2

• 완성 파일 chap05/EuclidGCD.java

```
01    // 유클리드 호제법으로 최대공약수를 구함
02
03    import java.util.Scanner;
04
05    class EuclidGCD {
06        // 정수 x, y의 최대공약수를 구하여 반환
07        static int gcd(int x, int y) {
08            if (y == 0)
09                return x;
10            else
```

실행 결과
두 정수의 최대공약수를 구합니다.
정수를 입력하세요.: 22
정수를 입력하세요.: 8
최대공약수는 2입니다.

```
11        return gcd(y, x % y);
12    }
13
14    public static void main(String[] args) {
15        Scanner stdIn = new Scanner(System.in);
16
17        System.out.println("두 정수의 최대공약수를 구합니다.");
18
19        System.out.print("정수를 입력하세요.: ");  int x = stdIn.nextInt();
20        System.out.print("정수를 입력하세요.: ");  int y = stdIn.nextInt();
21
22        System.out.println("최대공약수는 " + gcd(x, y) + "입니다.");
23    }
24 }
```

◉ 이 알고리즘은 기원전 300년경 유클리드의 《원론》에 기록된 것으로 역사가 깊습니다.

Q1 실습 5-1의 factorial 메서드를 재귀 메서드 호출을 사용하지 말고 작성하세요.

Q2 실습 5-2의 gcd 메서드를 재귀 메서드 호출을 사용하지 말고 작성하세요.

Q3 배열 a의 모든 요소의 최대공약수를 구하는 다음 메서드를 작성하세요.

```
static int gcdArray(int[] a)
```

05-2 재귀 알고리즘 분석

여기에서는 재귀 알고리즘을 분석하는 방법을 살펴보고, 재귀 알고리즘을 비재귀적으로 구현하는 방법을 알아보겠습니다.

재귀 알고리즘 분석하기

실습 5-3의 프로그램은 재귀 메서드인 recur 메서드와 main 메서드로 구성되어 있습니다. 짧은 코드로 구현한 recur 메서드를 통해 재귀를 좀 더 자세히 알아보겠습니다.

Do it! 실습 5-3

• 완성 파일 chap05/Recur.java

```java
01  // 재귀 함수 이해
02
03  import java.util.Scanner;
04
05  class Recur {
06      // 재귀 함수
07      static void recur(int n) {
08          if (n > 0) {
09              recur(n - 1);
10              System.out.println(n);
11              recur(n - 2);
12          }
13      }
14
15      public static void main(String[] args) {
16          Scanner stdIn = new Scanner(System.in);
17
18          System.out.print("정수를 입력하세요.: ");
19          int x = stdIn.nextInt();
20
21          recur(x);
22      }
23  }
```

실행 결과

```
정수를 입력하세요.: 4
1
2
3
1
4
1
2
```

recur 메서드는 factorial 메서드나 gcd 메서드와 달리 메서드 안에서 재귀 호출을 2회 실행합니다. 이처럼 재귀 호출을 여러 번 실행하는 메서드를 순수(genuinely) 재귀라 하는데, 실제 동작은 매우 복잡합니다. 실습 5-3의 recur 메서드에 매개변수로 4를 전달하면 숫자 '1231412'를 한 줄에 한 글자씩 출력하는데, 이렇게 구조가 복잡한 재귀 메서드는 좀 더 세밀하게 분석해야 합니다. 이제부터 recur 메서드를 하향식과 상향식 두 방법으로 분석하겠습니다.

하향식 분석

매개변수 n에 4를 전달하면 recur 메서드는 다음 과정을 순서대로 실행합니다.

recur(4)	**1** recur(3)을 실행합니다.
	2 4를 출력합니다.
	3 recur(2)를 실행합니다.

물론 **2**에서 4를 출력하는 것은 **1**의 recur(3) 실행이 완료된 다음입니다. 따라서 recur(3)을 먼저 조사해야 합니다. 이해하기 쉽도록 다음 그림 5-5를 통해 설명하겠습니다. 각각의 상자는 recur 메서드의 동작을 나타냅니다. 또, 전달받은 값이 0 이하면 recur 메서드는 아무 일도 하지 않으므로 빈 상자로 표시됩니다(상자 안에 '–'를 표기).

1의 recur(3) 호출 이후에 거치는 과정은 왼쪽 아래로 화살표를 따라 가면 되고, **3**의 recur(2) 호출 이후에 거치는 과정은 오른쪽 아래로 화살표를 따라 가면 됩니다.

그림 5-5를 보는 방법을 설명하겠습니다. '왼쪽 화살표를 따라 한 칸 아래 상자로 이동하고, 다시 원래 상자로 돌아오면 ■ 안의 값을 출력한 뒤, 다시 오른쪽 화살표를 따라 한 칸 아래 상자로 이동한다'를 하나로 이어진 일련의 작업으로 생각하면 됩니다. 이렇게 하나의 작업을 완료해야 한 칸 위의 상자로 돌아갈 수 있습니다. 물론 빈 상자에 도달하면 아무것도 하지 않고 돌아갑니다.

> 💬 **조금만 더!** **recur(3)의 호출을 더 자세히 알아볼까요?**
>
> 예를 들어 recur(3)을 호출하면 그림 5-5 왼쪽 아래 상자의 recur(0)까지는 계속 왼쪽 화살표를 따라 가기 때문에 4를 바로 출력할 수 없습니다. recur(0)의 왼쪽 화살표에서 빈 상자를 만나 recur(0)을 호출한 상자로 돌아가 1을 출력하고, 이어 일련의 작업 중 하나인 recur(-1)을 호출해 다시 빈 상자를 만나서 돌아오면 비로소 recur(0)을 호출한 상자에서 한 칸 위의 상자로 돌아갑니다. 차근차근 생각해 보면 recur(3)을 호출한 상자로 돌아가기 위해서는 많은 단계를 거쳐야 함을 알 수 있습니다.

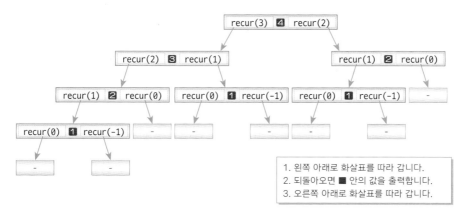

1. 왼쪽 아래로 화살표를 따라 갑니다.
2. 되돌아오면 ■ 안의 값을 출력합니다.
3. 오른쪽 아래로 화살표를 따라 갑니다.

[그림 5-5] recur 메서드의 하향식 분석

이처럼 가장 위쪽에 위치한 상자의 메서드를 호출하는 것부터 시작하여 계단식으로 자세히 조사해 나가는 분석 기법을 하향식 분석(top-down analysis)이라고 합니다. 그런데 이 그림을 보면 recur(1), recur(2)를 여러 번 호출하고 있습니다(같은 호출이 여러 번 있습니다). 꼭대기(top)부터 분석하다 보면 이렇게 같은 메서드를 여러 번 호출할 수 있기 때문에 '하향식 분석이 반드시 효율적이다'라고 말할 수는 없습니다.

상향식 분석

위쪽부터 분석하는 하향식 분석과는 대조적으로 아래쪽부터 쌓아 올리며 분석하는 방법이 상향식 분석(bottom-up analysis)입니다. recur 메서드는 n이 양수일 때만 실행되므로 먼저 recur(1)을 생각해 보겠습니다. recur(1)을 실행하는 작업은 다음과 같습니다.

recur(1)	**1** recur(0)을 실행합니다. **2** 1을 출력합니다. **3** recur(-1)을 실행합니다.

여기서 **1**의 recur(0)과 **3**의 recur(-1)은 출력할 내용이 없습니다. 따라서 recur(1)은 1만 출력합니다. 다음으로 recur(2)를 생각해 봅시다.

recur(2)	**1** recur(1)을 실행합니다. **2** 2를 출력합니다. **3** recur(0)을 실행합니다.

①의 recur(1)은 1을 출력하고, ③의 recur(0)은 출력할 내용이 없습니다. 따라서 전체 과정을 거치면 1과 2가 출력됩니다. 이 작업을 recur(4)까지 쌓아 올려 설명한 내용이 그림 5−6입니다. 다음과 같은 과정을 거치면 recur(4)가 출력됩니다.

recur(-1): 아무것도 하지 않음
recur(0): 아무것도 하지 않음

....

recur(1): recur(0) **1** recur(-1)　⇨　**1**
recur(2): recur(1) **2** recur(0)　⇨　**1** **2**
recur(3): recur(2) **3** recur(1)　⇨　**1** **2** **3** **1**
recur(4): recur(3) **4** recur(2)　⇨　**1** **2** **3** **1** **4** **1** **2**

[그림 5-6] recur 메서드의 상향식 분석

연습
문제

Q4 다음의 recur2 메서드에 대하여 하향식 분석과 상향식 분석을 수행하세요.

```java
static void recur2(int n) {
    if (n > 0) {
        recur2(n - 2);
        System.out.println(n);
        recur2(n - 1);
    }
}
```

재귀 알고리즘의 비재귀적 표현

recur 메서드를 재귀 호출을 사용하지 않고 비재귀적으로 구현하는 방법을 살펴보겠습니다.

꼬리 재귀의 제거

메서드의 꼬리에서 재귀 호출하는 메서드 recur(n − 2)는 '인수로 n − 2를 전달하여 recur 메서드를 호출한다'는 의미입니다. 따라서 이 호출은 다음처럼 바꿀 수 있습니다.

> n값을 n − 2로 업데이트하고 메서드의 시작 지점으로 돌아갑니다.

실습 5-4는 이 방법을 그대로 구현한 프로그램입니다. n값을 2만큼 감소시킨 후 메서드의 시작 지점으로 돌아갑니다(그 결과 메서드 첫 부분의 if가 while로 바뀌었습니다).

Do it! 실습 5-4

```
(··· 생략 ···)
06    // 꼬리 재귀를 제거
07    static void recur(int n) {
08       while (n > 0) {
09          recur(n - 1);
10          System.out.println(n);
11          n = n - 2;
12       }
13    }
(··· 생략 ···)
```

이렇게 하면 메서드의 끝 쪽에서 실행하는 꼬리 재귀(tail recursion)를 쉽게 제거할 수 있습니다.

재귀의 제거

그런데 꼬리 재귀와는 달리 앞쪽에서 호출하는 재귀 메서드는 제거하기가 쉽지 않습니다. 왜냐하면 변수 n값을 출력하기 전에 recur(n - 1)을 먼저 수행해야 하기 때문입니다. 그래서 재귀 호출 recur(n - 1)을 다음처럼 바로 바꿀 수 없습니다.

> n값을 n - 1로 업데이트하고 메서드의 시작 지점으로 돌아갑니다. ⇐ NG

예를 들어 n이 4인 경우 재귀 호출 recur(3)의 처리가 완료되지 않으면 n값인 '4'를 저장해야 합니다. 즉, 다음과 같이 처리해야 합니다.

> 현재 n값을 '잠시' 저장합니다.

그리고 recur(n - 1)의 처리가 완료된 다음에 n값을 출력할 때는 다음 과정을 따르게 됩니다.

> 저장했던 n을 다시 꺼내 그 값을 출력합니다.

이런 재귀 호출을 제거하기 위해서는 변수 n값을 '잠시' 저장해야 한다는 사실을 알았습니다. 이때 이런 문제를 잘 해결할 수 있는 데이터 구조가 04장에서 살펴본 스택입니다. 실습 5-5는 스택을 사용하여 비재귀적으로 구현한 recur 메서드입니다.

ⓒ 이 프로그램을 컴파일, 실행하려면 실습 4-1의 IntStack.class가 같은 디렉터리에 있어야 합니다.

```
(… 생략 …)
```

필요: IntStack

```
06      // 재귀를 제거
07      static void recur(int n) {
08          IntStack s = new IntStack(n);
09
10          while (true) {
11              if (n > 0) {
12                  s.push(n);                      // n값을 푸시  1
13                  n = n - 1;  2
14                  continue;  3
15              }
16              if (s.isEmpty() != true) {          // 스택이 비어 있지 않으면
17                  n = s.pop();                    // 저장하고 있던 스택값을 팝  4
18                  System.out.println(n);  5
19                  n = n - 2;  6
20                  continue;  7
21              }
22              break;
23          }
24      }
```

```
(… 생략 …)
```

recur(4)를 호출한 다음의 과정을 살펴보겠습니다. 매개변수 n에 전달받은 값 '4'는 0보다 크 므로 맨 앞의 if 문에 의해 다음과 같은 과정이 진행됩니다.

> 1 n값 4를 스택에 푸시합니다(그림 5-7 a).
> 2 n값을 하나 줄여 3으로 만듭니다.
> 3 continue 문에 의해 while 문의 맨 앞으로 돌아갑니다.

n값 3은 0보다 크므로 맨 앞의 if 문이 실행됩니다. 그 결과 위의 과정이 반복됩니다. 즉, b ⇨ c ⇨ d 의 순서로 실행되면서 스택에 4, 3, 2, 1이 쌓이게 됩니다. 스택에 1을 쌓은 다음 n 값은 0이 되고 while 문의 맨 앞으로 돌아갑니다. 그러면 n값이 0이므로 맨 앞의 if 문은 그냥 지나가고 그다음 if 문에 의해 다음과 같은 과정이 진행됩니다.

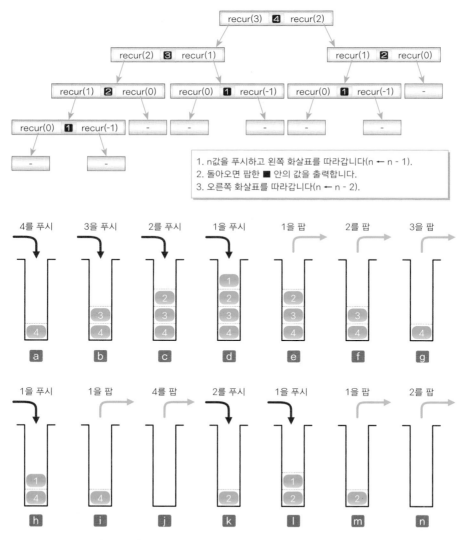

4 스택에서 팝한 값 1을 n에 넣습니다(그림 5-7 **e**).

5 n값 1을 출력합니다.

6 n값을 2 줄여 -1로 만듭니다.

7 continue 문에 의해 while 문의 처음으로 돌아갑니다.

n값이 -1이므로 다시 뒤쪽의 if 문이 실행되고 그림 5-7의 **f** 처럼 스택에서 2가 팝되고 그 값을 출력합니다. 이후의 과정에 대한 설명은 생략하겠습니다. 그림을 자세히 살펴보면 충분히 이해할 수 있습니다. n이 0 이하가 되고 스택이 텅 비면 두 if 문 모두 실행되지 않고 다음의 break 문이 실행되므로 메서드가 종료됩니다.

recur(3) **4** recur(2)

recur(2) **3** recur(1)   recur(1) **2** recur(0)

recur(1) **2** recur(0)   recur(0) **1** recur(-1)   recur(0) **1** recur(-1)   -

recur(0) **1** recur(-1)   -   -   -   -

\-   -

1. n값을 푸시하고 왼쪽 화살표를 따라갑니다(n ← n - 1).
2. 돌아오면 팝한 ■ 안의 값을 출력합니다.
3. 오른쪽 화살표를 따라갑니다(n ← n - 2).

4를 푸시   3을 푸시   2를 푸시   1을 푸시   1을 팝   2를 팝   3을 팝

a   **b**   **c**   **d**   **e**   **f**   **g**

1을 푸시   1을 팝   4를 팝   2를 푸시   1을 푸시   1을 팝   2를 팝

h   **i**   **j**   **k**   **l**   **m**   **n**

[그림 5-7] 실습 5-5의 메서드 실행 과정에서 변화하는 스택의 모습

메모화

recur 메서드는 실행 과정에서 같은 계산을 여러 번 반복하여 수행합니다. 예를 들어 그림 5-7에서는 recur(1)을 3회 실행하고 있습니다. n값이 커지면 반복하는 계산 횟수는 더욱 늘어납니다. 그런데 메모화(memoization) 기법을 사용하면 동일한 계산을 반복하지 않고 1회만 수행할 수 있습니다.

어떤 문제(이 경우 recur 메서드가 전달받는 n)에 대한 답을 구할 경우 그것을 메모해 둡니다. 예를 들어 recur(3)은 1, 2, 3, 1을 차례로 출력하므로 출력할 문자열 "1\n2\n3\n1"을 메모합니다. 다시 recur(3)이 호출되었을 때 메모해 둔 문자열을 화면에 출력하면 중복하여 계산할 필요가 없습니다.

실습 5-6은 메모화를 사용하여 구현한 프로그램입니다.

Do it! 실습 5-6

• 완성 파일 chap05/RecurMemo.java

```
01    // 재귀 함수를 메모화로 구현
02
03    import java.util.Scanner;
04
05    class RecurMemo {
06      static String[] memo;
07
08      // 메모화를 도입한 recur 메서드
09      static void recur(int n) {
10        if (memo[n + 1] != null)
11          System.out.print(memo[n + 1]);       // 메모를 출력    1
12        else {
13          if (n > 0) {
14            recur(n - 1);
15            System.out.println(n);             2
16            recur(n - 2);
17            memo[n + 1] = memo[n] + n + "\n" + memo[n - 1];    // 메모화    3
18          } else {
19            memo[n + 1] = "";           // 메모화: recur(0)과 recur(-1)은 빈 문자열    4
20          }
21        }
22      }
23
24      public static void main(String[] args) {
25        Scanner stdIn = new Scanner(System.in);
26
```

실행 결과

```
정수를 입력하세요.: 4
1
2
3
1
4
1
2
```

```
27          System.out.print("정수를 입력하세요.: ");
28          int x = stdIn.nextInt();
29
30          memo = new String[x + 2];
31          recur(x);
32      }
33  }
```

앞에서 언급했듯이 메모하는 것은 출력할 문자열입니다. 따라서 메모를 저장하는 곳은 String형 배열입니다(배열 이름은 memo).

구체적으로 살펴보면 배열 memo에 메모하는 과정은 다음과 같습니다.

recur(-1)의 실행 결과(출력할 문자열)   ""   ⇨ memo[0]
recur(0)의 실행 결과(출력할 문자열)   ""   ⇨ memo[1]
recur(1)의 실행 결과(출력할 문자열)   "1"   ⇨ memo[2]
recur(2)의 실행 결과(출력할 문자열)   "1\n2" ⇨ memo[3]
                  ⋮   ⋮

즉, recur가 n에 전달받는 실인숫값과 메모용 배열 memo의 인덱스는 차이가 1 납니다. 프로그램을 살펴보겠습니다.

main 메서드에서 메모 준비

배열 memo는 main 메서드에서 생성합니다. 배열을 생성한 단계에서 모든 요소는 기본값 null로 초기화되어 있습니다. 메모값이 null이라면 '아직 메모를 하지 않았다'라고 할 수 있습니다.

recur 메서드에서 메모 활용

recur 메서드의 동작이 업데이트될 경우 다음처럼 처리합니다.

메모가 이미 되어 있는 경우
메모의 내용 memo[n+1]을 화면에 그대로 출력하면 처리가 완료됩니다(**1**).

n이 0보다 크면 먼저 [2]를 통해 기존 프로그램의 recur 메서드와 동일하게 처리합니다. 처리를 종료한 뒤에 출력한 내용과 동일한 문자열을 메모합니다([3]). 곧, 메모용 배열의 요소 memo[n + 1]에 출력한 내용의 문자열을 대입합니다. n이 0보다 크지 않다면 n은 0 또는 -1입니다. 빈 문자열 ""을 메모합니다([4]).

표 5-1은 recur 메서드를 호출한 횟수를 처음 버전과 메모화 버전으로 비교한 것입니다.

[표 5-1] 메서드를 호출한 횟수

단계	1	2	3	4	5	6	7	8	9	10
처음 버전	3	5	9	15	25	41	67	109	177	287
메모화 버전	3	5	7	9	11	13	15	17	19	21

Q5 실습 5-3과 실습 5-6을 각각 수정하여 메서드 호출 횟수를 카운트해 출력하도록 프로그램을 작성하세요.

05-3 하노이의 탑

이 절에서는 쌓아 놓은 원반을 최소 횟수로 옮기기 위한 알고리즘인 '하노이의 탑'을 살펴보겠습니다.

하노이의 탑 알아보기

하노이의 탑(towers of Hanoi)은 작은 원반이 위에, 큰 원반이 아래에 위치하도록 쌓은 원반을 3개의 기둥 사이에서 옮기는 문제입니다. 모든 원반은 크기가 다르고 처음에는 모든 원반이 이 규칙에 맞게 첫 번째 기둥에 쌓여 있습니다. 이 상태에서 모든 원반을 세 번째 기둥으로 최소의 횟수로 옮기면 됩니다. 원반은 1개씩만 옮길 수 있고 큰 원반을 작은 원반 위에 쌓을 수는 없습니다.

그림 5-8은 원반이 3개일 때 하노이 탑의 해결 과정을 나타낸 것입니다. 차례대로 살펴보면 하노이 탑의 해결 과정을 충분히 이해할 수 있습니다.

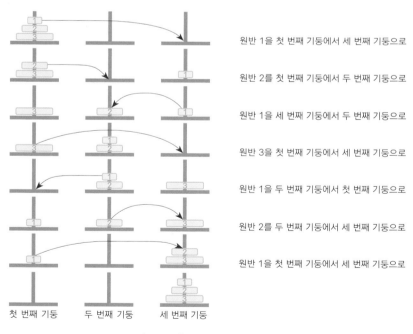

원반 1을 첫 번째 기둥에서 세 번째 기둥으로

원반 2를 첫 번째 기둥에서 두 번째 기둥으로

원반 1을 세 번째 기둥에서 두 번째 기둥으로

원반 3을 첫 번째 기둥에서 세 번째 기둥으로

원반 1을 두 번째 기둥에서 첫 번째 기둥으로

원반 2를 두 번째 기둥에서 세 번째 기둥으로

원반 1을 첫 번째 기둥에서 세 번째 기둥으로

첫 번째 기둥   두 번째 기둥   세 번째 기둥

[그림 5-8] 하노이의 탑(원반 3개)

원반 옮기는 순서를 다시 생각해 보겠습니다. 처음 원반이 놓인 기둥을 '시작 기둥', 목적지의 기둥을 '목표 기둥', 중간에 있는 기둥을 '중간 기둥'이라고 부르겠습니다. 그림 5-9는 원반이 3개일 때 옮기는 순서를 나타낸 것입니다. 원반 1과 원반 2가 겹친 것을 '그룹'이라고 하겠습니다. 이 그림에서 볼 수 있듯이 가장 큰 원반을 최소의 단계로 목표 기둥으로 옮기려면 가장 먼저 '그룹'을 중간 기둥으로 옮겨야 합니다. 그러면 총 3단계로 완료됩니다.

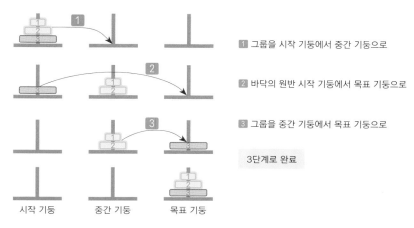

[그림 5-9] 하노이의 탑 아이디어(원반 3개)

이제 원반이 2개 겹쳐 있는 '그룹'을 옮기는 단계를 구체적으로 어떻게 구현할지 생각해 보겠습니다. 그 순서는 그림 5-10과 같습니다. 원반 1만 있는 것도 하나의 '그룹'으로 보면 그림 5-9와 똑같이 3단계로 구현할 수 있습니다.

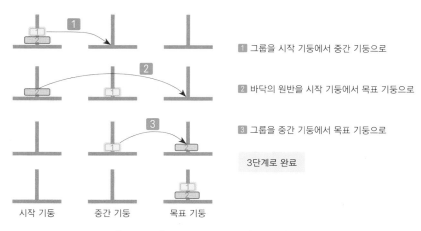

[그림 5-10] 하노이의 탑 아이디어(원반 2개)

원반이 4개일 때도 마찬가지입니다. 그림 5-11과 같이 원반 1, 원반 2, 원반 3의 총 3개를 겹친 상태를 '그룹'으로 보면 3단계로 옮길 수 있습니다. 3개로 이루어진 '그룹'을 옮기는 방법은 그림 5-9에 나타낸 방법대로 하면 됩니다. 이 방법으로 원반이 N개인 하노이의 탑 문제를 해결할 수 있습니다.

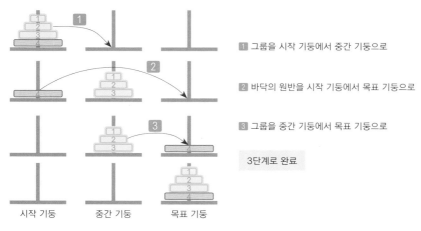

1 그룹을 시작 기둥에서 중간 기둥으로

2 바닥의 원반을 시작 기둥에서 목표 기둥으로

3 그룹을 중간 기둥에서 목표 기둥으로

3단계로 완료

시작 기둥　　　중간 기둥　　　목표 기둥

[그림 5-11] 하노이의 탑 아이디어(원반 4개)

하노이의 탑을 구현하는 프로그램을 실습 5-7에 나타냈습니다. move 메서드의 매개변수 no는 옮겨야 할 원반의 개수, x는 시작 기둥의 번호, y는 목표 기둥의 번호입니다.

Do it! 실습 5-7

• 완성 파일　chap05/Hanoi.java

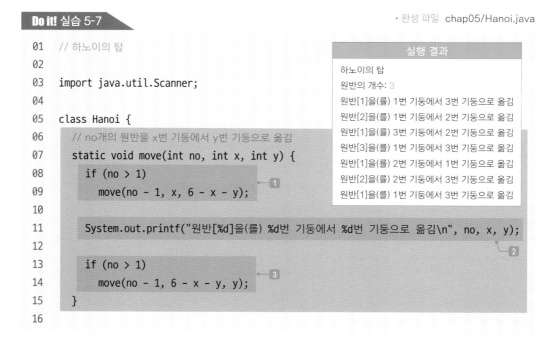

```java
01    // 하노이의 탑
02
03    import java.util.Scanner;
04
05    class Hanoi {
06      // no개의 원반을 x번 기둥에서 y번 기둥으로 옮김
07      static void move(int no, int x, int y) {
08        if (no > 1)
09          move(no - 1, x, 6 - x - y);                    ①
10
11        System.out.printf("원반[%d]을(를) %d번 기둥에서 %d번 기둥으로 옮김\n", no, x, y);
                                                             ②
12
13        if (no > 1)
14          move(no - 1, 6 - x - y, y);                    ③
15      }
16
```

실행 결과

하노이의 탑
원반의 개수: 3
원반[1]을(를) 1번 기둥에서 3번 기둥으로 옮김
원반[2]을(를) 1번 기둥에서 2번 기둥으로 옮김
원반[1]을(를) 3번 기둥에서 2번 기둥으로 옮김
원반[3]을(를) 1번 기둥에서 3번 기둥으로 옮김
원반[1]을(를) 2번 기둥에서 1번 기둥으로 옮김
원반[2]을(를) 2번 기둥에서 3번 기둥으로 옮김
원반[1]을(를) 1번 기둥에서 3번 기둥으로 옮김

```
17      public static void main(String[] args) {
18          Scanner stdIn = new Scanner(System.in);
19
20          System.out.println("하노이의 탑");
21          System.out.print("원반의 개수: ");
22          int n = stdIn.nextInt();
23
24          move(n, 1, 3);        // 1번 기둥에 쌓인 n개의 원반을 3번 기둥으로 옮김
25      }
26  }
```

이 프로그램은 기둥 번호를 정수 1, 2, 3으로 나타냅니다. 기둥 번호의 합이 6이므로 시작 기둥, 목표 기둥이 어느 기둥이더라도 중간 기둥은 6 − x − y로 구할 수 있습니다. move 메서드는 no개의 원반을 다음과 같이 3단계를 거쳐 옮깁니다.

> **1** 바닥의 원반을 제외한 그룹(원반[1]~원반[no - 1])을 시작 기둥에서 중간 기둥으로 옮깁니다.
> **2** 바닥의 원반 no를 시작 기둥에서 목표 기둥으로 옮겼음을 출력합니다.
> **3** 바닥의 원반을 제외한 그룹(원반[1]~원반[no - 1])을 중간 기둥에서 목표 기둥으로 옮깁니다.

물론 **1**, **3**은 재귀 호출을 사용하여 실현합니다. no가 3일 때 move 메서드의 동작을 그림 5-12에 나타냈습니다.

😊 **1**, **3**의 실행은 no가 1보다 큰 경우이므로 그림에서 no가 1인 부분(최하위에 해당하는 부분)에서는 **2**만 실행합니다.

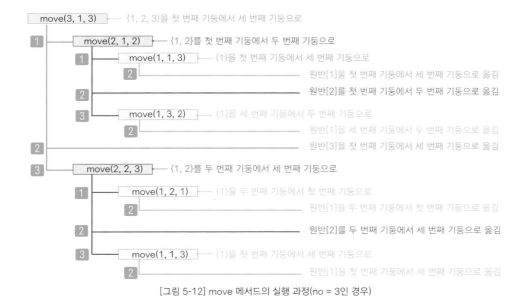

[그림 5-12] move 메서드의 실행 과정(no = 3인 경우)

Q6 오른쪽의 recur3 메서드를 비재귀적으로 구현한 프로그램을 작성하세요.

◎ 이 문제는 하노이의 탑이 아니라 5-2절과 관련한 것입니다.

```
static void recur3(int n) {
    if (n > 0) {
        recur3(n - 1);
        recur3(n - 2);
        System.out.println(n);
    }
}
```

Q7 실습 5-7을 숫자가 아닌 문자열로 기둥 이름을 출력하도록 수정한 프로그램을 작성하세요. 예를 들어 'A 기둥', 'B 기둥', 'C 기둥'과 같이 출력하면 됩니다.

Q8 실습 5-7의 move 메서드를 비재귀적으로 수정한 프로그램을 작성하세요.

05-4 8퀸 문제

이 절에서는 8퀸 문제를 알아보겠습니다. 이 문제는 하노이의 탑과 마찬가지로 작은 문제로 나누어 해결합니다.

8퀸 문제란?

8퀸 문제(8-Queen problem)는 재귀 알고리즘을 깊이 있게 이해하기 위한 예제로 자주 등장할 뿐만 아니라 19세기의 유명한 수학자 카를 프리드리히 가우스(C. F. Gauss)가 잘못된 해답을 내놓은 것으로도 잘 알려졌습니다. 이 문제는 다음과 같습니다.

> 서로 공격하여 잡을 수 없도록 8개의 퀸을 8 × 8 체스판에 놓으세요.

언뜻 보면 간단한 문제처럼 보입니다.

◎ 체스판에서 퀸은 현재 놓여 있는 지점에서 가로·세로·대각선의 8가지 방향으로 직선 이동을 할 수 있습니다.

이 문제의 답이 되는 조합은 92가지입니다. 그림 5-13은 그중의 한 조합을 나타낸 것입니다.

서로 공격하여 잡을 수 없도록 8개의 퀸을 놓습니다.

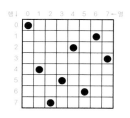

[그림 5-13] 8퀸 문제 풀이 예

체스판의 가로줄을 행(行), 세로줄을 열(列)이라 하고 배열 인덱스에 맞추어 행과 열에 0~7의 번호를 부여합니다. 이 그림에 놓인 퀸은 왼쪽부터 차례로 0행 0열, 4행 1열, 7행 2열, 5행 3열, 2행 4열, 6행 5열, 1행 6열, 3행 7열입니다.

퀸 배치하기

8개의 퀸을 배치하는 조합은 모두 몇 가지인지 알아보겠습니다. 체스판은 64칸(8 × 8)이므로 처음에 퀸을 1개 배치할 때는 64칸 중 아무 곳이나 선택할 수 있습니다. 다음 퀸을 배치할 때는 나머지 63칸에서 임의로 선택합니다. 마찬가지로 8번째까지 생각하면 다음처럼 178,462,987,637,760가지의 조합이 만들어집니다.

$$64 \times 63 \times 62 \times 61 \times 60 \times 59 \times 58 \times 57 = 178,462,987,637,760$$

그런데 이 조합을 모두 나열하고 각각의 조합이 8퀸 문제의 조건을 만족하는지 조사하는 것은 현실적이지 않습니다.

퀸은 자신과 같은 열에 있는 다른 퀸을 공격할 수 있으므로 다음과 같은 규칙을 세울 수 있습니다.

[규칙 1] 각 열에 퀸을 1개만 배치합니다.

이렇게 하면 퀸을 배치하는 조합의 수는 16,777,216가지로 많이 줄어들지만 여전히 그 수는 지나치게 많습니다.

$$8 \times 8 \times 8 \times 8 \times 8 \times 8 \times 8 \times 8 = 16,777,216$$

그림 5-14는 이 조합의 아주 일부를 표현한 것으로, 이 가운데 8퀸 문제를 만족하는 풀이는 하나도 없습니다. 왜냐하면 퀸은 자신과 같은 행에 있는 다른 퀸을 공격할 수 있기 때문입니다.

ⓒ 같은 행에 퀸이 2개 이상 배치되면 안 됩니다.

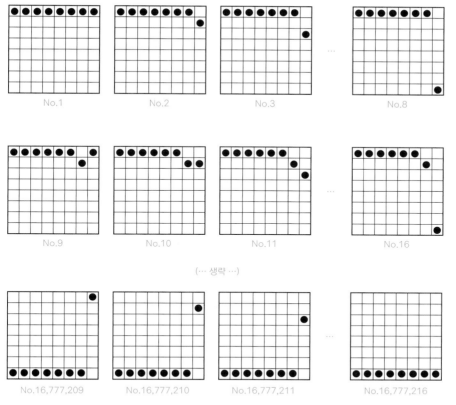

[그림 5-14] 퀸을 각 열에 1개만 배치한 조합

그러므로 다음 규칙을 추가하겠습니다.

[규칙 2] 각 행에 퀸을 1개만 배치합니다.

그림 5-15는 앞에서 소개한 그림 5-14의 배치 가운데 [규칙 2]를 만족하는 배치의 일부(4가지)를 나타낸 것입니다. 이렇게 하면 조합의 개수는 더 줄어듭니다.

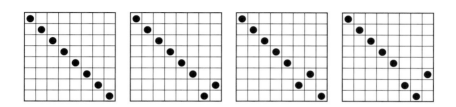

[그림 5-15] 퀸을 각 행과 열에 1개만 배치한 조합

이렇게 하면 이 조합을 나열하는 알고리즘을 어떻게든 만들 수 있습니다. 그러나 그렇게 간단히 만들어지지지는 않습니다.

이제 문제를 정리하기 위해 처음으로 다시 돌아가 [규칙 1]에 따라 조합을 나열하는 알고리즘을 생각해 보겠습니다.

그림 5-16은 퀸을 배치하기 직전의 상태입니다. 그림 안의 '?'는 그 열에 퀸이 아직 배치되지 않았음을 의미합니다.

모든 열에 퀸이 아직 배치되지 않은 상태.
퀸을 배치해 '?'를 해결하세요.

[그림 5-16] 각 열에 퀸을 1개만 배치하는 원래 문제

처음에는 모든 열이 '?'이고, 8열 전체의 '?'를 채우면 퀸 배치가 완료됩니다. 우선 0열에서의 퀸 배치를 검토하겠습니다. 그림 5-17을 보면 0열에서 퀸의 배치 방법은 총 8가지입니다. 그림에서 ●는 퀸이 배치된 상태를 나타냅니다. 그림 5-17에 나타낸 **1**~**8**은 모두 0열에 퀸을 배치하고 나머지 열에는 아직 배치하지 않은 상태를 나타냅니다.

ⓖ 즉, 그림 5-16의 '원래 문제'를 '8개의 부분 문제'로 나눈 결과가 그림 5-17입니다.

0열에 퀸을 배치했습니다. 다음은 1열에 퀸을 배치하는 방법입니다.

예를 들어 '그림 5-17의 **1**에서 1열에 퀸을 배치하는' 조합을 나열하면 다시 그림 5-18과 같이 8가지 방법이 있습니다.

ⓖ 즉, 그림 5-17에 나타낸 **1**의 문제를 '8개의 부분 문제'로 나눈 결과가 그림 5-18입니다.

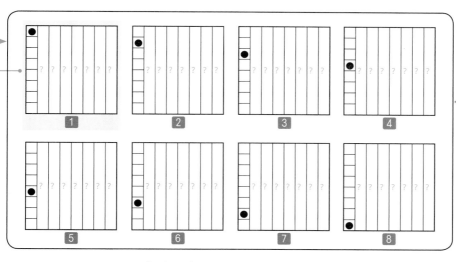

[그림 5-17] 0열에 퀸을 1개만 배치한 조합

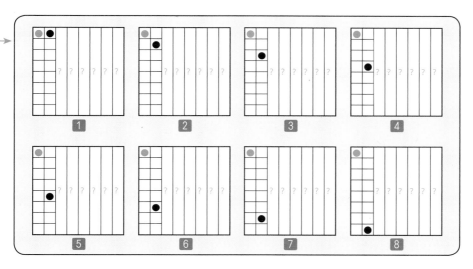

[그림 5-18] 그림 5-17의 **1**에서 1열에 퀸을 1개만 배치한 조합

그림 5-17의 **2**~**8**도 마찬가지로 생각하면 0열과 1열에 배치하는 방법은 64가지입니다. 이 작업을 반복하여 7열까지 배치하는 조합을 모두 나타내면 그림 5-19와 같으며, 총 16,777,216가지입니다.

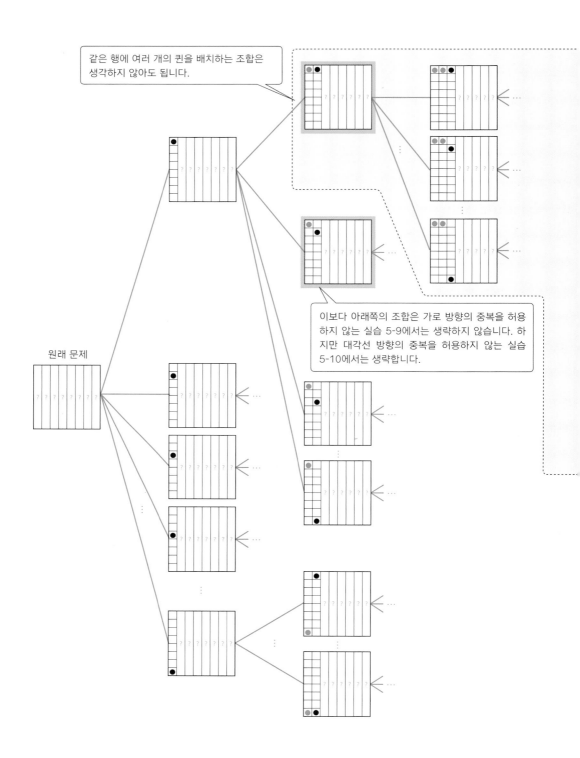

[그림 5-19] 각 열에 퀸을 1개만 배치하는 조합의 나열

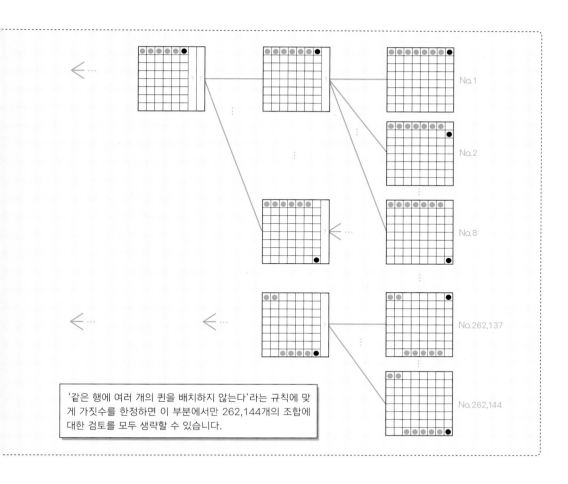

'같은 행에 여러 개의 퀸을 배치하지 않는다'라는 규칙에 맞게 가짓수를 한정하면 이 부분에서만 262,144개의 조합에 대한 검토를 모두 생략할 수 있습니다.

No.1
No.2
No.8
No.262,137
No.262,144

퀸을 1개 배치하고 나서 문제를 8개의 부분 문제로 나누는 작업을 반복합니다.

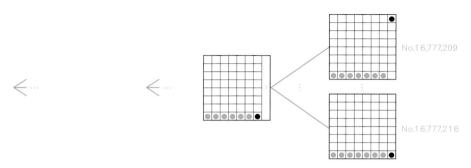

No.16,777,209
No.16,777,216

◎ 이 그림에는 다음 페이지 이후에 학습하는 내용도 들어 있습니다.

분기 조작

이번에는 그림 5-19처럼 분기하며 모든 조합을 나열하는 프로그램을 만들어 보겠습니다.

◎ 분기란 가지가 뻗어 나가듯이 문제를 나누어 푸는 과정을 의미합니다. 또한 지금은 모든 조합만 나열하고, 8퀸 문제 해결 은 이후에 하겠습니다.

배열 pos는 퀸의 배치를 나타냅니다. i열에 놓인 퀸의 위치가 j행이면 pos[i]의 값을 j로 합니다(그림 5-20). 예를 들어 pos[0]의 값이 0이면 '0열의 퀸이 0행에 배치된 상태'를 의미합니다. pos[1]의 값 4는 '1열의 퀸이 4행에 배치된 상태'를 의미합니다.

이때 set 메서드는 pos[i]에 0부터 7까지의 값을 순서대로 대입하여 'i열에 퀸을 1개만 배치하는 8가지 조합을 만드는 재귀 메서드'입니다. 매개변수 i가 이 퀸을 배치할 열입니다. 이 메서드는 main 메서드에서 다음과 같이 처음 호출됩니다.

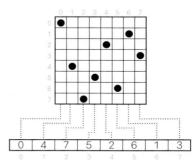

[그림 5-20] 퀸의 배치를 나타내는 배열

```
set(0);    // 0열에 퀸을 배치
```

호출된 set 메서드는 매개변수 i에 0을 전달받기 때문에 0열에 퀸 1개를 배치하게 됩니다(그림 5-17). for 문에 의한 반복을 통해 j값을 0부터 7까지 1씩 증가시키면서 pos[i]에 j를 대입하는 것으로 퀸을 j행에 배치합니다. 이 대입에서 0열이 확정되고 다음으로 1열을 확정해야 합니다. 그래서 다음과 같이 재귀 호출을 합니다.

```
set(i + 1);    // 다음 열에 퀸을 배치
```

set(i + 1)에 의해 앞에서 했던 작업을 다음 열인 1열에 대해 수행합니다.

◎ set(0)으로 호출되는 set 메서드는 for 문의 반복에 따라 그림 5-17의 1~8 조합을 나열합니다. 1 을 나열할 때 호출되는 set(1)은 for 문의 반복에 따라 그림 5-18의 1~8 조합을 나열합니다.

• 완성 파일 chap05/QueenB.java

```
01   // 각 열에 퀸 1개를 배치하는 조합을 재귀적으로 나열
02
03   class QueenB {
04     static int[] pos = new int[8];  // 각 열에 있는 퀸의 위치
05
06     // 각 열에 있는 퀸의 위치를 출력
07     static void print() {
08       for (int i = 0; i < 8; i++)
09         System.out.printf("%2d", pos[i]);
10       System.out.println();
11     }
12
13     // i열에 퀸을 배치
14     static void set(int i) {
15       for (int j = 0; j < 8; j++) {
16         pos[i] = j;        // 퀸을 j행에 배치
17         if (i == 7)        // 모든 열에 배치
18           print();
19         else
20           set(i + 1);      // 다음 열에 퀸을 배치
21       }
22     }
23
24     public static void main(String[] args) {
25       set(0);              // 0열에 퀸을 배치
26     }
27   }
```

i는 열

j는 행

실행 결과
0 0 0 0 0 0 0 0
0 0 0 0 0 0 0 1
0 0 0 0 0 0 0 2
0 0 0 0 0 0 0 3
0 0 0 0 0 0 0 4
0 0 0 0 0 0 0 5
0 0 0 0 0 0 0 6
0 0 0 0 0 0 0 7
0 0 0 0 0 0 1 0
0 0 0 0 0 0 1 1
0 0 0 0 0 0 1 2
(… 생략 …)
7 7 7 7 7 7 7 6
7 7 7 7 7 7 7 7

이렇게 재귀 호출을 거듭 반복하면 결국 i가 7이 되고 8개의 퀸이 모두 배치됩니다. 그러면 퀸을 더 배치할 필요가 없으므로 print 메서드를 호출하여 퀸이 배치된 위치를 출력합니다. 출력하는 값은 배열 pos의 요솟값입니다. 프로그램을 실행하면 그림 5-19에 나타낸 16,777,216개의 조합이 모두 나열됩니다.

◎ 가장 먼저 출력되는 '0 0 0 0 0 0 0 0'은 모든 퀸이 0행에 배치되었음을 보여 줍니다(그림 5-19의 No.1). 가장 마지막에 출력되는 '7 7 7 7 7 7 7 7'은 모든 퀸이 7행에 배치되었음을 보여 줍니다(그림 5-19의 No.16,777,216).

이렇게 분기하며 퀸을 배치하는 조합을 모두 나열했습니다. 이러한 방법을 분기 조작 또는 가지 뻗기(branching)라고 합니다. 하노이의 탑이나 8퀸 문제처럼 문제를 작게 나누고 세분된 작은 문제의 풀이를 결합해 전체 문제를 풀이하는 기법을 분할 정복법(divide and conquer method)이라고 합니다. 물론 문제를 작게 나눌 때는 작은 문제의 풀이에서 원래 문제의 풀이가 쉽게 도출될 수 있도록 설계해야 합니다.

◎ 06장에서 학습하는 퀵 정렬(quick sort)과 병합 정렬(merge sort)도 분할 정복 알고리즘입니다.

분기 한정법

분기 조작으로 퀸을 배치하는 조합을 나열할 수는 있지만 8퀸 문제의 답을 구할 수는 없습니다. 다음은 앞에서 분기를 한정하기 위해 정했던 규칙입니다.

[규칙 2] 각 행에 퀸을 1개만 배치합니다.

실습 5-9에서 이 개념을 적용하여 다시 살펴보겠습니다.

Do it! 실습 5-9
• 완성 파일 chap05/QueenBB.java

```
01   // 각 행과 열에 퀸 1개를 배치하는 조합을 재귀적으로 나열
02
03   class QueenBB {
04     static boolean[] flag = new boolean[8];    // 각 행에 퀸을 이미 배치했는지 체크
05     static int[] pos = new int[8];             // 각 열에 있는 퀸의 위치
06
07     // 각 열에 있는 퀸의 위치를 출력
08     static void print() {
09       for (int i = 0; i < 8; i++)
10         System.out.printf("%2d", pos[i]);
11       System.out.println();
12     }
13
14     // i열의 알맞은 위치에 퀸을 배치
15     static void set(int i) {
16       for (int j = 0; j < 8; j++) {
17         if (flag[j] == false) {       // j행에 퀸을 아직 배치하지 않음
18           pos[i] = j;                 // 퀸을 j행에 배치
19           if (i == 7)                 // 모든 열에 배치
20             print();
```

```
21        else {
22            flag[j] = true;
23            set(i + 1);
24            flag[j] = false;
25        }
26      }
27    }
28  }
29
30  public static void main(String[] args) {
31      set(0);
32  }
33 }
```

실습 5-9의 프로그램은 flag라는 배열을 사용합니다. flag는 같은 행에 중복하여 퀸이 배치되는 것을 방지하기 위한 표시(flag)입니다. j행에 퀸을 배치하면 flag[j]의 값을 true로 하고, 배치되지 않은 상탯값은 false로 합니다. 좀 더 자세히 살펴보겠습니다. 0열에 퀸을 배치하기 위해 호출한 set 메서드는 먼저 0행에 퀸을 배치합니다(flag[0]의 값은 false입니다). 0행에 퀸을 배치했기 때문에 flag[0]의 값을 true로 변경합니다. 그런 다음 set 메서드를 재귀적으로 호출합니다. 이렇게 호출한 set 메서드는 다음 1열에 퀸을 배치합니다(그림 5-21).

0행 0열에 퀸을 배치한 상태에서 1열에 퀸을 배치하는 과정

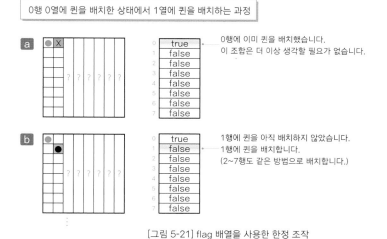

[그림 5-21] flag 배열을 사용한 한정 조작

for 문은 0~7행에 퀸을 배치합니다. 다음 a, b 는 그림 5-21에 대한 설명입니다.

a 0행에 퀸을 배치할지를 검토합니다. flag[0]의 값이 true이므로 이 행에는 퀸을 이미 배치했다는 것을 알 수 있습니다. 따라서 여기에는 배치하지 않습니다. 그 결과 그림 5-19에서 점선으로 둘러싼 부분에 있는 262,144개의 조합이 모두 생략됩니다.

b 1행에 퀸을 배치할지를 검토합니다. flag[1]의 값이 false이므로 이 행에는 퀸을 아직 배치하지 않았습니다. 1행에 퀸을 배치합니다(실습 5-9의 18~25행). 즉, set 메서드를 재귀 호출하여 다음 열인 두 번째 열에 퀸을 배치합니다.

◎ 2~7행도 이와 같은 방법을 사용해 퀸을 배치합니다.

또, 재귀 호출한 set(i + 1) 메서드 실행이 끝나면 퀸을 j행에서 제거하기 위해 flag[j]에 아직 배치하지 않았음을 나타내는 false를 대입합니다. set 메서드에서는 퀸을 아직 배치하지 않은 행(flag[j]의 값이 false인 행)에만 퀸을 배치합니다. 이처럼 필요하지 않은 분기를 없애 불필요한 조합을 줄이는 방법을 한정(bounding) 조작이라 하고, 분기 조작과 한정 조작을 조합하여 문제를 풀어 가는 방법을 분기 한정법(branching and bounding method)이라고 합니다.

8퀸 문제를 해결하는 프로그램 만들기

실습 5-9의 프로그램은 퀸이 행 방향과 열 방향으로 겹쳐지지 않는 조합을 나열(출력)하기만 했습니다. 이는 사실 '8퀸 문제를 푼 것'이 아니라 '8룩(Rook) 문제를 푼 것'입니다. 퀸은 대각선 방향으로도 이동할 수 있기 때문에 어떤 대각선에서 보더라도 퀸을 1개만 배치하는 한정 조작을 추가해야 합니다.

Do it! 실습 5-10

• 완성 파일 chap05/EightQueen.java

```
01    // 8퀸 문제 풀이
02
03    class EightQueen {
04      static boolean[] flag_a = new boolean[8];      // 각 행에 퀸을 배치했는지 체크
05      static boolean[] flag_b = new boolean[15];     // / 대각선 방향으로 퀸을 배치했는지 체크
06      static boolean[] flag_c = new boolean[15];     // \ 대각선 방향으로 퀸을 배치했는지 체크
07      static int[] pos = new int[8];                 // 각 열에 있는 퀸의 위치
08
09      // 각 열에 있는 퀸의 위치를 출력
10      static void print() {
11        for (int i = 0; i < 8; i++)
12          System.out.printf("%2d", pos[i]);
```

```
13        System.out.println();
14    }
15
16    // i열의 알맞은 위치에 퀸을 배치
17    static void set(int i) {
18        for (int j = 0; j < 8; j++) {
19            if (flag_a[j] == false &&        // 가로(j행)에 아직 배치하지 않음
20                flag_b[i + j] == false &&     // ╱ 대각선에 아직 배치하지 않음       1
21                flag_c[i - j + 7] == false) { // ╲ 대각선에 아직 배치하지 않음
22                pos[i] = j;                   // 퀸을 j행에 배치
23                if (i == 7)                   // 모든 열에 배치
24                    print();
25                else {
26                    flag_a[j] = flag_b[i + j] = flag_c[i - j + 7] = true;
27                    set(i + 1);
28                    flag_a[j] = flag_b[i + j] = flag_c[i - j + 7] = false;
29                }
30            }
31        }
32    }
33
34    public static void main(String[] args) {
35        set(0);
36    }
37 }
```

실행 결과
0 4 7 5 2 6 1 3
0 5 7 2 6 3 1 4
0 6 3 5 7 1 4 2
0 6 4 7 1 3 5 2
1 3 5 7 2 0 6 4
1 4 6 0 2 7 5 3
1 4 6 3 0 7 5 2
(⋯ 생략 ⋯)
7 2 0 5 1 4 6 3
7 3 0 2 5 1 6 4

flag_b와 flag_c는 ╱ 방향과 ╲ 방향의 대각선 위에 퀸을 배치했는지 체크하는 배열입니다(그림 5-22).

☺ 실습 5-10의 프로그램에서는 실습 5-9의 배열 이름 flag를 flag_a로 바꾸었습니다.

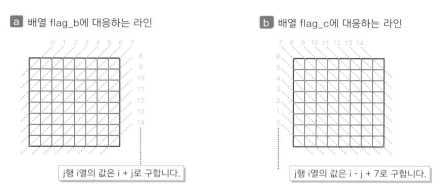

a 배열 flag_b에 대응하는 라인

j행 i열의 값은 i + j로 구합니다.

b 배열 flag_c에 대응하는 라인

j행 i열의 값은 i - j + 7로 구합니다.

[그림 5-22] 대각선에 퀸 배치하기

그림 5-22에서 볼 수 있듯이 j행 i열에서 각각의 대각선 방향에 퀸이 배치되었는지 체크하는 배열의 인덱스는 flag_b[i + j]와 flag_c[i - j + 7]입니다. 어떤 칸에 퀸을 배치할지 여부를 검토할 때 같은 행에 이미 퀸을 배치했는지 체크한 후, 그림 5-22에 나타낸 a, b의 점선 위에 퀸을 배치했는지 체크합니다(실습 5-10의 1).

가로 방향(같은 행), / 대각선 방향, \ 대각선 방향 중 어느 하나라도 이미 퀸이 배치되었다면 그 칸에는 퀸을 놓을 필요가 없습니다. 이 경우 실습 5-10의 22~29행의 실행하지 않고 건너뜁니다.

◎ 그림 5-21의 b에서는 같은 행의 왼쪽 옆에 퀸이 배치되지 않았으므로, 즉 flag[1]이 false이므로 1열의 1행에 퀸을 배치했습니다. 그런데 이번 경우는 1열 1행에 퀸을 배치하지 않았습니다. 왜냐하면 왼쪽 위 0열 0행에 퀸이 이미 배치되었기 때문에, 즉 flag_c[7]이 true이기 때문에 그렇게 한 것입니다.

3개의 배열(flag_a, flag_b, flag_c)을 사용하는 한정 조작을 수행하면 8퀸 문제의 조건을 만족하여 퀸을 효율적으로 배치할 수 있습니다. 프로그램을 실행하면 92개의 조합이 출력됩니다. 이로써 8퀸 문제를 푸는 프로그램을 완성했습니다.

연습
문제

Q9 실습 5-10의 print 메서드를 수정하여 오른쪽 그림과 같이 기호 ■와 □를 사용해 퀸의 배치 상황을 출력하는 프로그램을 작성하세요.

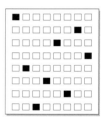

Q10 8퀸 문제를 비재귀적으로 구현한 프로그램을 작성하세요.

06

정렬 알고리즘

06-1 정렬 알고리즘이란?

이 장에서는 데이터를 일정한 순서로 나열하는 정렬 알고리즘을 알아보겠습니다.

정렬이란?

정렬(sorting)은 이름, 학번, 키 등 핵심 항목(key)의 대소 관계에 따라 데이터 집합을 일정한 순서로 나열하는 작업을 말합니다. 이 알고리즘을 이용해 데이터를 정렬하면 검색을 더 쉽게 할 수 있습니다. 만약 사전에 실린 수십만 개의 단어가 알파벳이나 가나다순으로 정렬되어 있지 않으면 원하는 단어를 찾기가 매우 어려울 것입니다. 그림 6-1처럼 값이 작은 데이터를 앞쪽에 놓으면 오름차순(ascending order) 정렬, 반대로 놓으면 내림차순(descending order) 정렬이라고 부릅니다.

[그림 6-1] 오름차순 정렬과 내림차순 정렬

정렬 알고리즘의 안정성

이 장에서는 여러 가지 정렬 알고리즘 중에서 대표적인 알고리즘 8개를 소개합니다. 이때 정렬 알고리즘은 안정된(stable) 알고리즘과 그렇지 않은 알고리즘으로 나눌 수 있습니다. 그림 6-2는 안정된 정렬을 나타낸 것으로, 왼쪽 그림은 시험 점수를 학번순으로 늘어놓은 배열입니다. 막대 높이는 점수를 의미하고 막대 안의 숫자(1~9)는 학번을 의미합니다. 이때 점수를 기준으로 오름차순 정렬을 하면 오른쪽 그림과 같습니다. 점수가 같을 때는 학번이 작은 사람을 앞쪽에 배치합니다. 안정된 정렬이란 이렇게 키값이 같은 요소의 순서가 정렬 전후에도 유지되는 것을 말합니다. 안정되지 않은 알고리즘은 점수가 같을 때 반드시 학번 순서대로 정렬되지는 않습니다.

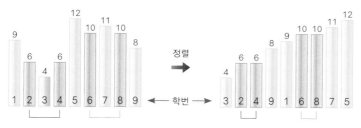

키값이 같은 요소의 순서가 정렬 전후에도 유지됩니다.

[그림 6-2] 안정된 정렬

내부 정렬과 외부 정렬

30장의 카드를 한 줄로 늘어놓을 수 있는 책상에서 트럼프 카드를 정렬한다고 가정해 보겠습니다. 만약 카드가 30장 이하라면 모든 카드를 책상에 늘어놓고 한 번에 훑어보면서 작업할 수 있지만, 카드가 500장이라면 책상에 모든 카드를 늘어놓을 수 없기 때문에 큰 책상을 따로 마련해야 합니다. 정렬 알고리즘도 하나의 배열에서 작업할 수 있을 때에는 내부 정렬 (internal sorting)을 사용하고, 하나의 배열에서 작업할 수 없을 때에는 외부 정렬(external sorting)을 사용합니다.

- 내부 정렬: 정렬할 모든 데이터를 하나의 배열에 저장할 수 있을 때에 사용하는 알고리즘
- 외부 정렬: 정렬할 데이터가 너무 많아서 하나의 배열에 저장할 수 없을 때에 사용하는 알고리즘

외부 정렬은 내부 정렬을 응용한 것으로, 외부 정렬을 구현하려면 작업을 위한 별도의 파일 등이 필요하고 알고리즘도 복잡합니다. 이 책에서 다루는 알고리즘은 모두 내부 정렬입니다.

정렬 알고리즘의 핵심 요소

정렬 알고리즘의 핵심 요소는 교환, 선택, 삽입입니다. 대부분의 정렬 알고리즘은 이 3가지 요소를 응용한 것입니다.

06-2 버블 정렬

버블 정렬은 이웃한 두 요소의 대소 관계를 비교하고 필요에 따라 교환을 반복하는 알고리즘으로 단순 교환 정렬(straight exchange sort)이라고도 합니다.

버블 정렬 알아보기

다음 배열을 이용해 버블 정렬(bubble sort)을 알아보겠습니다.

6	4	3	7	1	9	8

먼저 끝에 있는 두 요소 9와 8부터 시작합니다. 이때 배열을 오름차순으로 정렬하고자 한다면 왼쪽 값이 오른쪽 값보다 작아야 합니다. 따라서 9와 8을 교환한 배열은 다음과 같습니다.

6	4	3	7	1	8	9

그 다음 뒤쪽에서 두 번째와 세 번째 요소인 1과 8을 비교합니다. 1은 8보다 작으므로 교환할 필요가 없습니다. 이렇게 이웃한 요소를 비교하고 교환하는 작업을 첫 번째 요소까지 계속하면 그림 6-3이 됩니다. 요솟수가 n개인 배열에서 n − 1번 비교, 교환 하고 나면 가장 작은 요소가 맨 처음으로 이동합니다. 이런 일련의 과정(비교, 교환)을 패스(pass)라고 합니다.

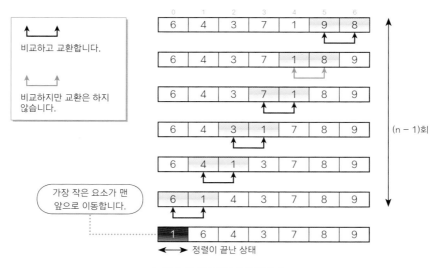

[그림 6-3] 버블 정렬의 첫 번째 패스

이어서 배열의 두 번째 이후 요소를 비교, 교환하는 패스를 수행합니다.

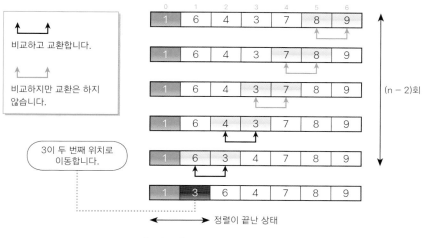

[그림 6-4] 버블 정렬의 두 번째 패스

이 패스를 수행하고 나면 3은 배열의 두 번째 자리로 이동하고 그 결과 두 요소의 정렬이 끝납니다. 두 번째 패스의 비교 횟수는 첫 번째 패스보다 1번 적은 n − 2번입니다. 왜냐하면 패스를 수행할 때마다 정렬할 요소가 하나씩 줄어들기 때문입니다. 패스를 k번 수행하면 앞쪽부터 k개의 요소가 정렬된다는 것을 알 수 있습니다. 모든 정렬이 끝나려면 패스가 n − 1번 수행되어야 합니다.

◉ 수행하는 패스의 횟수가 n번이 아니라 n − 1번인 것은 n − 1개 요소의 정렬이 끝나면 마지막 요소는 이미 끝에 놓이기 때문입니다.
◉ '버블 정렬'이라는 말은 액체 안의 공기 방울이 위로 보글보글 올라오는 모습에서 착안한 것입니다.

버블 정렬 프로그램 만들기

버블 정렬 알고리즘을 프로그램으로 구현해 보겠습니다. 변수 i값을 0부터 n − 2까지 1씩 증가시키며 패스를 n − 1번 수행하는 프로그램은 다음과 같습니다.

```
for (int i = 0; i < n − 1; i++) {
    // a[i], a[i + 1], …, a[n − 1]에 대해
    // 끝에서부터 앞쪽으로 스캔하면서 이웃하는 두 요소를 비교하고 교환
}
```

여기서 비교하는 두 요소의 인덱스를 j − 1, j라 하고, 변수 j값을 어떻게 변화하면 좋을지 그림 6-5에서 살펴보겠습니다. 배열의 끝(오른쪽)부터 스캔하기 때문에 j의 시작값은 n − 1입니다.

이때 두 요소(a[j - 1], a[j])의 값을 비교하여 앞쪽이 크면 교환합니다. 이후의 비교, 교환 과정은 바로 앞쪽에서 수행해야 하므로 j값은 1씩 감소합니다.

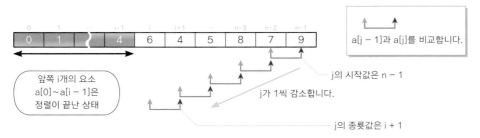

[그림 6-5] 버블 정렬의 i번째 패스

각 패스에서 앞쪽 i개의 요소는 정렬이 끝난 상태라고 가정합니다(정렬하지 않은 부분은 a[i]~a[n - 1]이라고 가정합니다). 따라서 한 번의 패스에서는 j값이 i + 1이 될 때까지 비교, 교환을 수행하면 됩니다.

◉ i가 0인 첫 번째 패스는 j값이 1이 될 때까지 반복하고(그림 6-3), i가 1인 두 번째 패스는 j값이 2가 될 때까지 반복합니다(그림 6-4). 그리고 비교하는 두 요소 중에서 오른쪽 요소의 인덱스는 i + 1이 될 때까지 감소하고, 왼쪽 요소의 인덱스는 i가 될 때까지 감소합니다.

서로 한 칸 이상 멀리 떨어져 있는 요소를 교환하는 것이 아니라 서로 이웃한 요소만 교환하므로 이 정렬 알고리즘은 안정적이라고 할 수 있습니다. 첫 번째 패스의 비교 횟수는 n - 1회, 두 번째 패스의 비교 횟수는 n - 2회, …이므로 그 합계는 다음과 같습니다.

$$(n - 1) + (n - 2) + \cdots + 1 = n(n - 1) / 2$$

그러나 실제 요소를 교환하는 횟수는 배열의 요솟값에 영향을 더 많이 받기 때문에 교환 횟수의 평균값은 비교 횟수의 절반인 n(n - 1) / 4회입니다. 또한 swap 메서드 안에서 값이 3회 이동(대입)하므로 이동 횟수의 평균은 3n(n - 1) / 4회입니다.

◉ swap 메서드는 실습 2-5에서 작성한 것과 같습니다.

Do it! 실습 6-1
• 완성 파일 chap06/BubbleSort.java

```
01  // 버블 정렬(버전 1)
02
03  import java.util.Scanner;
04
05  class BubbleSort {
```

```
06    // a[idx1]과 a[idx2]의 값을 교환
07    static void swap(int[] a, int idx1, int idx2) {
08        int t = a[idx1];
09        a[idx1] = a[idx2];
10        a[idx2] = t;
11    }
12
13    // 버블 정렬
14    static void bubbleSort(int[] a, int n) {
15        for (int i = 0; i < n - 1; i++)
16            for (int j = n - 1; j > i; j--)
17                if (a[j - 1] > a[j])
18                    swap(a, j - 1, j);                    패스
19    }
20
21    public static void main(String[] args) {
22        Scanner stdIn = new Scanner(System.in);
23
24        System.out.println("버블 정렬(버전 1)");
25        System.out.print("요솟수: ");
26        int nx = stdIn.nextInt();
27        int[] x = new int[nx];
28
29        for (int i = 0; i < nx; i++) {
30            System.out.print("x[" + i + "]: ");
31            x[i] = stdIn.nextInt();
32        }
33
34        bubbleSort(x, nx);                // 배열 x를 버블 정렬
35
36        System.out.println("오름차순으로 정렬했습니다.");
37        for (int i = 0; i < nx; i++)
38            System.out.println("x[" + i + "] = " + x[i]);
39    }
40 }
```

실행 결과
버블 정렬(버전 1)
요솟수: 7
x[0]: 6
x[1]: 4
x[2]: 3
x[3]: 7
x[4]: 1
x[5]: 9
x[6]: 8
오름차순으로 정렬했습니다.
x[0] = 1
x[1] = 3
x[2] = 4
x[3] = 6
x[4] = 7
x[5] = 8
x[6] = 9

Q1 버블 정렬의 각 패스에서 비교, 교환은 배열의 앞쪽, 즉 처음부터 수행해도 됩니다(각 패스에서 가장 큰 값의 요소가 맨 끝으로 옮겨집니다). 그렇게 수정한 프로그램을 작성하세요.

Q2 오른쪽처럼 비교, 교환 과정을 자세히 출력하면서 버블 정렬을 수행하는 프로그램을 작성하세요. 비교하는 두 요소 사이에 교환을 수행하면 '+', 수행하지 않으면 '−'를 출력하고, 정렬을 마치면 비교 횟수와 교환 횟수를 출력하세요.

```
패스 1:
  6   4   3   7   1   9 + 8
  6   4   3   7   1 − 8   9
  6   4   3   7 + 1   8   9
  6   4   3 + 1   7   8   9
  6   4 + 1   3   7   8   9
  6 + 1   4   3   7   8   9
  1   6   4   3   7   8   9
패스 2:
  1   6   4   3   7   8 − 9
(… 생략 …)
비교를 21회 했습니다.
교환을 8회 했습니다.
```

알고리즘 개선하기 1

그림 6-4에는 두 번째 요소까지 정렬된 모습을 나타냈습니다. 비교, 교환 작업을 계속하면서 이 알고리즘을 어떻게 개선할 수 있을지 살펴보겠습니다. 그림 6-6은 세 번째 패스입니다. 패스를 마치고 나면 4가 세 번째 자리에 위치합니다.

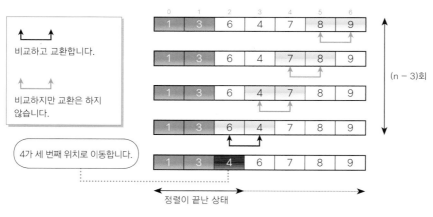

[그림 6-6] 버블 정렬의 세 번째 패스

그림 6-7은 네 번째 패스입니다. 그런데 여기서는 요소의 교환이 한 번도 이루어지지 않습니다. 왜냐하면 세 번째 패스에서 정렬을 마쳤기 때문입니다.

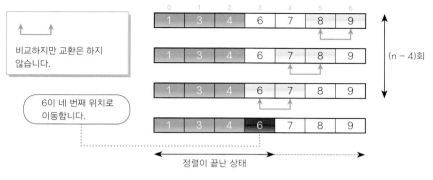

비교하지만 교환은 하지 않습니다.

(n − 4)회

6이 네 번째 위치로 이동합니다.

정렬이 끝난 상태

[그림 6-7] 버블 정렬의 네 번째 패스

배열이 정렬을 이미 마친 상태라면 그 이후의 패스는 요소를 교환하지 않습니다. 다섯 번째
와 여섯 번째 패스는 그림으로 나타내지 않았는데 마찬가지로 요소를 교환하지 않습니다.
즉, 어떤 패스에서 요소의 교환 횟수가 0번이면 더 이상 정렬할 요소가 없다는 뜻이기 때문에
정렬 작업을 멈춥니다. 이런 멈춤 방식을 도입하면 정렬을 마친 배열이나 정렬이 거의 다 된
상태의 배열에 대한 비교 연산이 많이 생략되어 짧은 시간에 정렬을 마칠 수 있습니다. 실습
6-2는 이런 '멈춤'으로 개선한 버블 정렬 메서드(버전 2)입니다.

Do it! 실습 6-2

• 완성 파일 chap06/BubbleSort2.java

```
(… 생략 …)
11    // 버블 정렬(버전 2)
12    static void bubbleSort(int[] a, int n) {
13      for (int i = 0; i < n - 1; i++) {
14        int exchg = 0;                      // 패스에서 교환하는 횟수를 저장
15        for (int j = n - 1; j > i; j--)
16          if (a[j - 1] > a[j]) {
17            swap(a, j - 1, j);              ─── 패스
18            exchg++;
19          }
20        if (exchg == 0) break;              // 교환이 이루어지지 않으므로 멈춤
21      }
22    }
(… 생략 …)
```

변수 exchg를 새롭게 추가했습니다. 패스를 시작하기 직전에 exchg값을 0으로 하고, 요소
를 교환할 때마다 1씩 증가시킵니다. 따라서 패스를 종료한(안쪽 for 문의 반복이 완료된) 시
점에 변수 exchg값은 해당 패스의 교환 횟수입니다. 패스를 종료한 시점에서 exchg값이 0이
라면 정렬을 완료했다고 판단할 수 있으므로, break 문에 의해 바깥쪽의 for 문을 강제로 나
와 함수를 종료합니다.

Q3 실습 6-2의 버블 정렬(버전 2)을 연습문제 Q2처럼 비교, 교환하는 과정을 자세히 출력하는 프로그램으로 수정하세요.

알고리즘 개선하기 2

이제 새로운 배열{1, 3, 9, 4, 7, 8, 6}을 버블 정렬을 하겠습니다. 그림 6-8은 첫 번째 패스의 비교, 교환 과정을 나타낸 것입니다.

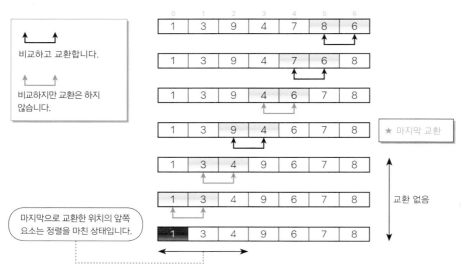

[그림 6-8] 버블 정렬의 첫 번째 패스

마지막 교환을 마치고 난 이후의 세 요소{1, 3, 4}는 정렬된 상태입니다. 이렇게 각 패스에서 비교, 교환을 하다가 어떤 시점 이후에 교환하지 않는다면 그보다 앞쪽의 요소는 이미 정렬을 마친 상태라고 생각해도 좋습니다. 따라서 두 번째 패스는 첫 요소를 제외한 6개 요소가 아니라 4개 요소를 비교, 교환하면 됩니다. 즉, 그림 6-9처럼 4개 요소만 비교, 교환을 수행합니다.

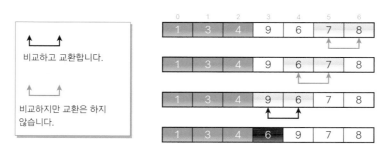

[그림 6-9] 버블 정렬의 두 번째 패스

실습 6-3은 이러한 내용을 바탕으로 개선한 메서드입니다.

• 완성 파일 chap06/BubbleSort3.java

Do it! 실습 6-3

```java
(… 생략 …)
11    // 버블 정렬(버전 3)
12    static void bubbleSort(int[] a, int n) {
13      int k = 0;                    // a[k]보다 앞쪽은 정렬을 마친 상태
14      while (k < n - 1) {
15        int last = n - 1;           // 마지막으로 요소를 교환한 위치
16        for (int j = n - 1; j > k; j--)
17          if (a[j - 1] > a[j]) {
18            swap(a, j - 1, j);
19            last = j;
20          }
21        k = last;
22      }
23    }
(… 생략 …)
```

패스

last는 각 패스에서 마지막으로 교환한 두 요소 가운데 오른쪽 요소(a[j])의 인덱스를 저장하기 위한 변수입니다. 교환할 때마다 오른쪽 요소의 인덱스값을 last에 저장합니다. 하나의 패스를 마쳤을 때 last값을 k에 대입하여 다음에 수행할 패스의 범위를 제한합니다. 그러면 다음 패스에서 마지막으로 비교할 두 요소는 a[k]와 a[k + 1]이 됩니다. 이때 bubbleSort 메서드의 시작 부분에서 k값을 0으로 초기화하는 이유는 첫 번째 패스에서는 모든 요소를 검사해야 하기 때문입니다.

ⓒ 그림 6-8에서 첫 번째 패스를 마칠 때의 last값은 3입니다. 따라서 다음에 수행하는 두 번째 패스(그림 6-9)에서는 j가 6, 5, 4로 1씩 감소하면서 스캔이 3회 이루어집니다.

버전 1 ~ 버전 3의 프로그램에서 교환 과정을 비교해 보겠습니다.

ⓒ 다음은 연습문제 Q2, Q3, Q4의 실행 결과이기도 합니다.

버전 1	버전 2	버전 3
실행 결과	실행 결과	실행 결과

버전 1

```
패스 1:
 1  3  9  4  7  8+6
 1  3  9  4  7+6  8
 1  3  9  4 -6  7  8
 1  3  9+4  6  7  8
 1  3 -4  9  6  7  8
 1 -3  4  9  6  7  8
 1  3  4  9  6  7  8
패스 2:
 1  3  4  9  6  7 -8
 1  3  4  9  6 -7  8
 1  3  4  9+6  7  8
 1  3  4 -6  9  7  8
 1  3 -4  6  9  7  8
 1  3  4  6  9  7  8
패스 3:
 1  3  4  6  9  7 -8
 1  3  4  6  9+7  8
 1  3  4  6 -7  9  8
 1  3  4 -6  7  9  8
 1  3  4  6  7  9  8
```

(…생략(패스 6까지 진행)…)

```
비교를 21회 했습니다.
교환을 6회 했습니다.
```

버전 2

```
패스 1:
 1  3  9  4  7  8 +6
 1  3  9  4  7+6  8
 1  3  9  4 -6  7  8
 1  3  9+4  6  7  8
 1  3 -4  9  6  7  8
 1 -3  4  9  6  7  8
 1  3  4  9  6  7  8
패스 2:
 1  3  4  9  6  7 -8
 1  3  4  9  6 -7  8
 1  3  4  9+6  7  8
 1  3  4 -6  9  7  8
 1  3 -4  6  9  7  8
 1  3  4  6  9  7  8
패스 3:
 1  3  4  6  9  7 -8
 1  3  4  6  9+7  8
 1  3  4  6 -7  9  8
 1  3  4 -6  7  9  8
 1  3  4  6  7  9  8
```

(…생략(패스 5까지 진행)…)

```
비교를 20회 했습니다.
교환을 6회 했습니다.
```

버전 3

```
패스 1:
 1  3  9  4  7  8+6
 1  3  9  4  7+6  8
 1  3  9  4 -6  7  8
 1  3  9+4  6  7  8
 1  3 -4  9  6  7  8
 1 -3  4  9  6  7  8
 1  3  4  9  6  7  8
패스 2:
 1  3  4  9  6  7 -8
 1  3  4  9  6 -7  8
 1  3  4  9+6  7  8
 1  3  4  6  9  7  8
패스 3:
 1  3  4  6  9  7 -8
 1  3  4  6  9+7  8
 1  3  4  6  7  9  8
패스 4
 1  3  4  6  7  9 +8
 1  3  4  6  7  8  9
비교를 12회 했습니다.
교환을 6회 했습니다.
```

연습문제

Q4 실습 6-3의 버블 정렬(버전 3)을 연습문제 Q2와 마찬가지로 비교, 교환하는 과정을 자세히 출력하는 프로그램으로 수정하세요.

Q5 다음 데이터의 배열을 정렬한다고 가정하겠습니다.

9	1	3	4	6	7	8

이 배열은 두 번째 요소부터 정렬되어 있지만 버전 3의 버블 정렬 알고리즘을 사용해도 빠른 시간 안에 정렬 작업을 마칠 수는 없습니다. 왜냐하면 맨 앞에 있는 요솟값(9)은 1회의 패스로 한 칸씩만 뒤로 옮겨지기 때문입니다. 그래서 홀수 번째 패스는 가장 작은 요소를 맨 앞으로 옮기고 짝수 번째 패스는 가장 큰 요소를 맨 뒤로 옮기는 방식을 사용하면(패스의 스캔 방향을 교대로 바꾸면) 이런 정렬을 더 적은 횟수로 비교할 수 있습니다. 실습 6-3의 버블 정렬(버전 3)을 개선하여 양방향 버블 정렬을 수행하는 프로그램을 작성하세요.

ⓒ 버블 정렬을 개선한 이 알고리즘은 양방향 버블 정렬(bidirection bubble sort) 또는 칵테일 정렬(cocktail sort), 셰이커 정렬(shaker sort)이라는 이름으로 알려져 있습니다.

06-3 단순 선택 정렬

단순 선택 정렬은 가장 작은 요소를 맨 앞으로 이동하고, 두 번째 작은 요소는 맨 앞에서 두 번째로 이동하는 등의 작업을 반복하는 알고리즘입니다.

단순 선택 정렬 알아보기

다음 배열에 단순 선택 정렬(straight selection sort) 알고리즘을 적용해 보겠습니다. 이 알고리즘은 가장 작은 요소부터 정렬하므로 가장 작은 값의 요소인 1을 선택해 정렬을 시작합니다.

6	4	8	3	1	9	7

1을 6과 교환합니다. 교환한 다음의 배열 상태는 다음과 같습니다.

1	4	8	3	6	9	7

가장 작은 요소인 1이 맨 앞으로 왔습니다. 이어서 두 번째로 작은 요소인 3을 선택해 정렬합니다. 3을 4와 교환하면 다음처럼 두 번째 요소의 정렬이 끝납니다.

1	3	8	4	6	9	7

그림 6-10은 앞에서 진행한 작업을 반복하는 과정으로, 아직 정렬하지 않은 부분에서 값이 가장 작은 요소를 선택하고 아직 정렬하지 않은 부분의 첫 번째 요소와 교환합니다.

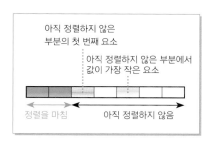

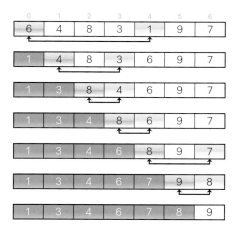

[그림 6-10] 단순 선택 정렬의 과정

단순 선택 정렬의 교환 과정은 다음과 같습니다.

> 1. 아직 정렬하지 않은 부분에서 가장 작은 키값(a[min])을 선택합니다.
> 2. a[min]과 아직 정렬하지 않은 부분의 첫 번째 요소를 교환합니다.

이 과정을 n - 1번 반복하면 됩니다. 알고리즘의 내용은 대략 다음과 같습니다.

```
for (int i = 0; i < n - 1; i++) {
    // min ← a[i], …, a[n - 1]에서 값이 가장 작은 요소의 인덱스
    // a[i]와 a[min]의 값을 교환
}
```

실습 6-4는 단순 선택 정렬을 수행하는 메서드입니다.

Do it! 실습 6-4
• 완성 파일 chap06/SelectionSort.java

```
(… 생략 …)
11    // 단순 선택 정렬
12    static void selectionSort(int[] a, int n) {
13      for (int i = 0; i < n - 1; i++) {
14        int min = i;          // 아직 정렬되지 않은 부분에서 가장 작은 요소의 인덱스를 저장
15        for (int j = i + 1; j < n; j++)
16          if (a[j] < a[min])
17            min = j;
18        swap(a, i, min);      // 아직 정렬되지 않은 부분의 첫 요소와 가장 작은 요소를 교환
19      }
20    }
(… 생략 …)
```

단순 선택 정렬 알고리즘의 요솟값을 비교하는 횟수는 $(n^2 - n)/2$번입니다. 그런데 이 정렬 알고리즘은 서로 떨어져 있는 요소를 교환하므로 안정적이지 않습니다. 그림 6-11은 안정적이지 않은 정렬을 수행할 때의 한 예입니다. 그림 6-11을 보면 값이 3인 요소가 중복해서 2개 있을 때 정렬한 후 두 요소의 순서가 뒤바뀌는 것을 알 수 있습니다.

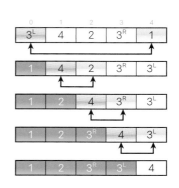

[그림 6-11] 단순 선택 정렬이 안정적이지 않음을 보여 주는 예

ⓒ 같은 값을 가진 두 요소를 구별하기 위해 정렬하기 전 앞쪽에 있는 요소를 3^L, 뒤쪽에 있는 요소를 3^R로 표시했습니다. 원래 앞쪽에 있던 3^L이 뒤쪽으로, 원래 뒤쪽에 있던 3^R이 앞쪽으로 이동했습니다.

06-4 단순 삽입 정렬

단순 삽입 정렬은 선택한 요소를 그보다 더 앞쪽의 알맞은 위치에 '삽입하는' 작업을 반복하여 정렬하는 알고리즘입니다.

단순 삽입 정렬 알아보기

단순 삽입 정렬(straight insertion sort)은 트럼프 카드를 한 줄로 늘어놓을 때 사용하는 방법과 비슷한 방법의 알고리즘입니다. 다음 배열을 예로 들어 살펴보겠습니다.

6	4	1	7	3	9	8

단순 삽입 정렬은 두 번째 요소부터 선택하여 진행합니다. 이때 4는 6보다 앞쪽에 위치해야 하므로 앞쪽에 삽입합니다. 이에 따라 6을 오른쪽으로 옮기면 다음처럼 됩니다.

4	6	1	7	3	9	8

이제 3번째 요소 1을 선택해 앞쪽에 삽입합니다. 이후에도 계속해서 같은 작업을 수행합니다. 그림 6-12에서 볼 수 있듯이 정렬된 부분과 아직 정렬되지 않은 부분으로 배열이 구성되어 있다고 생각하고, 다음 작업을 n − 1회 반복하면 정렬을 마치게 됩니다.

> 아직 정렬되지 않은 부분의 첫 번째 요소를 정렬한 부분의 알맞은 위치에 삽입합니다.

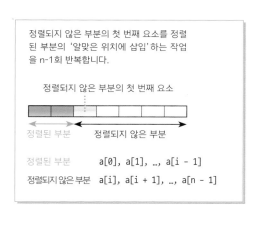

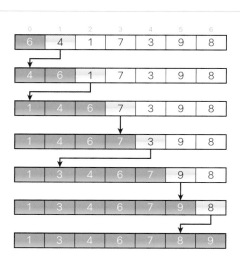

[그림 6-12] 단순 삽입 정렬의 과정

i를 1, 2, ···, n – 1로 1씩 증가시키면서 인덱스가 i인 요소를 꺼내 정렬된 부분의 알맞은 곳에
삽입합니다. 알고리즘의 개요는 다음과 같습니다.

```
for (int i = 1; i < n; i++) {
    // tmp ← a[i]
    // a[0], …, a[i - 1]의 알맞은 곳에 tmp 삽입
}
```

그런데 자바 언어에는 '배열의 요소를 알맞은 위치에 삽입합니다'라는 명령이 없습니다. '알
맞은 위치에 삽입'이라는 말이 무슨 의미인지 알아보겠습니다.

그림 6-13은 값이 3인 요소를 선택해 앞쪽의 알맞은 위치에 삽입하는 과정입니다. 앞에서 살
펴봤듯이 왼쪽에 이웃한 요소(7)가 선택한 요소(3)보다 크면 그 값을 대입하고 앞으로 이동
하면서 이 작업을 반복합니다(①~③). 그러다가 선택한 값(3) 이하의 요소(1)를 만나면 그보
다 앞쪽은 검사할 필요가 없으므로 해당 위치에 삽입할 값(3)을 대입합니다(④).

①~③ … 3보다 작은 요소를 만날 때까지 이웃한 왼쪽의 요
소를 한 칸 오른쪽에 대입하는 작업을 반복합니다.
④ … 멈춘 위치에 3을 대입합니다.

```
j = i;
tmp = a[i];
while (j > 0 && a[j - 1] > tmp)
    a[j] = a[j - 1];
    j--
a[j] = tmp;
```

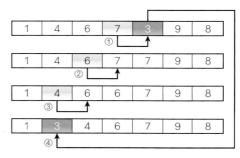

[그림 6-13] 단순 삽입 정렬에서 요소 3의 삽입 과정

다시 말해 tmp에 a[i]를 대입(3을 선택)하고 반복 제어용 변수 j에 i를 대입한 뒤 다음 두 조건
중 하나를 만족할 때까지 j를 1씩 감소시키면서 대입하는 작업을 반복합니다.

1. 정렬된 열의 왼쪽 끝에 도달합니다.
2. tmp보다 작거나 같은 key를 갖는 항목 a[j-1]을 발견합니다.

이때 드모르간 법칙(보충수업 1-7)을 적용하면 다음 두 조건이 모두 성립할 때까지 반복하게
됩니다.

1. j가 0보다 큽니다.
2. a[j − 1]값이 tmp보다 큽니다.

이 과정을 마치고 난 뒤 요소 a[j]에 tmp를 대입하면 한 요소에 대한 단순 삽입 정렬을 마치게 됩니다.

실습 6-5는 단순 삽입 정렬 프로그램의 예입니다.

ⓒ 그림 6-13에서는 while 문을 사용하여 삽입을 구현했습니다. 실습 6-5에서는 while 문을 for 문으로 대체하여 구현했습니다.

Do it! 실습 6-5 • 완성 파일 chap06/InsertionSort.java

```java
01  // 단순 삽입 정렬
02
03  import java.util.Scanner;
04
05  class InsertionSort {
06      // 단순 삽입 정렬
07      static void insertionSort(int[] a, int n) {
08          for (int i = 1; i < n; i++) {
09              int j;
10              int tmp = a[i];
11              for (j = i; j > 0 && a[j - 1] > tmp; j--)
12                  a[j] = a[j - 1];
13              a[j] = tmp;
14          }
15      }
16
17      public static void main(String[] args) {
18          Scanner stdIn = new Scanner(System.in);
19
20          System.out.println("단순 삽입 정렬");
21          System.out.print("요솟수: ");
22          int nx = stdIn.nextInt();
23          int[] x = new int[nx];
24
25          for (int i = 0; i < nx; i++) {
26              System.out.print("x[" + i + "]: ");
27              x[i] = stdIn.nextInt();
28          }
29
30          insertionSort(x, nx);          // 배열 x를 단순 삽입 정렬
31
32          System.out.println("오름차순으로 정렬했습니다.");
33          for (int i = 0; i < nx; i++)
```

실행 결과
단순 삽입 정렬
요솟수: 7
x[0]: 6
x[1]: 4
x[2]: 3
x[3]: 7
x[4]: 1
x[5]: 9
x[6]: 8
오름차순으로 정렬했습니다.
x[0] = 1
x[1] = 3
x[2] = 4
x[3] = 6
x[4] = 7
x[5] = 8
x[6] = 9

```
34          System.out.println("x[" + i + "] = " + x[i]);
35    }
36 }
```

이렇게 구현한 단순 삽입 정렬 알고리즘은 서로 떨어져 있는 요소들을 교환하는 것이 아니므로 안정적입니다. 요소의 비교 횟수와 교환 횟수는 $n^2/2$회입니다.

◎ 단순 삽입 정렬은 셔틀 정렬(shuttle sort)이라고도 합니다.

단순 정렬의 시간 복잡도

지금까지 공부한 세 가지 단순 정렬(버블, 선택, 삽입)의 시간 복잡도는 모두 $O(n^2)$입니다(효율이 좋지 않습니다). 다음 절부터는 이런 정렬 알고리즘을 개선한 더 효율적인 알고리즘을 알아보겠습니다.

Q6 요소의 교환 과정을 자세하게 출력하도록 단순 선택 정렬 프로그램을 수정하세요. 오른쪽 그림처럼 정렬하지 않은 부분의 맨 앞 요소 위에는 '*'를, 정렬하지 않은 부분에서 가장 작은 값의 요소 위에는 '+'를 출력하세요.

◎ 이 문제는 6-3절의 '단순 선택 정렬' 프로그램을 개선하는 연습문제입니다.

```
*           +
6 4 8 3 1 9 7
  *         +
1 4 8 3 6 9 7
        * +
1 3 8 4 6 9 7
(… 생략 …)
```

Q7 요소 삽입 과정을 상세하게 표시하도록 수정한 단순 삽입 정렬 프로그램을 작성하세요. 오른쪽처럼 주목 요소 아래에는 '+'를 표시하고, 삽입하는 위치의 요소 아래에는 '^'를 표시하되, 그 둘 사이에는 '-'로 채웁니다. 또한 삽입하지 않는, 즉 요소의 이동이 필요 없는 경우에는 주목 요소 아래에 '+'만을 표시합니다.

```
6 4 8 5 2 9 7
^---+
4 6 8 5 2 9 7
      +
4 6 8 5 2 9 7
    ^-------+
4 5 6 8 2 9 7
^-------------+
(… 생략 …)
```

Q8 단순 삽입 정렬에서 배열의 맨 앞 요소인 a[0]을 사용하지 않고 데이터를 a[1]부터 저장하면 a[0]을 보초로 하여 삽입을 마치는 조건을 줄일 수 있습니다. 이 아이디어를 바탕으로 단순 삽입 정렬을 수행하는 메서드를 작성하세요.

Q9 단순 삽입 정렬은 배열의 요솟수가 많아지면 많아질수록 요소 삽입에 필요한 비교, 대입 비용이 무시할 수 없을 정도로 커집니다. 이때 배열에서 이미 정렬된 부분은 이진 검색을 사용할 수 있기 때문에 삽입할 위치를 더 빨리 찾을 수 있습니다. 이진 검색을 사용하여 프로그램을 수정하세요.

◎ 이진 검색을 사용한 정렬법은 이진 삽입 정렬(binary insertion sort)이라는 알고리즘으로 알려져 있습니다. 이 알고리즘은 안정적이지 않으니 주의해서 사용해야 합니다.

06-5 셸 정렬

셸 정렬은 단순 삽입 정렬의 장점을 살리고 단점을 보완하여 좀 더 빠르게 정렬하는 알고리즘 입니다.

단순 삽입 정렬의 특징 살펴보기

다음 배열에서 단순 삽입 정렬을 수행한다고 가정하겠습니다.

1	2	3	4	5	0	6

2, 3, 4, 5 순서로 선택하여 정렬합니다. 여기까지는 이미 정렬이 되어 있는 상태이기 때문에 요소를 이동(값의 대입)하지 않습니다. 그러므로 5까지는 빨리 정렬할 수 있습니다. 그러나 0 을 삽입하려면 그림 6-14처럼 총 6회에 걸쳐 요소를 이동(대입)해야 합니다.

①~⑤ … 0보다 작은 요소를 만날 때까지 하나 왼쪽 요소를 대입하는 작업을 반복합니다.
⑥ … 멈춘 위치에 0을 대입합니다.

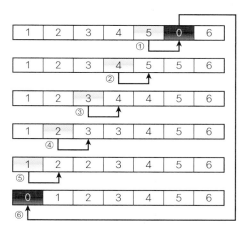

[그림 6-14] 단순 삽입 정렬에서 요소의 이동

이 예는 다음과 같은 단순 삽입 정렬의 특징을 잘 보여 줍니다.

A 정렬이 되었거나 또는 그 상태에 가까우면 정렬 속도가 아주 빠릅니다(장점).
B 삽입할 곳이 멀리 떨어지면 이동(대입)하는 횟수가 많습니다(단점).

셸 정렬 알아보기

셸 정렬(shell sort)은 단순 삽입 정렬의 장점(🄰)을 살리고 단점(🄱)을 보완한 정렬 알고리즘으로, 도날드 셸(D. L. Shell)이 고안했습니다. 먼저 일정한 간격으로 서로 떨어져 있는 두 요소를 그룹으로 묶어 대략 정렬을 수행하고, 간격을 좁혀 그룹의 수를 줄이면서 정렬을 반복하여 요소의 이동 횟수를 줄이는 방법입니다.

ⓖ 06-6절에서 살펴볼 퀵 정렬이 고안되기 전까지는 셸 정렬이 가장 빠른 알고리즘으로 알려졌습니다.

그림 6-15의 배열을 예로 들어 알고리즘을 살펴보겠습니다. 먼저 4칸 떨어져 있는 요소를 모아 배열을 4개의 그룹({8, 7}, {1, 6}, {4, 3}, {2, 5})으로 나누고 각 그룹별로 정렬합니다. ①은 {8, 7}을 {7, 8}로, ②는 {1, 6}을 {1, 6}으로, ③은 {4, 3}을 {3, 4}로, ④는 {2, 5}를 {2, 5}로 정렬한 상태입니다.

이렇게 4칸 떨어진 요소를 하나의 그룹으로 묶어 정렬하는 방법을 '4-정렬'이라고 합니다. 아직 정렬을 마친 상태는 아니지만 정렬을 마친 상태에 가까워지고 있습니다.

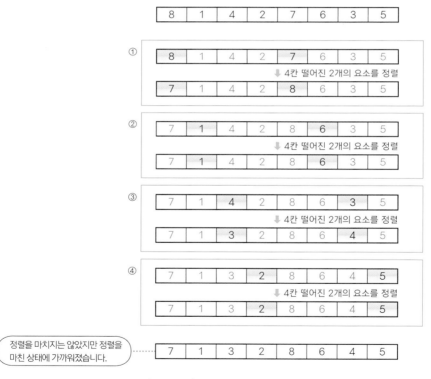

[그림 6-15] 셸 정렬에서 4-정렬

그림 6-16은 앞의 '4-정렬'을 마친 상태에서 2칸 떨어진 요소를 모아 두 그룹({7, 3, 8, 4}, {1, 2, 6, 5})으로 나누어 '2-정렬'을 하는 과정입니다. '2-정렬'을 실행한 뒤 각각의 그룹은 {3, 4, 7, 8}, {1, 2, 5, 6}으로 정렬됩니다.

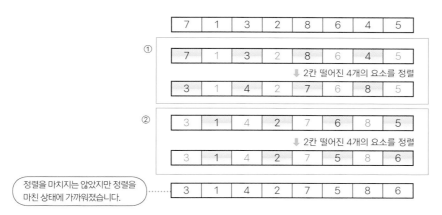

[그림 6-16] 셀 정렬에서 2-정렬

이렇게 해서 얻은 배열은 좀 더 정렬된 상태에 가까워집니다. 마지막으로 '1-정렬'을 적용하면 정렬을 마치게 됩니다.

그림 6-17에 셀 정렬의 전체 흐름을 나타냈습니다. 셀 정렬 과정에서 수행하는 각각의 정렬을 'h-정렬'이라고 합니다. 그림 6-17의 경우 h값을 4, 2, 1로 감소시키면서 7회로 정렬을 마치게 됩니다.

- 2개 요소에 '4-정렬'을 적용합니다(4개 그룹). … 4회
- 4개 요소에 '2-정렬'을 적용합니다(2개 그룹). … 2회 ── 총 7회
- 8개 요소에 '1-정렬'을 적용합니다(1개 그룹). … 1회

[그림 6-17] 셀 정렬의 큰 흐름

정렬되지 않은 상태의 배열(그림 6-17의 █a)에 단순 삽입 정렬을 그냥 적용하는 것이 아니라 '4-정렬', '2-정렬'로 조금이라도 더 정렬된 상태에 가까운 배열(█c)로 만들어 놓은 다음에 단순 삽입 정렬을 마지막으로 한 번 더 수행하여 정렬을 마칩니다.

◎ 물론 7회의 정렬은 모두 단순 삽입 정렬로 수행합니다.

이렇게 여러 개의 그룹으로 나누어 정렬하는 이유는 단순 삽입 정렬의 장점을 살리고 단점을 보완하기 위해서입니다. 정렬해야 하는 횟수는 늘지만 전체적으로 요소의 이동 횟수가 줄어들어 효율적으로 정렬할 수 있습니다. ◎ 단순 삽입 정렬의 장점과 단점은 06-5절에서 정리했습니다.

실습 6-6은 셸 정렬 프로그램의 한 예입니다.

Do it! 실습 6-6

• 완성 파일 chap06/ShellSort.java

```java
01  // 셸 정렬(버전 1)
02
03  import java.util.Scanner;
04
05  class ShellSort {
06    // 셸 정렬
07    static void shellSort(int[] a, int n) {
08      for (int h = n / 2; h > 0; h /= 2)
09        for (int i = h; i < n; i++) {
10          int j;
11          int tmp = a[i];
12          for (j = i - h; j >= 0 && a[j] > tmp; j -= h)
13            a[j + h] = a[j];
14          a[j + h] = tmp;
15        }
16    }
17
18    public static void main(String[] args) {
19      Scanner stdIn = new Scanner(System.in);
20
21      System.out.println("셸 정렬(버전 1)");
22      System.out.print("요솟수: ");
23      int nx = stdIn.nextInt();
24      int[] x = new int[nx];
25
26      for (int i = 0; i < nx; i++) {
27        System.out.print("x[" + i + "]: ");
28        x[i] = stdIn.nextInt();
```

실행 결과
셸 정렬(버전 1)
요솟수: 7
x[0]: 6
x[1]: 4
x[2]: 3
x[3]: 7
x[4]: 1
x[5]: 9
x[6]: 8
오름차순으로 정렬했습니다.
x[0] = 1
x[1] = 3
x[2] = 4
x[3] = 6
x[4] = 7
x[5] = 8
x[6] = 9

```
29        }
30
31        shellSort(x, nx);          // 배열 x를 셸 정렬
32
33        System.out.println("오름차순으로 정렬했습니다.");
34        for (int i = 0; i < nx; i++)
35          System.out.println("x[" + i + "] = " + x[i]);
36      }
37  }
```

ⓒ 단순 삽입 정렬을 수행하는 부분(09~15행)은 실습 6-5와 거의 같습니다. 차이점은 선택한 요소와 비교하는 요소가 서로 이웃하지 않고 h칸만큼 떨어져 있다는 것입니다. 이때 h의 초깃값은 n/2입니다. for 문으로 반복을 수행할 때마다 h를 2로 나누어 절반을 만듭니다.

증분값(h값) 선택하기

앞에서는 h값을 다음처럼 변화시켰습니다.

h = 4 ▷ 2 ▷ 1

h값은 n부터 감소시켜 마지막에 1이 되면 됩니다. 그러면 h값을 어떤 수열로 감소시켜야 좀 더 효율적으로 정렬할 수 있을까요? 실제로 어떤 수열이 알맞을까요? 앞에서 예로 들었던 '배열을 그룹으로 나누는 과정'을 그림 6-18에서 다시 살펴보겠습니다.

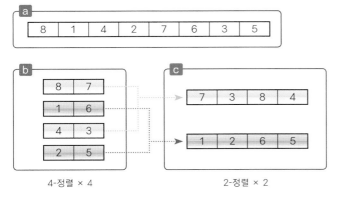

4-정렬 × 4   2-정렬 × 2

[그림 6-18] 셸 정렬에서 그룹을 나누는 과정(h = 4, 2, 1)

배열 ⓐ가 학생 8명의 점수를 나타내고 있다고 가정합시다. 먼저 ⓑ처럼 학생을 2명씩 4개의 그룹으로 나누어 정렬하고 ⓒ처럼 학생을 4명씩 2개의 그룹으로 나누어 다시 정렬합니다.

여기서 ⓑ의 4개 그룹을 2개씩 각각 합치면 ⓒ 그룹이 됩니다. 즉, '주황색 그룹'과 '회색 그룹'은 서로 섞이지 않습니다. 그러면 결국 같은 멤버로 구성된 그룹의 학생만을 정렬하는 것과 같아서 기껏 그룹을 나누었음에도 효과적으로 동작하지 않습니다.

이런 문제를 해결하기 위해 h값이 서로 배수가 되지 않도록 만들어야 합니다. 이렇게 하면 요소가 충분히 섞여 효율적으로 정렬할 수 있습니다. 다음 수열을 사용하면 셸 정렬 알고리즘을 간단하게 만들 수 있을 뿐만 아니라 효율적인 결과도 얻을 수 있습니다.

h = ⋯ ⇨ 121 ⇨ 40 ⇨ 13 ⇨ 4 ⇨ 1

이 수열을 뒤에서부터 살펴보면 1부터 시작하여 3배한 값에 1을 더하는 수열이라는 것을 알 수 있습니다. 실습 6-7은 이 수열을 사용하여 셸 정렬을 수행하는 프로그램입니다.

Do it! 실습 6-7

• 완성 파일 chap06/ShellSort2.java

```java
01    // 셸 정렬(버전 2: h값은 ⋯, 40, 13, 4, 1)
02
03    import java.util.Scanner;
04
05    class ShellSort2 {
06      // 셸 정렬
07      static void shellSort(int[] a, int n) {
08        int h;
09        for (h = 1; h < n; h = h * 3 + 1)          ❶
10          ;
11
12        for ( ; h > 0; h /= 3)
13          for (int i = h; i < n; i++) {
14            int j;
15            int tmp = a[i];
16            for (j = i - h; j >= 0 && a[j] > tmp; j -= h)   ❷
17              a[j + h] = a[j];
18            a[j + h] = tmp;
19          }
20      }
21
22      public static void main(String[] args) {
23        Scanner stdIn = new Scanner(System.in);
24
25        System.out.println("셸 정렬(버전 2)");
```

```
26          System.out.print("요솟수: ");
27          int nx = stdIn.nextInt();
28          int[] x = new int[nx];
29
30          for (int i = 0; i < nx; i++) {
31              System.out.print("x[" + i + "]: ");
32              x[i] = stdIn.nextInt();
33          }
34
35          shellSort(x, nx);           // 배열 x를 셸 정렬
36
37          System.out.println("오름차순으로 정렬했습니다.");
38          for (int i = 0; i < nx; i++)
39              System.out.println("x[" + i + "] = " + x[i]);
40      }
41  }
```

실행 결과
셸 정렬(버전 2)
요솟수: 7
x[0]: 6
x[1]: 4
x[2]: 3
x[3]: 7
x[4]: 1
x[5]: 9
x[6]: 8
오름차순으로 정렬했습니다.
x[0] = 1
x[1] = 3
x[2] = 4
x[3] = 6
x[4] = 7
x[5] = 8
x[6] = 9

■1 의 for 문은 h의 초깃값을 구합니다. 1부터 시작하여 값을 3배하고 1을 더하면서 n을 넘지 않는 가장 큰 값을 h에 대입합니다.

■2 의 for 문이 버전 1과 다른 점은 h값이 변하는 방법입니다(반복할 때마다 h값을 3으로 나눕니다). 반복하여 마지막에 h값은 1이 됩니다.

◎ 실행 결과의 경우 요솟수가 7이므로 초깃값은 4가 됩니다. 그 때문에 실질적으로 셸 정렬이 아니라 단순 삽입 정렬이 이루어집니다.

셸 정렬의 시간 복잡도는 $O(n^{1.25})$으로, 이는 기존의 시간 복잡도인 $O(n^2)$에 비해 매우 빠릅니다. 그리고 이 알고리즘은 멀리 떨어져 있는 요소를 교환하므로 안정적이지 않습니다.

연습 문제
Q10 요소의 이동 횟수를 계산하도록 버전 1과 버전 2를 수정한 프로그램을 작성하세요. 다양한 여러 배열에 대해 프로그램을 실행하여 이동 횟수를 비교해 보세요.

06-6 퀵 정렬

퀵 정렬은 가장 빠른 정렬 알고리즘 중 하나로 널리 사용되고 있습니다.

퀵 정렬 살펴보기

퀵 정렬(quick sort)은 일반적으로 폭넓게 사용되고 있는 아주 빠른 정렬 알고리즘입니다. 퀵 정렬은 이 알고리즘을 개발한 찰스 앤터니 리처드 호어(C. A. R. Hoare)가 알고리즘의 정렬 속도가 매우 빠른 데서 착안해 직접 붙인 이름입니다.

그림 6-19는 이 알고리즘으로 학생 수가 8명인 그룹을 키 순서대로 정렬하는 모습을 나타낸 것입니다. 먼저 어느 한 사람의 키를 선택합니다. 키가 168cm인 학생 A를 선택하여 그 학생을 기준으로 학생 A의 키보다 작은 사람의 그룹과 큰 사람의 그룹으로 나눕니다. 이때 학생 A(그룹을 나누는 기준)를 피벗(pivot)이라고 합니다. 퀵 정렬은 각 그룹에 대해 피벗 설정과 그룹 나눔을 반복하여 모든 그룹이 1명이 되면 정렬을 마칩니다.

😃 피벗은 마음대로 선택할 수 있습니다. 또한 이 피벗은 왼쪽 그룹이나 오른쪽 그룹 어디에 들어가도 상관없습니다.

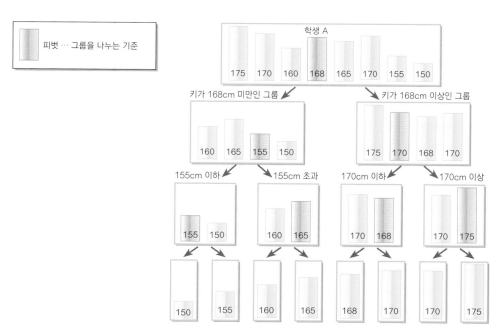

[그림 6-19] 퀵 정렬의 개요

배열을 두 그룹으로 나누기

퀵 정렬 알고리즘의 개요를 살펴봤으니 이제 좀 더 세부적인 사항을 알아보겠습니다. 먼저 배열을 두 그룹으로 나누는 순서입니다. 다음 배열에서 피벗으로 6을 선택하여 나눕니다. 피벗을 x, 왼쪽 끝 요소의 인덱스 pl을 왼쪽 커서, 오른쪽 끝 요소의 인덱스 pr을 오른쪽 커서라고 하겠습니다.

그룹을 나누려면 피벗 이하의 요소를 배열 왼쪽으로, 피벗 이상의 요소를 배열 오른쪽으로 옮겨야 합니다. 이를 위해 다음 작업을 수행합니다.

- a[pl] >= x가 성립하는 요소를 찾을 때까지 pl을 오른쪽으로 스캔합니다.
- a[pr] <= x가 성립하는 요소를 찾을 때까지 pr을 왼쪽으로 스캔합니다.

이 과정을 거치면 pl과 pr은 다음 그림의 위치에서 멈추게 됩니다. pl이 위치한 지점은 피벗값 이상의 요소가 있는 지점이고, pr이 위치한 지점은 피벗값 이하의 요소가 있는 지점입니다. 여기서 왼쪽(pl)과 오른쪽(pr) 커서가 가리키는 요소 a[pl]과 a[pr]의 값을 교환합니다. 그러면 피벗 이하의 값은 왼쪽으로 이동하고, 피벗 이상의 값은 오른쪽으로 이동합니다.

다시 스캔을 계속하면 왼쪽과 오른쪽 커서는 다음 그림의 위치에서 멈춥니다. 이 두 요소 a[pl]과 a[pr]의 값을 교환합니다.

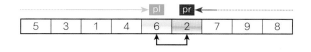

다시 스캔을 계속하면 다음 그림처럼 두 커서(pl, pr)가 교차하게 됩니다.

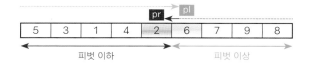

pl과 pr이 교차하면 그룹을 나누는 과정이 끝나고 배열은 다음처럼 두 그룹으로 나누어집니다.

- 피벗 이하의 그룹: a[0], ···, a[pl − 1]
- 피벗 이상의 그룹: a[pr + 1], ···, a[n − 1]

또, 그룹을 나누는 작업이 끝난 다음 pl > pr + 1이면 다음과 같은 그룹이 생길 수 있습니다.

- 피벗과 같은 값을 갖는 그룹: a[pr + 1], ··· , a[pl − 1]

앞의 예에서는 피벗과 같은 값을 갖는 그룹이 만들어지지 않았습니다. 그림 6-20은 피벗과
같은 값을 갖는 그룹이 만들어지는 예를 나타내고 있습니다. **a**는 초기 상태이고 피벗값은 5
입니다.

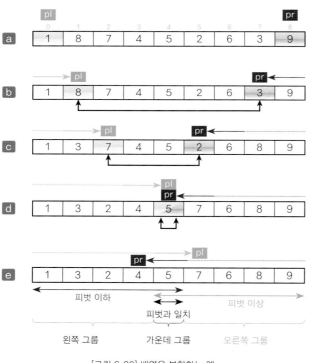

[그림 6-20] 배열을 분할하는 예

b, **c**, **d**는 왼쪽 커서, 오른쪽 커서가 피벗 이상, 피벗 이하의 요소를 찾아 멈춘 단계입니다.
d는 pl, pr이 동일한 요소 a[4] 위에 있습니다. 이때 동일한 요소인 a[4]와 a[4]를 교환합니다.

동일한 요소를 교환하는 시도가 의미 없어 보이지만 이 시도는 아무리 많아야 1회이므로 교환해도 괜찮습니다. 만약 이런 의미 없어 보이는 시도를 줄이기 위해 같은 요소를 교환하지 않는다면 요소를 교환하기 전에 'pl, pr이 동일한 요소 위에 있는지' 매번 검사해야 하고, 이 비용이 훨씬 큽니다.

계속해서 스캔하면 pl, pr이 교차하면서 그룹을 나누는 과정을 마칩니다(**e**). 실습 6-8은 지금까지의 아이디어를 바탕으로 배열을 나누는 프로그램입니다. 배열 가운데에 있는 요소를 피벗으로 정하고 19~24행에서 그룹을 나눕니다.

Do it! 실습 6-8

• 완성 파일 chap06/Partition.java

```
01  // 배열을 나눔
02
03  import java.util.Scanner;
04
05  class Partition {
06      // 배열 요소 a[idx1]과 a[idx2]의 값을 교환
07      static void swap(int[] a, int idx1, int idx2) {
08          int t = a[idx1];
09          a[idx1] = a[idx2];
10          a[idx2] = t;
11      }
12
13      // 배열을 나눔
14      static void partition(int[] a, int n) {
15          int pl = 0;         // 왼쪽 커서
16          int pr = n - 1;     // 오른쪽 커서
17          int x = a[n / 2];   // 피벗(가운데 요소)
18
19          do {
20              while (a[pl] < x) pl++;
21              while (a[pr] > x) pr--;
22              if (pl <= pr)
23                  swap(a, pl++, pr--);
24          } while (pl <= pr);
25
26          System.out.println("피벗값은 " + x + "입니다.");
27
28          System.out.println("피벗 이하의 그룹");
29          for (int i = 0; i <= pl - 1; i++)        // a[0]~a[pl - 1]
30              System.out.print(a[i] + " ");
31          System.out.println();
```

피벗 x를 기준으로 배열 a를 나눕니다.

실행 결과

배열을 나눕니다.
요솟수: 9
x[0]: 1
x[1]: 8
x[2]: 7
x[3]: 4
x[4]: 5
x[5]: 2
x[6]: 6
x[7]: 3
x[8]: 9
피벗값은 5입니다.
피벗 이하의 그룹
1 3 2 4 5
피벗과 일치하는 그룹
5
피벗 이상의 그룹
5 7 6 8 9

```
32
33          if (pl > pr + 1) {
34              System.out.println("피벗과 같은 그룹");
35              for (int i = pr + 1; i <= pl - 1; i++)    // a[pr + 1]~a[pl - 1]
36                  System.out.print(a[i] + " ");
37              System.out.println();
38          }
39
40          System.out.println("피벗 이상의 그룹");
41          for (int i = pr + 1; i < n; i++)               // a[pr + 1]~a[n - 1]
42              System.out.print(a[i] + " ");
43          System.out.println();
44      }
45
46      public static void main(String[] args) {
47          Scanner stdIn = new Scanner(System.in);
48
49          System.out.println("배열을 나눕니다.");
50          System.out.print("요솟수: ");
51          int nx = stdIn.nextInt();
52          int[] x = new int[nx];
53
54          for (int i = 0; i < nx; i++) {
55              System.out.print("x[" + i + "]: ");
56              x[i] = stdIn.nextInt();
57          }
58          partition(x, nx);                              // 배열 x를 나눔
59      }
60  }
```

이 프로그램에서는 '배열 가운데에 있는 요소'를 피벗으로 했습니다. 어떤 요소를 피벗으로 선택하는가 하는 문제는 배열을 나누고 정렬하는 성능(performance)에 영향을 미칩니다 (이 점은 나중에 살펴보겠습니다).

퀵 정렬 구현하기

앞에서는 배열을 피벗 기준으로 나누기만 했습니다. 이 방법을 좀 더 발전시키면 퀵 정렬 알고리즘이 됩니다. 그림 6-21은 이 아이디어를 그림으로 나타낸 것입니다. 요소가 9개인 배열

을 나누면 a처럼 왼쪽 그룹(a[0]~a[4])과 오른쪽 그룹(a[5]~a[8])으로 나누어집니다. 그러고 나서 이 두 그룹을 다시 같은 방법으로 나눕니다(b, c). 즉, b처럼 a[0]~a[4]를 다시 두 그룹으로 나누고, c처럼 a[5]~a[8]을 다시 두 그룹으로 나눕니다.

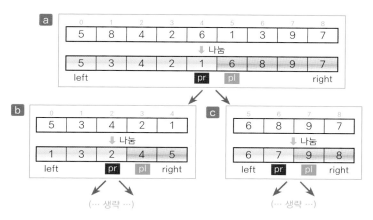

[그림 6-21] 배열 분할에 의한 퀵 정렬

요솟수가 1개인 그룹은 더 이상 그룹을 나눌 필요가 없으므로 요솟수가 2개 이상인 그룹만 나누면 됩니다. 따라서 다음처럼 배열을 반복해서 나누게 됩니다.

- pr이 맨 앞보다 오른쪽에 있으면(left < pr) 왼쪽 그룹을 나눕니다.
- pl이 맨 뒤보다 왼쪽에 있으면(pl < right) 오른쪽 그룹을 나눕니다.

ⓒ 가운데 그룹(a[pr + 1]~a[pl - 1])이 생기는 경우, 이 그룹은 나눌 필요가 없으므로 나눌 대상에서 제외시킵니다.

> 🟢 **조금만 더!**
>
> left < pr, pl < right는 모두 그룹의 요솟수가 1개일 때에는 성립하지 않는 조건입니다. 이 조건은 요솟수가 2개 이상인 그룹을 나눌 때 필요합니다.

퀵 정렬은 05장에서 공부했던 8퀸 문제와 마찬가지로 분할 정복 알고리즘이므로 재귀 호출을 사용하여 간결하게 구현할 수 있습니다. 실습 6-9는 퀵 정렬 프로그램입니다. quickSort 메서드는 배열 a, 나눌 구간의 맨 앞 요소(left), 맨 뒤 요소(right)의 인덱스를 매개변수로 받습니다.

• 완성 파일 chap06/QuickSort.java

```
01   // 퀵 정렬
02
03   import java.util.Scanner;
04
05   class QuickSort {
06       // 배열 요소 a[idx1]과 a[idx2]의 값을 교환
07       static void swap(int[] a, int idx1, int idx2) {
08           int t = a[idx1];   a[idx1] = a[idx2];   a[idx2] = t;
09       }
10
11       // 퀵 정렬
12       static void quickSort(int[] a, int left, int right) {
13           int pl = left;                    // 왼쪽 커서
14           int pr = right;                   // 오른쪽 커서
15           int x = a[(pl + pr) / 2];         // 피벗(가운데 요소)
16
17           do {
18               while (a[pl] < x) pl++;
19               while (a[pr] > x) pr--;
20               if (pl <= pr)
21                   swap(a, pl++, pr--);
22           } while (pl <= pr);
23
24           if (left < pr)  quickSort(a, left, pr);
25           if (pl < right) quickSort(a, pl, right);
26       }
27
28       public static void main(String[] args) {
29           Scanner stdIn = new Scanner(System.in);
30
31           System.out.println("퀵 정렬");
32           System.out.print("요솟수: ");
33           int nx = stdIn.nextInt();
34           int[] x = new int[nx];
35
36           for (int i = 0; i < nx; i++) {
37               System.out.print("x[" + i + "]: ");
38               x[i] = stdIn.nextInt();
39           }
40
```

실습 6-8과 같습니다. ─ 1

2

실행 결과
퀵 정렬
요솟수: 9
x[0]: 5
x[1]: 8
x[2]: 4
x[3]: 2
x[4]: 6
x[5]: 1
x[6]: 3
x[7]: 9
x[8]: 7
오름차순으로 정렬했습니다.
x[0] = 1
x[1] = 2
x[2] = 3
x[3] = 4
x[4] = 5
x[5] = 6
x[6] = 7
x[7] = 8
x[8] = 9

```
41        quickSort(x, 0, nx - 1);           // 배열 x를 퀵 정렬
42
43        System.out.println("오름차순으로 정렬했습니다.");
44        for (int i = 0; i < nx; i++)
45          System.out.println("x[" + i + "] = " + x[i]);
46   }
47 }
```

왼쪽, 오른쪽의 각 그룹을 다시 나누기 위해 **2** 부분에서 2회의 재귀 호출이 있는 것을 제외하면 분할을 수행하는 **1** 부분은 실습 6-8과 거의 같습니다.

◎ 퀵 정렬은 서로 이웃하지 않고 멀리 떨어져 있는 요소를 교환하므로 안정적이지 않습니다.

📚 보충수업 6-1 **퀵 정렬에서 배열을 나누는 과정 출력하기**

앞에서 작성한 퀵 정렬 프로그램은 진행 과정을 출력하지 않습니다. 퀵 정렬을 수행하는 quickSort 메서드를 실습 6C-1처럼 수정(17~20행 추가)하면 배열을 나누는 모습이 차례로 출력되므로 그 과정을 구체적으로 알 수 있습니다.

Do it! 실습 6C-1   • 완성 파일 chap06/QuickSortV.java

```
   (… 생략 …)
11   // 퀵 정렬(배열을 나누는 과정을 출력)
12   static void quickSort(int[] a, int left, int right) {
13     int pl = left;                // 왼쪽 커서
14     int pr = right;               // 오른쪽 커서
15     int x = a[(pl + pr) / 2];     // 피벗(가운데 요소)
16
17     System.out.printf("a[%d]~a[%d]: {", left, right);
18     for (int i = left; i < right; i++)
19       System.out.printf("%d , ", a[i]);
20     System.out.printf("%d}\n", a[right]);
21
22     do {
23       while (a[pl] < x) pl++;
24       while (a[pr] > x) pr--;
25       if (pl <= pr)
26         swap(a, pl++, pr--);
27     } while (pl <= pr);
28
29     if (left < pr)  quickSort(a, left, pr);
```

17~20행의 실행 결과
a[0]~a[8]: {5, 8, 4, 2, 6, 1, 3, 9, 7}
a[0]~a[4]: {5, 3, 4, 2, 1}
a[0]~a[2]: {1, 3, 2}
a[0]~a[1]: {1, 2}
a[3]~a[4]: {4, 5}
a[5]~a[8]: {6, 8, 9, 7}
a[5]~a[6]: {6, 7}
a[7]~a[8]: {9, 8}

```
30      if (pl < right) quickSort(a, pl, right);
31   }
```
(… 생략 …)

실습 6C-1의 실행 결과는 실습 6-9의 실행 결과와 같은 값을 입력했을 때 출력되는 값입니다. 이 실
행 결과에서도 알 수 있지만 좀 더 구체적으로 살펴보기 위해 배열을 나누는 과정을 그림 6C-1에 나타
냈습니다.

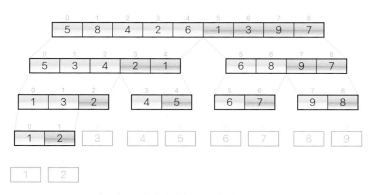

[그림 6C-1] 퀵 정렬에서 배열을 나누는 과정

비재귀적인 퀵 정렬 구현하기

05-2절에서 recur 메서드를 비재귀적으로 구현하는 방법을 알아보았습니다. 마찬가지로
quickSort 메서드도 비재귀적으로 구현할 수 있습니다. 그 예를 실습 6-10에 나타냈습니다.

◎ 이 프로그램을 컴파일, 실행하려면 실습 4-1의 클래스 IntStack의 클래스 파일 IntStack.class가 같은 폴더에 있어야
합니다.

Do it! 실습 6-10   • 완성 파일 chap06/QuickSort2.java

```
(… 생략 …)                                                    필요: IntStack
11   // 퀵 정렬(비재귀 버전)
12   static void quickSort(int[] a, int left, int right) {
13       IntStack lstack = new IntStack(right - left + 1);      스택의 생성
14       IntStack rstack = new IntStack(right - left + 1);
15
16       lstack.push(left);
17       rstack.push(right);
18
```

```
19      while (lstack.isEmpty() != true) {
20        int pl = left  = lstack.pop();    // 왼쪽 커서
21        int pr = right = rstack.pop();    // 오른쪽 커서
22        int x = a[(left + right) / 2];    // 피벗(가운데 요소)
23
24        do {
25          while (a[pl] < x) pl++;
26          while (a[pr] > x) pr--;         ┐ 실습 6-8, 6-9와 같습니다.
27          if (pl <= pr)
28            swap(a, pl++, pr--);
29        } while (pl <= pr);
30
31        if (left < pr) {
32          lstack.push(left);              // 왼쪽 그룹 범위의
33          rstack.push(pr);                // 인덱스를 푸시
34        }
35        if (pl < right) {
36          lstack.push(pl);                // 오른쪽 그룹 범위의
37          rstack.push(right);             // 인덱스를 푸시
38        }
39      }
40    }
```
(… 생략 …)

05-2절에서 recur 메서드는 데이터를 일시적으로 저장하기 위해 '스택'을 사용했습니다. 이번 퀵 정렬도 마찬가지로 '스택'을 사용합니다. quickSort 메서드는 다음 2개의 스택을 사용하고 있습니다.

- lstack … 나눌 범위의 왼쪽 끝(맨 앞) 요소의 인덱스를 저장하는 스택입니다.
- rstack … 나눌 범위의 오른쪽 끝(맨 뒤) 요소의 인덱스를 저장하는 스택입니다.

이 스택을 생성하는 부분이 실습 6-10 에서 13~14행입니다. 두 스택의 크기는 right - left + 1입니다(나눌 배열의 요솟수). 프로그램의 주요 부분을 다음과 같이 나타냈습니다. 그림 6-22와 비교하면서 살펴보겠습니다.

ⓖ 실제로 필요한 크기는 '스택의 크기 구하기' 에서 자세히 알아봅니다.

0 lstack에 left를, rstack에 right를 푸시합니다. 스택에 푸시한 값은 나눌 배열의 '첫 요소'와 '끝 요소'의 인덱스입니다. 그림 6-22의 a에서 볼 수 있듯이 lstack에 0을 푸시하고, rstack에 8을 푸시합니다.

다음에 이어지는 while 문은 스택이 비어 있지 않으면 처리를 반복합니다. 이때 스택에 들어있는 것은 분할

```
lstack.push(left);
rstack.push(right);                0
  while (lstack.isEmpty() != true) {
    int pl = left = lstack.pop();      // 왼쪽 커서
    int pr = right = rstack.pop();     // 오른쪽 커서      1
    (… 생략(a[left]~a[right] 나눔) …)
    if (left < pr) {
      lstack.push(left);      // 왼쪽 그룹 범위의
      rstack.push(pr);        // 인덱스를 푸시
    }
    if (pl < right) {                                      2
      lstack.push(pl);        // 오른쪽 그룹 범위의
      rstack.push(right);     // 인덱스를 푸시
    }
  }
}
```

할 배열의 범위입니다. 스택이 비어 있으면 분할할 배열이 없다는 것이고, 비어 있지 않으면 분할할 배열이 있다는 것입니다.

1 lstack에서 팝한 값을 left에 대입한 다음 그 left값을 다시 pl에 대입합니다(rstack도 같은 과정을 거칩니다). 그 결과 left와 pl의 값은 0, right와 pr의 값은 8이 됩니다. 이 값은 정렬할 배열의 범위를 의미합니다. 이렇게 값을 설정하면 배열 a[0]~a[8]이 왼쪽 그룹(a[0]~a[4])과 오른쪽 그룹(a[5]~a[8])으로 나누어집니다.

2 첫 번째 if 문에서 lstack과 rstack에 각각 0과 4를 푸시하고, 두 번째 if 문에서 각각 5와 8을 푸시합니다. 그 결과 스택은 c 상태가 되고 그다음 while 문에 의해 다시 루프 본문(1, 2)를 반복합니다.

1 lstack에서 5가 팝되어 left와 pl에 대입되고, rstack에서 8이 팝되어 right와 pr에 대입됩니다(d). 이렇게 값이 설정되면 배열 a[5]~a[8]이 a[5]~a[6]의 왼쪽 그룹과 a[7]~a[8]의 오른쪽 그룹으로 나누어집니다.

2 첫 번째 if 문에서 lstack과 rstack에 {5, 6}을 푸시하고, 두 번째 if 문에서 {7, 8}을 푸시합니다(e).

배열을 나누는 작업이 끝나면 왼쪽 그룹 인덱스와 오른쪽 그룹 인덱스를 푸시합니다. 그리고 스택에서 팝한 범위의 배열을 나누는 작업을 반복하여 정렬을 수행합니다. 스택이 비면 정렬이 끝납니다(n).

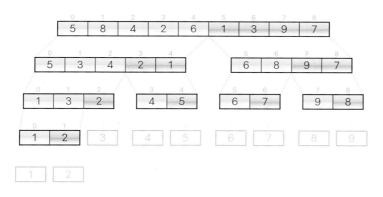

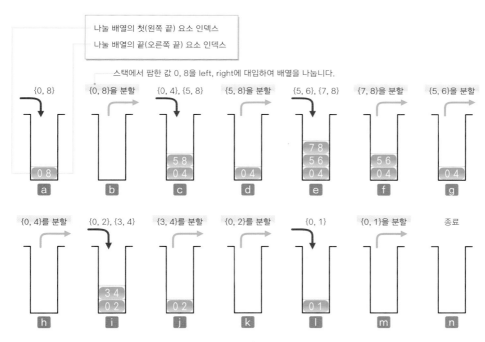

[그림 6-22] 비재귀적으로 구현한 퀵 정렬에서 배열의 분할과 스택의 변화

스택의 크기 구하기

실습 6-10의 프로그램은 스택의 크기를 배열의 요솟수로 초기화합니다. 그러면 스택의 용량은 어느 정도의 크기여야 하는지 알아보겠습니다.

스택에 푸시하는 순서는 다음의 2가지 방법으로 수행할 수 있습니다.

방법 1. 요솟수가 많은 그룹을 먼저 푸시합니다.
방법 2. 요솟수가 적은 그룹을 먼저 푸시합니다.

그림 6-23에 나타낸 정렬의 사례를 통해 살펴보겠습니다.

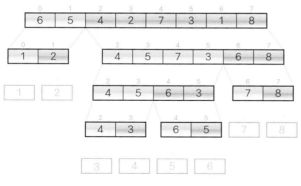

[그림 6-23] 퀵 정렬에서 배열의 분할

방법 1. 요솟수가 많은 그룹을 먼저 푸시하는 경우

그림 6-24는 스택이 변화하는 모습입니다. 예를 들어 **b**에서 꺼낸 a[0]~a[7]을 a[0]~a[1], a[2]~a[7]로 나눕니다. 요솟수가 많은 {2, 7}을 먼저 푸시하므로 스택은 **c**처럼 됩니다. 먼저 팝 되어 나누어지는 배열은 요솟수가 적은 그룹 {0, 1}입니다(**d**). 이렇게 계속 진행하면 스택에 쌓여 있는 데이터의 최대 개수는 2가 됩니다(**c**, **f**, **i**).

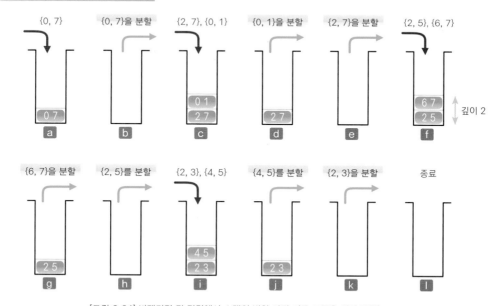

[그림 6-24] 비재귀적 퀵 정렬에서 스택의 변화 과정 1(큰 그룹을 먼저 분할)

방법 2. 요솟수가 적은 그룹을 먼저 푸시하는 경우

앞과 마찬가지로 그림 6-25의 b에서 꺼낸 a[0]~a[7]을 a[0]~a[1], a[2]~a[7]로 나눕니다. 요솟수가 적은 {0, 1}을 먼저 푸시하면 스택은 c의 상태가 됩니다. 먼저 팝되어 나누어지는 배열은 요솟수가 많은 그룹 {2, 7}입니다(d). 이렇게 계속 진행하면 스택에 쌓여 있는 데이터의 최대 개수는 4가 됩니다(g).

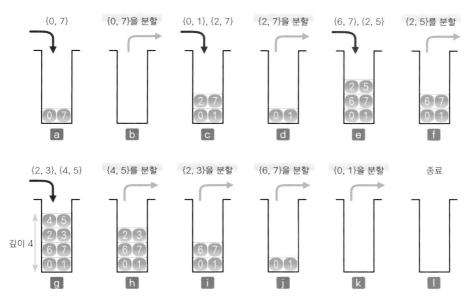

[그림 6-25] 비재귀적 퀵 정렬에서 스택의 변화 과정 2(작은 그룹을 먼저 푸시)

일반적으로 요솟수가 적은 배열일수록 적은 횟수로 분할을 종료할 수 있습니다. 따라서 방법 1과 같이 요솟수가 많은 그룹을 나누기보다는 요솟수가 적은 그룹을 먼저 분할하면 스택에 동시에 쌓이는 데이터의 최대 개수가 적어집니다. 이때 방법 1, 2 둘 다 스택에 넣고 꺼내는 횟수는 같습니다. 하지만 동시에 스택에 쌓이는 데이터의 최대 개수는 다릅니다. 방법 1의 경우 배열의 요솟수가 n이라면 스택에 쌓이는 데이터의 최대 개수는 log n보다 적습니다. 그러므로 요솟수가 백만 개라 하더라도 스택의 용량은 20이면 충분합니다.

피벗 선택하기

피벗을 선택하는 방법은 퀵 정렬의 실행 효율에 큰 영향을 줍니다. 이번에는 피벗 선택 방법을 다음 배열을 예로 들어 살펴보겠습니다.

8	7	6	5	4	3	2	1	0

피벗으로 왼쪽 끝 요소(8)를 선택합니다. 그러면 이 배열은 피벗값(8)만 있는 그룹과 나머지 그룹으로 나누어집니다. 하나의 요소와 나머지 요소로 나누어지는(한쪽으로 치우친) 분할을 반복하는 방법으로는 정렬 속도를 빠르게 할 수 없습니다.

정렬을 빠르게 하고 싶다면 배열을 정렬한 다음의 중앙값, 곧 값을 기준으로 한 중앙값을 피벗으로 하면 됩니다. 배열이 고르게 절반으로 나누어지기 때문에 정렬을 빠르게 할 수 있습니다. 그러나 중앙값을 구하려면 그에 대한 별도의 처리가 필요하고, 이 처리에 많은 계산 시간이 요구되므로 배보다 배꼽이 커집니다. 이런 문제를 해결하기 위해 다음 방법을 사용하면 적어도 최악의 경우는 피할 수 있습니다.

> 방법 1. 나눌 배열의 요솟수가 3 이상이면 임의로 요소 3개를 선택하고, 그중에서 중앙값인 요소를 피벗으로 선택합니다.

예를 들어 위의 배열에서 첫 요소(8), 가운데 요소(4), 끝 요소(0) 중에서 중간 크기의 값(4)을 피벗으로 하면 그룹이 최악으로 나누어지는 경우는 피할 수 있습니다.

ⓒ 세 값의 중앙값을 구하는 프로그램은 보충수업 1-4에서 학습했습니다.

이 아이디어를 조금 더 발전시킨 것이 다음 방법 2입니다.

> 방법 2. 나눌 배열의 처음, 가운데, 끝 요소를 정렬한 다음 가운데 요소와 끝에서 두 번째 요소를 교환합니다. 피벗으로 끝에서 두 번째 요솟값(a[right − 1])을 선택하고 나눌 대상의 범위를 a[left + 1]~a[right − 2]로 좁힙니다.

다음은 그림 6-26을 구체적으로 설명한 내용입니다.

> ⓐ 정렬하기 전 상태입니다. 첫 요소(8), 가운데 요소(4), 끝 요소(0)를 선택하고 이 세 요소를 정렬합니다.
> ⓑ 첫 요소는 0, 가운데 요소는 4, 끝 요소는 8입니다. 여기에서 가운데 요소(4)와 끝에서 두 번째 요소(1)를 교환합니다.
> ⓒ 끝에서 두 번째 요소(4)를 피벗으로 합니다. a[left]는 피벗 이하의 값이고 a[right − 1]과 a[right]는 피벗 이상의 값입니다.

이 과정을 거치고 나면 스캔하는 커서의 시작 위치는 다음과 같이 변경됩니다(나눌 대상의 범위가 좁아집니다).

- 왼쪽 커서 pl의 시작 위치 ⋯ left ⇨ left + 1(오른쪽으로 1만큼 이동)
- 오른쪽 커서 pr의 시작 위치 ⋯ right ⇨ right − 2(왼쪽으로 2만큼 이동)

이 방법은 나누는 그룹의 크기가 한쪽으로 치우치는 것을 피하면서도 나눌 때 스캔하는 요소를 3개 줄일 수 있습니다. 이렇게 하면 평균 몇 퍼센트(%) 정도 더 빠른 속도로 정렬할 수 있습니다.

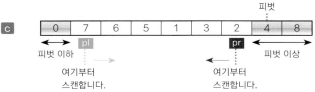

[그림 6-26] 피벗의 선택과 나눌 범위의 축소 과정

실습 6-11은 방법 2를 바탕으로 수정한 프로그램입니다. 이 프로그램에서 새로 추가한 sort3elem 메서드는 배열 x 안의 세 요소인 x[a], x[b], x[c]의 요솟값을 정렬(크기순으로 교환)한 뒤 b값을 그대로 반환합니다.

퀵 정렬을 수행하는 quickSort 메서드에서 변경 내용은 배열을 나누기 전에 다음 코드를 실행하는 것입니다.

```
1 int m = sort3elem(a, pl, (pl + pr)/2, pr);   // 처음, 가운데, 끝 요소를 정렬
2 int x = a[m];                                 // 피벗
3 swap(a, m, right-1);                          // 가운데와 끝에서 두 번째 요소를 교환
4 pl++;                                         // 왼쪽 커서를 1만큼 오른쪽으로 진행
5 pr -= 2;                                      // 오른쪽 커서를 2만큼 왼쪽으로 진행
```

순서대로 살펴보도록 하겠습니다. 먼저 ■에서는 sort3elem 메서드를 호출하여 처음 요소 (a[pl]), 가운데 요소(a[(pl + pr)/2]), 끝 요소(a[pr])를 정렬하고, 가운데 요소의 인덱스를 m 에 대입합니다. 이어서 ②에서는 가운데 요솟값 a[m]을 피벗 x로 하고, ③에서는 가운데 요소(a[m])와 끝에서 두 번째 요소(a[right-1])를 교환합니다. 마지막으로 ④에서는 왼쪽 커서 (pl)를 오른쪽으로 1만큼 옮기고, ⑤에서는 오른쪽 커서(pr)를 왼쪽으로 2만큼 옮깁니다.

Do it! 실습 6-11

• 완성 파일 chap06/QuickSort3.java

```java
01  // 퀵 정렬(개선한 버전)
02
03  import java.util.Scanner;
04
05  class QuickSort3 {
06
07      // 배열 요소 a[idx1]과 a[idx2]의 값을 교환
08      static void swap(int[] a, int idx1, int idx2) {
09          int t = a[idx1]; a[idx1] = a[idx2]; a[idx2] = t;
10      }
11
12      // x[a], x[b], x[c]를 정렬(가운데 값의 인덱스를 반환)
13      static int sort3elem(int[] x, int a, int b, int c) {
14          if (x[b] < x[a]) swap(x, b, a);
15          if (x[c] < x[b]) swap(x, c, b);
16          if (x[b] < x[a]) swap(x, b, a);
17          return b;
18      }
19
20      // 퀵 정렬
21      static void quickSort(int[] a, int left, int right) {
22          int pl = left;                          // 왼쪽 커서
23          int pr = right;                         // 오른쪽 커서
24          int m = sort3elem(a, pl, (pl + pr) / 2, pr);   // 처음, 가운데, 끝 요소를 정렬
25          int x = a[m];                           // 피벗
26
27          swap(a, m, right - 1);                  // 가운데 요소와 끝에서 두 번째 요소를 교환
28          pl++;                                   // 왼쪽 커서를 오른쪽으로 1만큼 진행
29          pr -= 2;                                // 오른쪽 커서를 왼쪽으로 2만큼 진행
30
31          do {
32              while (a[pl] < x) pl++;
33              while (a[pr] > x) pr--;
```

실행 결과
퀵 정렬
요솟수: 9
x[0]: 5
x[1]: 8
x[2]: 4
x[3]: 2
x[4]: 6
x[5]: 1
x[6]: 3
x[7]: 9
x[8]: 7
오름차순으로 정렬했습니다.
x[0] = 1
x[1] = 2
x[2] = 3
x[3] = 4
x[4] = 5
x[5] = 6
x[6] = 7
x[7] = 8
x[8] = 9

```
34          if (pl <= pr)
35              swap(a, pl++, pr--);
36      } while (pl <= pr);
37
38      if (left < pr) quickSort(a, left, pr);
39      if (pl < right) quickSort(a, pl, right);
40      }
41
42   public static void main(String[] args) {
43      Scanner stdIn = new Scanner(System.in);
44
45      System.out.println("퀵 정렬");
46      System.out.print("요솟수: ");
47      int nx = stdIn.nextInt();
48      int[] x = new int[nx];
49
50      for (int i = 0; i < nx; i++) {
51          System.out.print("x[" + i + "]: ");
52          x[i] = stdIn.nextInt();
53      }
54
55      quickSort(x, 0, nx - 1);          // 배열 x를 퀵 정렬
56
57      System.out.println("오름차순으로 정렬했습니다.");
58      for (int i = 0; i < nx; i++)
59      System.out.println("x[" + i + "] = " + x[i]);
60   }
61 }
```

퀵 정렬의 시간 복잡도 구하기

퀵 정렬은 배열을 차례로 나누어 보다 작은 문제를 해결하는 과정을 반복하므로 시간 복잡도는 O(n log n)입니다. 다만 정렬할 배열의 초깃값이나 피벗의 선택 방법에 따라 시간 복잡도가 증가하는 경우도 있습니다. 예를 들어 매번 단 하나의 요소와 나머지 요소로 나눈다면 나누는 횟수는 n번이 됩니다. 따라서 최악의 시간 복잡도는 O(n²)이 됩니다.

연습
문제

Q11 실습 6-10을 수정하여 푸시, 팝, 나누는 과정을 출력하는 프로그램을 작성하세요.

Q12 실습 6-9, 6-10의 quickSort 메서드를 요솟수가 적은 그룹을 먼저 나누도록 메서드를 수정하세요.

Q13 퀵 정렬은 요솟수가 적은 배열을 처리할 때는 그다지 빠르지 않다고 알려져 있습니다. 실습 6-11의 quickSort 메서드를 나눈 그룹의 요솟수가 9개 이하면 단순 삽입 정렬로 동작하도록 메서드를 수정하세요.

Q14 quickSort 메서드는 3개의 인수를 전달받는다는 점에서 이 장의 다른 정렬 메서드와 다릅니다. 연습문제 Q13에서 작성한 프로그램을 수정하여 다음 형식으로 퀵 정렬을 수행하는 메서드를 작성하세요(첫 번째 인수 x는 정렬할 배열이고 두 번째 인수 n은 요솟수입니다).

```
qsort(int[] x, int n)
```

242 **Do it!** 자료구조와 함께 배우는 알고리즘 입문 — 자바 편

06-7 병합 정렬

병합 정렬은 배열을 앞부분과 뒷부분 둘로 나누어 각각 정렬한 다음 병합하는 작업을 반복하여 정렬하는 알고리즘입니다.

정렬을 마친 두 배열의 병합 살펴보기

먼저 정렬을 마친 두 배열의 병합(merge)을 살펴보겠습니다. 각 배열에서 선택한 요솟값을 비교한 뒤 작은 값의 요소를 꺼내 새로운 배열에 넣는 작업을 반복하여 정렬을 마친 배열을 만듭니다. 실습 6-12는 이 과정을 수행하는 프로그램입니다. merge 메서드는 그림 6-27과 같이 요솟수가 na개인 배열 a와 요솟수가 nb개인 배열 b를 병합하여 배열 c에 저장합니다.

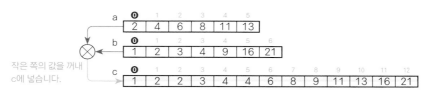

[그림 6-27] 정렬을 마친 두 배열의 병합

이 메서드에서는 3개의 배열 a, b, c를 동시에 스캔합니다. 각 배열의 작업에서 선택한 요소의 인덱스는 pa, pb, pc입니다. 이 인덱스를 저장한 변수를 지금부터 커서라고 하겠습니다. 처음에는 첫 요소를 선택하므로 커서를 모두 0으로 초기화합니다(●으로 표시).
다음은 실습 6-12에 표시한 번호와 그림 6-27에 대한 설명입니다.

◎ 설명을 먼저 읽은 다음에 코드를 보면서 의미를 다시 생각해 보세요.

1 배열 a에서 선택한 요소(a[pa])와 배열 b에서 선택한 요소(b[pb])를 비교하여 작은 쪽 값을 c[pc]에 저장합니다. 그림 6-27을 예로 들면 b[0]의 1이 a[0]의 2보다 작으므로 1을 c[0]에 대입합니다. 그런 다음 커서 pb, pc를 한 칸 나아가도록 하고 커서 pa는 그대로 둡니다. 이처럼 커서 pa, pb가 가리키는 값을 비교하여 작은 쪽 값을 꺼내 c[pc]에 대입하고 꺼낸 쪽의 커서와 배열 c의 커서 pc를 한 칸 나아가도록 하는 작업을 반복합니다. 커서 pa가 배열 a의 끝에 다다르거나 커서 pb가 배열 b의 끝에 다다르면 이 while 문에서 빠져나와 작업을 종료합니다.

2 이 while 문이 실행되는 것은 1 에서 배열 b의 모든 요소를 배열 c로 복사했으나 배열 a에는 아직 복사하지 않은 요소가 남아 있는 경우입니다. 커서 pa를 한 칸씩 나아가면서 복사하지 않은 모든 요소를 배열 c에 복사합니다.

3 이 while 문이 실행되는 것은 1 에서 배열 a의 모든 요소를 배열 c로 복사했으나 배열 b에는 아직 복사하지 않은 요소가 남아 있는 경우입니다. 커서 pb를 한 칸씩 나아가면서 복사하지 않은 모든 요소를 배열 c에 복사합니다.

Do it! 실습 6-12

• 완성 파일 chap06/MergeArray.java

```java
01   // 정렬을 마친 배열의 병합
02
03   import java.util.Scanner;
04
05   class MergeArray {
06     // 정렬을 마친 배열 a, b를 병합하여 배열 c에 저장
07     static void merge(int[] a, int na, int[] b, int nb, int[] c) {
08       int pa = 0;
09       int pb = 0;
10       int pc = 0;
11
12       while (pa < na && pb < nb)      // 작은 쪽 값을 C에 저장          1
13         c[pc++] = (a[pa] <= b[pb]) ? a[pa++]: b[pb++];
14
15       while (pa < na)          // a에 남아 있는 요소를 복사             2
16         c[pc++] = a[pa++];
17
18       while (pb < nb)          // b에 남아 있는 요소를 복사             3
19         c[pc++] = b[pb++];
20     }
21
22     public static void main(String[] args) {
23       Scanner stdIn = new Scanner(System.in);
24       int[] a = {2, 4, 6, 8, 11, 13};
25       int[] b = {1, 2, 3, 4, 9, 16, 21};
26       int[] c = new int[13];
27
28       System.out.println("두 배열을 병합");
29
```

실행 결과

두 배열을 병합
배열 a와 b를 병합하여
배열 c에 저장했습니다.
(… 생략 …)
c[0] = 1
c[1] = 2
c[2] = 2
c[3] = 3
c[4] = 4
c[5] = 4
c[6] = 6
c[7] = 8
c[8] = 9
c[9] = 11
c[10] = 13
c[11] = 16
c[12] = 21

```
30        merge(a, a.length, b, b.length, c);        // 배열 a와 b를 병합하여 c에 저장
31
32        System.out.println("배열 a와 b를 병합하여 배열 c에 저장했습니다.");
33        System.out.println("배열 a: ");
34        for (int i = 0; i < a.length; i++)
35          System.out.println("a[" + i + "] = " + a[i]);
36
37        System.out.println("배열 b: ");
38        for (int i = 0; i < b.length; i++)
39          System.out.println("b[" + i + "] = " + b[i]);
40
41        System.out.println("배열 c: ");
42        for (int i = 0; i < c.length; i++)
43          System.out.println("c[" + i + "] = " + c[i]);
44      }
45    }
```

실습 6-12는 3개의 반복문을 늘어놓는 단순한 알고리즘으로 구현되어 있습니다. 병합에 필
요한 시간 복잡도는 O(n)입니다.

병합 정렬 구현하기

정렬을 마친 배열의 병합을 응용하여 분할 정복법에 따라 정렬하는 알고리즘을 병합 정렬
(merge sort)이라고 합니다. 그림 6-28을 보면서 병합 정렬 과정을 간단히 살펴보겠습니다.
먼저 배열을 앞부분과 뒷부분으로 나눕니다. 이 그림은 배열의 요솟수가 12개이므로 6개씩
두 부분으로 각각 나눕니다. 나눈 두 배열을 각각 정렬하고 병합하면 배열 모두를 정렬할 수
있습니다.

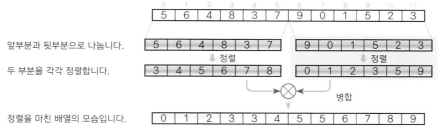

[그림 6-28] 병합 정렬 과정

이때 앞부분과 뒷부분의 6개 요소를 바로 정렬하지 않고 다시 병합 정렬을 적용합니다. 예를 들어 뒷부분의 경우 그림 6-29처럼 정렬합니다. 물론 이 과정에서 만들어지는 앞부분({9, 0, 1})과 뒷부분({5, 2, 3})도 바로 정렬하지 않고 병합 정렬을 적용합니다.

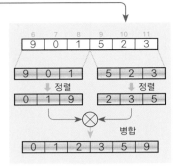

[그림 6-29] 뒷부분의 정렬

병합 정렬 알고리즘

병합 정렬 알고리즘의 순서를 정리하면 다음과 같습니다.

> 배열의 요솟수가 2개 이상인 경우
> - 배열의 앞부분을 병합 정렬로 정렬합니다.
> - 배열의 뒷부분을 병합 정렬로 정렬합니다.
> - 배열의 앞부분과 뒷부분을 병합합니다.

실습 6-13은 병합 정렬 프로그램입니다.

Do it! 실습 6-13

• 완성 파일 chap06/MergeSort.java

```
01   // 병합 정렬
02
03   import java.util.Scanner;
04
05   class MergeSort {
06     static int[] buff;  // 작업용 배열
07
08     // a[left]~a[right]를 재귀적으로 병합 정렬
09     static void __mergeSort(int[] a, int left, int right) {
10       if (left < right) {
11         int i;
12         int center = (left + right) / 2;
13         int p = 0;
14         int j = 0;
15         int k = left;
16
17         __mergeSort(a, left, center);        // 배열의 앞부분을 병합 정렬
18         __mergeSort(a, center + 1, right);   // 배열의 뒷부분을 병합 정렬
```

```
19
20        for (i = left; i <= center; i++)
21          buff[p++] = a[i];
22
23        while (i <= right && j < p)
24          a[k++] = (buff[j] <= a[i]) ? buff[j++]: a[i++];
25
26        while (j < p)
27          a[k++] = buff[j++];
28      }
29    }
30
31    // 병합 정렬
32    static void mergeSort(int[] a, int n) {
33      buff = new int[n];              // 작업용 배열을 생성
34
35      __mergeSort(a, 0, n - 1);       // 배열 전체를 병합 정렬
36
37      buff = null;                    // 작업용 배열을 해제
38    }
39
40    public static void main(String[] args) {
41      Scanner stdIn = new Scanner(System.in);
42
43      System.out.println("병합 정렬");
44      System.out.print("요솟수: ");
45      int nx = stdIn.nextInt();
46      int[] x = new int[nx];
47
48      for (int i = 0; i < nx; i++) {
49        System.out.print("x[" + i + "]: ");
50        x[i] = stdIn.nextInt();
51      }
52
53      mergeSort(x, nx);               // 배열 x를 병합 정렬
54
55      System.out.println("오름차순으로 정렬했습니다.");
56      for (int i = 0; i < nx; i++)
57        System.out.println("x[" + i + "]=" + x[i]);
58    }
59  }
```

실행 결과
병합 정렬
요솟수: 7
x[0]: 6
x[1]: 4
x[2]: 3
x[3]: 7
x[4]: 1
x[5]: 9
x[6]: 8
오름차순으로 정렬했습니다.
x[0] = 1
x[1] = 3
x[2] = 4
x[3] = 6
x[4] = 7
x[5] = 8
x[6] = 9

이 프로그램을 좀 더 자세히 살펴보겠습니다.

```java
static int[] buff;    // 작업용 배열

// a[left]~a[right]를 재귀적으로 병합 정렬
static void __mergeSort(int[] a, int left, int right) {
    if (left < right) {
        (… 생략 …)
        int center = (left + right) / 2;
        (… 생략 …)
        __mergeSort(a, left, center);         // 배열의 앞부분을 병합 정렬
        __mergeSort(a, center + 1, right);    // 배열의 뒷부분을 병합 정렬
        (… 생략 …)                              //앞부분과 뒷부분을 병합 ┌ 249쪽 코드 참고
    }
}


// 병합 정렬
static void mergeSort(int[] a, int n) {
    buff = new int[n];              // 작업용 배열을 생성        ◀─Ⓐ

    __mergeSort(a, 0, n - 1);       // 배열 전체를 병합 정렬      ◀─Ⓑ

    buff = null;                    // 작업용 배열을 해제        ◀─Ⓒ
}
```

mergeSort 메서드가 수행하는 내용은 다음과 같습니다.

> Ⓐ 병합한 결과를 일시적으로 저장할 작업용 배열인 buff를 생성합니다.
> Ⓑ 정렬 작업을 수행할 __mergeSort 메서드를 호출합니다.
> Ⓒ 작업용 배열을 해제합니다.

Ⓑ에서 호출하는 __mergeSort 메서드가 실제로 병합 정렬을 수행하는 메서드입니다. 이 __mergeSort 메서드는 a(정렬할 배열), left(첫 번째 요소의 인덱스), right(마지막 요소의 인덱스)를 인자로 전달받고 left가 right보다 작을 때만 동작합니다. 이 메서드는 가장 먼저 앞부분(a[left]~a[center])과 뒷부분(a[center + 1]~a[right])에 대해 __mergeSort 메서드를 재귀 호출합니다. 이렇게 재귀 호출을 반복하면 그림 6-30처럼 배열의 앞부분과 뒷부분이 각각 정렬을 마치게 됩니다.

ⓒ __mergeSort 메서드가 재귀적으로 여러 번 호출되어 정렬을 마칩니다.

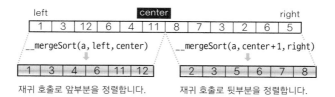

[그림 6-30] 앞부분과 뒷부분의 정렬

정렬을 마친 앞부분과 뒷부분은 작업용 배열 buff를 사용하여 병합합니다. 병합을 수행하는 코드는 다음과 같습니다.

```
for (i = left; i <= center; i++)
  buff[p++] = a[i];
while (i <= right && j < p)
  a[k++] = (buff [j] <= a[i]) ? buff[j++]: a[i++];
while (j < p)
  a[k++] = buff[j++];
```
  1
  2
  3

병합 순서는 그림 6-31과 같이 3단계로 이루어집니다.

1 배열의 앞부분(a[left]~a[center])을 buff[0]~buff[center - left]에 복사합니다. for 문이 끝날 때 p값은 복사한 요솟수인 center - left + 1이 됩니다(a).

2 배열의 뒷부분(a[center + 1]~a[right])과 buff에 복사한 배열의 앞부분 p개를 병합한 결과를 배열 a에 저장합니다(b).

3 배열 buff에 아직 남아 있는 요소를 배열 a에 복사합니다(c).

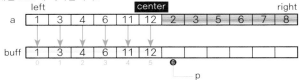

a 배열 a의 앞부분을 배열 buff에 복사합니다.

b 배열 a의 뒷부분과 배열 buff를 배열 a에 병합합니다.

c 배열 buff에 아직 남아 있는 요소를 배열 a에 복사합니다.

[그림 6-31] 병합 정렬에서 배열의 앞부분과 뒷부분의 병합 과정

배열 병합의 시간 복잡도는 O(n)입니다. 데이터의 요솟수가 n개일 때 병합 정렬의 단계는 log n만큼 필요하므로 전체 시간 복잡도는 O(n log n)이라고 할 수 있습니다. 병합 정렬은 서로 떨어져 있는 요소를 교환하는 경우가 없으므로 안정적인 정렬 방법이라고 할 수 있습니다.

Arrays.sort로 퀵 정렬과 병합 정렬하기

03장에서 이진 검색에 사용했던 binarySearch 메서드는 java.util.Arrays 클래스의 클래스 메서드로 제공됩니다. 이 클래스는 배열을 정렬하는 클래스 메서드 sort도 제공합니다. sort 메서드의 다양한 형태를 표 6-1에 정리했습니다.

[표 6-1] java.util.Arrays 클래스가 제공하는 sort 메서드

① static void sort(byte[] a)
② static void sort(byte[] a, int fromIndex, int toIndex)
③ static void sort(char[] a)
④ static void sort(char[] a, int fromIndex, int toIndex)
⑤ static void sort(double[] a)
⑥ static void sort(double[] a, int fromIndex, int toIndex)
⑦ static void sort(float[] a)
⑧ static void sort(float[] a, int fromIndex, int toIndex)

⑨ static void sort(int[] a)

⑩ static void sort(int[] a, int fromIndex, int toIndex)

⑪ static void sort(long[] a)

⑫ static void sort(long[] a, int fromIndex, int toIndex)

⑬ static void sort(short[] a)

⑭ static void sort(short[] a, int fromIndex, int toIndex)

⑮ static void sort(Object[] a)

⑯ static void sort(Object[] a, int fromIndex, int toIndex)

⑰ static <T> void sort(T[] a, Comparator<? super T> c)

⑱ static <T> void sort(T[] a, int fromIndex, int toIndex, Comparator<? super T> c)

> 안정적인 정렬

위 표에 정리한 메서드는 모두 배열 a를 오름차순으로 정렬합니다. 홀수 번호(①, ③, ⑤, …)
의 sort 메서드는 배열 a의 모든 요소를 정렬합니다. 짝수 번호(②, ④, ⑥, …)의 sort 메서드는
a[fromIndex]~a[toIndex]가 정렬 대상입니다.

ⓒ fromIndex와 toIndex가 같은 값이면 정렬 범위는 0이 됩니다. 그리고 fromIndex > toIndex이면 IllegalArgument
Exception을 내보내고, fromIndex < 0 또는 toIndex > a.length이면 ArrayIndexOutOfBoundsException을 내보냅니다.

기본 자료형 배열의 정렬(퀵 정렬)

①~⑭의 sort 메서드는 기본 자료형의 배열을 정렬합니다. 이 sort 메서드의 내부에서 사용
하는 알고리즘은 퀵 정렬 알고리즘을 개선한 것으로 안정적이지 않습니다. 즉, 배열에 같은
값이 존재하면 같은 값 사이의 순서가 뒤바뀔 수 있습니다. 실습 6-14는 자바가 제공하는
sort 메서드를 사용하여 int형 배열을 정렬하는 프로그램입니다.

Do it! 실습 6-14

• 완성 파일 chap06/ArraysSortTester.java

```
01    // Arrays.sort 메서드를 사용하여 정렬(퀵 정렬)
02
03    import java.util.Arrays;
04    import java.util.Scanner;
05
06    class ArraysSortTester {
07      public static void main(String[] args) {
08        Scanner stdIn = new Scanner(System.in);
09
10        System.out.print("요솟수: ");
```

```
11        int num = stdIn.nextInt();
12        int[] x = new int[num];       // 길이가 num인 배열
13
14        for (int i = 0; i < num; i++) {
15          System.out.print("x[" + i + "]: ");
16          x[i] = stdIn.nextInt();
17        }
18
19        Arrays.sort(x);                // 배열 x를 정렬
20
21        System.out.println("오름차순으로 정렬했습니다.");
22        for (int i = 0; i < num; i++)
23          System.out.println("x[" + i + "] = " + x[i]);
24      }
25    }
```

```
실행 결과
요솟수 : 7
x[0] : 6
x[1] : 4
x[2] : 3
x[3] : 7
x[4] : 1
x[5] : 9
x[6] : 8
오름차순으로 정렬했습니다.
x[0] = 1
x[1] = 3
x[2] = 4
x[3] = 6
x[4] = 7
x[5] = 8
x[6] = 9
```

클래스 객체 배열의 정렬(병합 정렬)

⑮~⑱의 sort 메서드는 클래스 객체 배열을 정렬할 때 사용하는데, 크게 두 종류로 나눌 수 있습니다.

A 자연스러운 순서를 갖고 있는 배열을 정렬

자연스러운 순서로 요소의 대소 관계를 비교 판단합니다. Inter형 배열, String형 배열에 알맞습니다.

```
⑮ static void sort(Object [] a)
⑯ static void sort(Object [] a, int fromIndex, int toIndex)
```

B 자연스러운 순서를 갖고 있지 않은 배열을 정렬

요소의 대소 관계를 판단할 때 comparator c를 사용합니다.

```
⑰ static <T> void sort(T[] a, Comparator<? super T> c)
⑱ static <T> void sort(T[] a, int fromIndex, int toIndex, Comparator<? super T> c)
```

기본 자료형을 정렬하는 ①~⑭와 달리 ⑮~⑱ 메서드의 내부에서 사용하는 메서드의 알고리즘은 병합 정렬을 개선한 것으로 결과가 안정적입니다.

ⓒ 자연스러운 순서(자연 정렬)와 comparator에 대해서는 03장에서 공부했습니다(보충수업 3-3).

자연스러운 순서를 갖고 있는 배열의 정렬 만들기

실습 6-15는 A 의 메서드로 배열을 정렬하는 프로그램입니다.

Do it! 실습 6-15　　　　　　　　　　　　　　　　　• 완성 파일 chap06/SortCalendar.java

```java
01  // 달력의 배열을 정렬
02
03  import java.util.Arrays;
04  import java.util.GregorianCalendar;
05  import static java.util.GregorianCalendar.*;
06
07  class SortCalendar {
08    public static void main(String[] args) {
09      GregorianCalendar[] x = {
10        new GregorianCalendar(2022, NOVEMBER, 1),   // 2022년 11월 01일
11        new GregorianCalendar(1963, OCTOBER, 18),   // 1963년 10월 18일
12        new GregorianCalendar(1985, APRIL, 5),      // 1985년 04월 05일
13      };
14
15      Arrays.sort(x);  // 배열 x를 정렬
16
17      for (int i = 0; i < x.length; i++)
18        System.out.printf("%04d년 %02d월 %02d일\n",
19          x[i].get(YEAR),
20          x[i].get(MONTH) + 1,
21          x[i].get(DATE)
22        );
23    }
24  }
```

실행 결과
1963년 10월 18일
1985년 04월 05일
2022년 11월 01일

이 프로그램은 GregorianCalendar형 배열 x를 정렬합니다. 프로그램을 실행하면 날짜의 오름차순으로 정렬됩니다. GregorianCalendar 클래스는 Comparable 인터페이스와 compareTo 메서드를 구현하고 있습니다. GregorianCalendar 클래스는 1월~12월을 0~11로 표현합니다. 즉, get(MONTH)로 얻는 값은 0~11이므로 화면에 출력할 때는 1을 더합니다.

자연스러운 순서를 갖고 있지 않은 배열의 정렬 만들기

실습 6-16은 [B] 메서드로 정렬하는 프로그램입니다. sort 메서드에서 두 번째 매개변수로 전달하는 comparator를 만드는 방법은 binarySearch 메서드와 같습니다. 이 프로그램은 클래스 PhyscData 내부에서 키의 오름차순으로 비교하기 위한 comparator를 정의한 뒤, 그것을 사용하여 정렬을 수행하고 있습니다. 프로그램을 실행하면 배열 x가 키의 순서로 정렬됩니다.

◉ 클래스 PhyscData는 실습 2-10에서 만든 같은 이름의 클래스에 toString 메서드와 comparator를 추가한 것입니다.

Do it! 실습 6-16　　　　　　　　　　　　　　　　• 완성 파일 chap06/PhyscExamSort.java

```
01  // 신체검사 데이터 배열을 정렬
02
03  import java.util.Arrays;
04  import java.util.Scanner;
05  import java.util.Comparator;
06
07  class PhyscExamSort {
08    // 신체검사 데이터
09    static class PhyscData {
10      String name;          // 이름
11      int    height;        // 키
12      double vision;        // 시력
13
14      // 생성자
15      PhyscData(String name, int height, double vision) {
16        this.name = name;  this.height = height;  this.vision = vision;
17      }
18
19      // 신체검사 데이터를 문자열로 반환
20      public String toString() {
21        return name + " " + height + " " + vision;
22      }
23
24      // 키의 오름차순용 comparator
25      static final Comparator<PhyscData> HEIGHT_ORDER = new HeightOrderComparator();
26
27      private static class HeightOrderComparator implements Comparator<PhyscData> {
28        public int compare(PhyscData d1, PhyscData d2) {
29          return (d1.height > d2.height) ?  1 :
30                 (d1.height < d2.height) ? -1 : 0;
31        }
```

실행 결과		
■ 신체검사 리스트 ■		
이름	키	시력

강민하	162	0.3
이수연	168	0.4
황지안	169	0.8
유서범	171	1.5
김찬우	173	0.7
장경오	174	1.2
박준서	175	2.0

```
32          }
33      }
34
35      public static void main(String[] args) {
36          Scanner stdIn = new Scanner(System.in);
37          PhyscData[] x = {
38              new PhyscData("강민하", 162, 0.3),
39              new PhyscData("김찬우", 173, 0.7),
40              new PhyscData("박준서", 175, 2.0),
41              new PhyscData("유서범", 171, 1.5),
42              new PhyscData("이수연", 168, 0.4),
43              new PhyscData("장경오", 174, 1.2),
44              new PhyscData("황지안", 169, 0.8),
45          };
46
47          Arrays.sort(x,                          // 배열 x를
48                      PhyscData.HEIGHT_ORDER      // HEIGHT_ORDER를 사용하여 정렬
49                      );
50
51          System.out.println("■ 신체검사 리스트 ■");
52          System.out.println("이름         키        시력");
53          System.out.println("----------------------");
54          for (int i = 0; i < x.length; i++)
55              System.out.printf("%-8s%3d%5.1f\n", x[i].name, x[i].height, x[i].vision);
56      }
57  }
```

연습
문제

Q15 실습 6-16의 배열 x를 키의 오름차순이 아니라 시력의 내림차순으로 정렬하는 프로그램을 작성하세요.

06-8 힙 정렬

힙 정렬은 선택 정렬을 응용한 알고리즘으로 힙의 특성을 이용하여 정렬합니다.

힙이란?

힙 정렬(heap sort)은 힙(heap)을 사용하여 정렬하는 알고리즘입니다. 힙은 '부못값이 자식 값보다 항상 크다'라는 조건을 만족하는 완전이진트리를 말합니다.

◎ 원래 힙은 '쌓아 놓음' 또는 '쌓아 놓은 더미'를 뜻합니다. 만약 힙 정렬이 어렵거나 트리를 잘 모르겠다면 09장을 먼저 읽은 다음 다시 이 부분을 공부하는 것이 좋습니다.

그림 6-32의 **a** 는 힙이 아닌 완전이진트리입니다. **a** 를 힙으로 만들면 **b** 와 같은 상태가 됩니다. **b** 에서 부모와 자식 관계는 항상 '부못값 ≧ 자식값'입니다. 따라서 힙의 가장 위쪽에 있는 루트가 가장 큰 값이 됩니다.

◎ 부모와 자식 요소의 관계가 일정하다면 값의 대소 관계는 반대(부못값 ≦ 자식값)가 되어도 힙이 됩니다. 이때 힙의 루트는 가장 작은 값이 됩니다.

> 💬 **조금만 더!** **트리에 대해 알고 싶어요!**
>
> 09장에서 트리를 설명하겠지만 여기에서 트리에 대해 간단히 살펴보겠습니다. 트리의 가장 윗부분을 루트 (root)라고 합니다. 그리고 요소의 상하 관계를 '부모(parent)'와 '자식(child)'이라고 합니다. 그리고 자식 간의 관계를 '형제(sibling)'라고 합니다.
>
> 완전이진트리는 트리의 한 종류입니다. 사람도 유전적인 특징에 따라 분류하는 것처럼 트리의 종류도 여러 가지입니다. 완전이진트리의 특징은 '완전이진' 상태라는 것입니다. 여기서 '완전'이라는 말은 '부모는 자식을 왼쪽부터 추가하는 모양을 유지한다'는 뜻이고, '이진'이라는 말은 '부모가 가질 수 있는 자식의 개수는 최대 2개이다'라는 뜻입니다.

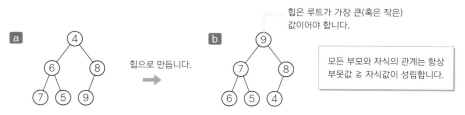

[그림 6-32] 힙이 아닌 완전이진트리를 힙으로 만드는 과정

힙에서 부모와 자식 사이의 대소 관계는 일정하지만 형제 사이의 대소 관계는 일정하지 않습니다. 예를 들어 그림 **b** 에서 형제인 7과 8 중 작은 쪽 7이 왼쪽에 있지만 6과 5 중 작은 쪽 5가 오른쪽에 있습니다.

ⓒ 힙은 형제 사이의 대소 관계가 정해져 있지 않은 특성이 있기 때문에 부분순서트리(partial ordered tree)라고도 합니다.

그림 6-33은 힙의 요소를 배열에 저장하는 과정을 나타낸 것입니다. 먼저 가장 위쪽에 있는 루트(10)를 a[0]에 넣습니다. 그리고 한 단계 아래로 내려가 각 요소를 왼쪽에서 오른쪽으로 따라갑니다. 그 과정에서 인덱스값을 1씩 늘리면서 배열의 각 요소에 힙의 요소를 대입합니다.

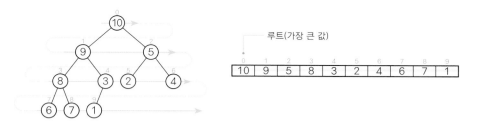

[그림 6-33] 힙 요소와 배열 요소의 대응

이 과정을 거쳐 힙의 요소를 배열에 저장하면 부모와 자식의 인덱스 사이에 다음과 같은 관계가 성립합니다.

- 부모는 a[(i - 1) / 2]
- 왼쪽 자식은 a[i * 2 + 1]
- 오른쪽 자식은 a[i * 2 + 2]

정말로 이런 관계가 성립하는지 그림 6-33의 트리에서 확인해 보겠습니다. a[3]의 부모는 a[1]이고 왼쪽, 오른쪽 자식은 각각 a[7], a[8]입니다. 그리고 a[2]의 부모는 a[0]이고 왼쪽, 오른쪽 자식은 각각 a[5], a[6]입니다. 모두 위의 관계를 만족합니다.

힙 정렬 알아보기

힙 정렬은 '가장 큰 값이 루트에 위치'하는 특징을 이용하는 정렬 알고리즘입니다. 구체적으로 살펴보면 다음과 같은 작업을 반복합니다.

- 힙에서 가장 큰 값인 루트를 꺼냅니다.
- 루트 이외의 부분을 힙으로 만듭니다.

이 과정에서 꺼낸 값을 늘어놓으면 배열은 정렬을 마치게 됩니다. 즉, 힙 정렬은 선택 정렬을 응용한 알고리즘으로, 힙에서 가장 큰 값인 루트를 꺼낸 뒤 남은 요소에서 다시 가장 큰 값을 구해야 합니다. 다시 말해 힙으로 구성된 10개의 요소에서 가장 큰 값을 없애면 나머지 9개의 요소 중에서 가장 큰 값을 루트로 정해야 합니다. 따라서 나머지 9개의 요소로 구성된 트리도 힙이 되도록 재구성해야 합니다.

ⓖ 선택 정렬은 가장 작은(혹은 가장 큰) 값을 선택해 정렬하는 알고리즘입니다.

루트를 없애고 힙 상태 유지하기

다음은 루트를 없앤 다음 다시 힙을 만드는 순서를 그림으로 나타낸 것입니다.

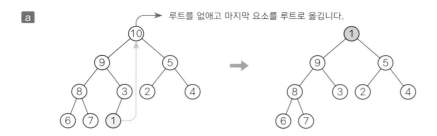

힙에서 루트인 10을 꺼냅니다. 그런 다음 비어 있는 루트 위치로 힙의 마지막 요소인 1을 옮깁니다. 이때 방금 옮긴 1 이외의 요소는 힙 상태를 유지하고 있습니다. 따라서 이 값만 알맞은 위치로 옮기면 힙 상태를 유지할 수 있습니다.

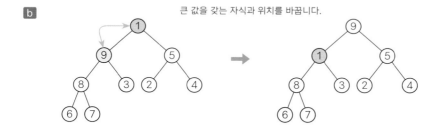

이제 루트로 옮긴 1을 알맞은 위치로 보내야 합니다. 현재 이동할 1의 자식은 9와 5입니다. 힙이 되려면 이 3개의 값 가운데 가장 큰 값이 위쪽에 있어야 합니다. 즉, '부못값 ≥ 자식값'이라는 힙의 조건을 만족하려면 두 자식을 비교하여 큰 값을 가진 9와 바꾸면 됩니다. 그러면 1이 왼쪽으로 내려옵니다.

c 큰 값을 갖는 자식과 위치를 바꿉니다.

1의 자식은 8과 3입니다. 앞에서와 마찬가지로 큰 값을 가진 8과 바꿉니다. 그러면 1이 왼쪽으로 내려옵니다.

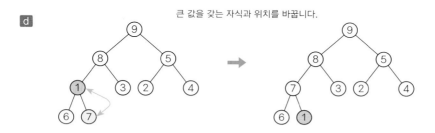

d 큰 값을 갖는 자식과 위치를 바꿉니다.

1의 자식은 6과 7입니다. 큰 값을 가진 오른쪽 자식 7과 바꾸면 1이 오른쪽으로 내려옵니다. 이제 1을 트리의 가장 아랫부분으로 이동시켰으니 작업을 마치게 됩니다.

이렇게 만든 트리는 힙 상태를 유지하게 됩니다. 여기에서는 1을 가장 아래까지 옮겼습니다. 하지만 요소를 항상 끝까지 옮겨야 하는 것은 아닙니다. 옮길 요소보다 왼쪽이나 오른쪽의 두 자식이 더 작으면 바꿀 수 없습니다.

루트를 없앤 다음 다시 힙을 만들기 위해 요소를 알맞은 위치로 내려보내는 절차를 정리하면 다음과 같습니다.

1. 루트를 꺼냅니다.
2. 마지막 요소를 루트로 옮깁니다.
3. 자기보다 큰 값을 갖는 자식 요소와 자리를 바꾸며 아래쪽으로 내려가는 작업을 반복합니다. 이때 자식값이 작거나 잎에 다다르면 작업을 종료합니다.

힙 정렬 알고리즘 살펴보기

그림 6-34를 보며 힙을 사용하는 힙 정렬 알고리즘의 흐름을 살펴보겠습니다. 다음은 그림에 대한 설명입니다.

a 힙의 루트(a[0])에 있는 가장 큰 값(10)을 꺼내 배열 마지막 요소(a[9])와 바꿉니다.

b 가장 큰 값을 a[9]로 옮기면 a[9]는 정렬을 마치게 됩니다. 앞에서 살펴본 순서대로 a[0]~a[8]의 요소를 힙으로 만듭니다. 그 결과 두 번째로 큰 요소인 9가 루트에 위치하게 됩니다. 힙의 루트 a[0]에 있는 가장 큰 값인 9를 꺼내 아직 정렬하지 않은 부분의 마지막 요소인 a[8]과 바꿉니다.

c 두 번째로 큰 값을 a[8]로 옮기면 a[8]~a[9]는 정렬을 마치게 됩니다. 그런 다음 a[0]~a[7]의 요소를 힙으로 만듭니다. 그 결과 세 번째로 큰 요소인 8이 루트에 위치하게 됩니다. 힙의 루트 a[0]에 있는 가장 큰 값인 8을 꺼내 아직 정렬하지 않은 부분의 마지막 요소인 a[7]과 바꿉니다.

이를 반복하면 배열의 마지막부터 큰 값이 차례대로 대입됩니다. 위의 과정을 간단히 정리하면 다음과 같습니다.

---

1. 변수 i값을 n − 1로 초기화합니다.
2. a[0]과 a[i]를 바꿉니다.
3. a[0], a[1], …, a[i − 1]을 힙으로 만듭니다.
4. i값을 1 감소시켜 0이 되면 끝냅니다. 그렇지 않으면 '2'로 돌아갑니다.

이 순서로 힙 정렬을 수행하면 됩니다. 그런데 초기 상태의 배열이 힙 상태가 아닐 수도 있습니다. 따라서 이 과정을 적용하기 전에 배열을 힙 상태로 만들어야 합니다.

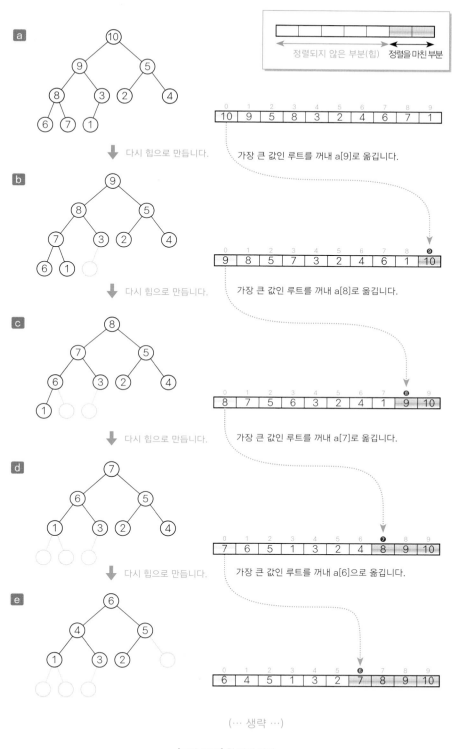

a

```
  0   1   2   3   4   5   6   7   8   9
[ 10│ 9 │ 5 │ 8 │ 3 │ 2 │ 4 │ 6 │ 7 │ 1 ]
```

정렬되지 않은 부분(힙) ←→ 정렬을 마친 부분

↓ 다시 힙으로 만듭니다.   가장 큰 값인 루트를 꺼내 a[9]로 옮깁니다.

b

```
  0   1   2   3   4   5   6   7   8   ❾
[ 9 │ 8 │ 5 │ 7 │ 3 │ 2 │ 4 │ 6 │ 1 │ 10]
```

↓ 다시 힙으로 만듭니다.   가장 큰 값인 루트를 꺼내 a[8]로 옮깁니다.

c

```
  0   1   2   3   4   5   6   7   ❽   9
[ 8 │ 7 │ 5 │ 6 │ 3 │ 2 │ 4 │ 1 │ 9 │ 10]
```

↓ 다시 힙으로 만듭니다.   가장 큰 값인 루트를 꺼내 a[7]로 옮깁니다.

d

```
  0   1   2   3   4   5   6   ❼   8   9
[ 7 │ 6 │ 5 │ 1 │ 3 │ 2 │ 4 │ 8 │ 9 │ 10]
```

↓ 다시 힙으로 만듭니다.   가장 큰 값인 루트를 꺼내 a[6]으로 옮깁니다.

e

```
  0   1   2   3   4   5   ❻   7   8   9
[ 6 │ 4 │ 5 │ 1 │ 3 │ 2 │ 7 │ 8 │ 9 │ 10]
```

(… 생략 …)

[그림 6-34] 힙 정렬 과정

배열을 힙으로 만들기

그림 6-35와 같은 이진트리가 있다고 가정합시다. 4를 루트로 하는 부분트리(ⓐ)는 힙이 아닙니다. 그러나 왼쪽 자식 8을 루트로 하는 부분트리(ⓑ)와 오른쪽 자식 5를 루트로 하는 부분트리(ⓒ)는 모두 힙입니다. ⓒ 부분트리는 트리의 일부를 뜻합니다.

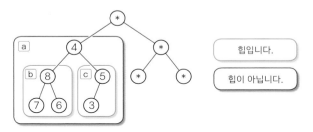

[그림 6-35] 왼쪽부분 트리와 오른쪽 부분트리가 힙 상태인 부분트리

앞에서 루트를 없앤 다음 마지막 요소를 루트로 옮기고, 루트로 옮긴 요소를 알맞은 위치로 내려보내면서 힙을 만들었습니다. 여기서도 이 방법으로 루트 4를 알맞은 위치로 내려보내면서 부분트리 ⓐ를 힙으로 만들 수 있습니다. 이 방법을 사용하면 아랫부분의 작은 부분트리부터 시작해 올라가는 방식(bottom-up)으로 전체 배열을 힙으로 만들 수 있습니다.

다음은 이 내용을 그림으로 나타낸 것으로, 가장 아랫부분의 오른쪽 부분트리부터 시작해 왼쪽으로 진행하면서 힙으로 만듭니다. 가장 아랫부분의 단계가 끝나면 하나 위쪽으로 부분트리 범위를 확장하고 다시 왼쪽으로 진행하면서 부분트리를 힙으로 만듭니다.

이 트리는 힙이 아닙니다. 마지막(가장 아랫부분의 가장 오른쪽) 부분트리인 {9, 10}을 선택합니다. 요소 9를 내려 힙으로 만듭니다.

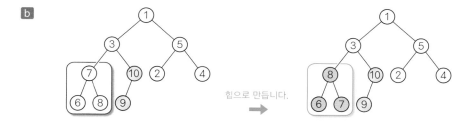

바로 왼쪽의 부분트리인 {7, 6, 8}을 선택합니다. 요소 7을 오른쪽으로 내려 힙으로 만듭니다.

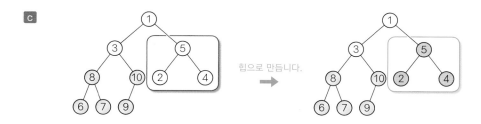

가장 아랫부분의 단계가 끝났습니다. 이제 부분트리의 선택 범위를 위로 한 칸 확장하여 마지막(가장 오른쪽) 부분트리인 {5, 2, 4}를 선택합니다. 이미 힙이므로 옮길 필요가 없습니다(우연히 힙인 상태).

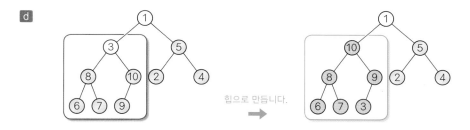

바로 왼쪽에 있는 부분트리(3을 루트로 하는 부분트리)를 선택합니다. 여기서는 요소 3을 오른쪽 아래로 내려 힙으로 만듭니다.

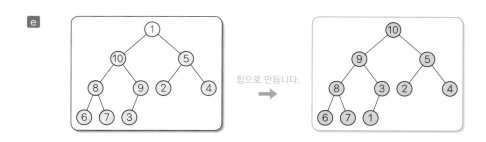

부분트리의 선택 범위를 위로 한 칸 확장해 트리 전체를 선택합니다. 왼쪽에 있는 자식 10을 루트로 하는 부분트리와 오른쪽에 있는 자식 5를 루트로 하는 부분트리는 모두 힙입니다. 그래서 요소 1을 알맞은 위치로 내려보내 힙으로 만들고 끝냅니다.

이제 힙 정렬 프로그램을 작성해 보겠습니다. 실습 6-17은 힙 정렬을 수행하는 프로그램입니다.

Do it! 실습 6-17 · 완성 파일 chap06/HeapSort.java

```java
01  // 힙 정렬
02
03  import java.util.Scanner;
04
05  class HeapSort {
06     // 배열 요소 a[idx1]과 a[idx2]의 값을 교환
07     static void swap(int[] a, int idx1, int idx2) {
08        int t = a[idx1];
09        a[idx1] = a[idx2];
10        a[idx2] = t;
11     }
12
13     // a[left]~a[right]를 힙으로 만듦
14     static void downHeap(int[] a, int left, int right) {
15        int temp = a[left];                              // 루트
16        int child;                                       // 큰 값을 갖는 자식
17        int parent;                                      // 부모
18
19        for (parent = left; parent < (right + 1) / 2; parent = child) {
20           int cl = parent * 2 + 1;                              // 왼쪽 자식
21           int cr = cl + 1;                                      // 오른쪽 자식
22           child = (cr <= right && a[cr] > a[cl]) ? cr: cl;  // 큰 쪽을 자식에 대입
23           if (temp >= a[child])
24              break;
25           a[parent] = a[child];
26        }
27        a[parent] = temp;
28     }
29
30     // 힙 정렬
31     static void heapSort(int[] a, int n) {
32        for (int i = (n - 1) / 2; i >= 0; i--)    // a[i]~a[n-1]를 힙으로 만듦  ─①
33           downHeap(a, i, n - 1);
34
```

```
35    for (int i = n - 1; i > 0; i--) {
36      swap(a, 0, i);      // 가장 큰 요소와 아직 정렬되지 않은 부분의 마지막 요소를 교환
37      downHeap(a, 0, i - 1);  // a[0]~a[i-1]을 힙으로 만듦                                    2
38    }
39  }
40
41  public static void main(String[] args) {
42    Scanner stdIn = new Scanner(System.in);
43
44    System.out.println("힙 정렬");
45    System.out.print("요솟수: ");
46    int nx = stdIn.nextInt();
47    int[] x = new int[nx];
48
49    for (int i = 0; i < nx; i++) {
50      System.out.print("x[" + i + "]: ");
51      x[i] = stdIn.nextInt();
52    }
53
54    heapSort(x, nx);     // 배열 x를 힙 정렬
55
56    System.out.println("오름차순으로 정렬했습니다.");
57    for (int i = 0; i < nx; i++)
58      System.out.println("x[" + i + "] = " + x[i]);
59  }
60 }
```

실행 결과
힙 정렬
요솟수: 7
x[0]: 6
x[1]: 4
x[2]: 3
x[3]: 7
x[4]: 1
x[5]: 9
x[6]: 8
오름차순으로 정렬했습니다.
x[0] = 1
x[1] = 3
x[2] = 4
x[3] = 6
x[4] = 7
x[5] = 8
x[6] = 9

downHeap 메서드

배열 a에서 a[left]~a[right]의 요소를 힙으로 만드는 메서드입니다. 맨 앞에 있는 a[left] 이외
에는 모두 힙 상태라고 가정하고 a[left]를 아랫부분의 알맞은 위치로 옮겨 힙 상태를 만듭니다.

◎ 앞에서 공부한 '루트를 없애고 힙 상태 유지하기'에 관한 내용입니다.

heapSort 메서드

요솟수가 n개인 배열 a를 힙 정렬하는 메서드입니다. 다음과 같이 2단계로 구성됩니다.

> 1 downHeap 메서드를 사용하여 배열 a를 힙으로 만듭니다.
> 2 루트(a[0])에 있는 가장 큰 값을 꺼내 배열 마지막 요소와 바꾸고 배열의 나머지 부분을 다시 힙으로 만드
> 는 과정을 반복하여 정렬을 수행합니다.

◎ 1은 '배열을 힙으로 만들기'에 대한 내용이고, 2는 '힙 정렬 알고리즘 살펴보기'에 대한 내용입니다.

힙 정렬의 시간 복잡도

앞에서 설명한 대로 힙 정렬은 선택 정렬을 응용한 알고리즘입니다. 단순 선택 정렬에서는 아직 정렬되지 않은 부분의 모든 요소를 대상으로 가장 큰 값을 선택합니다. 힙 정렬에서는 첫 요소를 꺼내는 것만으로 가장 큰 값을 구할 수 있지만 남은 요소를 '다시 힙으로 만들기'가 필요합니다. 단순 선택 정렬에서 가장 큰 요소를 선택하는 시간 복잡도는 O(n)이고 힙 정렬에서 '다시 힙으로 만들기' 작업을 수행하는 시간 복잡도는 O(log n)입니다.

◎ 루트를 알맞은 위치로 내려보내는 작업은 이진 검색과 비슷한데 스캔할 때마다 스캔의 범위가 거의 반으로 줄어듭니다.

결국 '다시 힙으로 만들기' 작업을 반복하므로, 정렬 전체에 필요한 시간 복잡도는 단순 선택 정렬이 O(n²)인 데 반해 힙 정렬은 O(n log n)입니다.

연습 문제 **Q16** downHeap 메서드가 호출될 때마다 오른쪽 그림처럼 배열 값을 트리 형식으로 출력하는 프로그램을 작성하세요.

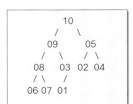

06-9 도수 정렬

도수 정렬은 요소의 대소 관계를 판단하지 않고 빠르게 정렬할 수 있는 알고리즘입니다.

Ⓖ 도수 정렬(counting sort)에서 도수(counting)는 분포 도수(distribution counting)를 말합니다.

도수 정렬 알아보기

지금까지 다룬 정렬 알고리즘은 두 요소의 키값을 비교해야 했습니다. 하지만 이 절에서 다루는 도수 정렬은 요소를 비교할 필요가 없습니다. 10점 만점의 테스트에서 학생 9명의 점수를 예로 들어 도수 정렬 알고리즘을 살펴보겠습니다. 도수 정렬 알고리즘은 도수분포표 만들기, 누적도수분포표 만들기, 목표 배열 만들기, 배열 복사하기 등 4단계로 이루어집니다.

Ⓖ 아래에서 정렬하는 배열 a는 요솟수는 n, 점수의 최댓값은 max입니다.

1단계: 도수분포표 만들기

먼저 배열 a를 바탕으로 '각 점수에 해당하는 학생이 몇 명인지'를 나타내는 도수분포표를 작성합니다. 도수분포표를 저장하기 위해 배열 f를 사용합니다. 먼저 배열 f의 모든 요솟값을 0으로 초기화합니다(**0**). 그런 다음 배열 a를 처음부터 스캔하면서 도수분포표를 만듭니다. a[0]은 5점이므로 f[5]를 1 증가시켜 1로 만듭니다(**1**). a[1]은 7점이므로 f[7]을 1 증가시켜 1로 만듭니다(**2**). 이 작업을 배열 마지막 요소까지 반복하면 도수분포표가 완성됩니다.

Ⓖ 예를 들어 f[3]의 값(2)은 3점을 맞은 학생이 2명이라는 뜻입니다.

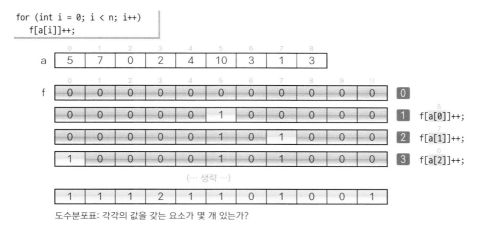

[그림 6-36] 도수분포표 만들기

2단계: 누적도수분포표 만들기

이제 '0점부터 n점까지 몇 명의 학생이 있는지' 누적한 값을 나타내는 누적도수분포표를 만들겠습니다. 그림 6-37에 배열 f의 두 번째 요소부터 바로 앞의 요솟값을 더하는 과정을 나타냈습니다. 가장 마지막이 누적도수분포표가 완성된 모습입니다.

◎ 예를 들어 f[4]의 값(6)은 0~4점을 받은 학생이 6명임을, f[10]의 값(9)은 0~10점을 받은 학생이 9명임을 의미합니다.

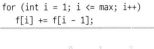

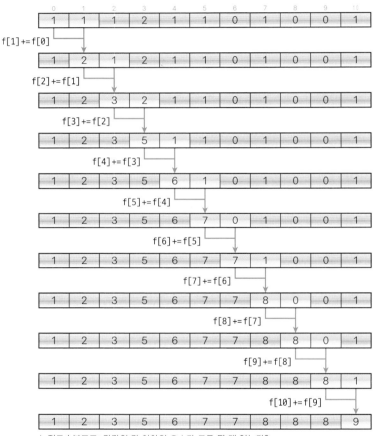

누적도수분포표: 각각의 값 이하의 요소가 모두 몇 개 있는가?

[그림 6-37] 누적도수분포표 만들기

3단계: 목표 배열 만들기

각각의 점수를 받은 학생이 몇 번째에 위치하는지 알 수 있으므로 이 시점에서 정렬은 거의 마쳤다고 할 수 있습니다.

```
for (int i = n - 1; i >= 0; i--)
    b[--f[a[i]]] = a[i];
```

남은 작업은 배열 a의 각 요솟값과 누적도수분포표 f를 대조하여 정렬을 마친 배열을 만드는 일입니다. 이 작업은 배열 a와 같은 요솟수를 갖는 작업용 배열 b가 필요합니다. 이제 배열 a의 요소를 마지막 요소부터 처음 요소까지 스캔하면서 배열 f와 대조하는 작업을 수행하겠습니다.

1. 요소 a[8]

마지막 요소(a[8])의 값은 3입니다. 누적도수를 나타내는 배열(f[3])값이 5이므로 0~3점 사이에 5명이 있음을 알 수 있습니다. 그러므로 작업용 목표 배열인 b[4]에 3을 저장합니다. 조금 복잡해 보이지만 그림을 잘 보면 쉽게 이해할 수 있습니다.

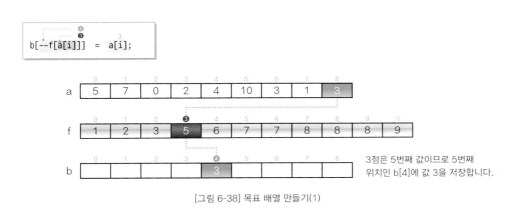

[그림 6-38] 목표 배열 만들기(1)

이 작업을 할 때 f[3]값을 5에서 1 감소시켜 4로 업데이트 합니다. 그 이유는 뒤에 설명하겠습니다.

2. 요소 a[7]

바로 앞의 요소 a[7]값은 1입니다. 누적도수를 나타내는 f[1]값(2)은 0 ~ 1점 사이에 2명이 있음을 의미합니다. 따라서 작업용 목표 배열 b[1]에 1을 저장합니다.

ⓒ 배열의 두 번째 요소는 인덱스가 0이 아니라 1입니다. 그리고 이 작업을 할 때도 f[1]값을 2에서 1 감소시켜 1로 업데이트 합니다.

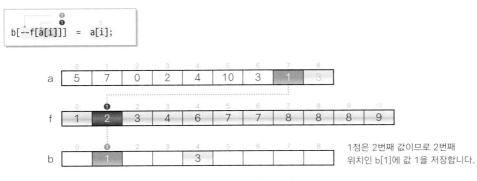

[그림 6-39] 목표 배열 만들기(2)

3. 요소 a[6]

배열 a에서 스캔을 계속합니다. 다음에 선택한 a[6]값은 3입니다. a[8]에서 3점 학생을 배열 b에 저장하는 과정을 이미 한 번 진행했기 때문에 2번째는 다르게 진행해야 합니다. 앞에서 a[8]값(3)을 목표 배열에 넣을 때 f[3]값을 1 감소시켜 4로 업데이트했다는 것을 기억하세요. 이렇게 미리 값을 감소시켰기 때문에 중복되는 값인 3을 목표 배열의 4번째 요소(b[3])에 저장할 수 있습니다. 정렬하기 전의 배열에서 뒤쪽에 있는 3을 b[4]에 저장하고, 앞쪽에 있는 3을 b[3]에 저장합니다.

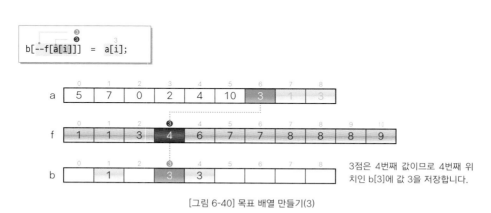

[그림 6-40] 목표 배열 만들기(3)

위의 작업을 a[0]까지 진행하면 배열 a의 모든 요소를 배열 b의 알맞은 위치에 저장할 수 있습니다.

4단계: 배열 복사하기

정렬은 끝났지만 정렬 결과를 저장한 곳은 작업 배열(b)입니다. 배열 a는 정렬하기 전 상태이므로 배열 b 값을 배열 a로 복사해야 합니다.

```
for (int i = 0; i < n; i++)
    a[i] = b[i];
```

도수 정렬은 if 문 없이 for 문만으로 정렬하는 매우 아름다운 알고리즘입니다. 실습 6-18은 도수 정렬 프로그램입니다.

Do it! 실습 6-18

• 완성 파일 chap06/CountingSort.java

```
01    // 도수 정렬
02
03    import java.util.Scanner;
04
05    class CountingSort {
```

```
06    // 도수 정렬(0 이상 max 이하의 값을 입력)
07    static void countingSort(int[] a, int n, int max) {
08      int[] f = new int[max + 1];      // 누적 도수
09      int[] b = new int[n];            // 작업용 목표 배열
10
11      for (int i = 0;     i < n;     i++) f[a[i]]++;            // 1단계
12      for (int i = 1;     i <= max; i++) f[i] += f[i - 1];     // 2단계
13      for (int i = n - 1; i >= 0;   i--) b[--f[a[i]]] = a[i];  // 3단계
14      for (int i = 0;     i < n;     i++) a[i] = b[i];          // 4단계
15    }
16
17    public static void main(String[] args) {
18      Scanner stdIn = new Scanner(System.in);
19
20      System.out.println("도수 정렬");
21      System.out.print("요솟수: ");
22      int nx = stdIn.nextInt();
23      int[] x = new int[nx];
24
25      for (int i = 0; i < nx; i++) {
26        do {
27          System.out.print("x[" + i + "]: ");
28          x[i] = stdIn.nextInt();
29        } while (x[i] < 0);
30      }
31
32      int max = x[0];
33      for (int i = 1; i < nx; i++)
34        if (x[i] > max) max = x[i];
35
36      countingSort(x, nx, max);  // 배열 x를 도수 정렬
37
38      System.out.println("오름차순으로 정렬했습니다.");
39      for (int i = 0; i < nx; i++)
40        System.out.println("x[" + i + "] = " + x[i]);
41    }
42  }
```

배열 x의 최댓값을 구하여 max에 대입합니다.

실행 결과

```
도수 정렬
요솟수: 7
x[0]: 22
x[1]: 5
x[2]: 11
x[3]: 32
x[4]: 120
x[5]: 68
x[6]: 70
오름차순으로 정렬했습니다.
x[0] = 5
x[1] = 11
x[2] = 22
x[3] = 32
x[4] = 68
x[5] = 70
x[6] = 120
```

countingSort 메서드는 배열의 모든 요솟값이 0 이상 max 이하임을 전제로 배열 a에 대해 도수 정렬을 수행합니다.

◎ 이 프로그램의 main 메서드에서는 키보드에서 읽어 들이는 값을 0 이상의 값으로 제한하고 있습니다. 32~34행은 키보 드로부터 읽어 들인 배열의 최댓값을 구하는 부분입니다. 그리고 countingSort 메서드를 호출할 때 그 값을 3번째 인수로 전달합니다.

countingSort 메서드는 정렬을 위한 작업용 배열 f와 b를 만듭니다. 앞에서 공부한 대로 배열 f는 도수분폿값을 넣은 뒤 이를 누적도수로 업데이트하여 저장하고, 배열 b는 정렬한 배열을 임시로 저장합니다. 배열은 생성될 때 모든 요소를 초깃값 0으로 초기화하므로 배열 f의 모든 요소에 일일이 0을 대입하지 않아도 됩니다.

◎ 배열 f는 인덱스로 0~max가 필요하므로 총 요솟수는 max + 1입니다. 그리고 목표 배열 b는 정렬 결과를 임시로 저장하는 배열이므로 요솟수는 배열 a와 같습니다(n).

이 프로그램의 메서드는 총 4단계의 for 문을 거칩니다. 각각의 for 문은 도수분포표 만들기, 누적도수분포표 만들기, 목표 배열 만들기, 배열 복사하기의 4단계(지금까지 공부한 내용)를 의미합니다.

도수 정렬 알고리즘은 데이터를 비교, 교환하는 작업이 필요 없어 매우 빠릅니다. 다중 for 문이 아닌 단순 for 문만을 사용하고, 재귀 호출과 2중 for 문이 없으므로 아주 효율적인 알고리즘입니다. 하지만 도수분포표가 필요하기 때문에 데이터의 최솟값과 최댓값을 미리 알고 있을 경우에만 사용할 수 있습니다.

각 단계(for 문)에서 배열 요소를 건너뛰지 않고 순서대로 스캔하기 때문에 같은 값의 순서가 바뀌는 일이 없으므로 이 정렬 알고리즘은 안정적이라고 할 수 있습니다. 다만 3단계(목표 배열 만들기)에서 배열 a를 스캔할 때 마지막부터 하지 않고 처음부터 하면 안정적이지 않습니다. 처음부터 스캔하면 안정적이지 않은 이유를 앞의 그림에서 설명하겠습니다. 처음부터 스캔하면 그림 6-38과 그림 6-40의 실행 순서가 뒤바뀌고, 그 결과 원래 배열(a)에서 앞쪽에 위치한 값 3이 a[4]에 저장되고 뒤쪽에 위치한 값 3이 a[3]에 저장됩니다. 결국 순서가 반대로 바뀝니다.

Q17 도수 정렬의 각 단계(for 문)에서 배열 a, b, f의 요솟값이 변화하는 모습을 출력하는 프로그램을 작성하세요.

Q18 요솟값의 범위가 min 이상 max 이하이고 요솟수가 n개인 배열 a를 도수 정렬하는 메서드를 작성하세요.

```
static void countingSort(int[] a, int n, int min, int max)
```

07

문자열 검색

07-1 브루트-포스법

07장에서는 문자열을 검색하는 알고리즘을 살펴봅니다. 우선 문자열 검색의 기초라고 할 수 있는 브루트-포스법을 알아보겠습니다.

문자열 검색이란?

문자열 검색이란 어떤 문자열 안에 특정 문자열이 들어 있는지 조사하고, 들어 있다면 그 위치를 찾는 것을 말합니다.

예를 들어 문자열 "STRING", "KING"에서 "IN"을 검색하면 문자열 검색에 성공합니다. 하지만 문자열 "QUEEN"에서 "IN"을 검색하면 문자열 검색에 실패합니다. 지금부터는 이해하기 쉽게 검색할 문자열을 패턴(pattern)이라 하고 문자열 원본을 텍스트(text)라고 하겠습니다.

STRING 문자열 원본(텍스트)
IN 검색할 문자열(패턴)

특정 문자열 패턴(IN)을
문자열 원본(STRING)에서 검색합니다.
[그림 7-1] 문자열 검색

브루트-포스법 알아보기

그림 7-2는 텍스트 "ABABCDEFGHA"에서 패턴 "ABC"를 브루트-포스법(brute force method)을 사용해 검색하는 과정을 간략하게 나타낸 것입니다.

ⓐ 텍스트의 첫 문자 'A'부터 시작하는 3개의 문자와 "ABC"가 일치하는지 검사합니다. 'A'와 'B'는 일치하지만 'C'는 다릅니다.

ⓑ 패턴을 1칸 뒤로 옮깁니다. 텍스트의 2번째 문자부터 3개의 문자가 일치하는지 조사합니다. 'A'와 'B'가 다릅니다.

ⓒ 패턴을 다시 1칸 뒤로 옮깁니다. 'A', 'B', 'C' 모두 일치하므로 검색 성공입니다.

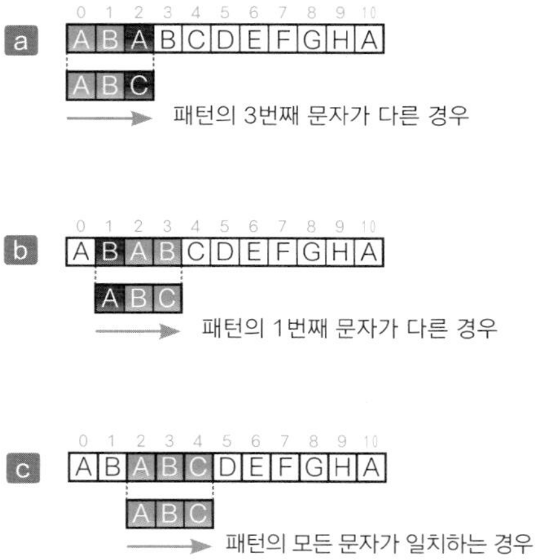

[그림 7-2] 브루트-포스법의 검색 과정

브루트-포스법은 선형 검색을 확장한 단순한 알고리즘이므로 단순법(單純法), 소박법(素朴法)이라고도 합니다. 그림 7-3은 앞에서 살펴본 그림 7-2를 조금 더 자세히 나타낸 것입니다.

◎ 브루트-포스법(brute force method)을 직역하면 '무차별 대입법' 또는 '무차별 공격법'입니다. brute는 '짐승, 잔인한, 야만적인'을, force는 '힘, 폭력, 강제하다'를 뜻합니다.

a 패턴이 텍스트의 첫 문자와 겹치도록 두 줄로 놓고 1번째 문자부터 순서대로 일치하는지 검사합니다. **1**, **2**처럼 문자가 일치하면 계속해서 패턴과 텍스트의 문자를 검사합니다. 그러다가 **3**처럼 서로 다른 문자가 나타나면 검사를 멈추고 다음 단계로 나아갑니다.

b 텍스트의 2번째 문자와 겹치도록 패턴의 위치를 1칸 뒤로 이동합니다. **4**에서 볼 수 있듯이 1번째 문자부터 다릅니다. 검사를 멈추고 다음 단계로 나아갑니다.

c 텍스트의 3번째 문자와 겹치도록 패턴의 위치를 1칸 뒤로 이동합니다. **5**, **6**, **7**에서 볼 수 있듯이 모든 문자가 일치합니다. 검색 성공입니다.

그런데 **3**에서 텍스트의 검사 위치가 ❷까지 앞으로 나아갔는데 **4**에서 뒤로 물러나 다시 ❶부터 검사합니다. 즉, 이미 검사한 위치에서 뒤로 물러나므로 브루트-포스법은 효율이 좋지 않습니다.

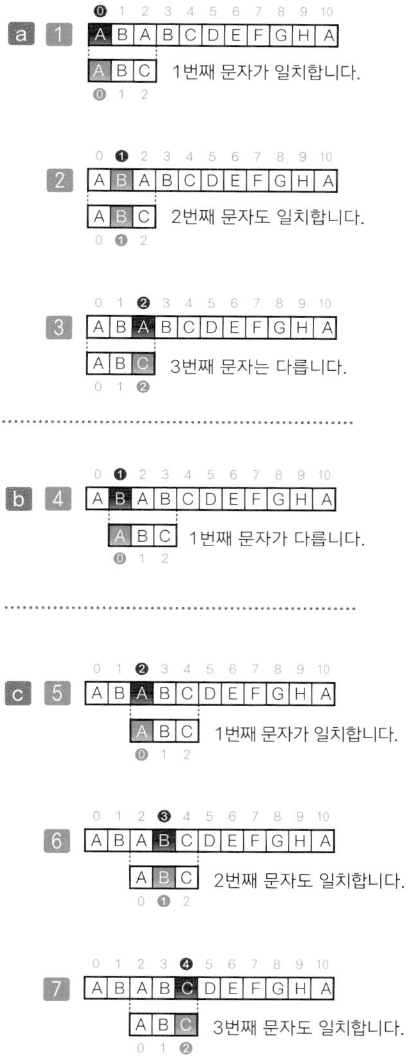

[그림 7-3] 브루트-포스법으로 검색하는 과정

실습 7-1은 브루트-포스법으로 문자열을 검색하는 프로그램입니다.

Do it! 실습 7-1

• 완성 파일 chap07/BFmatch.java

```java
01  // 브루트-포스법으로 문자열 검색
02
03  import java.util.Scanner;
04
05  class BFmatch {
06      // 브루트-포스법으로 문자열을 검색하는 메서드
07      static int bfMatch(String txt, String pat) {
08          int pt = 0;                     // txt 커서
09          int pp = 0;                     // pat 커서
10
11          while (pt != txt.length() && pp != pat.length()) {
12              if (txt.charAt(pt) == pat.charAt(pp)) {
13                  pt++;
14                  pp++;
15              } else {
16                  pt = pt - pp + 1;
17                  pp = 0;
18              }
19          }
20          if (pp == pat.length())         // 검색 성공
21              return pt - pp;
22          return -1;                      // 검색 실패
23      }
24
25      public static void main(String[] args) {
26          Scanner stdIn = new Scanner(System.in);
27
28          System.out.print("텍스트: ");
29          String s1 = stdIn.next();       // 텍스트용 문자열
30
31          System.out.print("패  턴: ");
32          String s2 = stdIn.next();       // 패턴용 문자열
33
34          int idx = bfMatch(s1, s2);      // 문자열 s1에서 문자열 s2를 검색
35
```

실행 결과

텍스트: ABC이지스DEF
패 턴: 이지스
4번째 문자부터 일치합니다.
텍스트: ABC이지스DEF
패 턴: 이지스

```
36          if (idx == -1)
37            System.out.println("텍스트에 패턴이 없습니다.");
38          else {
39            // 일치하는 문자 바로 앞까지의 문자 개수를 반각 문자로 환산하여 구함
40            int len = 0;
41            for (int i = 0; i < idx; i++)
42              len += s1.substring(i, i + 1).getBytes().length;
43            len += s2.length();
44
45            System.out.println((idx + 1) + "번째 문자부터 일치합니다.");
46            System.out.println("텍스트: " + s1);
47            System.out.printf(String.format("패    턴: %%%ds\n", len), s2);
48          }
49        }
50    }
```

bfMatch 메서드는 텍스트(txt)에서 패턴(pat)을 검색하여 검색에 성공하면 그 위치의 텍스트 쪽 인덱스를 반환합니다. 텍스트에 패턴이 여러 개 있으면 가장 앞쪽에 위치한 텍스트 쪽 인덱스를 반환하고, 검색에 실패하면 −1을 반환합니다. 텍스트를 스캔하기 위한 변수로 pt를 사용하고, 패턴을 스캔하기 위한 변수로 pp를 사용합니다. 두 변수를 처음에 0으로 초기화하고 스캔하거나 패턴을 옮길 때마다 업데이트합니다.

😊 그림 7-3에서 ●은 변수 pt, ●은 변수 pp입니다. 실습 7-1은 보충수업 7-1을 다룬 후에 더 설명하겠습니다.

 연습 문제

Q1 오른쪽처럼 브루트-포스법의 검색 과정을 자세히 출력하는 프로그램을 작성하세요. 패턴을 옮길 때마다 검사하는 텍스트의 첫 번째 문자 인덱스를 출력하고, 검사 과정에서 비교하는 두 문자가 일치하면 +를, 다르면 |를 출력하세요. 마지막에 비교한 횟수를 출력하세요.

```
0 ABABCDEFGHA
  +
  ABC

  ABABCDEFGHA
   +
   ABC

  ABABCDEFGHA
    |
    ABC

1 ABABCDEFGHA
   |
   ABC

(… 생략 …)

비교를 7회 했습니다.
```

Q2 bfMatch 메서드는 텍스트에 패턴이 여러 개 있으면 가장 앞쪽의 인덱스를 반환합니다. 이를 수정하여 가장 뒤쪽의 인덱스를 반환하는 bfMatchLast 메서드를 작성하세요.

```
static int bfMatchLast(String txt, String pat)
```

📚 보충수업 7-1 문자열과 String 클래스

자바에서 문자열은 java.lang 패키지에 소속된 String 클래스로 나타냅니다. 이 형은 기본형(int형, double형 등)이 아닙니다. String 클래스형 변수의 전형적인 선언은 다음과 같습니다.

```
String s = "ABC";
```

초기자로 주어진 "ABC"는 문자열 리터럴입니다. 문자열 리터럴은 단순히 문자가 늘어서 있는 것이 아니라 String형 인스턴스입니다(문자열 리터럴식을 평가하면 인스턴스에 대한 참조를 얻을 수 있고, 그 참조로 s가 초기화됩니다).

String 클래스는 문자열을 넣어 두기 위한 '문자 배열'을 비공개 필드로 갖고 있습니다. 따라서 변수 s와 그것이 참조하는 인스턴스의 이미지는 그림 7C-1과 같습니다.

◎ 변수 s가 참조하는 곳은 단순한 '문자열' 그 자체가 아니라 '문자열을 내부에 가진 인스턴스'임을 기억해 두세요.

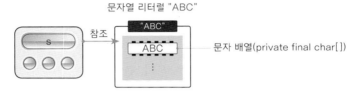

[그림 7C-1] String형의 변수와 인스턴스

이제 String 클래스가 제공하는 대표적인 메서드를 몇 가지 살펴보겠습니다(이 책에서는 예시 프로그램은 생략했습니다. 프로그램을 다운로드하여 비교하면서 학습하면 이해하는 데 도움이 됩니다).

■ 문자열 길이를 구하는 메서드 length

length 메서드는 문자열 길이(문자열에 포함되어 있는 문자 수)를 조사하며, 다음 형식으로 호출합니다.

```
변수 이름.length()
```

이 메서드는 문자열의 길이를 int형 값으로 반환합니다. 배열의 요솟수를 구하는 식인 '배열 이름.length'와는 전혀 다릅니다.

◎ '배열 이름.length' 뒤에 ( )가 필요 없는 것은 이 length가 클래스의 메서드가 아니라 필드이기 때문입니다.

■ 문자열 안에서 특정 문자를 꺼내는 메서드 charAt

charAt 메서드는 문자열 안에서 특정 위치에 있는 문자를 가져옵니다. 인덱스가 i인 문자를 다음 형식으로 가져올 수 있습니다.

```
변수 이름.charAt(i)
```

반환하는 문자의 형은 char형입니다.

ⓖ length 메서드와 charAt 메서드를 사용하는 예가 "chap07/ScanString.java"에 있습니다. 입력받은 문자열 s의 길이를 length( )로 구하고, 문자열 안의 문자를 charAt(i)로 하나씩 구하여 출력합니다.

■ 부분 문자열을 꺼내는 메서드 substring

substring 메서드는 문자열에서 부분 문자열을 꺼냅니다(예를 들어 "ABCDEFG"에서 "CD"를 꺼냅니다). 전달받은 인수가 1개인 것과 2개인 것을 다중으로 정의(오버로드)합니다.

```
변수 이름.substring(begin)
변수 이름.substring(begin, end)
```

첫 번째 메서드가 반환하는 것은 인덱스가 begin인 문자부터 맨 끝까지의 문자열이고, 두 번째 메서드가 반환하는 것은 인덱스가 begin인 문자부터 end 바로 앞 문자까지의 문자열입니다. 두 메서드 모두 새로 생성한 문자열 인스턴스를 반환합니다("ABCDEFG"에서 "CD"를 꺼내는 경우 "CD"를 나타내는 String 클래스형의 인스턴스를 새로 생성하고 그 인스턴스에 대한 참조를 반환합니다).

ⓖ substring 메서드를 사용하는 예가 "chap07/Substring.java"에 있습니다. 처음에 문자열 s와 정숫값 begin, end를 입력받고 그다음에 s.substring(begin)과 s.substring(begin, end)가 각각 반환하는 문자열을 출력합니다.

■ 다른 문자열과 내용이 같은지 조사하는 메서드 equals

2개의 문자열을 등가 연산자(== 또는 !=)로 비교하는 경우 등가성을 판단하는 대상은 문자열의 내용이 아니라 참조하는 곳(인스턴스를 넣어 둔 곳)입니다. 문자열 안에 있는 내용의 등가성을 판단하는 것이 equals 메서드입니다. equals 메서드는 다음 형식으로 호출합니다.

```
변수 이름.equals(s)
```

문자열이 s와 같으면 true를, 같지 않으면 false를 반환합니다. 그리고 이 메서드는 Object 클래스의 equals 메서드(보충수업 9-3)를 다중 정의합니다.

ⓖ equals 메서드를 사용하는 예가 "chap07/CompareString1.java"에 있습니다. 2개의 문자열을 입력받고 그 둘의 등가성을 ==로 판단한 결과(참조하는 곳의 등가성)와 equals 메서드로 판단한 결과(문자열 안의 내용의 등가성)라는 2가지를 출력합니다. 참조하는 곳이 같으면 당연히 같습니다. 그러나 참조할 곳이 다르면 내용이 같을 수도 있고 다를 수도 있습니다.

■ 다른 문자열과 비교(대소 관계 판단)하는 메서드 compareTo

compareTo 메서드는 인수로 전달받은 문자열과 비교(대소 관계를 판단)합니다.

```
변수 이름.compareTo(s)
```

문자열과 s의 대소 관계를 '사전의 순서'에 따라 판단하고 다음처럼 값을 반환합니다.

- 문자열이 s보다 작으면 음의 정숫값
- 문자열이 s보다 크면 양의 정숫값
- 문자열이 s와 같으면 0

첫 번째 문자부터 순서대로 문자 코드를 비교하여, 둘이 같으면 다음 문자를 비교하는 과정을 반복함으로써 문자열의 대소 관계를 판단합니다. 물론 어느 한쪽의 문자 코드가 크면 그쪽의 문자열이 더 큰 것으로 판단합니다. 예를 들어 "ABCD"와 "ABCE"라면 네 번째 문자까지 비교한 단계에서 후자 쪽이 크다고 판단합니다. 그리고 "ABC"와 "ABCD"처럼 앞쪽 3개의 문자가 동일하고 한쪽의 문자 수가 많으면 문자 수가 많은 쪽 문자열이 크다고 판단합니다.

ⓒ compareTo 메서드를 사용하는 예가 'chap07/CompareString2.java'에 있습니다. 2개의 문자열을 입력받고 그 둘의 대소 관계를 판단한 결과를 출력합니다.

String.indexOf 메서드로 문자열 검색하기

java.lang.String 클래스는 문자열을 검색하는 indexOf 메서드와 lastIndexOf 메서드를 제공합니다. 다음 표를 참고하세요.

[표 7-1] java.lang.String 클래스가 제공하는 문자열 검색 메서드

① int indexOf(String str)	③ int lastIndexOf(String str)
② int indexOf(String str, int fromIndex)	④ int lastIndexOf(String str, int fromIndex)

위의 메서드는 모두 지정한 특정 문자열(str)이 포함되어 있는지 검색합니다. 검색에 성공하면 찾은 문자열(텍스트)의 인덱스를 반환하고 실패하면 −1을 반환합니다. ①, ③은 전체 문자열을 검색하고 ②, ④는 fromIndex부터의 문자열을 검색합니다. 이때 ③, ④는 같은 문자열에 대해 가장 뒤쪽에 위치한 문자열을 검색합니다.

실습 7-2는 표 7-1의 ①, ③ 메서드를 사용하여 작성한 프로그램입니다.

그림 7-4처럼 텍스트가 "AB주이지스DEF이지스12"이고, 패턴이 "이지스"라면 indexOf 메서드는 3을 반환합니다.

<table>
<tr><td>"이지스"를 검색하면 3을 반환합니다.</td></tr>
</table>

[그림 7-4] "이지스"를 포함한 문자열의 검색

한 행에 문자열 "AB주이지스DEF이지스12"를 표시하고 다음 행에 반각, 곧 1바이트인 공백 문자 3개와 문자열 "이지스"를 표시하면 다음처럼 됩니다. '*'는 반각 공백 문자를 의미합니다.

```
AB주이지스DEF이지스12
***이지스
```

텍스트와 패턴의 대조 위치를 세로로 나란히 표시하기 위하여 실습 7-2의 21~30행에서는 '대조한 문자 바로 앞의 문자 수를 반각으로 환산한 값으로 구하는 것'입니다. 이 for 문에서는 substring을 사용하여 텍스트 문자열 안 각각의 문자에 주목하고, 그 문자를 getBytes 메서드를 사용하여 바이트 배열로 변환합니다.

◉ String.getBytes는 문자열을 바이트 시퀀스(byte sequence)로 부호화하여 바이트 배열에 넣어 두는 메서드입니다. 부호화할 때는 플랫폼의 기본 문자 세트(default character set)를 사용합니다.

> 💬 조금만 더!   **부호화는 무엇일까요?**
>
> 부호화, 즉 인코딩(encoding)은 정보의 모양이나 형식을 다른 모양이나 형식으로 변환하는 것입니다. 부호화는 표준화, 보안, 처리 속도 향상, 저장 공간 절약 등을 위해 사용합니다. 문자열(str)은 사람이 인지하고 처리할 수 있는 문자 형식입니다. 반면 바이트 시퀀스(bytes sequence, 바이트열)는 기계가 처리하는 문자 형식으로, 문자를 표현하는 실제 바이트입니다.
>
> 따라서 부호화, 즉 인코딩은 사람이 인지하고 처리할 수 있는 문자열을 기계가 처리하는 바이트 시퀀스로 변환하는 것입니다. 디코딩(decoding)은 인코딩과 반대로 바이트 시퀀스를 문자열로 변환하는 것입니다.

• 완성 파일 chap07/IndexOfTester.java

```
01   // String.indexOf, String.lastIndexOf 메서드로 문자열 검색
02
03   import java.util.Scanner;
04
05   class IndexOfTester {
06     public static void main(String[] args) {
07       Scanner stdIn = new Scanner(System.in);
08
09       System.out.print("텍스트: ");
10       String s1 = stdIn.next();            // 텍스트용 문자열
11
12       System.out.print("패 턴: ");
13       String s2 = stdIn.next();            // 패턴용 문자열
14
15       int idx1 = s1.indexOf(s2);           // 문자열 s1에서 s2를 검색(앞쪽부터)
16       int idx2 = s1.lastIndexOf(s2);       // 문자열 s1에서 s2를 검색(뒤쪽부터)
17
18       if (idx1 == -1)
19         System.out.println("텍스트 안에 패턴이 없습니다.");
20       else {
21         // 찾아낸 문자열 바로 앞까지의 문자 개수를 구함
22         int len1 = 0;
23         for (int i = 0; i < idx1; i++)
24           len1 += s1.substring(i, i + 1).getBytes().length;
25         len1 += s2.length();
26
27         int len2 = 0;
28         for (int i = 0; i < idx2; i++)
29           len2 += s1.substring(i, i + 1).getBytes().length;
30         len2 += s2.length();
31
32         System.out.println("텍스트: " + s1);
33         System.out.printf(String.format("패 턴: %%%ds\n", len1), s2);
34         System.out.println("텍스트: " + s1);
35         System.out.printf(String.format("패 턴: %%%ds\n", len2), s2);
36       }
37     }
38   }
```

실행 결과
텍스트: AB주이지스DEF이지스12
패 턴: 이지스
텍스트: AB주이지스DEF이지스12
패 턴: 이지스
텍스트: AB주이지스DEF이지스12
패 턴: 이지스

실습 7-2 프로그램을 실행하면 반각 문자는 1바이트의 바이트 배열로, 전각 문자는 2바이트의 바이트 배열로 변환됩니다. 따라서 바뀐 배열의 길이를 length 메서드로 구하면 검색 대상의 문자가 1바이트인지 2바이트인지 알 수 있습니다. 이렇게 얻은 값을 for 문으로 반복하여 누적하고, 그 누적한 값에 문자열 s2의 길이를 더한 것이 len1입니다. 문자열 s2를 문자의 너비로 표시하면 다음처럼 정리할 수 있습니다.

AB주이지스DEF이지스12
****이지스

◎ 위의 예에서는 반각 공백 문자(*) 4개와 전각 문자(한글) 3개가 출력됩니다.

🔵 **조금만 더!**   **인코딩 방식에 따른 문자열 크기 계산**

문자열 str = "ABC이지스123四五六"이 있다고 할 때 str.length( )는 문자의 개수인 12를 반환합니다. 이와 달리 str.getBytes().length는 문자를 내부적으로 저장하는 배열의 크기, 곧 바이트 단위 크기를 반환합니다.

한글이나 한자는 인코딩 방식에 따라 'euc-kr'의 경우 문자 1개에 2바이트, 'utf-8'의 경우 3바이트의 크기를 갖습니다. 그러므로 "ABC이지스123四五六"은 'euc-kr'일 때 영문 3바이트, 한글 3×2바이트, 숫자 3바이트, 한자 3×2바이트로 총 18바이트를 반환합니다. 그리고 'utf-8'일 때 영문 3바이트, 한글 3×3바이트, 숫자 3바이트, 한자 3×3바이트로 총 24바이트를 반환합니다.

다만 여기서 인코딩 방식은 자바가 내부적으로 데이터를 저장하는 인코딩 방식을 의미합니다. 이것을 프로그램 소스 코드를 저장하는 인코딩 방식과 혼동하면 안 됩니다.

이런 혼동을 피하기 위해 str.getBytes("euc-kr").length 또는 str.getBytes("utf-8").length처럼 바이트 단위 크기를 구할 때 인코딩 방식을 명시적으로 구별하는 것이 좋습니다.

07-2 KMP법

KMP법은 일치하지 않는 문자를 만나면 패턴을 1칸 옮긴 다음, 패턴의 처음부터 다시 검사하는 브루트-포스법과는 달리 그때까지 검사한 결과를 효과적으로 이용하는 알고리즘입니다.

KMP법 알아보기

브루트-포스법은 일치하지 않는 문자를 만난 단계에서 그때까지 검사한 결과를 버리고 패턴을 텍스트의 다음 칸으로 옮긴 다음 패턴의 첫 번째 문자부터 다시 검사합니다. 하지만 KMP법은 검사한 결과를 버리지 않고 이를 효과적으로 활용하는 알고리즘입니다.

ⓖ D. E. Knuth, J. H. Morris, V. R. Pratt가 거의 같은 시기에 고안했기 때문에 이들의 이름 앞 글자를 각각 따서 KMP법이라고 부릅니다.

텍스트 "ZABCABXACCADEF"에서 패턴 "ABCABD"를 검색하는 경우를 통해 KMP 알고리즘을 알아보겠습니다. 다음 그림과 같이 텍스트, 패턴의 1번째 문자부터 순서대로 검사합니다. 텍스트의 1번째 문자 'Z'는 패턴에 없으므로 바로 일치하지 않는다고 판단합니다.

```
×
Z A B C A B X A C C A D E F
A B C A B D
×
```

이제 패턴을 1칸 뒤로 옮깁니다. 이때 패턴의 처음부터 순서대로 검사하면 패턴의 마지막 문자 'D'가 텍스트의 'X'와 일치하지 않습니다.

여기서 텍스트의 주황색 문자 "AB"와 패턴의 "AB"가 일치하고 있는 것에 주목합니다. 이 부분을 '이미 검사를 마친 부분'으로 보면, 텍스트의 'X' 다음 문자부터 패턴의 "CABD"가 일치하는지만 검사하면 됩니다. 그래서 패턴을 다음과 같이 "AB"가 겹치도록 한 번에(3칸) 이동시키고 3번째 문자인 'C'부터 검사하면 됩니다.

```
        ○ ○ ×
Z A B C A B X A C C A D E F
    A B C A B D
    ○ ○ ×
```

이와 같이 KMP법은 텍스트와 패턴 사이에 겹치는 부분을 찾아내 검사를 다시 시작할 위치를 구하여 패턴을 한번에 많이 옮기는 알고리즘입니다.

하지만 패턴을 옮길 때마다 몇 번째 문자부터 다시 검색을 시작할지 계산해야 한다면 높은 효율을 기대할 수 없습니다. 그래서 '몇 번째 문자부터 다시 검색할지'에 대한 값을 미리 '표'로 만들어 이 문제를 해결합니다.

ⓒ 다음 그림에서 왼쪽 그림은 텍스트와 패턴이 일치하지 않는 상태를 나타내고, 오른쪽 그림은 패턴의 몇 번째 문자부터 검사를 다시 시작할지를 나타냅니다.

a 1번째 문자가 일치하지 않습니다.

```
X ? ? ? ? ? ? ? ? ? ? ? ? ?          X ? ? ? ? ? ? ? ? ? ? ? ? ?
0 1 2 3 4 5 6 7 8 9 10 11 12 13      0 1 2 3 4 5 6 7 8 9 10 11 12 13
A B C A B D                          A B C A B D
×                                    ●
                                     1번째 문자부터 검사를 다시 시작합니다.
```

b 2번째 문자가 일치하지 않습니다.

```
A X ? ? ? ? ? ? ? ? ? ? ? ?          A X ? ? ? ? ? ? ? ? ? ? ? ?
0 1 2 3 4 5 6 7 8 9 10 11 12 13      0 1 2 3 4 5 6 7 8 9 10 11 12 13
A B C A B D                          A B C A B D
● ×                                  ●
                                     1번째 문자부터 검사를 다시 시작합니다.
```

c 3번째 문자가 일치하지 않습니다.

```
A B X ? ? ? ? ? ? ? ? ? ? ?          A B X ? ? ? ? ? ? ? ? ? ? ?
0 1 2 3 4 5 6 7 8 9 10 11 12 13      0 1 2 3 4 5 6 7 8 9 10 11 12 13
A B C A B D                            A B C A B D
● ● ×                                  ●
                                       1번째 문자부터 검사를 다시 시작합니다.
```

d 4번째 문자가 일치하지 않습니다.

```
A B C X ? ? ? ? ? ? ? ? ? ?          A B C X ? ? ? ? ? ? ? ? ? ?
0 1 2 3 4 5 6 7 8 9 10 11 12 13      0 1 2 3 4 5 6 7 8 9 10 11 12 13
A B C A B D                              A B C A B D
● ● ● ×                                  ●
                                         1번째 문자부터 검사를 다시 시작합니다.
```

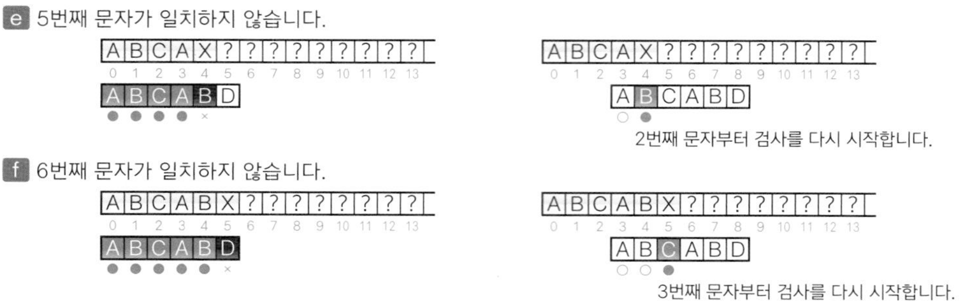

e 5번째 문자가 일치하지 않습니다.

```
A B C A X ? ? ? ? ? ? ? ? ?
0 1 2 3 4 5 6 7 8 9 10 11 12 13
A B C A B D
● ● ● ● ×
```

```
A B C A X ? ? ? ? ? ? ? ? ?
0 1 2 3 4 5 6 7 8 9 10 11 12 13
    A B C A B D
    ○ ●
```
2번째 문자부터 검사를 다시 시작합니다.

f 6번째 문자가 일치하지 않습니다.

```
A B C A B X ? ? ? ? ? ? ? ?
0 1 2 3 4 5 6 7 8 9 10 11 12 13
A B C A B D
● ● ● ● ● ×
```

```
A B C A B X ? ? ? ? ? ? ? ?
0 1 2 3 4 5 6 7 8 9 10 11 12 13
      A B C A B D
      ○ ●
```
3번째 문자부터 검사를 다시 시작합니다.

[그림 7-5] 각 단계에서 검사를 다시 시작할 위칫값

a~d ··· 패턴의 1~4번째 문자에서 검사에 실패하면 패턴을 옮긴 다음 1번째 문자부터 다시 검사합니다.

e ··· 패턴의 5번째 문자에서 검사에 실패하면 패턴을 옮긴 다음 1번째 문자가 일치하므로 2번째 문자부터 다시 검사할 수 있습니다.

f ··· 패턴의 6번째 문자에서 검사에 실패하면 3번째 문자부터 다시 검사할 수 있습니다.

다음 표를 작성하려면 패턴 안에서 중복되는 문자열을 찾아야 합니다. 이때도 KMP법의 아이디어를 이용합니다. 패턴 안에서 중복되는 문자열을 찾기 위해 패턴끼리 겹쳐 놓고 생각해 보겠습니다. 텍스트와 패턴의 1번째 문자가 서로 다른 경우 패턴을 1칸 뒤로 옮기고 패턴의 1번째 문자부터 다시 검사해야 하는 것은 분명하므로 패턴의 2번째 문자부터 생각합니다.

패턴 "ABCABD"를 두 줄로 겹쳐 놓고 아랫줄을 1칸 뒤로 옮깁니다. 그림을 보면 주황색 부분이 겹치지 않으므로 패턴을 다시 1칸 옮길 경우 1번째 문자부터 검사를 다시 시작해야 함을 알 수 있습니다. 그러므로 2번째 문자(B)의 다시 시작하는 값은 0입니다. 이는 패턴의 1번째 문자(인덱스 0)부터 검사를 다시 시작한다는 의미입니다.

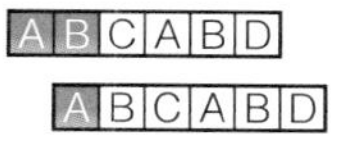

```
A B C A B D
  A B C A B D
```

A	B	C	A	B	D
—	0				

다시 패턴을 1칸 뒤로 옮깁니다. 문자가 일치하지 않으므로 표에서 3번째 문자(C)의 값을 0으로 합니다.

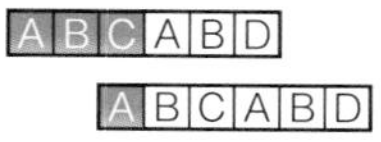

```
A B C A B D
    A B C A B D
```

A	B	C	A	B	D
—	0	0			

286 **Do it!** 자료구조와 함께 배우는 알고리즘 입문 — 자바 편

다시 패턴을 1칸 뒤로 옮기면 "AB"가 일치합니다. 여기서 다음과 같은 사실을 알 수 있습니다.

1. 패턴의 4번째 문자 'A'까지 일치하면 패턴을 텍스트의 다음 'A'까지 한번에 옮긴 뒤 'A'를 건너뛰고 2번째 문자부터 검사할 수 있습니다(e).
2. 패턴의 4번째, 5번째 문자 'AB'까지 일치하면 패턴을 텍스트의 다음 'AB'까지 한번에 옮긴 뒤 'AB'를 건너뛰고 3번째 문자부터 검사할 수 있습니다(f).

따라서 표에서 4번째와 5번째 문자의 경우 다시 시작하는 값을 1, 2로 합니다.

	A	B	C	A	B	D
	−	0	0	1	2	

이어서 패턴을 2칸 뒤로 옮기면 문자가 일치하지 않습니다. 표에서 패턴의 마지막 문자 'D'의 값을 0으로 합니다.

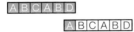

	A	B	C	A	B	D
	−	0	0	1	2	0

이제 표 만들기가 끝났습니다.

실습 7-3은 KMP법을 사용해 문자열을 검색하는 프로그램입니다.

Do it! 실습 7-3

• 완성 파일 chap07/KMPmatch.java

```
(… 생략 …)
06    // KMP법으로 문자열 검색
07    static int kmpMatch(String txt, String pat) {
08      int pt = 1;                              // txt 커서
09      int pp = 0;                              // pat 커서
10      int[] skip = new int[pat.length() + 1];  // 건너뛰기 표
11
12      // 건너뛰기 표 만들기
13      skip[pt] = 0;
14      while (pt != pat.length()) {
15        if (pat.charAt(pt) == pat.charAt(pp))
16          skip[++pt] = ++pp;                   ──── 1 표 만들기
17        else if (pp == 0)
18          skip[++pt] = pp;
19        else
```

```
20        pp = skip[pp];
21    }
22
23    // 검색
24    pt = pp = 0;
25    while (pt != txt.length() && pp != pat.length()) {
26        if (txt.charAt(pt) == pat.charAt(pp)) {
27            pt++;
28            pp++;
29        } else if (pp == 0)
30            pt++;
31        else
32            pp = skip[pp];
33    }
34
35    if (pp == pat.length())        // 패턴의 모든 문자 대조
36        return pt - pp;
37    return -1;                      // 검색 실패
38 }
```

2 검색

(… 생략 …)

kmpMatch 메서드가 전달받는 인수나 반환값은 브루트–포스법의 함수 bfMatch와 같습니다. **1** 에서 다시 시작하는 값을 표로 만들고 **2** 에서 실제 검색을 수행합니다. KMP법에서 텍스트를 스캔하는 커서 pt는 앞으로 나아갈 뿐(전진) 뒤로 되돌아오는 일(후퇴)은 없습니다. 하지만 KMP법은 브루트–포스법보다는 복잡하고, 다음 절에서 공부할 보이어·무어법은 성능이 같거나 오히려 낮아 실제 프로그램에서는 별로 사용하지 않습니다.

Q3 Q1과 마찬가지로 KMP법을 사용하는 검색 과정을 자세히 출력하는 프로그램을 작성하세요.

07-3 보이어·무어법

보이어·무어법은 브루트-포스법을 개선한 KMP법보다 효율이 더 좋기 때문에 실제 문자열 검색 프로그램에서 널리 사용하는 알고리즘입니다.

보이어·무어법 알아보기

보이어(R. S. Boyer)와 무어(J. S. Moore)가 만든 보이어·무어법은 KMP법보다 이론과 실제 모두에서 더 우수한 알고리즘입니다. 이 알고리즘은 패턴의 마지막 문자부터 앞쪽으로 검사를 진행하면서 일치하지 않는 문자가 있으면 미리 준비한 표에 따라 패턴을 옮길 크기를 정합니다.

텍스트 "ABCXDEZCABACABAC"에서 패턴 "ABAC"를 검색하는 경우를 예로 들어 이 알고리즘을 살펴보겠습니다. 그림 7-6의 a처럼 텍스트와 패턴의 첫 번째 문자를 위아래로 겹치고 패턴의 마지막 문자 'C'를 검사합니다. 텍스트의 'X'는 패턴에 없습니다. 이 문자는 패턴에 아예 없으므로 b ~ d처럼 패턴을 1 ~ 3칸 옮긴다 해도 문자열 "ABCX"와 패턴이 일치하는 경우는 없습니다.

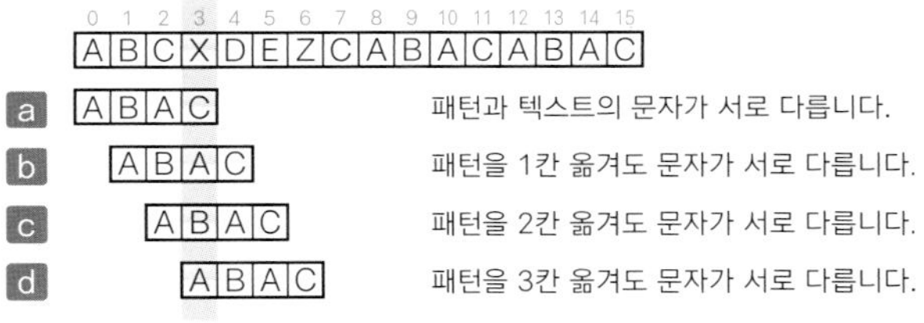

[그림 7-6] 패턴의 마지막 문자가 다른 경우

이처럼 비교 범위의 텍스트에 패턴에 없는 문자가 있다면 그 위치까지 건너뛸 수 있습니다. 그러므로 b ~ d의 비교를 생략하고 패턴을 단숨에 4칸 뒤로 옮겨 그림 7-7의 상태가 됩니다. 이 상태는 패턴의 마지막 문자 'C'와 텍스트의 'C'가 일치하므로 패턴의 검사 대상을 바로 앞쪽에 있는 'A'로 옮깁니다. 그림 7-8을 보면서 계속 살펴보겠습니다.

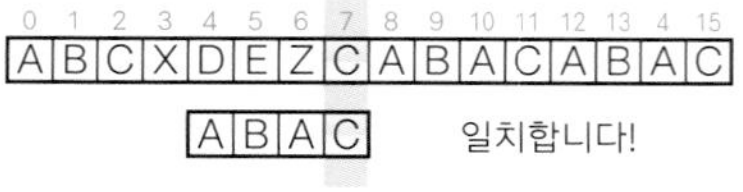

```
0 1 2 3 4 5 6 7 8 9 10 11 12 13 4 15
A B C X D E Z C A B A C A B A C
            A B A C        일치합니다!
```

[그림 7-7] 패턴의 마지막 문자가 일치하는 경우

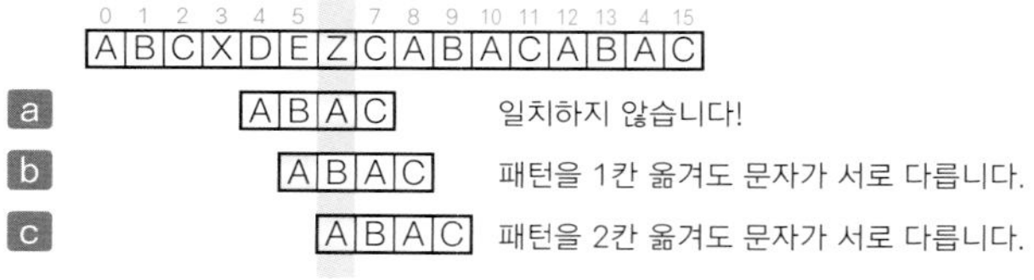

```
0 1 2 3 4 5 6 7 8 9 10 11 12 13 4 15
A B C X D E Z C A B A C A B A C
```
a　　　　　A B A C　　　일치하지 않습니다!
b　　　　　　A B A C　　패턴을 1칸 옮겨도 문자가 서로 다릅니다.
c　　　　　　　A B A C　패턴을 2칸 옮겨도 문자가 서로 다릅니다.

[그림 7-8] 패턴과 텍스트의 문자가 다른 경우

패턴의 문자 'A'는 텍스트의 'Z'와 다릅니다. 그리고 텍스트의 'Z'는 패턴에 없는 문자입니다. 따라서 그림 7-8의 b, c처럼 패턴을 1칸 또는 2칸 옮기더라도 패턴과 일치하지 않습니다. 패턴을 한꺼번에 3칸 옮겨 그림 7-9의 상태로 만듭니다.

패턴의 길이를 n이라 합시다. 텍스트에서 패턴에 들어 있지 않은 문자를 만날 경우 패턴 자체를 n만큼 옮기는 것이 아닙니다. 현재 검사하고 있는 텍스트 안의 문자 위치로부터 패턴이 n만큼 멀어지도록 패턴을 옮기는 것입니다.

예컨대 그림 7-7에서는 패턴을 4칸 옮기지만 그림 7-9에서는 검사하고 있는 텍스트의 위치(6)로부터 4만큼 떨어진 위치(10)에서 다시 검사를 시작할 수 있도록 패턴을 3칸 옮깁니다.

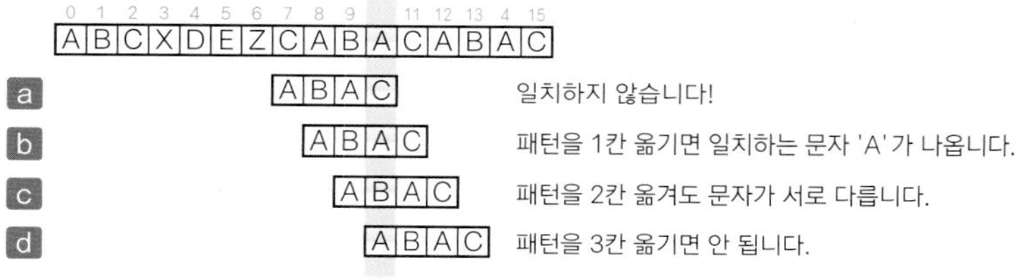

```
0 1 2 3 4 5 6 7 8 9 10 11 12 13 4 15
A B C X D E Z C A B A C A B A C
```
a　　　　　　A B A C　　일치하지 않습니다!
b　　　　　　　A B A C　패턴을 1칸 옮기면 일치하는 문자 'A'가 나옵니다.
c　　　　　A B A C　　　패턴을 2칸 옮겨도 문자가 서로 다릅니다.
d　　　　A B A C　　　　패턴을 3칸 옮기면 안 됩니다.

[그림 7-9] 패턴과 텍스트의 문자가 다른 경우

이렇게 옮긴 다음 텍스트의 'A'와 패턴의 마지막 문자 'C'를 비교합니다(그림 7-9 a). 그런데 문자 'A'는 패턴의 1, 3번째 인덱스에 들어 있습니다. 이런 경우 b와 같이 패턴의 뒤쪽에 위치한 'A'가 텍스트와 겹치도록 패턴을 1칸만 옮깁니다. 이때 d처럼 패턴의 앞쪽에 위치한 'A'와 겹치도록 3칸을 옮기면 안 됩니다. 패턴을 1칸만 옮기면 그림 7-10과 같은 상태가 됩니다. 패턴의 마지막 위치부터 순서대로 문자를 비교하면 모두 일치하므로 검색 성공입니다.

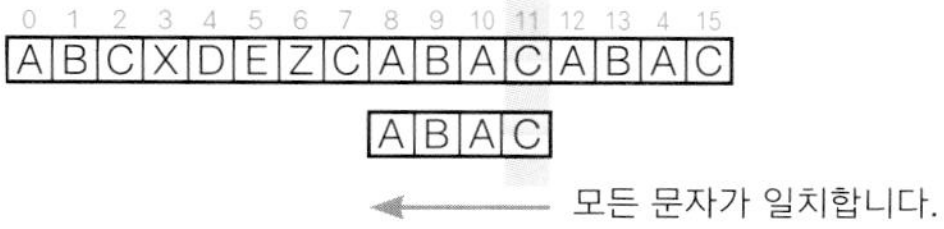

```
 0  1  2  3  4  5  6  7  8  9 10 11 12 13 14 15
 A  B  C  X  D  E  Z  C  A  B  A  C  A  B  A  C
 A  B  A  C
```

◀────────── 모든 문자가 일치합니다.

[그림 7-10] 검색에 성공한 경우

그런데 보이어·무어 알고리즘에서도 각각의 문자를 만났을 때 패턴을 옮길 크기를 알려 주는 표(건너뛰기 표)를 미리 만들어 두어야 합니다. 패턴 문자열의 길이가 n일 때 옮길 크기는 다음과 같은 방법으로 결정합니다. ◎ 건너뛰기 표는 KMP법에서 이미 작성해 보았습니다.

패턴에 들어 있지 않은 문자를 만난 경우

1. 패턴을 옮길 크기는 n입니다. 그림 7-6에 나타낸 것처럼 'X'는 패턴에 들어 있지 않으므로 4만큼 옮깁니다.

패턴에 들어 있는 문자를 만난 경우

1. 해당 문자의 마지막 인덱스가 k이면 패턴을 옮길 크기는 n - k - 1입니다. 그림 7-9에 나타낸 것처럼 'A'가 패턴의 두 곳에 들어 있으므로 마지막 인덱스를 선택하여 패턴을 1만큼(4-2-1) 옮깁니다.

2. 패턴의 마지막 문자가 패턴 안에 중복해서 들어 있지 않은 경우("ABAC"의 'C'는 패턴 안에 1개만 들어 있습니다) 패턴을 옮길 크기를 n으로 합니다. 텍스트에서 이런 문자(여기서는 "ABAC"의 'C')를 만날 경우 이동하지 않고 바로 앞 문자를 비교합니다. 이동할 필요가 없으므로 사용하지 않지만 편의상 n이라고 하는 것입니다.

다음은 위의 규칙을 적용하여 만든 건너뛰기 표입니다.

◎ 이 표에는 알파벳 대문자만 나와 있습니다. 이 표에 없는 모든 문자(숫자나 기호 등)는 패턴 "ABAC"에 없으므로 옮길 크기가 모두 4입니다.

```
텍스트 … "ABCXDEZCABACABAC"   패턴 … "ABAC"
```

A	B	C	D	E	F	G	H	I	J	K	L	M
1	2	4	4	4	4	4	4	4	4	4	4	4

N	O	P	Q	R	S	T	U	V	W	X	Y	Z
4	4	4	4	4	4	4	4	4	4	4	4	4

[그림 7-11] 보이어·무어법을 사용해 만든 건너뛰기 표

실습 7-4는 보이어·무어법을 이용하여 검색하는 프로그램입니다. 패턴에 있을 수 있는 모든 문자의 옮길 크기를 계산하고 저장해야 하므로 건너뛰기 표의 요솟수는 Character.MAX_VALUE + 1입니다(Character.MAX_VALUE는 char형으로 나타낼 수 있는 문자 수).

◎ 여기서 설명한 하나의 배열만 사용해서 검사하는 방법은 간단하게 구현한 보이어·무어 알고리즘입니다. 원래 보이어·무어법은 2개의 배열로 문자열을 검색합니다.

• 완성 파일 chap07/BMmatch.java

(… 생략 …)

```
06   // 보이어·무어법으로 문자열 검색
07   static int bmMatch(String txt, String pat) {
08     int pt;                              // txt 커서
09     int pp;                              // pat 커서
10     int txtLen = txt.length();           // txt의 문자 개수
11     int patLen = pat.length();           // pat의 문자 개수
12     int[] skip = new int[Character.MAX_VALUE + 1];        // 건너뛰기 표
13
14     // 건너뛰기 표 만들기
15     for (pt = 0; pt <= Character.MAX_VALUE; pt++)
16       skip[pt] = patLen;
17     for (pt = 0; pt < patLen - 1; pt++)
18       skip[pat.charAt(pt)] = patLen - pt - 1;      // pt == patLen - 1
19     // 검색
20     while (pt < txtLen) {
21       pp = patLen - 1;          // pat의 마지막 문자에 주목
22
23       while (txt.charAt(pt) == pat.charAt(pp)) {
24         if (pp == 0)
25           return pt;          // 검색 성공
26         pp--;
27         pt--;
28       }
29       pt += (skip[txt.charAt(pt)] > patLen - pp) ? skip[txt.charAt(pt)]: patLen - pp;
30     }
31     return -1;                  // 검색 실패
32   }
```

(… 생략 …)

실행 결과
텍스트: ABABCDEFGHA
패 턴: ABC
3번째 문자부터 일치합니다.
텍스트: ABABCDEFGHA
패 턴: ABC

Q4 Q1과 같이 보이어·무어법을 사용하는 검색 과정을 자세히 출력하는 프로그램을 작성하세요.

🔖 보충수업 7-2 문자열 검색 알고리즘의 시간 복잡도와 실용성

텍스트의 문자 수가 n이고 패턴의 문자 수가 m일 때, 이 장에서 학습한 3가지 문자열 검색 알고리즘의 시간 복잡도와 실용성을 살펴보겠습니다.

■ 브루트-포스법

이 알고리즘의 시간 복잡도는 O(mn)이지만, 일부러 만든 패턴이 아닌 한 실질적인 시간 복잡도는 O(n)이 되는 것으로 알려져 있습니다. 단순한 알고리즘이지만 의외로 속도가 빠릅니다.

■ KMP법

이 알고리즘의 시간 복잡도는 최악의 경우에도 O(n)으로 매우 빠릅니다. KMP법은 검색하는 과정에서 선택한 요소를 다시 앞쪽으로 되돌릴 필요가 없으므로 파일에서 순서대로 읽어 들이면서 검색하는 경우에 알맞습니다. 반면 처리하기 복잡하다는 점, 패턴 안에 반복하는 요소가 없으면 효율이 떨어진다는 단점이 있습니다.

■ 보이어·무어법

이 알고리즘의 시간 복잡도는 최악의 경우 O(n), 평균적으로 O(n/m)으로 매우 빠릅니다. 다만 원래 알고리즘인 2개의 배열을 사용하는 방법은 배열을 작성할 때 KMP법과 마찬가지로 처리하기 복잡하므로 효과가 상쇄됩니다. 간략한 보이어·무어법을 사용해도 충분히 빠르게 검색할 수 있습니다.

실제 프로그램을 작성할 때는 기본적으로 표준 라이브러리인 String.indexOf 메서드를 사용합니다. 표준 라이브러리를 사용하지 않을 경우 보통 간략한 보이어·무어법(또는 그것을 개선한 것)을 사용하고 경우에 따라 브루트-포스법을 사용합니다.

08

리스트

08-1 리스트란?

리스트는 데이터를 순서대로 나열한(줄지어 늘어놓은) 자료구조입니다. 여기서는 가장 단순한 리스트 구조인 선형 리스트를 살펴보겠습니다.

리스트 살펴보기

우선 리스트가 어떤 것인지 간단한 그림을 보며 알아보겠습니다. 그림 8-1에 리스트 구조를 간단히 나타냈습니다. 그림에서 알 수 있듯이 리스트는 데이터를 순서대로 나열해 놓은 자료구조를 말합니다. ⓒ 04장에서 공부한 스택과 큐도 리스트 구조로 되어 있습니다.

리스트는 순서를 갖도록 데이터를 나열한 것입니다.

[그림 8-1] 리스트

이렇게 선형 구조를 갖는 리스트에는 선형 리스트(linear list)와 연결 리스트(linked list)가 있습니다. 선형 리스트는 데이터가 배열처럼 연속하는(linear) 메모리 공간에 저장되어 순서를 갖습니다. 연결 리스트는 데이터가 메모리 공간에 연속적으로 저장되어 있지 않더라도 각각의 데이터 안에 다음 데이터에 대한 정보를 갖고 있어 서로 연결(linked)됩니다.

그림 8-2는 연결 리스트의 한 예입니다. 그림을 보면 A부터 F까지 6개의 데이터가 순서대로 나열되어 있고, 각각의 데이터가 화살표로 연결되어 있습니다. 여기서 각 데이터의 연결 관계를 '이야기 전달하기 게임'에 비유할 수 있습니다. A가 B에게 이야기를 전달하면 B가 C에게 다시 전달하는 방식으로 F까지 전달합니다. 이 방식은 한 사람을 건너뛰거나 앞사람에게 되돌려 이야기를 전달할 수 없습니다.

데이터를 사슬 모양으로 연결한 자료구조입니다.

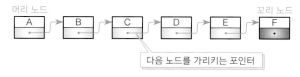

다음 노드를 가리키는 포인터

[그림 8-2] 연결 리스트

리스트에 있는 개별 요소를 노드(node)라고 합니다. 노드의 구성 요소는 데이터와 다음 노드
를 가리키는 포인터입니다. 처음에 있는 노드를 머리 노드(head node), 끝에 있는 노드를 꼬
리 노드(tail node)라고 합니다. 그리고 하나의 노드를 기준으로 바로 앞쪽에 있는 노드를 앞
쪽 노드(predecessor node), 바로 뒤쪽에 있는 노드를 다음 노드(successor node)라고 합
니다. 그림 8-2를 보면 노드 C의 앞쪽 노드는 노드 B이고, 다음 노드는 노드 D입니다. 이때
노드 C가 갖는 포인터는 다음 노드인 D를 가리킵니다.

배열로 선형 리스트 만들기

비상 연락망을 선형 리스트로 저장하기 위해 간단한 배열로 구현하여 그림 8-3에 나타냈습
니다. 요소의 자료형이 Person인 배열 data의 요솟수는 7개입니다. 즉, 최대 7명의 회원 데이
터를 저장할 수 있습니다.

```java
class Person {
    int No;              // 회원번호
    String name;         // 이름
    String phoneNo;      // 전화번호
    (… 생략 …)
}

Person [] data = {
    new Person(12, "John", "999-999-1234"),
    new Person(33, "Paul", "999-999-1235"),
    new Person(57, "Mike", "999-999-1236"),
    new Person(69, "Rita", "999-999-1237"),
    new Person(41, "Alan", "999-999-1238"),
    new Person(0, "", ""),
    new Person(0, "", "")
};
```

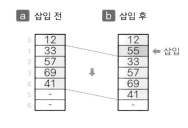

삽입한 위치 이후의 모든 요소를
한 칸씩 뒤로 옮깁니다.

[그림 8-3] 배열을 사용한 선형 리스트에서의 삽입

그림 8-3에서 삽입 전의 그림은 회원이 5명 저장되어 있고 data[5], data[6]은 아직 데이터가
등록되지 않은 상태입니다. ⓒ 그림 8-3의 오른쪽 배열 그림에는 간단히 회원번호만 표시했습니다.

다음 노드 꺼내기

배열의 각 요소에는 연락할 순서대로 데이터가 저장되어 있습니다. 전화를 걸기 위해 필요한
'다음 노드 꺼내기'는 1만큼 큰 인덱스를 갖는 요소에 접근하면 됩니다.

노드의 삽입과 삭제

회원번호가 55인 회원이 새로 가입하여 이 회원의 정보를 회원번호 12와 33 사이에 삽입하려고 합니다. 이때 b 와 같이 삽입한 요소 이후의 모든 요소를 한 칸씩 뒤로 밀어야 합니다. 삭제할 때도 삭제한 요소 이후의 모든 요소를 앞으로 당겨야 합니다. 이런 별도의 작업이 필요하기 때문에 배열로 구현한 선형 리스트는 다음과 같은 문제를 갖게 됩니다.

- 쌓이는 데이터의 최대 크기를 미리 알아야 합니다.
- 데이터를 삽입, 삭제할 때마다 많은 데이터를 옮겨야 하므로 효율이 좋지 않습니다.

08-2 포인터로 연결 리스트 만들기

이번 절에서는 다음 노드를 가리키는 포인터를 각 노드에 포함시키는 연결 리스트를 살펴보 겠습니다.

포인터로 연결 리스트 만들기

리스트에 데이터를 삽입할 때 노드용 객체를 만들고 삭제할 때 노드용 객체를 없애면 배열로 리스트를 만들 때 발생하는 문제를 해결할 수 있습니다. 이런 노드를 구현하는 것이 그림 8-4 의 클래스 Node〈E〉입니다. Node〈E〉는 데이터용 필드인 data와는 별도로 자기 자신과 같은 클래스형의 인스턴스를 참조하는(가리키는) 참조용 필드 next를 가집니다. 이런 클래스 구조 를 자기 참조(self-referential)형이라고 합니다.

```
class Node<E>{
    E data;           // 데이터를 참조
    Node<E> next;     // 다음 노드를 참조
}
```

자신과 같은 자료형의 인스턴스를 가리킵니다.

[그림 8-4] 연결 리스트를 구현하기 위한 노드의 구조

Node〈E〉는 제네릭으로 구현되므로 데이터형 E는 임의의 클래스형이 허용됩니다(사용하는 쪽에서 자유롭게 형을 지정할 수 있습니다). Node〈E〉의 이미지를 좀 더 엄밀하게 나타내면 그림 8-5처럼 됩니다.

그렇게 되는 이유는 필드 data의 자료형인 E가 참조형이므 로 클래스형 변수 data가 나타내는 것이 데이터 그 자체가 아니라 데이터를 넣어 두는 인스턴스에 대한 '참조'이기 때 문입니다.

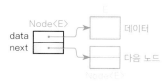

[그림 8-5] Node〈E〉의 이미지

◎ 다음 노드를 참조하는 화살표에 데이터를 참조하는 화살표까지 표시하면 복 잡하므로 이후 그림에서는 데이터를 참조하는 화살표는 생략합니다.

다음 노드를 참조하는 next를 뒤쪽 포인터라고 부르겠습니다. 뒤쪽 포인터 next에 넣어 두는 것은 다음 노드에 대한 참조입니다. 다만 다음 노드가 없는 '꼬리 노드'의 뒤쪽 포인터값은 널 (null)을 참조하도록 합니다.

실습 8-1 [A]는 노드의 자료형이 클래스 Node〈E〉형인 연결 리스트를 클래스 Linked List 〈E〉로 구현한 프로그램입니다.

Do it! 실습 8-1 [A]

• 완성 파일 chap08/LinkedList.java

```
01    // 연결 리스트 클래스
02
03    import java.util.Comparator;
04
05    public class LinkedList<E> {
06      // 노드
07      class Node<E> {
08        private E data;              // 데이터
09        private Node<E> next;        // 뒤쪽 포인터(다음 노드 참조)
10
11        // 생성자
12        Node(E data, Node<E> next) {
13          this.data = data;
14          this.next = next;
15        }
16      }
17
18      private Node<E> head;          // 머리 포인터(머리 노드 참조)
19      private Node<E> crnt;          // 선택 포인터(선택 노드 참조)
```

노드 클래스 Node〈E〉

노드 클래스 Node〈E〉는 연결 리스트 클래스 Linked List〈E〉 안에 선언되어 있습니다. 이 클래스에는 다음과 같이 두 필드(data, next)와 생성자가 있습니다.

- data … 데이터(데이터 참조: 형은 E)를 나타냅니다.
- next … 뒤쪽 포인터(다음 노드 참조: 형은 Node〈E〉)를 나타냅니다.
- 생성자 … Node〈E〉의 생성자는 매개변수 data, next에 전달받은 값을 해당 필드에 대입합니다.

연결 리스트 클래스 LinkedList〈E〉

클래스 LinkedList〈E〉에는 다음과 같이 두 필드가 있습니다.

- head … 머리 노드를 가리킵니다. 머리 포인터라고 부르겠습니다.
- crnt … 현재 선택한 노드를 가리킵니다. 리스트에서 노드를 '검색'하고 해당 노드를 선택한 뒤, 바로 그 노드를 '삭제'하는 등의 용도로 사용합니다. 선택 포인터라고 부르겠습니다.

😊 생성자와 메서드를 실행한 후 crnt값이 어떻게 업데이트되는지 312쪽 표 8-1을 참고하세요.

그림 8-6은 연결 리스트 클래스의 이미지를 나타냅니다. 리스트에 있는 각 노드는 Node⟨E⟩형입니다. 연결 리스트 클래스가 갖는 데이터는 실질적으로 머리 포인터 head뿐입니다.

😊 선택 포인터 crnt도 있지만 이 그림에서는 생략하고 있습니다.

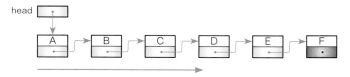

[그림 8-6] 연결 리스트 클래스의 이미지

생성자 LinkedList

연결 리스트 클래스 LinkedList⟨E⟩의 생성자는 노드가 하나도 없는 비어 있는 연결 리스트를 생성합니다.

Do it! 실습 8-1 [B] · 완성 파일 chap08/LinkedList.java

```
21    // 생성자
22    public LinkedList() {
23        head = crnt = null;
24    }
```

이 생성자는 머리 포인터 head에 null을 대입합니다(그림 8-7 **a**). Node⟨E⟩형의 변수 head가 머리 노드에 대한 참조이지 머리 노드 그 자체가 아님에 주의해야 합니다. 비어 있는 연결 리스트는 노드도 없고 head가 가리키는 곳도 없으므로(가리킬 노드가 없으므로) 그 값을 null로 합니다. 그리고 crnt에도 null을 넣어 어떤 요소도 선택하지 않도록 합니다.

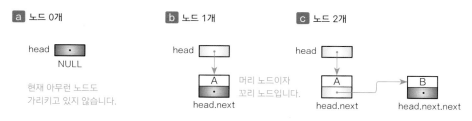

[그림 8-7] 노드 개수에 따른 연결 리스트 상태

지금부터 그림 8-7을 참고하여 노드 개수에 따라 연결 리스트를 판단하는 방법을 조금 더 살펴보겠습니다.

1. 연결 리스트가 비어 있는지 판단하는 방법

a 는 노드가 하나도 없는 상태입니다(빈 연결 리스트). 이때 리스트가 비어 있는지 판단하는 방법은 다음과 같습니다.

```
head == null        // 연결 리스트가 비어 있는지 확인
```

2. 노드가 1개인 연결 리스트를 판단하는 방법

b 는 연결 리스트에 노드가 1개만 있는 상태입니다. 머리 포인터 head가 가리키는 곳은 머리 노드 A입니다. 머리 노드 A는 리스트의 꼬리 노드이기도 하므로 그 뒤쪽 포인터값은 null입니다.

head가 가리키는 노드가 갖고 있는 뒤쪽 포인터값이 null이므로 연결 리스트의 노드가 1개 뿐인지 판단하는 방법은 다음과 같습니다.

◎ 노드의 필드 data는 데이터 자체가 아니라 데이터에 대한 참조이므로 노드 A의 데이터에 대한 참조를 나타내는 식은 head.data가 됩니다.

```
head.next == null        // 노드가 1개인지 확인
```

3. 노드가 2개인 연결 리스트를 판단하는 방법

c 는 노드가 2개 있는 상태입니다. 머리 노드는 A, 꼬리 노드는 B입니다. 이때 head가 가리키는 노드 A의 next는 노드 B를 가리킵니다. 꼬리 노드 B의 next는 null값을 가지고 있기 때문에 연결 리스트의 노드가 2개인지 판단하는 방법은 다음과 같습니다.

```
head.next.next == null        // 노드가 2개인지 확인
```

노드 A의 데이터는 head.data이고, 노드 B의 데이터는 head.next.data입니다.

4. 꼬리 노드인지 판단하는 방법

Node⟨E⟩형의 변수 p가 리스트의 노드 중 하나를 가리킬 때 변수 p가 가리키는 노드가 연결 리스트의 꼬리 노드인지 판단하는 방법은 다음과 같습니다.

```
p.next == null        // p가 가리키는 노드가 꼬리 노드인지 확인
```

◎ 이후의 설명에서 변수 p가 가리키는 노드를 '노드 p'라고 표현하는 경우가 있습니다.

검색을 수행하는 메서드 search

search 메서드는 주어진 조건을 만족하는 노드를 검색합니다.

Do it! 실습 8-1 [C] • 완성 파일 chap08/LinkedList.java

```
26    // 노드 검색
27    public E search(E obj, Comparator<? super E> c) {
28      Node<E> ptr = head;                    // 현재 스캔 중인 노드  1
29
30      while (ptr != null) {  2
31        if (c.compare(obj, ptr.data) == 0) {  // 검색 성공
32          crnt = ptr;
33          return ptr.data;                                  3
34        }
35        ptr = ptr.next;                       // 다음 노드를 선택  4
36      }
37      return null;                            // 검색 실패  5
38    }
```

검색에 사용하는 알고리즘은 선형 검색이고 검색하는 노드를 만날 때까지 머리 노드부터 순서대로 스캔합니다.

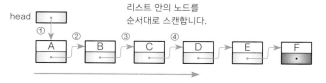

[그림 8-8] 연결 리스트에서 노드 D를 선형 검색하는 과정

노드 스캔은 다음 조건 중 어느 하나가 성립하면 종료됩니다.

> 종료 조건 1. 검색 조건을 만족하는 노드를 찾지 못하고 꼬리 노드를 지나가기 직전인 경우
> 종료 조건 2. 검색 조건을 만족하는 노드를 찾은 경우

이 메서드가 전달받는 매개변수는 다음과 같습니다.

> • 첫 번째 매개변수 obj … 검색할 때 키가 되는 데이터를 넣어 둔 객체입니다.
> • 두 번째 매개변수 c … 첫 번째 매개변수와 연결 리스트의 개별 노드 안에 있는 데이터를 비교하기 위한 comparator c로 obj와 선택한 노드의 데이터를 비교하여 그 결과가 0이면 검색 조건이 성립하는 것으로 봅니다.

검색 과정을 구체적으로 나타낸 그림 8-9와 함께 프로그램을 살펴보겠습니다.

1 스캔하고 있는 노드를 가리키는 변수 ptr을 head로 초기화합니다. 그림 **a**와 같이 ptr이 가리키는 노드는 head가 가리키고 있는 머리 노드 A입니다.

2 종료 조건 1을 먼저 판단합니다. ptr값이 null이 아니면 루프 본문인 **3**, **4**를 실행합니다. ptr값이 null이면 스캔할 노드가 없음을 의미하기 때문에 while 문을 빠져나와 **5**로 진행합니다.

3 종료 조건 2를 판단하기 위해 데이터 obj와 스캔하고 있는 노드의 데이터 ptr.data를 comparator c로 비교합니다. compare 메서드가 반환하는 값이 0이면 종료 조건이 성립하여 검색 성공입니다. 선택 포인터 crnt에 ptr을 대입하고 찾은 노드의 데이터인 ptr.data를 반환합니다.

4 ptr에 ptr.next를 대입합니다. 이렇게 하면 ptr이 다음 노드를 가리키기 때문에 계속해서 스캔할 수 있습니다.

ⓒ ptr이 노드 A를 가리키는 그림 **a**에서 ptr = ptr.next를 수행하면 그림 **b**와 같은 상태가 됩니다. 즉, ptr에 다음 노드 B를 가리키는 ptr.next를 대입하면 ptr이 가리키는 노드가 A에서 B로 업데이트됩니다.

5 검색에 실패하면 null을 반환합니다.

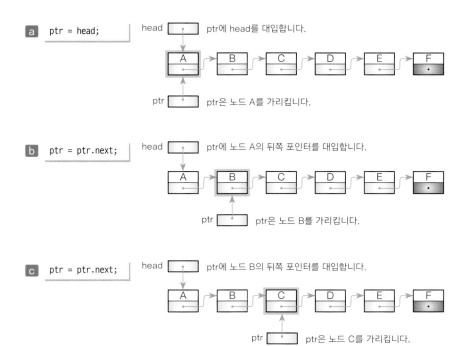

[그림 8-9] 노드를 검색하는 과정

머리에 노드를 삽입하는 메서드 addFirst

addFirst 메서드는 리스트의 머리에 노드를 삽입합니다.

Do it! 실습 8-1 [D]

• 완성 파일 chap08/LinkedList.java

```
40      // 머리에 노드 삽입
41      public void addFirst(E obj) {
42          Node<E> ptr = head;              // 삽입 전의 머리 노드 ━①
43          head = crnt = new Node<E>(obj, ptr); ━②
44      }
```

그림 8-10을 보면서 삽입 과정을 자세히 살펴보겠습니다. **a**의 리스트 머리에 노드 G를 삽입하면 **b** 상태가 됩니다.

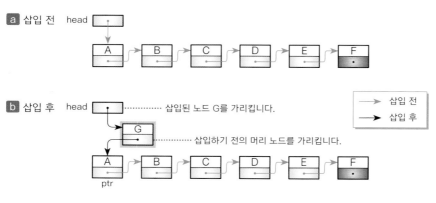

[그림 8-10] 머리에 노드를 삽입하는 과정

처리 과정은 다음과 같습니다.

① 머리 노드 A를 가리키는 머리 포인터를 ptr에 대입합니다.

② 삽입할 노드 G를 new Node<E>(obj, ptr)로 생성합니다. 노드 G의 데이터는 obj가 되고 뒤쪽 포인터가 가리키는 곳은 ptr(삽입 전의 머리 노드 A)이 됩니다. 그리고 생성한 노드를 참조하도록 head를 업데이트합니다.

◎ 선택 포인터 crnt도 새로 만든 노드를 가리키도록 업데이트합니다.

꼬리에 노드를 삽입하는 메서드 addLast

addLast 메서드는 리스트 꼬리에 노드를 삽입합니다. 리스트가 비어 있는지 아닌지(head == null) 먼저 확인하고 경우에 따라 다음과 같이 처리합니다.

- **리스트가 비어 있는 경우**
  리스트 머리에 노드를 삽입합니다. 따라서 addFirst 메서드로 처리합니다.

- **리스트가 비어 있지 않은 경우**
  리스트 꼬리에 노드 G를 삽입합니다(그림 8-11).

Do it! 실습 8-1 [E]
• 완성 파일 chap08/LinkedList.java

```
45      // 꼬리에 노드 삽입
46      public void addLast(E obj) {
47        if (head == null)                              // 리스트가 비어 있으면
48          addFirst(obj);                               // 머리에 삽입
49        else {
50          Node<E> ptr = head;                     3
51          while (ptr.next != null)
52            ptr = ptr.next;
53          ptr.next = crnt = new Node<E>(obj, null);  4
54        }
55      }
```

> while 문을 종료 할 때 ptr은 꼬리 노드를 가리킵니다.

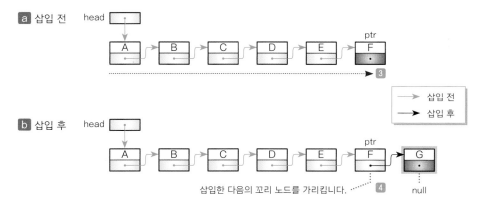

a 삽입 전

b 삽입 후

삽입한 다음의 꼬리 노드를 가리킵니다.

[그림 8-11] 꼬리 노드를 삽입하는 과정

처리 과정은 다음과 같습니다.

3 꼬리 노드를 찾습니다. 머리 노드를 가리키도록 초기화한 ptr이 가리키는 곳을 그 뒤쪽 포인터로 업데이트하는 과정을 반복합니다. 이렇게 반복하면 노드를 처음부터 차례로 스캔할 수 있습니다. ptr.next가 가리키는 곳이 null이 되면 while 문을 종료합니다. 이때 ptr이 가리키는 곳이 꼬리 노드 F입니다.

4 삽입할 노드 G를 new Node⟨E⟩(obj, null)로 생성합니다. 생성한 노드 G의 데이터는 obj가 되고, 뒤쪽 포인터가 가리키는 곳은 null이 됩니다. 노드 F의 뒤쪽 포인터 ptr.next가 가리키는 곳이 새로 삽입한 노드 G가 되도록 업데이트합니다.

😊 꼬리 노드의 뒤쪽 포인터에 null을 대입해 꼬리 노드가 어떤 노드도 가리키지 않게 합니다.

머리 노드를 삭제하는 메서드 removeFirst

removeFirst 메서드는 머리 노드를 삭제합니다. 리스트가 비어 있지 않을(head != null) 때만 삭제를 실행합니다.

Do it! 실습 8-1 [F]   • 완성 파일 chap08/LinkedList.java

```
58    // 머리 노드를 삭제
59    public void removeFirst() {
60      if (head != null)                    // 리스트가 비어 있지 않으면
61        head = crnt = head.next;
62    }
```

그림 8-12를 보며 삭제하는 과정을 자세히 살펴보겠습니다. **a**의 리스트에서 머리 노드 A를 삭제하고 나면 **b** 상태가 됩니다.

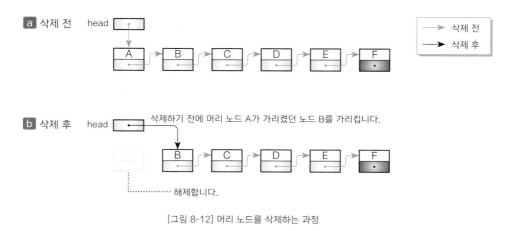

[그림 8-12] 머리 노드를 삭제하는 과정

머리 노드에 대한 참조 head에 두 번째 노드 B에 대한 참조 head.next를 대입하여 head가 가리키는 노드를 B로 업데이트합니다.

◎ 선택 포인터 crnt가 가리키는 노드도 B로 업데이트합니다.

리스트에 노드가 1개만 있는 경우에도 오류 없이 삭제할 수 있습니다. 이 경우 삭제하기 전의 머리 노드는 꼬리 노드이기 때문에 다음 노드를 가리키는 head.next의 값은 null입니다. 이 null을 head에 대입하면 리스트는 빈 상태가 됩니다.

꼬리 노드를 삭제하는 메서드 removeLast

removeLast 메서드는 꼬리 노드를 삭제합니다. 리스트에 노드가 몇 개 있는지에 따라 다음과 같이 처리합니다.

- **리스트에 노드가 1개만 있는 경우**
  머리 노드를 삭제합니다. 따라서 removeFirst 메서드로 처리합니다.

- **리스트에 노드가 2개 이상 있는 경우**
  리스트에서 꼬리 노드 F를 삭제합니다(그림 8-13).

Do it! 실습 8-1 [G]

• 완성 파일 chap08/LinkedList.java

```
63      // 꼬리 노드를 삭제
64      public void removeLast() {
65        if (head != null) {
66          if (head.next == null)      // 노드가 하나만 있으면
67            removeFirst();             // 머리 노드를 삭제
68          else {
69            Node<E> ptr = head;        // 스캔 중인 노드                    ━1
70            Node<E> pre = head;        // 스캔 중인 노드의 앞쪽 노드
71
72            while (ptr.next != null) {
73              pre = ptr;
74              ptr = ptr.next;
75            }
76            pre.next = null;           // pre는 삭제 후의 꼬리 노드        ━2
77            crnt = pre;
78          }
79        }
80      }
```

> while 문을 종료할 때, ptr은 꼬리 노드를 가리키고 pre는 꼬리에서 두 번째 노드를 가리킵니다.

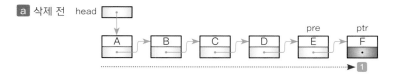

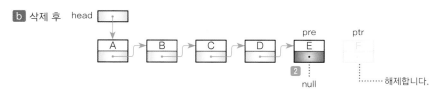

[그림 8-13] 꼬리 노드를 삭제하는 과정

처리 과정은 다음과 같습니다.

1 '꼬리 노드'와 '꼬리 노드에서 두 번째 노드'를 찾습니다. 스캔은 addLast 메서드인 **3**과 거의 같습니다. 다만 현재 스캔 중인 노드의 앞쪽 노드를 참조하는 변수 pre가 추가된 점이 다릅니다. 그림 8-13에서 while 문이 종료되면 pre는 노드 E를, ptr은 노드 F를 가리킵니다.

2 꼬리 노드에서 두 번째인 노드 E의 뒤쪽 포인터에 null을 대입합니다. 그 결과 어디에서도 참조되지 않는 노드 F의 메모리는 자동으로 해제됩니다.

◎ 선택 포인터 crnt가 참조하는 곳은 삭제 후의 꼬리 노드 pre로 업데이트합니다.

선택한 노드를 삭제하는 메서드 remove

remove 메서드는 임의의 노드를 삭제합니다. 선택한 노드가 머리 노드인지 아닌지에 따라 다음과 같이 처리합니다.

- **p가 머리 노드인 경우**
  머리 노드를 삭제하면 됩니다. 따라서 removeFirst 메서드로 처리합니다.

- **p가 머리 노드가 아닌 경우**
  연결 리스트에서 p가 참조하는 노드 D를 삭제합니다(그림 8-14).

```java
83      // 노드 p를 삭제
84      public void remove(Node p) {
85        if (head != null) {
86          if (p == head)                    // p가 머리 노드면
87            removeFirst();                  // 머리 노드를 삭제
88          else {
89            Node<E> ptr = head;
90
91            while (ptr.next != p) {
92              ptr = ptr.next;
93              if (ptr == null) return;      // p가 리스트에 없음
94            }
95            ptr.next = p.next;
96            crnt = ptr;
97          }
98        }
99      }
100
101     // 선택 노드를 삭제
102     public void removeCurrentNode() {
103       remove(crnt);
104     }
105
106     // 모든 노드를 삭제
107     public void clear() {
108       while (head != null)                // 노드에 아무것도 없을 때까지
109         removeFirst();                    // 머리 노드를 삭제
110       crnt = null;
111     }
112
113     // 선택 노드를 하나 뒤쪽으로 진행
114     public boolean next() {
115       if (crnt == null || crnt.next == null)
116         return false;                     // 진행할 수 없음
117       crnt = crnt.next;
118       return true;
119     }
```

1

2

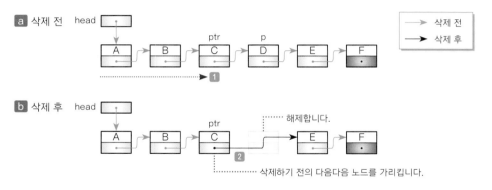

[그림 8-14] 노드를 삭제하는 과정

그림 8-14의 처리 과정은 다음과 같습니다.

■1 노드 p의 바로 앞 노드를 찾는 과정입니다. while 문은 머리 노드에서 스캔을 시작하여 선택 노드 ptr의 뒤쪽 포인터 H인 ptr.next가 p와 같아질 때까지 반복합니다. 단, 그 과정에서 null을 만나면 p가 참조하는 노드가 없다는 것입니다. 이런 경우 삭제 처리를 하지 않고 return 문을 실행하여 메서드를 종료합니다. ptr.next가 p와 같아지며 while 문을 종료합니다. while 문이 종료된 후 ptr이 참조하는 곳은 삭제할 노드 D의 앞쪽 노드인 노드 C입니다.

■2 노드 D의 뒤쪽 포인터 p.next를 노드 C의 뒤쪽 포인터 ptr.next에 대입하여 노드 C의 뒤쪽 포인터가 참조하는 곳을 노드 E로 업데이트합니다. 그 결과 어디에서도 참조하지 않는 노드 D의 메모리는 자동으로 해제됩니다.

◎ 선택 노드 crnt가 가리키는 곳이 삭제한 노드 바로 앞쪽 노드(노드 C)가 되도록 업데이트합니다.

선택 노드를 삭제하는 메서드 removeCurrentNode
현재 선택한 노드를 삭제하는 메서드입니다. remove 메서드에 선택 포인터 crnt를 건네주고 처리를 맡깁니다.

◎ 이 메서드를 실행하면 선택 포인터 crnt가 참조하는 곳은 삭제한 노드의 바로 앞 노드로 업데이트됩니다.

모든 노드를 삭제하는 메서드 clear
모든 노드를 삭제하는 메서드입니다. 연결 리스트가 비어 있는 상태(head == null)가 될 때까지 반복해서 머리 요소를 삭제하여 모든 노드를 삭제합니다.

◎ 리스트가 비어 있게 되므로 선택 포인터 crnt 값도 null로 업데이트합니다.

선택 노드를 하나 뒤쪽으로 진행시키는 메서드 next

선택 노드를 하나 뒤쪽으로 나아가도록 하는 메서드입니다. 리스트가 비어 있지 않고 선택 노드의 뒤쪽 노드가 있을 때만 선택 노드를 하나 뒤쪽으로 진행시킵니다. 선택 노드가 나아가면 true를, 그렇지 않으면 false를 반환합니다.

◎ 선택 포인터 crnt를 crnt.next로 업데이트합니다.

Do it! 실습 8-1 [I]　　　　　　　　　　　　　　　　　　　　　　• 완성 파일 chap08/LinkedList.java

```
121    // 선택 노드를 출력
122    public void printCurrentNode() {
123      if (crnt == null)
124        System.out.println("선택한 노드가 없습니다.");
125      else
126        System.out.println(crnt.data);
127    }
128
129    // 모든 노드를 출력
130    public void dump() {
131      Node<E> ptr = head;
132
133      while (ptr != null) {
134        System.out.println(ptr.data);
135        ptr = ptr.next;
136      }
137    }
138  }
```

선택 노드를 출력하는 메서드 printCurrentNode

선택 노드를 출력하는 메서드입니다. crnt가 참조하는 노드의 데이터 crnt.data에 대해 묵시적으로 문자열로 변환하여, 곧 toString 메서드(보충수업 8-1)를 호출하여 그 결과로 얻어지는 문자열을 보여 줍니다. 다만 선택 노드가 없는 경우(crnt == null) '선택한 노드가 없습니다.'라고 출력합니다.

모든 노드를 출력하는 메서드 dump

리스트의 순서대로 모든 노드를 출력합니다. 머리 노드부터 꼬리 노드까지 스캔하면서 각 노드의 데이터 ptr.data를 출력합니다. 이 메서드는 선택 포인터 crnt값을 업데이트하지 않습니다.

표 8-1은 각 메서드를 실행한 후의 선택 포인터 crnt값입니다.

[표 8-1] 메서드를 실행한 후 선택 포인터(crnt값)

생성자	null
search	검색에 성공하면 찾은 노드
addFirst	삽입한 머리 노드
addLast	삽입한 꼬리 노드
removeFirst	삭제 후 머리 노드(리스트가 비어 있으면 null)
removeLast	삭제 후 꼬리 노드(리스트가 비어 있으면 null)
remove	삭제한 노드의 바로 앞 노드
removeCurrentNode	삭제한 노드의 바로 앞 노드
clear	null
next	진행한 후 선택 노드
printCurrentNode	업데이트하지 않음
dump	업데이트하지 않음

◎ 위의 표에서 오른쪽 열은 각 메서드를 실행한 후 선택 포인터(crnt값)가 가리키는 노드를 의미합니다.

포인터로 연결 리스트를 사용하는 프로그램 만들기

실습 8-2는 연결 리스트 LinkedList〈E〉를 사용하는 프로그램입니다.
◎ 이 프로그램을 컴파일하고 실행하려면 동일한 디렉터리에 LinkedList.class가 들어 있어야 합니다.

Do it! 실습 8-2
• 완성 파일 chap08/LinkedListTester.java

필요: LinkedList

```
01  // 연결 리스트 클래스 LinkedList<E>의 사용 예
02
03  import java.util.Scanner;
04  import java.util.Comparator;
05
06  public class LinkedListTester {
07      static Scanner stdIn = new Scanner(System.in);
08
09      // 데이터(회원번호+이름)
10      static class Data {
11          static final int NO   = 1;   // 번호 입력받기
12          static final int NAME = 2;   // 이름 입력기
13
```

```
14      private Integer no;          // 회원번호
15      private String  name;        // 이름
16
17      // 문자열 출력을 반환
18      public String toString() {
19         return "(" + no + ") " + name;
20      }
21
22      // 데이터 입력받기
23      void scanData(String guide, int sw) {
24         System.out.println(guide + "할 데이터를 입력하세요.");
25
26         if ((sw & NO) == NO) {
27            System.out.print("번호: ");
28            no = stdIn.nextInt();
29         }
30         if ((sw & NAME) == NAME) {
31            System.out.print("이름: ");
32            name = stdIn.next();
33         }
34      }
35
36      // 회원번호로 순서를 정하는 comparator
37      public static final Comparator<Data> NO_ORDER = new NoOrderComparator();
38
39      private static class NoOrderComparator implements Comparator<Data> {
40         public int compare(Data d1, Data d2) {
41            return (d1.no > d2.no) ? 1: (d1.no < d2.no) ? -1: 0;
42         }
43      }
44
45      // 이름으로 순서를 정하는 comparator
46      public static final Comparator<Data> NAME_ORDER = new NameOrderComparator();
47
48      private static class NameOrderComparator implements Comparator<Data> {
49         public int compare(Data d1, Data d2) {
50            return d1.name.compareTo(d2.name);
51         }
52      }
53   }
54
```

```java
55      // 메뉴 열거형
56      enum Menu {
57          ADD_FIRST(   "머리에 노드를 삽입"),
58          ADD_LAST(    "꼬리에 노드를 삽입"),
59          RMV_FIRST(   "머리 노드를 삭제"),
60          RMV_LAST(    "꼬리 노드를 삭제"),
61          RMV_CRNT(    "선택 노드를 삭제"),
62          CLEAR(       "모든 노드를 삭제"),
63          SEARCH_NO(   "번호로 검색"),
64          SEARCH_NAME("이름으로 검색"),
65          NEXT(        "선택 노드를 하나 뒤쪽으로 진행"),
66          PRINT_CRNT(  "선택 노드를 출력),
67          DUMP(        "모든 노드를 출력"),
68          TERMINATE(   "종료");
69
70          private final String message;           // 출력할 문자열
71
72          static Menu MenuAt(int idx) {           // 순서가 idx인 열거를 반환
73              for (Menu m: Menu.values())
74                  if (m.ordinal() == idx)
75                      return m;
76              return null;
77          }
78
79          Menu(String string) {                   // 생성자
80              message = string;
81          }
82
83          String getMessage() {                   // 출력할 문자열을 반환
84              return message;
85          }
86      }
87
88      // 메뉴 선택
89      static Menu SelectMenu() {
90          int key;
91          do {
92              for (Menu m: Menu.values()) {
93                  System.out.printf("(%d) %s  ", m.ordinal(), m.getMessage());
94                  if ((m.ordinal() % 3) == 2 &&
```

```
95              m.ordinal() != Menu.TERMINATE.ordinal())
96          System.out.println();
97      }
98      System.out.print(" : ");
99      key = stdIn.nextInt();
100   } while (key < Menu.ADD_FIRST.ordinal() ||
101                     key > Menu.TERMINATE.ordinal());
102   return Menu.MenuAt(key);
103 }
104
105 public static void main(String[] args) {
106    Menu menu;                          // 메뉴
107    Data data;                          // 추가용 데이터 참조
108    Data ptr;                           // 검색용 데이터 참조
109    Data temp = new Data();             // 입력용 데이터
110
111    LinkedList<Data> list = new LinkedList<Data>();   // 리스트를 생성
112
113    do {
114      switch (menu = SelectMenu()) {
115
116      case ADD_FIRST:                 // 머리에 노드를 삽입
117          data = new Data();
118          data.scanData("머리에 삽입", Data.NO | Data.NAME);
119          list.addFirst(data);
120          break;
121
122      case ADD_LAST:                  // 꼬리에 노드를 삽입
123          data = new Data();
124          data.scanData("꼬리에 삽입", Data.NO | Data.NAME);
125          list.addLast(data);
126          break;
127
128      case RMV_FIRST:                 // 머리 노드를 삭제
129          list.removeFirst();
130          break;
131
132      case RMV_LAST:                  // 꼬리 노드를 삭제
133          list.removeLast();
134          break;
```

```
135
136        case RMV_CRNT:                      // 선택 노드를 삭제
137            list.removeCurrentNode();
138            break;
139
140        case SEARCH_NO:                     // 회원번호로 검색
141            temp.scanData("검색", Data.NO);
142            ptr = list.search(temp, Data.NO_ORDER);
143            if (ptr == null)
144              System.out.println("그 번호의 데이터가 없습니다.");
145            else
146              System.out.println("검색 성공: " + ptr);
147            break;
148
149        case SEARCH_NAME:                   // 이름으로 검색
150            temp.scanData("검색", Data.NAME);
151            ptr = list.search(temp, Data.NAME_ORDER);
152            if (ptr == null)
153              System.out.println("그 이름의 데이터가 없습니다.");
154            else
155              System.out.println("검색 성공: " + ptr);
156            break;
157
158        case NEXT:                          // 선택 노드를 하나 뒤쪽으로 진행
159            list.next();
160            break;
161
162        case PRINT_CRNT:                    // 선택 노드의 데이터를 출력
163            list.printCurrentNode();
164            break;
165
166        case DUMP:                          // 모든 노드를 리스트 순서대로 출력
167            list.dump();
168            break;
169
170        case CLEAR:                         // 모든 노드를 삭제
171            list.clear();
172            break;
173        }
174    } while (menu != Menu.TERMINATE);
175  }
176 }
```

316 **Do it!** 자료구조와 함께 배우는 알고리즘 입문 ─ 자바 편

(0) 머리에 노드를 삽입　　(1) 꼬리에 노드를 삽입　　(2) 머리 노드를 삭제
(3) 꼬리 노드를 삭제　　　(4) 선택 노드를 삭제　　　(5) 모든 노드를 삭제
(6) 번호로 검색　　　　　　(7) 이름으로 검색　　　　　(8) 선택 노드를 하나 뒤쪽으로 진행
(9) 선택 노드를 출력　　　(10) 모든 노드를 출력　　　(11) 종료: 0
머리에 삽입할 데이터를 입력하세요.
번호: 1 ┄┄┄┄┄┄┄┄┄┄┄┄┄┄┄┄┄┄┄┄┄┄┄┄┄┄┄┄┄┄┄┄┄┄ ［ {1, 이관희}를 머리에 삽입 ］
이름: 이관희

(0) 머리에 노드를 삽입　　(1) 꼬리에 노드를 삽입　　(2) 머리 노드를 삭제
(3) 꼬리 노드를 삭제　　　(4) 선택 노드를 삭제　　　(5) 모든 노드를 삭제
(6) 번호로 검색　　　　　　(7) 이름으로 검색　　　　　(8) 선택 노드를 하나 뒤쪽으로 진행
(9) 선택 노드를 출력　　　(10) 모든 노드를 출력　　　(11) 종료: 1
꼬리에 삽입할 데이터를 입력하세요.
번호: 5 ┄┄┄┄┄┄┄┄┄┄┄┄┄┄┄┄┄┄┄┄┄┄┄┄┄┄┄┄┄┄┄┄┄┄ ［ {5, 김지유}를 꼬리에 삽입 ］
이름: 김지유

(0) 머리에 노드를 삽입　　(1) 꼬리에 노드를 삽입　　(2) 머리 노드를 삭제
(3) 꼬리 노드를 삭제　　　(4) 선택 노드를 삭제　　　(5) 모든 노드를 삭제
(6) 번호로 검색　　　　　　(7) 이름으로 검색　　　　　(8) 선택 노드를 하나 뒤쪽으로 진행
(9) 선택 노드를 출력　　　(10) 모든 노드를 출력　　　(11) 종료: 0
머리에 삽입할 데이터를 입력하세요.
번호: 10 ┄┄┄┄┄┄┄┄┄┄┄┄┄┄┄┄┄┄┄┄┄┄┄┄┄┄┄┄┄┄┄ ［ {10, 홍원준}을 머리에 삽입 ］
이름: 홍원준

(0) 머리에 노드를 삽입　　(1) 꼬리에 노드를 삽입　　(2) 머리 노드를 삭제
(3) 꼬리 노드를 삭제　　　(4) 선택 노드를 삭제　　　(5) 모든 노드를 삭제
(6) 번호로 검색　　　　　　(7) 이름으로 검색　　　　　(8) 선택 노드를 하나 뒤쪽으로 진행
(9) 선택 노드를 출력　　　(10) 모든 노드를 출력　　　(11) 종료: 1
꼬리에 삽입할 데이터를 입력하세요.
번호: 12 ┄┄┄┄┄┄┄┄┄┄┄┄┄┄┄┄┄┄┄┄┄┄┄┄┄┄┄┄┄┄┄ ［ {12, 손해루}를 꼬리에 삽입 ］
이름: 손해루

(0) 머리에 노드를 삽입　　(1) 꼬리에 노드를 삽입　　(2) 머리 노드를 삭제
(3) 꼬리 노드를 삭제　　　(4) 선택 노드를 삭제　　　(5) 모든 노드를 삭제
(6) 번호로 검색　　　　　　(7) 이름으로 검색　　　　　(8) 선택 노드를 하나 뒤쪽으로 진행
(9) 선택 노드를 출력　　　(10) 모든 노드를 출력　　　(11) 종료: 0
머리에 삽입할 데이터를 입력하세요.
번호: 14 ┄┄┄┄┄┄┄┄┄┄┄┄┄┄┄┄┄┄┄┄┄┄┄┄┄┄┄┄┄┄┄ ［ {14, 황단우}를 머리에 삽입 ］
이름: 황단우

(0) 머리에 노드를 삽입　　(1) 꼬리에 노드를 삽입　　(2) 머리 노드를 삭제
(3) 꼬리 노드를 삭제　　　(4) 선택 노드를 삭제　　　(5) 모든 노드를 삭제
(6) 번호로 검색　　　　　　(7) 이름으로 검색　　　　　(8) 선택 노드를 하나 뒤쪽으로 진행
(9) 선택 노드를 출력　　　(10) 모든 노드를 출력　　　(11) 종료: 3 ┄┄┄┄ ［ 꼬리의 {12, 손해루}를 삭제 ］

(0) 머리에 노드를 삽입　　　(1) 꼬리에 노드를 삽입　　　(2) 머리 노드를 삭제
(3) 꼬리 노드를 삭제　　　　(4) 선택 노드를 삭제　　　　(5) 모든 노드를 삭제
(6) 번호로 검색　　　　　　　(7) 이름으로 검색　　　　　　(8) 선택 노드를 하나 뒤쪽으로 진행
(9) 선택 노드를 출력　　　　(10) 모든 노드를 출력　　　　(11) 종료: 7
검색할 데이터를 입력하세요.

이름: 손해루 ·· {손해루}를 검색 실패

그 이름의 데이터가 없습니다.

(0) 머리에 노드를 삽입　　　(1) 꼬리에 노드를 삽입　　　(2) 머리 노드를 삭제
(3) 꼬리 노드를 삭제　　　　(4) 선택 노드를 삭제　　　　(5) 모든 노드를 삭제
(6) 번호로 검색　　　　　　　(7) 이름으로 검색　　　　　　(8) 선택 노드를 하나 뒤쪽으로 진행
(9) 선택 노드를 출력　　　　(10) 모든 노드를 출력　　　　(11) 종료: 6
검색할 데이터를 입력하세요.

번호: 10 ·· {10}을 검색 성공

검색 성공: (10) 홍원준

(0) 머리에 노드를 삽입　　　(1) 꼬리에 노드를 삽입　　　(2) 머리 노드를 삭제
(3) 꼬리 노드를 삭제　　　　(4) 선택 노드를 삭제　　　　(5) 모든 노드를 삭제
(6) 번호로 검색　　　　　　　(7) 이름으로 검색　　　　　　(8) 선택 노드를 하나 뒤쪽으로 진행
(9) 선택 노드를 출력　　　　(10) 모든 노드를 출력　　　　(11) 종료: 9
(10) 홍원준 ·· 선택 노드는 {10, 홍원준}

(0) 머리에 노드를 삽입　　　(1) 꼬리에 노드를 삽입　　　(2) 머리 노드를 삭제
(3) 꼬리 노드를 삭제　　　　(4) 선택 노드를 삭제　　　　(5) 모든 노드를 삭제
(6) 번호로 검색　　　　　　　(7) 이름으로 검색　　　　　　(8) 선택 노드를 하나 뒤쪽으로 이동
(9) 선택 노드를 출력　　　　(10) 모든 노드를 출력　　　　(11) 종료: 10
(14) 황단우
(10) 홍원준
(1) 이관희 ·· 모든 노드를 순서대로 출력
(5) 김지유

(0) 머리에 노드를 삽입　　　(1) 꼬리에 노드를 삽입　　　(2) 머리 노드를 삭제
(3) 꼬리 노드를 삭제　　　　(4) 선택 노드를 삭제　　　　(5) 모든 노드를 삭제
(6) 번호로 검색　　　　　　　(7) 이름으로 검색　　　　　　(8) 선택 노드를 하나 뒤쪽으로 진행
(9) 선택 노드를 출력　　　　(10) 모든 노드를 출력　　　　(11) 종료: 6
검색할 데이터를 입력하세요.

번호: 1 ·· {1}을 검색 성공

검색 성공: (1) 이관희

(0) 머리에 노드를 삽입　　　(1) 꼬리에 노드를 삽입　　　(2) 머리 노드를 삭제
(3) 꼬리 노드를 삭제　　　　(4) 선택 노드를 삭제　　　　(5) 모든 노드를 삭제
(6) 번호로 검색　　　　　　　(7) 이름으로 검색　　　　　　(8) 선택 노드를 하나 뒤쪽으로 진행
(9) 선택 노드를 출력　　　　(10) 모든 노드를 출력　　　　(11) 종료: 4 ·························· 선택 노드를 삭제

(0) 머리에 노드를 삽입　　　(1) 꼬리에 노드를 삽입　　　(2) 머리 노드를 삭제
(3) 꼬리 노드를 삭제　　　　(4) 선택 노드를 삭제　　　　(5) 모든 노드를 삭제
(6) 번호로 검색　　　　　　　(7) 이름으로 검색　　　　　　(8) 선택 노드를 하나 뒤쪽으로 진행
(9) 선택 노드를 출력　　　　(10) 모든 노드를 출력　　　　(11) 종료: 2 ·························· 머리 노드를 삭제

(0) 머리에 노드를 삽입   (1) 꼬리에 노드를 삽입   (2) 머리 노드를 삭제
(3) 꼬리 노드를 삭제   (4) 선택 노드를 삭제   (5) 모든 노드를 삭제
(6) 번호로 검색   (7) 이름으로 검색   (8) 선택 노드를 하나 뒤쪽으로 진행
(9) 선택 노드를 출력   (10) 모든 노드를 출력   (11) 종료: 10
 (10) 홍원준
 (5) 김지유 ┄┄┄┄┄┄┄┄┄┄┄┄┄┄┄┄┄┄┄┄┄┄┄┄┄┄┄┄┄┄┄┄┄┄┄┄┄┄┄ [모든 노드를 순서대로 출력]

(0) 머리에 노드를 삽입   (1) 꼬리에 노드를 삽입   (2) 머리 노드를 삭제
(3) 꼬리 노드를 삭제   (4) 선택 노드를 삭제   (5) 모든 노드를 삭제
(6) 번호로 검색   (7) 이름으로 검색   (8) 선택 노드를 하나 뒤쪽으로 진행
(9) 선택 노드를 출력   (10) 모든 노드를 출력   (11) 종료: 11

Q1 comparator c로 서로 같은 노드를 찾아 가장 앞쪽의 노드만 남기고 모두 삭제하는 다음 메서드를 작성하세요.

```
void purge(Comparator<? super E> c)
```

Q2 머리부터 n개 뒤의 노드에 대한 참조(n이 0이면 머리 노드에 대한 참조, n이 1이면 두 번째 노드에 대한 참조, …)를 반환하는 다음 메서드를 작성하세요. n이 음수이거나 노드 개수보다 크거나 같으면 null을 반환합니다.

```
E retrieve(int n)
```

Q3 다음 그림처럼 머리 노드에 대한 참조 head와 함께 꼬리 노드에 대한 참조 tail을 도입하면 꼬리 노드를 쉽게 검색할 수 있습니다. 이렇게 구현한 연결 리스트 클래스 LinkedListX<E>를 작성하세요.
 LinkedList<E>가 제공하는 모든 메서드와 Q1, Q2의 메서드를 작성하세요.

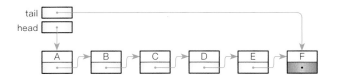

📚 보충수업 8-1 toString 메서드

연결 리스트를 테스트하는 실습 8-2 프로그램에서는 toString 메서드를 Data 클래스 안에서 다음과 같이 정의합니다.

```
public String toString() { /*…*/ }
```

toString 메서드는 클래스 인스턴스의 상태(데이터 내용)를 간결하게 표현하는 문자열을 만들어 반환합니다. 이 메서드를 클래스 안에서 정의하는 것은 프로그램 작성의 기본 원칙입니다. 원래 toString 은 java.lang 패키지의 Object 클래스 안에 다음과 같이 정의된 메서드입니다. 이 메서드는 "클래스 이름@해시값"의 형태로 문자열을 반환합니다.

```
public class Object {
    (… 생략 …)
    public String toString() {
        return getClass().getName() + "@" + Integer.toHexString(hashCode());
    }
    (… 생략 …)
}
```

자바의 모든 클래스는 직접적이든 간접적이든 Object 클래스에서 파생됩니다. 그러므로 클래스에서 toString 메서드를 정의한다는 것은 Object 클래스의 toString 메서드를 오버라이드하는 것(상위 클래스에서 상속받은 메서드를 다시 새롭게 재정의하는 것)을 의미합니다.

만약 어떤 클래스에서 toString 메서드를 정의하지 않으면(그 클래스의 상위 클래스에서 독자적으로 오버라이드하지 않는 한) 위에서 말한 Object 클래스의 toString 메서드가 그대로 상속됩니다.

자바에서 메서드를 오버라이드할 때 접근 제한을 강화하는 것은 불가능합니다. 그러므로 어떤 클래스라도 toString 메서드는 public으로 정의해야 합니다.

toString 메서드를 오버라이드할 때는 클래스의 특성이나 인스턴스의 상태를 나타내는 알맞은 문자열을 반환하도록 정의합니다. toString 메서드를 오버라이드하는 예를 실습 8C-1에 나타냈습니다. 이 프로그램은 클래스 A, 클래스 B를 테스트하기 위한 클래스 ToStringTester로 구성되어 있습니다.

- 클래스 A: toString 메서드를 오버라이드하지 않습니다. 그러므로 Object 클래스의 toString 메서드를 그대로 상속받습니다.
- 클래스 B: toString 클래스 메서드를 오버라이드합니다. 문자열 B[99]를 반환합니다(99는 필드 x에 설정되어 있는 값입니다).

Do it! 실습 8C-1

```
01    // toString 메서드의 오버라이드 차이점 확인
02
03    class A {
04       // toString을 정의하지 않음
05    }
06
07    class B {
08       int x;
09
10       // 생성자
11       B(int x) { this.x = x; }
12
13       // toString을 오버라이드함
14       public String toString() { return "B[" + x + "]"; }
15    }
16
17    public class ToStringTester {
18       public static void main(String[] args) {
19          A a1 = new A();
20          A a2 = new A();
21          B b1 = new B(18);
22          B b2 = new B(55);
23
24          System.out.println("a1 = " + a1.toString());   1
25          System.out.println("a2 = " + a2);              2
26          System.out.println("b1 = " + b1.toString());   3
27          System.out.println("b2 = " + b2);              4
28       }
29    }
```

실행 결과
```
a1 = chap08.A@15db9742
a2 = chap08.A@6d06d69c
b1 = B[18]
b2 = B[55]
```

ToStringTester 클래스

2개의 클래스(A, B)와 toString 메서드를 테스트하는 클래스입니다. 클래스의 인스턴스를 각각 2개씩 생성합니다.

1 "a1 = chap08.A@15db9742"를 출력합니다. 이때 "15db9742"는 인스턴스 a1에 대해 자바가 내부적으로 부여한 해시값입니다. 인스턴스에 고유한 값을 부여한 것이라고 알아 두면 좋습니다.

ⓒ chap08.A는 a1 클래스의 이름(즉, chap08 패키지의 A 클래스)입니다.

2 a2를 그대로 출력합니다. 그러면 자동으로(묵시적으로) 상속받은 Object 클래스의 toString 메서드를 호출합니다. 이는 '문자열을 출력하는 함수에 클래스형 변수를 넣으면 자동으로(toString을 명시하지 않아도) toString 메서드를 호출한다'라는 규칙이 있기 때문입니다. 따라서 "a2 = chap08. A@6d06d69c"를 출력합니다.

3 B 클래스에서 다시 정의한 toString 메서드를 호출하기 때문에 "b1 = B[18]"을 출력합니다.

4 **2**와 마찬가지로 다시 정의한 toString 메서드를 자동으로 호출하기 때문에 "b2 = B[55]"를 출력합니다.

toString 메서드를 간단히 정리하면 다음과 같은 기본 원칙이 있음을 알 수 있습니다.

> 인스턴스의 상태를 간단한 문자열로 반환하는 메서드를 public String toString( ) 형식으로 정의합니다. 이렇게 하면 인스턴스의 상태를 출력할 때 인스턴스를 출력하는 코드에서 toString 메서드를 자동으로 호출합니다.

08-3 배열 커서로 연결 리스트 만들기

이번에는 각 노드를 배열 안의 요소에 저장하고 그 요소를 이용해 연결 리스트를 구현하는 방법을 알아보겠습니다.

배열 커서로 연결 리스트 만들기

08-2절에서 살펴본 포인터를 이용한 연결 리스트는 '노드의 삽입, 삭제를 데이터 이동 없이 수행한다'라는 장점이 있지만 삽입, 삭제를 수행할 때마다 노드용 객체를 위한 메모리 영역을 확보하고 해제하는 과정이 필요합니다. 메모리 영역을 확보하고 해제하는 데 필요한 비용은 결코 무시할 수 없습니다. 프로그램 실행 중에 데이터 수가 크게 바뀌지 않는 경우, 또는 데이터 수의 최댓값을 미리 알 수 있는 경우, 그림 8-15처럼 배열을 사용해 연결 리스트를 효율적으로 운용할 수 있습니다.

ⓐ 배열을 사용하는 연결 리스트의 논리적인 이미지

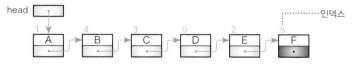

ⓑ 배열을 사용하는 연결 리스트의 물리적 구현

[그림 8-15] 배열 커서를 사용한 연결 리스트

여기서 다음 노드를 가리키는 뒤쪽 포인터는 다음 노드에 대한 포인터가 아니라 다음 노드가 들어 있는 배열 요소의 인덱스입니다. 이 인덱스 포인터를 커서(cursor)라고 합니다.

예를 들어 노드 B의 커서 3은 B의 다음 노드 C가 인덱스 3인 위치에 저장되어 있음을 의미합니다. 꼬리 노드의 커서는 배열의 인덱스가 될 수 없는 값인 −1로 합니다. 머리 노드를 나타내는 head도 커서이기 때문에 머리 노드 A가 들어 있는 곳인 인덱스 1이 head값이 됩니다. 이와 같은 방법을 사용하면 노드를 삽입하거나 삭제할 때 요소를 옮길 필요가 없습니다. 예를 들어 그림 8-15의 연결 리스트 머리에 노드 G를 삽입하면 그림 8-16과 같은 상태가 됩니다. head를 1에서 6으로 업데이트하고 노드 G의 커서에 1을 대입하면 됩니다.

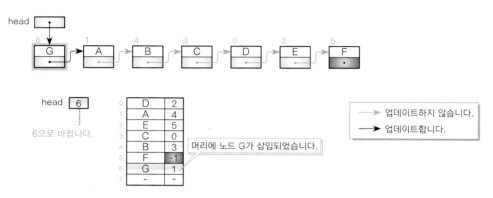

[그림 8-16] 머리에 노드를 삽입하는 과정

실습 8-3은 이런 방식으로 구현한 프로그램입니다.

Do it! 실습 8-3

• 완성 파일 chap08/ArrayLinkedList.java

```java
01  // 연결 리스트 클래스(배열 커서 버전)
02
03  import java.util.Comparator;
04
05  public class ArrayLinkedList<E> {
06
07      // 노드
08      class Node<E> {
09          private E data;          // 데이터
10          private int next;        // 리스트의 뒤쪽 포인터
11          private int dnext;       // 프리 리스트의 뒤쪽 포인터
12
13          // data와 next를 설정
14          void set(E data, int next) {
15              this.data = data;
16              this.next = next;
17          }
18      }
```

```
19
20    private Node<E>[] n;                              // 리스트 본체
21    private int size;                                 // 리스트의 용량(가장 큰 데이터 수)
22    private int max;                                  // 사용 중인  꼬리 record
23    private int head;                                 // 머리 노드
24    private int crnt;                                 // 선택 노드
25    private int deleted;                              // 프리 리스트의 머리 노드
26    private static final int NULL = -1;               // 다음 노드 없음 / 리스트가 가득 참
27
28    // 생성자
29    public ArrayLinkedList(int capacity) {
30      head = crnt = max = deleted = NULL;
31      try {
32        n = new Node[capacity];
33        for (int i = 0; i < capacity; i++)
34          n[i] = new Node<E>();
35        size = capacity;
36      }
37      catch (OutOfMemoryError e) {                    // 배열 생성에 실패
38        size = 0;
39      }
40    }
41
42    // 다음에 삽입하는 record의 인덱스를 구함
43    private int getInsertIndex() {
44      if (deleted == NULL) {                          // 삭제할 record가 없음
45        if (max < size)
46          return ++max;                               // 새 record를 사용
47        else
48          return NULL;                                // 용량 넘침(over)
49      } else {
50        int rec = deleted;                            // 프리 리스트에서
51        deleted = n[rec].dnext;                       // 머리 rec을 꺼냄
52        return rec;
53      }
54    }
55
56    // record idx를 프리 리스트에 등록
57    private void deleteIndex(int idx) {
58      if (deleted == NULL) {                          // 삭제할 record가 없음
59        deleted = idx;                                // idx를 프리 리스트의
```

```
60        n[idx].dnext = NULL;              // 머리에 등록
61      } else {
62        int rec = deleted;                // idx를 프리 리스트의
63        deleted = idx;                    // 머리에 삽입
64        n[idx].dnext = rec;
65      }
66    }
67
68    // 노드를 검색
69    public E search(E obj, Comparator<? super E> c) {
70      int ptr = head;                     // 현재 스캔 중인  노드
71
72      while (ptr != NULL) {
73        if (c.compare(obj, n[ptr].data) == 0) {
74          crnt = ptr;
75          return n[ptr].data;             // 검색 성공
76        }
77        ptr = n[ptr].next;                // 다음 노드에 주목
78      }
79      return null;                        // 검색 실패
80    }
81
82    // 머리에 노드를 삽입
83    public void addFirst(E obj) {
84      int ptr = head;                     // 삽입 전의 머리 노드
85      int rec = getInsertIndex();
86      if (rec != NULL) {
87        head = crnt = rec;                // 인덱스 rec인 record에 삽입
88        n[head].set(obj, ptr);
89      }
90    }
91
92    // 꼬리에 노드를 삽입
93    public void addLast(E obj) {
94      if (head == NULL)                   // 리스트가 비어 있으면
95        addFirst(obj);                    // 머리에 삽입
96      else {
97        int ptr = head;
98        while (n[ptr].next != NULL)
99          ptr = n[ptr].next;
100       int rec = getInsertIndex();
```

```
101        if (rec != NULL) {                    // 인덱스 rec인 record에 삽입
102          n[ptr].next = crnt = rec;
103          n[rec].set(obj, NULL);
104        }
105      }
106    }
107
108    // 머리 노드를 삭제
109    public void removeFirst() {
110      if (head != NULL) {                       // 리스트가 비어 있지 않으면
111        int ptr = n[head].next;
112        deleteIndex(head);
113        head = crnt = ptr;
114      }
115    }
116
117    // 꼬리 노드를 삭제
118    public void removeLast() {
119      if (head != NULL) {
120        if (n[head].next == NULL)               // 노드가 하나만 있으면
121          removeFirst();                        // 머리 노드를 삭제
122        else {
123          int ptr = head;                       // 스캔 중인 노드
124          int pre = head;                       // 스캔 중인 노드의 앞쪽 노드
125
126          while (n[ptr].next != NULL) {
127            pre = ptr;
128            ptr = n[ptr].next;
129          }
130          n[pre].next = NULL;                   // pre는 삭제 후의 꼬리 노드
131          deleteIndex(ptr);
132          crnt = pre;
133        }
134      }
135    }
136
137    // record p를 삭제
138    public void remove(int p) {
139      if (head != NULL) {
140        if (p == head)                          // p가 머리 노드면
141          removeFirst();                        // 머리 노드를 삭제
```

```
142          else {
143             int ptr = head;
144
145             while (n[ptr].next != p) {
146                ptr = n[ptr].next;
147                if (ptr == NULL) return;          // p가 리스트에 없음
148             }
149             n[ptr].next = NULL;
150             deleteIndex(p);
151             n[ptr].next = n[p].next;
152             crnt = ptr;
153          }
154       }
155    }
156
157    // 선택 노드를 삭제
158    public void removeCurrentNode() {
159       remove(crnt);
160    }
161
162    // 모든 노드를 삭제
163    public void clear() {
164       while (head != NULL)                       // 텅 빌 때까지
165          removeFirst();                          // 머리 노드를 삭제
166       crnt = NULL;
167    }
168
169    // 선택 노드를 하나 뒤쪽으로 진행
170    public boolean next() {
171       if (crnt == NULL || n[crnt].next == NULL)
172          return false;                           // 진행할 수 없음
173       crnt = n[crnt].next;
174       return true;
175    }
176
177    // 선택 노드를 출력
178    public void printCurrentNode() {
179       if (crnt == NULL)
180          System.out.println("선택 노드가 없습니다.");
181       else
182          System.out.println(n[crnt].data);
```

```
183      }
184
185      // 모든 노드를 출력
186      public void dump() {
187        int ptr = head;
188
189        while (ptr != NULL) {
190          System.out.println(n[ptr].data);
191          ptr = n[ptr].next;
192        }
193      }
194  }
```

배열의 비어 있는 요소 처리하기

실습 8-3에서 작성한 프로그램의 각 메서드는 실습 8-1에서 작성한 프로그램(포인터 버전)
과 일대일로 대응합니다. 두 프로그램 사이에서 가장 다른 부분인 '삭제한 노드 관리'에 대해
좀 더 자세히 살펴보겠습니다.

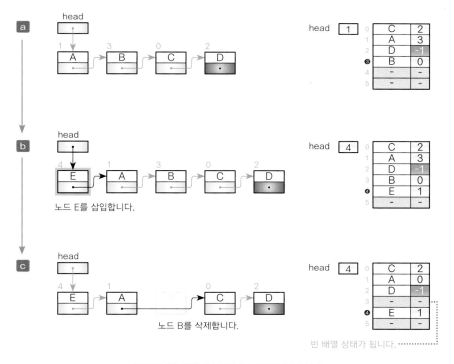

[그림 8-17] 연결 리스트에서 노드의 삽입과 삭제

그림 8-17을 보면서 노드의 삽입과 삭제를 알아보겠습니다.

a 연결 리스트에 4개의 노드가 A → B → C → D 순서로 나열되어 있는 상태입니다.

b 연결 리스트의 머리에 노드 E를 삽입한 다음의 상태입니다. 인덱스가 4인 위치에 노드 E가 들어 있습니다. 삽입한 노드는 배열 안에서 가장 꼬리 쪽에 있는 인덱스 위치에 들어가 있지만 연결 리스트의 꼬리에 추가한 것은 아닙니다.

당연한 일이지만 배열 안에서의 물리적인 위치 관계와 연결 리스트의 논리적인 순서 관계가 같은 것은 아닙니다. 즉, 리스트의 n번째 노드가 배열의 인덱스가 n인 요소에 들어 있는 것은 아닙니다. 앞으로 리스트 순서와 구별하기 위해 인덱스가 n인 요소에 들어 있는 노드를 'n번째 레코드'라고 하겠습니다. 예를 들어 **b** 에서 삽입한 노드 E는 4번째 레코드에 있습니다.

c 머리부터 3번째 노드 D를 삭제한 다음의 상태입니다. 노드를 삭제하면 3번째 레코드가 비어 있는 상태가 됩니다.

그런데 삭제를 여러 번 반복하면 배열 안은 빈 레코드투성이가 됩니다. 삭제한 레코드가 하나라면 그 인덱스를 어떤 변수에 넣어 두고 관리함으로써 그 레코드를 쉽게 재사용할 수 있습니다. 그러나 실제로는 여러 레코드를 삭제하는 경우가 많으므로 그렇게 단순하게 해결되지는 않습니다.

프리 리스트 살펴보기

이 프로그램에서는 삭제한 여러 레코드를 관리하기 위해 그 순서를 넣어 두는 연결 리스트인 프리 리스트(free list)를 사용합니다. 데이터의 순서를 나타내는 연결 리스트와 프리 리스트가 결합되어 있으므로 노드 클래스 Node〈E〉와 연결 리스트 클래스 ArrayLinkedList〈E〉에 포인터 버전에는 없는 필드가 추가되어 있습니다.

ⓖ 프리 리스트는 할당되지 않은 메모리의 영역을 관리하는 연결 리스트입니다. 이 프로그램에서는 '해제 목록'으로 사용합니다.

노드 클래스 Node〈E〉에 추가된 필드

> • dnext … 프리 리스트에서 뒤쪽 포인터(프리 리스트의 다음 노드를 가리키는 커서)입니다.

연결 리스트 클래스 ArrayLinkedList〈E〉에 추가된 필드

- deleted … 프리 리스트의 머리 노드를 가리키는 커서입니다.
- max … 배열에서 가장 꼬리 쪽에 들어 있는 노드의 레코드 번호입니다. 그림 8-17에서 ● 안의 값이 max입니다. ☺ 그림 8-17에서 max값은 3, 4, 4로 바뀌었습니다.

이제 그림 8-18을 보면서 노드의 삽입, 삭제에 따라 프리 리스트가 어떻게 변화하는지 알아 보겠습니다.

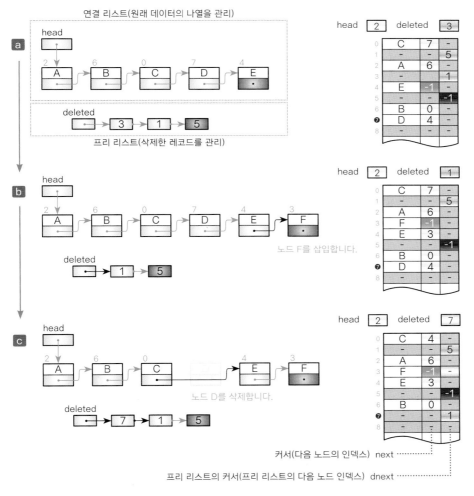

[그림 8-18] 노드의 삽입과 삭제에 따라 프리 리스트가 변화하는 모습

ⓐ 연결 리스트에 노드 5개가 {A → B → C → D → E} 순서로 저장되어 있습니다. max값은 7이며, 8번째 레코드 이후는 아직 사용하지 않은 상태입니다. 그리고 레코드 1, 3, 5는 이미 삭제를 마친 빈 레코드이고, 프리 리스트는 {3 → 1 → 5}입니다. 그림 8-18에서는 데이터를 저장하는 연결 리스트(배열) 외에 프리 리스트를 위한 공간을 추가하여 삭제한 레코드까지 관리하는 연결 리스트를 나타내고 있습니다. 연결 리스트 클래스 ArrayLinkedList⟨E⟩의 필드 deleted 값 3은 프리 리스트의 머리 노드 인덱스(그림 8-18의 [a]에서 3번째 레코드)입니다.

 ⓑ 연결 리스트 꼬리에 노드 F를 삽입한 이후의 상태입니다. 노드를 삽입하는 위치는 삽입하기 전([a]) 프리 리스트의 머리 노드인 인덱스 3입니다. 노드 F를 3번째 레코드에 저장하고 프리 리스트 {3 → 1 → 5}에서 머리 노드 3을 삭제하여 {1 → 5}의 상태로 만듭니다. 이처럼 프리 리스트에 빈 레코드가 등록되어 있는 한 '새 레코드를 얻기 위해 max값을 증가시킨 다음 그 레코드에 데이터를 저장하는 일'은 하지 않습니다. 그러므로 max값은 8이 아니라 7 그대로입니다.

 ⓒ 노드 D를 삭제한 다음의 상태입니다. 삭제한 노드 D의 배열 인덱스가 7(7번째 레코드)이므로 7을 프리 리스트의 머리 노드로 등록합니다. 그 결과 프리 리스트는 7 → 1 → 5의 상태가 됩니다.

삭제한 레코드를 프리 리스트에 등록하는 메서드는 deleteIndex이고, 노드를 삽입할 때 레코드 번호를 가져오는 메서드는 GetInsertIndex입니다. 그림 ⓑ의 경우 이미 삭제한 레코드가 있으므로 프리 리스트에 등록된 레코드 중에서 삽입할 레코드를 가져옵니다. 만약 삭제한 레코드가 없어 프리 리스트가 비어 있다면 max를 증가시켜 배열 꼬리 쪽의 아직 사용하지 않은 새 레코드를 사용합니다.

배열 커서로 연결 리스트를 사용하는 프로그램 만들기

실습 8-4는 배열 커서로 연결 리스트를 사용하는 프로그램입니다.

◎ 이 프로그램을 실행할 때 ArrayLinkedList.class 파일이 필요합니다. 실행 결과는 생략하니, 직접 실행해 보세요.

Do it! 실습 8-4
• 완성 파일 chap08/ArrayLinkedListTester.java

필요: ArrayLinkedList

```
01    //연결 리스트 클래스 ArrayLinkedList<E>의 사용 예
02
03    import java.util.Scanner;
04    import java.util.Comparator;
05
06    class ArrayLinkedListTester {
```

```
07      static Scanner stdIn = new Scanner(System.in);
08      // 데이터(회원번호 + 이름)
09      static class Data {
10         static final int NO   = 1;    // 번호 입력받기
11         static final int NAME = 2;    // 이름 입력받기
12
13         private Integer no;            // 회원번호
14         private String  name;          // 이름
15
16         // 문자열 출력을 반환
17         public String toString() {
18            return "(" + no + ") " + name;
19         }
20
21         // 데이터받기 입력
22         void scanData(String guide, int sw) {
23            System.out.println(guide + "할 데이터를 입력하세요.");
24
25            if ((sw & NO) == NO) {
26               System.out.print("번호: ");
27               no = stdIn.nextInt();
28            }
29            if ((sw & NAME) == NAME) {
30               System.out.print("이름: ");
31               name = stdIn.next();
32            }
33         }
34
35         // 회원번호로 순서를 정하는 comparator
36         public static final Comparator<Data> NO_ORDER =
37                              new NoOrderComparator();
38
39         private static class NoOrderComparator implements Comparator<Data> {
40            public int compare(Data d1, Data d2) {
41               return (d1.no > d2.no) ? 1: (d1.no < d2.no) ? -1: 0;
42            }
43         }
44
45         // 이름으로 순서를 정하는 comparator
46         public static final Comparator<Data> NAME_ORDER =
47                              new NameOrderComparator();
```

```
48
49      private static class NameOrderComparator implements Comparator<Data> {
50        public int compare(Data d1, Data d2) {
51          return d1.name.compareTo(d2.name);
52        }
53      }
54    }
55
56    // 메뉴 열거형
57    enum Menu {
58      ADD_FIRST(   "머리에 노드를 삽입"),
59      ADD_LAST(    "꼬리에 노드를 삽입"),
60      RMV_FIRST(   "머리 노드를 삭제"),
61      RMV_LAST(    "꼬리 노드를 삭제"),
62      RMV_CRNT(    "선택 노드를 삭제"),
63      CLEAR(       "모든 노드를 삭제"),
64      SEARCH_NO(   "번호로 검색"),
65      SEARCH_NAME( "이름으로 검색"),
66      NEXT(        "선택 노드를 하나 뒤쪽으로 진행"),
67      PRINT_CRNT(  "선택 노드를 출력"),
68      DUMP(        "모든 노드를 출력"),
69      TERMINATE(   "종료");
70
71      private final String message;           // 출력할 문자열
72
73      static Menu MenuAt(int idx) {           // 순서가 idx인 열거를 반환
74        for (Menu m: Menu.values())
75          if (m.ordinal() == idx)
76            return m;
77        return null;
78      }
79
80      Menu(String string) {                   // 생성자
81        message = string;
82      }
83
84      String getMessage() {                   // 출력할 문자열을 반환
85        return message;
86      }
87    }
```

```
88
89      // 메뉴 선택
90      static Menu SelectMenu() {
91        int key;
92        do {
93          for (Menu m: Menu.values()) {
94            System.out.printf("(%d) %s  ", m.ordinal(), m.getMessage());
95            if ((m.ordinal() % 3) == 2 &&
96                m.ordinal() != Menu.TERMINATE.ordinal())
97              System.out.println();
98          }
99          System.out.print(": ");
100         key = stdIn.nextInt();
101       } while (key < Menu.ADD_FIRST.ordinal() ||
102                        key > Menu.TERMINATE.ordinal());
103       return Menu.MenuAt(key);
104     }
105
106     public static void main(String[] args) {
107       Menu menu;                    // 메뉴
108       Data data;                    // 추가용 데이터 참조
109       Data ptr;                     // 검색용 데이터 참조
110       Data temp = new Data();       // 입력용 데이터
111
112       ArrayLinkedList<Data> list = new ArrayLinkedList<Data>(100);
113
114       do {
115         switch (menu = SelectMenu()) {
116
117         case ADD_FIRST:               // 머리에 노드를 삽입
118             data = new Data();
119             data.scanData("머리에 삽입", Data.NO | Data.NAME);
120             list.addFirst(data);
121             break;
122
123         case ADD_LAST:                // 꼬리에 노드를 삽입
124             data = new Data();
125             data.scanData("꼬리에 삽입", Data.NO | Data.NAME);
126             list.addLast(data);
127             break;
128
```

```
129              case RMV_FIRST:                     // 머리 노드를 삭제
130                  list.removeFirst();
131                  break;
132
133              case RMV_LAST:                      // 꼬리 노드를 삭제
134                  list.removeLast();
135                  break;
136
137              case RMV_CRNT:                      // 선택 노드를 삭제
138                  list.removeCurrentNode();
139                  break;
140
141              case SEARCH_NO:                     // 회원번호로 검색
142                  temp.scanData("검색", Data.NO);
143                  ptr = list.search(temp, Data.NO_ORDER);
144                  if (ptr == null)
145                      System.out.println("그 번호의 데이터가 없습니다.");
146                  else
147                      System.out.println("검색 성공: " + ptr);
148                  break;
149
150              case SEARCH_NAME:                   // 이름으로 검색
151                  temp.scanData("검색", Data.NAME);
152                  ptr = list.search(temp, Data.NAME_ORDER);
153                  if (ptr == null)
154                      System.out.println("그 이름의 데이터가 없습니다.");
155                  else
156                      System.out.println("검색 성공: " + ptr);
157                  break;
158
159              case NEXT:                          // 선택 노드를 뒤쪽으로 진행
160                  list.next();
161                  break;
162
163              case PRINT_CRNT:                    // 선택 노드의 데이터를 출력
164                  list.printCurrentNode();
165                  break;
166
167              case DUMP:                          // 모든 데이터를 리스트 순서로 출력
168                  list.dump();
169                  break;
```

```
170
171        case CLEAR:                          // 모든 노드를 삭제
172            list.clear();
173            break;
174        }
175    } while (menu != Menu.TERMINATE);
176  }
177 }
```

Q4 연결 리스트 클래스 LinkedList<E>에 대하여 연습문제 Q1에서 수행한 과제와 동일한 방법으로 배열 커서 버전의 연결 리스트를 작성하세요.

Q5 연결 리스트 클래스 LinkedList<E>에 대하여 연습문제 Q2에서 수행한 과제와 동일한 방법으로 배열 커서 버전의 연결 리스트를 작성하세요.

Q6 연결 리스트 클래스 LinkedList<E>에 대하여 연습문제 Q3에서 수행한 과제와 동일한 방법으로 배열 커서 버전의 연결 리스트를 작성하세요.

08-4 원형 이중 연결 리스트 만들기

이번에는 08-3절에서 학습한 연결 리스트보다 더 복잡한 구조를 갖는 원형 이중 연결 리스트를 살펴보겠습니다.

원형 리스트 살펴보기

그림 8-19와 같이 꼬리 노드가 머리 노드를 가리키는 연결 리스트를 원형 리스트(circular list)라고 합니다. 원형 리스트는 고리 모양으로 나열된 데이터를 저장할 때 알맞은 자료구조입니다.

[그림 8-19] 원형 리스트

보통의 연결 리스트와 다른 점은 꼬리 노드의 다음 노드를 가리키는 포인터가 널(null)이 아니라 머리 노드의 포인터라는 점입니다. 개별 노드의 자료형은 보통의 연결 리스트와 같습니다.

이중 연결 리스트 살펴보기

연결 리스트의 가장 큰 단점은 다음 노드는 찾기 쉽지만 앞쪽 노드는 찾기 어렵다는 점입니다. 이런 단점을 개선한 자료구조가 이중 연결 리스트(doubly linked list)입니다. 그림 8-20처럼 각 노드에는 다음 노드에 대한 포인터와 앞쪽 노드에 대한 포인터가 주어집니다.

ⓒ 이중 연결 리스트는 양방향 리스트라고도 합니다.

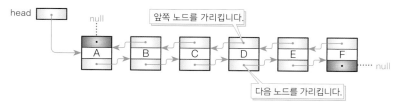

[그림 8-20] 이중 연결 리스트

이중 연결 리스트의 노드는 그림 8-21처럼 3개의 필드가 있는 클래스 Node〈E〉로 구현할 수 있습니다.

- data … 데이터(데이터 참조: 형(type)은 E)
- prev … 앞쪽 포인터(앞쪽 노드 참조: 형(type)은 Node〈E〉)
- next … 뒤쪽 포인터 (뒤쪽 노드 참조: 형(type)은 Node〈E〉)

```
class Node<E> {
    E data;           // 데이터
    Node<E> prev;     // 앞쪽 노드를 가리킴
    Node<E> next;     // 뒤쪽 노드를 가리킴
}
```

Node〈E〉
prev
data
next

[그림 8-21] 이중 연결 리스트의 노드 구성

원형 이중 연결 리스트 만들기

원형 리스트와 이중 연결 리스트를 조합한 원형 이중 연결 리스트(circular doubly linked list)를 알아보겠습니다.

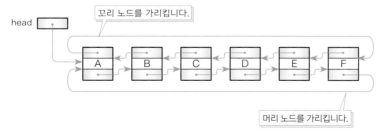

[그림 8-22] 원형 이중 연결 리스트

연습
문제

Q7 꼬리 포인터를 갖는 원형 리스트를 구현하는 클래스를 작성하세요. 연결 리스트 클래스 LinkedListX〈E〉(연습문제 Q3)가 제공하는 메서드와 같은 메서드를 모두 만들어야 합니다.

Q8 원형 리스트를 구현하는 배열 커서 버전의 클래스를 작성하세요. 배열 연결 리스트 클래스 ArrayLinkedList〈E〉(연습문제 Q6)가 제공하는 메서드와 같은 메서드를 모두 만들어야 합니다.

실습 8-5는 원형 이중 연결 리스트를 구현하는 클래스 DoubleLinkedList〈E〉를 나타냈습니다.

• 완성 파일 chap08/DoubleLinkedList.java

```java
01  // 원형 이중 연결 리스트 클래스
02  import java.util.Comparator;
03
04  public class DoubleLinkedList<E> {
05    // 노드
06    class Node<E> {
07      private E data;                              // 데이터
08      private Node<E> prev;                        // 앞쪽 포인터(앞쪽 노드에 대한 참조)
09      private Node<E> next;                        // 뒤쪽 포인터(다음 노드에 대한 참조)
10
11      // 생성자
12      Node() {
13        data = null;                        ●─1
14        prev = next = this;
15      }
16
17      // 생성자
18      Node(E obj, Node<E> prev, Node<E> next) {
19        data = obj;
20        this.prev = prev;                   ●─2
21        this.next = next;
22      }
23    }
24
25    private Node<E> head;                          // 머리 포인터(참조하는 곳은 더미 노드)
26    private Node<E> crnt;                          // 선택 포인터
27
28    // 생성자
29    public DoubleLinkedList() {
30      head = crnt = new Node<E>();                 // 더미 노드를 생성
31    }
32
33    // 리스트가 비어 있는가?
34    public boolean isEmpty() {
35      return head.next == head;
36    }
```

노드 클래스 Node〈E〉

노드 클래스는 리스트 클래스 안에서 선언합니다. 노드 클래스 Node〈E〉에는 앞 페이지에서 설명한 3개의 필드 data, prev, next 외에 다음과 같은 2개의 생성자가 있습니다.

> **1** Node( )
> 데이터 data가 null이고 앞쪽 포인터와 뒤쪽 포인터가 모두 this인 노드를 생성합니다. 자기 자신의 노드 가 앞쪽 노드이면서 동시에 다음 노드가 됩니다.
>
> **2** Node(E obj, Node〈E〉 prev, Node〈E〉 next)
> 데이터 data가 obj이고 앞쪽 포인터가 prev, 뒤쪽 포인터가 next인 노드를 생성합니다.

원형 이중 연결 리스트 클래스 DoubleLinkedList〈E〉

원형 이중 연결 리스트를 나타내는 클래스입니다. 실습 8-1의 연결 리스트 클래스 Linked List〈E〉와 마찬가지로 2개의 필드를 갖습니다.

> • head ⋯ 머리 포인터(머리 노드 참조: 자료형은 Node〈E〉)
> • crnt ⋯ 선택 포인터(선택 노드 참조: 자료형은 Node〈E〉)

생성자 DoubleLinkedList 메서드

생성자는 비어 있는 원형 이중 연결 리스트를 생성합니다. 이때 그림 8-23과 같이 데이터를 갖 지 않는 노드를 1개만 만듭니다. 이 노드는 노드의 삽입과 삭제를 원활하게 처리하기 위해 리스 트의 머리에 계속 존재하는 더미 노드입니다.

노드를 생성할 때 new Node〈E〉( )로 생성자(위 생성자 **1**)를 호출하므로 더미 노드의 prev와 next는 자기 자신의 노드를 가리키도록 초기화됩니다. 그리고 head와 crnt 또한 이때 생성한 더 미 노드를 가리킵니다.

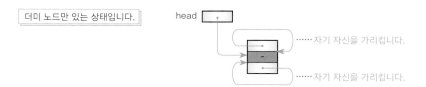

[그림 8-23] 비어 있는 원형 이중 연결 리스트

리스트가 비어 있는가를 조사하는 메서드 isEmpty

리스트가 비어 있는가(더미 노드만 있는가)를 조사하는 메서드입니다. 더미 노드의 뒤쪽 포인터 head.next가 더미 노드인 head를 가리키고 있으면 리스트는 비어 있는 것입니다. 그림 8-23과 같이 비어 있는 리스트는 head, head.next, head.prev 모두 더미 노드를 가리킵니다. 즉, 모두 head와 같은 값이 됩니다. 리스트가 비어 있으면 true를, 그렇지 않으면 false를 반환합니다.

노드를 검색하는 메서드 search

노드를 선형 검색하는 메서드입니다.

• 완성 파일 chap08/DoubleLinkedList.java

Do it! 실습 8-5 [B]

```
39      // 노드를 검색
40      public E search(E obj, Comparator<? super E> c) {
41        Node<E> ptr = head.next;          // 현재 스캔 중인 노드
42
43        while (ptr != head) {
44          if (c.compare(obj, ptr.data) == 0) {
45            crnt = ptr;
46            return ptr.data;              // 검색 성공
47          }
48          ptr = ptr.next;                 // 다음 노드를 선택
49        }
50        return null;                      // 검색 실패
51      }
```

머리 노드부터 시작하여 뒤쪽 포인터를 차례로 따라가며 스캔하는 과정은 연결 리스트 클래스 LinkedList〈E〉의 search 메서드와 거의 같습니다. 다만 실제 머리 노드가 더미 노드의 다음 노드이므로 검색을 시작하는 곳이 다릅니다. 그것을 나타낸 것이 그림 8-24입니다. head가 가리키는 노드는 더미 노드입니다. 그리고 이 더미 노드의 뒤쪽 포인터가 가리키는 노드 A가 진짜 머리 노드입니다. 따라서 검색은 head가 아니라 head.next에서 시작합니다.

◎ 더미 노드, 리스트의 실질적인 머리 노드, 꼬리 노드를 가리키는 포인터가 각각 head, head.next, head.prev임을 확인하고 넘어가세요.

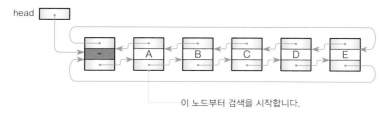

이 노드부터 검색을 시작합니다.

[그림 8-24] 노드 검색의 시작 위치

Node⟨E⟩인 변수 a, b, c, d, e가 각각 노드 A, 노드 B, …, 노드 E를 가리키고 있을 때 각 노드를 가리키는 식은 다음과 같습니다. 여기서 같은 줄의 참조식은 모두 같은 노드를 가리킵니다.

더미 노드	head	e.next	d.next.next	a.prev	b.prev.prev
노드 A	a	head.next	e.next.next	b.prev	c.prev.prev
노드 B	b	a.next	head.next.next	c.prev	d.prev.prev
노드 C	c	b.next	a.next.next	d.prev	e.prev.prev
노드 D	d	c.next	b.next.next	e.prev	head.prev.prev
노드 E	e	d.next	c.next.next	head.prev	a.prev.prev

while 문으로 스캔하는 과정에서 comparator c의 compare 메서드로 비교한 결과가 0이면 검색 성공입니다. ptr이 가리키는 노드의 데이터 data를 반환합니다. 이때 선택 포인터 crnt 가 찾은 노드 ptr을 가리키도록 업데이트합니다.

원하는 노드를 찾지 못하고 스캔이 한 바퀴 돌아 다시 머리 노드로 돌아올 때(ptr이 head가 되었을 때) while 문이 끝납니다. 검색에 실패했으므로 null을 반환합니다.

그림 8-24에서 ptr이 선택하고 있는 것이 노드 E일 때 다음 식을 실행하면 ptr이 가리키는 곳이 더미 노드가 됩니다. 따라서 ptr이 가리키는 곳이 head와 같아지고 여기서 스캔이 끝납니다.

```
ptr = ptr.next;
```

빈 리스트를 검색할 때 이 메서드가 정말 검색에 실패하는지(null을 반환하는지) 그림 8-25 에서 알아보겠습니다. 메서드의 첫머리에서 ptr에 대입하는 head.next가 더미 노드를 가리키고 있습니다. 다시 말해 head와 같은 값이 ptr에 대입됩니다. 그러면 while 문의 제어식 ptr != head가 성립되지 않으므로 while 문의 본문을 실행하지 않고 바로 null을 반환하며 메서드를 종료합니다.

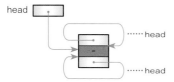

head

······ head

······ head

[그림 8-25] 비어 있는 원형 이중 연결 리스트를 검색하는 경우

> 💬 **조금만 더!** **원형 이중 연결 리스트에서 p가 가리키는 노드의 위치를 판단하는 방법**
>
> 원형 이중 연결 리스트에서 Node⟨E⟩형의 변수 p가 리스트의 어떤 노드를 가리킬 때, p가 가리키는 노드의 위치는 다음 식을 사용하여 판단합니다.
>
> ```
> p.prev == head          // p가 가리키는 노드가 실질적인 머리 노드인지 확인
> p.prev.prev == head     // p가 가리키는 노드가 실질적인 머리 노드에서부터 2번째 노드인지 확인
> p.next == head          // p가 가리키는 노드가 꼬리 노드인지 확인
> p.next.next == head     // p가 가리키는 노드가 꼬리에서부터 2번째 노드인지 확인
> ```

Do it! 실습 8-5 [C]

• 완성 파일 chap08/DoubleLinkedList.java

```
53    // 선택 노드를 출력
54    public void printCurrentNode() {
55      if (isEmpty())
56        System.out.println("선택 노드가 없습니다.");
57      else
58        System.out.println(crnt.data);
59    }
60
61    // 모든 노드를 출력
62    public void dump() {
63      Node<E> ptr = head.next;        // 더미 노드의 다음 노드
64
65      while (ptr != head) {
66        System.out.println(ptr.data);
67        ptr = ptr.next;
68      }
69    }
70
71    // 모든 노드를 거꾸로 출력
```

```
72    public void dumpReverse() {
73        Node<E> ptr = head.prev;          // 더미 노드의 앞쪽 노드
74
75        while (ptr != head) {
76            System.out.println(ptr.data);
77            ptr = ptr.prev;
78        }
79    }
80
81    // 선택 노드를 하나 뒤쪽으로 진행
82    public boolean next() {
83        if (isEmpty() || crnt.next == head)
84            return false;                  // 진행할 수 없음
85        crnt = crnt.next;
86        return true;
87    }
88
89    // 선택 노드를 하나 앞쪽으로 진행
90    public boolean prev() {
91        if (isEmpty() || crnt.prev == head)
92            return false;                  // 진행할 수 없음
93        crnt = crnt.prev;
94        return true;
95    }
```

선택 노드를 출력하는 메서드 printCurrentNode

선택 노드를 출력하는 메서드로, 선택 노드의 데이터 crnt.data를 출력합니다. 리스트가 비어 있으면 '선택 노드가 없습니다.'라고 출력합니다.

모든 노드를 출력하는 메서드 dump

리스트에 있는 모든 노드를 머리부터 꼬리까지 순서대로 출력하는 메서드입니다. head.next 부터 스캔을 시작하여 뒤쪽 포인터를 따라가면서 각 노드의 데이터를 출력합니다. 한 바퀴 돌아 head로 되돌아오면 스캔을 끝냅니다.

그림 8-26을 살펴보면 ①, ②, ③, …으로 포인터를 따라가다가 ⑥에 이르면 더미 노드로 되돌아오므로(ptr이 가리키는 곳이 head가 가리키는 곳과 같아져서) 스캔을 끝냅니다.

◎ 출력을 시작하는 위치는 ①을 따라간 뒤, 즉 head.next가 가리키는 노드입니다.

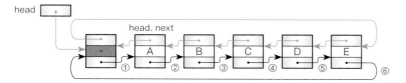

[그림 8-26] 모든 노드를 스캔하는 과정

모든 노드를 거꾸로 출력하는 메서드 dumpReverse

리스트의 모든 노드를 꼬리부터 머리까지 거꾸로 출력하는 메서드입니다. head.prev부터 스
캔을 시작하여 앞쪽 포인터를 따라가면서 각 노드의 데이터를 출력합니다. 한 바퀴 돌아
head로 되돌아오면 스캔을 끝냅니다. 그림 8-27을 살펴보면 ①, ②, ③, …으로 포인터를 따
라가다가 ⑥에 이르면 더미 노드로 되돌아오므로 스캔을 끝냅니다.

ⓒ 출력을 시작하는 위치는 ①을 따라간 뒤, 즉 head.prev가 가리키는 노드입니다.

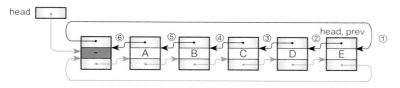

[그림 8-27] 모든 노드를 거꾸로 스캔하는 과정

선택 노드를 뒤쪽으로 진행하는 메서드 next

선택 노드를 하나 뒤쪽의 노드로 나아가도록 하는 메서드입니다. 리스트가 비어 있지 않고 선
택 노드에 다음 노드가 있을 때만 선택 노드가 진행합니다. 선택 노드가 진행하면 true, 그렇
지 않으면 false를 반환합니다.

선택 노드를 앞쪽으로 진행하는 메서드 prev

선택 노드를 하나 앞쪽의 노드로 나아가도록 하는 메서드입니다. 리스트가 비어 있지 않고 선
택 노드에 앞쪽 노드가 있을 때만 선택 노드가 진행합니다. 선택 노드가 진행하면 true, 그렇
지 않으면 false를 반환합니다.

```
97      // 선택 노드 바로 뒤에 노드를 삽입
98      public void add(E obj) {
99          Node<E> node = new Node<E>(obj, crnt, crnt.next);    ①
100         crnt.next = crnt.next.prev = node;                   ②
101         crnt = node;                                         ③
102     }
103
104     // 머리에 노드를 삽입
105     public void addFirst(E obj) {
106         crnt = head;                 // 더미 노드 head의 바로 뒤에 삽입
107         add(obj);
108     }
109
110     // 꼬리에 노드를 삽입
111     public void addLast(E obj) {
112         crnt = head.prev;            // 꼬리 노드 head.prev의 바로 뒤에 삽입
113         add(obj);
114     }
```

노드를 삽입하는 메서드 add

선택 노드의 바로 뒤에 노드를 삽입하는 메서드로, 다른 메서드의 요청을 받아 삽입을 대신 처리하기도 합니다. 그림 8-28을 보면서 삽입 과정을 구체로 살펴보겠습니다. crnt가 노드 B를 가리키고 있는 모습이 ⓐ이고, 그 뒤쪽에 노드 D를 삽입한 것이 ⓑ입니다. 노드를 삽입하는 곳은 crnt가 가리키는 노드와 crnt.next가 가리키는 노드 사이입니다. 삽입 과정은 다음과 같습니다.

① new Node<E>(obj, crnt, crnt.next)로 새로 삽입할 노드를 생성합니다. 생성한 노드 D의 데이터는 obj, 앞쪽 포인터가 가리키는 곳은 노드 B, 뒤쪽 포인터가 가리키는 곳은 노드 C가 됩니다.

② 노드 B의 뒤쪽 포인터 crnt.next와 노드 C의 앞쪽 포인터 crnt.next.prev는 둘 다 새로 삽입한 노드를 가리키도록 업데이트합니다.

③ 선택 포인터가 삽입한 노드를 가리키도록 업데이트합니다.

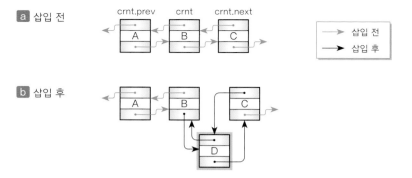

앞에서 다뤘던 연결 리스트 프로그램과 달리 리스트의 맨 앞에 항상 더미 노드가 있으므로 비어 있는 리스트에 삽입하거나 리스트 맨 앞에 삽입하는 것을 특별히 따로 다룰 필요가 없습니다. 예를 들어 그림 8-29는 더미 노드만 있는, 즉 비어 있는 리스트에 노드 A를 삽입하는 과정입니다. 삽입 전의 crnt와 head는 모두 더미 노드를 가리키고 있으므로 삽입 과정은 다음과 같습니다.

1️⃣ 생성한 노드의 앞쪽 포인터와 뒤쪽 포인터 둘 다 더미 노드를 가리키도록 합니다.

2️⃣ 더미 노드의 뒤쪽 포인터와 앞쪽 포인터가 가리키는 곳을 노드 A가 되도록 합니다.

3️⃣ 선택 노드가 가리키는 곳을 삽입한 노드가 되도록합니다.

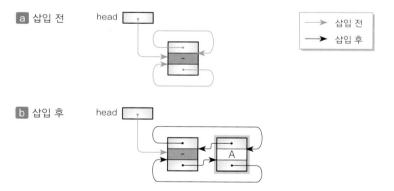

[그림 8-29] 빈 원형 이중 연결 리스트에 노드를 삽입하는 과정

머리에 노드를 삽입하는 메서드 addFirst

리스트의 머리에 노드를 삽입하는 메서드입니다. 더미 노드의 바로 뒤에 노드를 삽입하므로 선택 포인터 crnt가 가리키는 곳을 head로 업데이트한 후에 add 메서드를 호출합니다.

◎ 삽입 과정은 그림 8-28과 같습니다.

꼬리에 노드를 삽입하는 메서드 addLast

리스트의 꼬리에 노드를 삽입하는 메서드입니다. 꼬리 노드 바로 뒤에 있는 더미 노드의 바로 앞에 노드를 삽입하므로 선택 포인터 crnt가 가리키는 곳을 head.prev로 업데이트한 후에 add 메서드를 호출합니다.

◎ 삽입 과정은 그림 8-28과 같습니다.

Do it! 실습 8-5 [E]

• 완성 파일 chap08/DoubleLinkedList.java

```
116    // 선택 노드를 삭제
117    public void removeCurrentNode() {
118      if (!isEmpty()) {
119        crnt.prev.next = crnt.next;      ━1
120        crnt.next.prev = crnt.prev;      ━2
121        crnt = crnt.prev;                ━3
122        if (crnt == head) crnt = head.next;
123      }
124    }
125
126    // 노드 p를 삭제
127    public void remove(Node p) {
128      Node<E> ptr = head.next;
129
130      while (ptr != head) {
131        if (ptr == p) {                  // p를 찾음
132          crnt = p;
133          removeCurrentNode();
134          break;
135        }
136        ptr = ptr.next;
137      }
138    }
139
140    // 머리 노드를 삭제
141    public void removeFirst() {
142      crnt = head.next;                  // 머리 노드 head.next를 삭제
```

```
143         removeCurrentNode();
144     }
145
146     // 꼬리 노드를 삭제
147     public void removeLast() {
148         crnt = head.prev;          // 꼬리 노드 head.prev를 삭제
149         removeCurrentNode();
150     }
151
152     // 모든 노드를 삭제
153     public void clear() {
154         while (!isEmpty())          // 텅 빌 때까지
155             removeFirst();          // 머리 노드를 삭제
156     }
157 }
```

선택 노드를 삭제하는 메서드 removeCurrentNode

선택 노드를 삭제하는 메서드로, 다른 삭제 관련 메서드가 삭제를 요청하면 대신 처리하기도 합니다. 더미 노드는 삭제할 수 없으므로 먼저 리스트가 비어 있는지 확인하고 리스트가 비어 있지 않을 때만 삭제합니다. 그림 8-30은 선택 노드를 삭제하는 과정을 나타낸 것입니다. crnt가 노드 B를 가리키고 있는 모습이 a이고, 노드 B를 삭제한 것이 b입니다. 노드 A(crnt.prev)와 노드 C(crnt.next) 사이에 끼어 있는 노드를 삭제합니다. 그 과정은 다음과 같습니다.

1 노드 A(crnt.prev)의 뒤쪽 포인터 crnt.prev.next가 가리키는 곳이 노드 C(crnt.next) 가 되도록 업데이트합니다.

2 노드 C(crnt.next)의 앞쪽 포인터 crnt.next.prev가 가리키는 곳이 노드 A(crnt.prev) 가 되도록 업데이트합니다. 노드 B는 어디에서도 가리키는 곳이 없게 되어 삭제 처리가 완료됩니다.

3 선택 포인터 crnt가 삭제한 노드의 앞쪽 노드 A를 가리키도록 업데이트합니다.

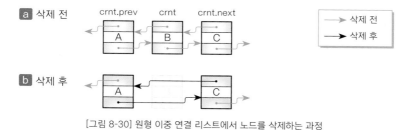

[그림 8-30] 원형 이중 연결 리스트에서 노드를 삭제하는 과정

임의의 노드를 삭제하는 메서드 remove

p가 참조하는 노드를 삭제하는 메서드입니다. 삭제는 리스트가 비어 있지 않고 인수가 가리키는 노드 p가 있을 때만 처리합니다. while 문으로 모든 노드를 스캔하는 과정에서 노드 p를 찾으면 crnt가 가리키는 곳을 p로 업데이트하고 removeCurrentNode 메서드를 호출합니다.

머리 노드를 삭제하는 메서드 removeFirst

머리 노드를 삭제하는 메서드입니다. 선택 포인터 crnt가 가리키는 곳을 실질적인 머리 노드 head.next로 업데이트하고 removeCurrentNode 메서드를 호출합니다.

꼬리 노드를 삭제하는 메서드 removeLast

꼬리 노드를 삭제하는 메서드입니다. 선택 포인터 crnt가 가리키는 곳을 꼬리 노드 head.prev로 업데이트하고 removeCurrentNode 메서드를 호출합니다.

모든 노드를 삭제하는 메서드 clear

더미 노드를 제외한 모든 노드를 삭제하는 메서드입니다. removeFirst로 리스트가 텅 빌 때까지 반복하여 머리 노드를 삭제합니다. 그 결과 선택 포인터 crnt가 가리키는 곳은 더미 노드 head로 업데이트됩니다.

원형 이중 연결 리스트를 사용하는 프로그램 만들기

실습 8-6은 원형 이중 연결 리스트를 사용하는 프로그램입니다. 이 프로그램을 실행하려면 동일한 디렉터리에 "DoubleLinkedList.class"가 있어야 합니다.

Do it! 실습 8-6 · 완성 파일 chap08/DoubleLinkedListTester.java

필요: DoubleLinkedList

```
01    // 원형 이중 연결 리스트 클래스 DoubleLinkedList<E>의 사용 예
02
03    import java.util.Scanner;
04    import java.util.Comparator;
05
06    class DoubleLinkedListTester {
07      static Scanner stdIn = new Scanner(System.in);
08
09      // 데이터(회원번호 + 이름)
10      static class Data {
11        static final int NO   = 1;   // 번호 입력받기
```

```java
12       static final int NAME = 2;    // 이름 입력받기
13
14     private Integer no;          // 회원번호
15     private String  name;        // 이름
16
17     // 문자열 출력을 반환
18     public String toString() {
19        return "(" + no + ") " + name;
20     }
21
22     // 데이터 입력받기
23     void scanData(String guide, int sw) {
24        System.out.println(guide + "할 데이터를 입력하세요.");
25
26        if ((sw & NO) == NO) {
27           System.out.print("번호: ");
28           no = stdIn.nextInt();
29        }
30        if ((sw & NAME) == NAME) {
31           System.out.print("이름: ");
32           name = stdIn.next();
33        }
34     }
35
36     // 회원번호로 순서를 정하는 comparator
37     public static final Comparator<Data> NO_ORDER =
38                           new NoOrderComparator();
39
40     private static class NoOrderComparator implements Comparator<Data> {
41        public int compare(Data d1, Data d2) {
42           return (d1.no > d2.no) ? 1: (d1.no < d2.no) ? -1: 0;
43        }
44     }
45
46     // 이름으로 순서를 정하는 comparator
47     public static final Comparator<Data> NAME_ORDER =
48                           new NameOrderComparator();
49
50     private static class NameOrderComparator implements Comparator<Data> {
51        public int compare(Data d1, Data d2) {
52           return d1.name.compareTo(d2.name);
```

```
53            }
54        }
55    }
56
57    // 메뉴 열거형
58    enum Menu {
59        ADD_FIRST(   "머리에 노드를 삽입"),
60        ADD_LAST(    "꼬리에 노드를 삽입"),
61        ADD(         "선택 노드의 바로 뒤에 삽입"),
62        RMV_FIRST(   "머리 노드를 삭제"),
63        RMV_LAST(    "꼬리 노드를 삭제"),
64        RMV_CRNT(    "선택 노드를 삭제"),
65        CLEAR(       "모든 노드를 삭제"),
66        SEARCH_NO(   "번호로 검색"),
67        SEARCH_NAME("이름으로 검색"),
68        NEXT(        "선택 노드를 뒤쪽으로"),
69        PREV(        "선택 노드를 앞쪽으로"),
70        PRINT_CRNT( "선택 노드를 출력"),
71        DUMP(        "모든 노드를 출력"),
72        TERMINATE(  "종료");
73
74        private final String message;        // 출력할 문자열
75
76        static Menu MenuAt(int idx) {        // 순서가 idx인 열거를 반환
77            for (Menu m: Menu.values())
78                if (m.ordinal() == idx)
79                    return m;
80            return null;
81        }
82
83        Menu(String string) {                // 생성자
84            message = string;
85        }
86
87        String getMessage() {                // 출력할 문자열을 반환
88            return message;
89        }
90    }
91
92    // 메뉴 선택
93    static Menu SelectMenu() {
```

```
94      int key;
95      do {
96        for (Menu m: Menu.values()) {
97          System.out.printf("(%2d) %s  ", m.ordinal(), m.getMessage());
98          if ((m.ordinal() % 3) == 2 &&
99              m.ordinal() != Menu.TERMINATE.ordinal())
100           System.out.println();
101       }
102       System.out.print(": ");
103       key = stdIn.nextInt();
104     } while (key < Menu.ADD_FIRST.ordinal() ||
105                        key > Menu.TERMINATE.ordinal());
106     return Menu.MenuAt(key);
107   }
108
109   public static void main(String[] args) {
110     Menu menu;                            // 메뉴
111     Data data;                            // 추가용 데이터 참조
112     Data ptr;                             // 검색용 데이터 참조
113     Data temp = new Data();               // 입력용 데이터
114
115     DoubleLinkedList<Data> list = new DoubleLinkedList<Data>(); // 리스트를 생성
116
117     do {
118       switch (menu = SelectMenu()) {
119
120       case ADD_FIRST:                      // 머리에 노드를 삽입
121           data = new Data();
122           data.scanData("머리에 삽입", Data.NO | Data.NAME);
123           list.addFirst(data);
124           break;
125
126       case ADD_LAST:                       // 꼬리에 노드를 삽입
127           data = new Data();
128           data.scanData("꼬리에 삽입", Data.NO | Data.NAME);
129           list.addLast(data);
130           break;
131
132       case ADD:                            // 선택 노드 바로 뒤에 노드를 삽입
133           data = new Data();
134           data.scanData("선택 노드 바로 뒤에 삽입", Data.NO | Data.NAME);
```

```
135             list.add(data);
136             break;
137
138         case RMV_FIRST:                // 머리 노드를 삭제
139             list.removeFirst();
140             break;
141
142         case RMV_LAST:                 // 꼬리 노드를 삭제
143             list.removeLast();
144             break;
145
146         case RMV_CRNT:                 // 선택 노드를 삭제
147             list.removeCurrentNode();
148             break;
149
150         case SEARCH_NO:                // 회원번호로 검색
151             temp.scanData("검색", Data.NO);
152             ptr = list.search(temp, Data.NO_ORDER);
153             if (ptr == null)
154                 System.out.println("그 번호의 데이터가 없습니다.");
155             else
156                 System.out.println("검색 성공: " + ptr);
157             break;
158
159         case SEARCH_NAME:              // 이름으로 검색
160             temp.scanData("검색", Data.NAME);
161             ptr = list.search(temp, Data.NAME_ORDER);
162             if (ptr == null)
163                 System.out.println("그 이름의 데이터가 없습니다.");
164             else
165                 System.out.println("검색 성공: " + ptr);
166             break;
167
168         case NEXT:                     // 선택 노드를 뒤쪽으로 진행
169             list.next();
170             break;
171
172         case PREV:                     // 선택 노드를 앞쪽으로 진행
173             list.prev();
174             break;
```

```
175
176         case PRINT_CRNT:                // 선택 노드의 데이터를 출력
177             list.printCurrentNode();
178             break;
179
180         case DUMP:                      // 모든 데이터를 리스트 순서로 출력
181             list.dump();
182             break;
183
184         case CLEAR:                     // 모든 노드를 삭제
185             list.clear();
186             break;
187         }
188     } while (menu != Menu.TERMINATE);
189     }
190 }
```

실행 결과

(0) 머리에 노드를 삽입　　(1) 꼬리에 노드를 삽입　　(2) 선택 노드의 바로 뒤에 삽입
(3) 머리 노드를 삭제　　　(4) 꼬리 노드를 삭제　　　(5) 선택 노드를 삭제
(6) 모든 노드를 삭제　　　(7) 번호로 검색　　　　　(8) 이름으로 검색
(9) 선택 노드를 뒤쪽으로　(10) 선택 노드를 앞쪽으로　(11) 선택 노드를 출력
(12) 모든 노드를 출력　　　(13) 종료: 0
머리에 삽입할 데이터를 입력하세요.
번호: 1 ·· {1, 이관희}를 머리에 삽입
이름: 이관희

(0) 머리에 노드를 삽입　　(1) 꼬리에 노드를 삽입　　(2) 선택 노드의 바로 뒤에 삽입
(3) 머리 노드를 삭제　　　(4) 꼬리 노드를 삭제　　　(5) 선택 노드를 삭제
(6) 모든 노드를 삭제　　　(7) 번호로 검색　　　　　(8) 이름으로 검색
(9) 선택 노드를 뒤쪽으로　(10) 선택 노드를 앞쪽으로　(11) 선택 노드를 출력
(12) 모든 노드를 출력　　　(13) 종료: 1
꼬리에 삽입할 데이터를 입력하세요.
번호: 5 ·· {5, 김지유}를 꼬리에 삽입
이름: 김지유

(0) 머리에 노드를 삽입　　(1) 꼬리에 노드를 삽입　　(2) 선택 노드의 바로 뒤에 삽입
(3) 머리 노드를 삭제　　　(4) 꼬리 노드를 삭제　　　(5) 선택 노드를 삭제
(6) 모든 노드를 삭제　　　(7) 번호로 검색　　　　　(8) 이름으로 검색
(9) 선택 노드를 뒤쪽으로　(10) 선택 노드를 앞쪽으로　(11) 선택 노드를 출력
(12) 모든 노드를 출력　　　(13) 종료: 0
머리에 삽입할 데이터를 입력하세요.
번호: 10 ·· {10, 홍원준}을 머리에 삽입
이름 : 홍원준

(0) 머리에 노드를 삽입   (1) 꼬리에 노드를 삽입   (2) 선택 노드의 바로 뒤에 삽입
(3) 머리 노드를 삭제   (4) 꼬리 노드를 삭제   (5) 선택 노드를 삭제
(6) 모든 노드를 삭제   (7) 번호로 검색   (8) 이름으로 검색
(9) 선택 노드를 뒤쪽으로 (10) 선택 노드를 앞쪽으로 (11) 선택 노드를 출력
(12) 모든 노드를 출력   (13) 종료: 1
꼬리에 삽입할 데이터를 입력하세요.
번호: 12 ·· {12, 손해루}를 꼬리에 삽입
이름: 손해루

(0) 머리에 노드를 삽입   (1) 꼬리에 노드를 삽입   (2) 선택 노드의 바로 뒤에 삽입
(3) 머리 노드를 삭제   (4) 꼬리 노드를 삭제   (5) 선택 노드를 삭제
(6) 모든 노드를 삭제   (7) 번호로 검색   (8) 이름으로 검색
(9) 선택 노드를 뒤쪽으로 (10) 선택 노드를 앞쪽으로 (11) 선택 노드를 출력
(12) 모든 노드를 출력   (13) 종료: 0
머리에 삽입할 데이터를 입력하세요.
번호: 14 ·· {14, 황단우}를 머리에 삽입
이름: 황단우

(0) 머리에 노드를 삽입   (1) 꼬리에 노드를 삽입   (2) 선택 노드의 바로 뒤에 삽입
(3) 머리 노드를 삭제   (4) 꼬리 노드를 삭제   (5) 선택 노드를 삭제
(6) 모든 노드를 삭제   (7) 번호로 검색   (8) 이름으로 검색
(9) 선택 노드를 뒤쪽으로 (10) 선택 노드를 앞쪽으로 (11) 선택 노드를 출력
(12) 모든 노드를 출력   (13) 종료: 4 ·· 꼬리의 {12, 손해루}를 삭제

(0) 머리에 노드를 삽입   (1) 꼬리에 노드를 삽입   (2) 선택 노드의 바로 뒤에 삽입
(3) 머리 노드를 삭제   (4) 꼬리 노드를 삭제   (5) 선택 노드를 삭제
(6) 모든 노드를 삭제   (7) 번호로 검색   (8) 이름으로 검색
(9) 선택 노드를 뒤쪽으로 (10) 선택 노드를 앞쪽으로 (11) 선택 노드를 출력
(12) 모든 노드를 출력   (13) 종료: 8
검색할 데이터를 입력하세요.
이름: 손해루 ·· {손해루} 검색 실패
그 이름의 데이터가 없습니다.

(0) 머리에 노드를 삽입   (1) 꼬리에 노드를 삽입   (2) 선택 노드의 바로 뒤에 삽입
(3) 머리 노드를 삭제   (4) 꼬리 노드를 삭제   (5) 선택 노드를 삭제
(6) 모든 노드를 삭제   (7) 번호로 검색   (8) 이름으로 검색
(9) 선택 노드를 뒤쪽으로 (10) 선택 노드를 앞쪽으로 (11) 선택 노드를 출력
(12) 모든 노드를 출력   (13) 종료: 7
검색할 데이터를 입력하세요.
번호: 10 ·· {10} 검색 성공
검색 성공: (10) 홍원준

(0) 머리에 노드를 삽입   (1) 꼬리에 노드를 삽입   (2) 선택 노드의 바로 뒤에 삽입
(3) 머리 노드를 삭제   (4) 꼬리 노드를 삭제   (5) 선택 노드를 삭제
(6) 모든 노드를 삭제   (7) 번호로 검색   (8) 이름으로 검색
(9) 선택 노드를 뒤쪽으로 (10) 선택 노드를 앞쪽으로 (11) 선택 노드를 출력
(12) 모든 노드를 출력   (13) 종료: 11
(10) 홍원준 ·· 선택한 노드는 {10, 홍원준}

(0) 머리에 노드를 삽입　　(1) 꼬리에 노드를 삽입　　(2) 선택 노드의 바로 뒤에 삽입
(3) 머리 노드를 삭제　　(4) 꼬리 노드를 삭제　　(5) 선택 노드를 삭제
(6) 모든 노드를 삭제　　(7) 번호로 검색　　(8) 이름으로 검색
(9) 선택 노드를 뒤쪽으로　　(10) 선택 노드를 앞쪽으로　　(11) 선택 노드를 출력
(12) 모든 노드를 출력　　(13) 종료: 10 ⸺⸺⸺⸺⸺⸺⸺⸺⸺⸺⸺⸺⸺⸺ 　선택한 노드를 앞쪽으로 진행

(0) 머리에 노드를 삽입　　(1) 꼬리에 노드를 삽입　　(2) 선택 노드의 바로 뒤에 삽입
(3) 머리 노드를 삭제　　(4) 꼬리 노드를 삭제　　(5) 선택 노드를 삭제
(6) 모든 노드를 삭제　　(7) 번호로 검색　　(8) 이름으로 검색
(9) 선택 노드를 뒤쪽으로　　(10) 선택 노드를 앞쪽으로　　(11) 선택 노드를 출력
(12) 모든 노드를 출력　　(13) 종료: 11
(14) 황단우 ⸺⸺⸺⸺⸺⸺⸺⸺⸺⸺⸺⸺⸺⸺⸺⸺⸺⸺⸺⸺⸺⸺ 　선택한 노드는 {14, 황단우}

(0) 머리에 노드를 삽입　　(1) 꼬리에 노드를 삽입　　(2) 선택 노드의 바로 뒤에 삽입
(3) 머리 노드를 삭제　　(4) 꼬리 노드를 삭제　　(5) 선택 노드를 삭제
(6) 모든 노드를 삭제　　(7) 번호로 검색　　(8) 이름으로 검색
(9) 선택 노드를 뒤쪽으로　　(10) 선택 노드를 앞쪽으로　　(11) 선택 노드를 출력
(12) 모든 노드를 출력　　(13) 종료: 12
(14) 황단우
(10) 홍원준
(1) 이관희 ⸺⸺⸺⸺⸺⸺⸺⸺⸺⸺⸺⸺⸺⸺⸺⸺⸺⸺⸺⸺ 　모든 노드를 순서대로 출력
(5) 김지유

(0) 머리에 노드를 삽입　　(1) 꼬리에 노드를 삽입　　(2) 선택 노드의 바로 뒤에 삽입
(3) 머리 노드를 삭제　　(4) 꼬리 노드를 삭제　　(5) 선택 노드를 삭제
(6) 모든 노드를 삭제　　(7) 번호로 검색　　(8) 이름으로 검색
(9) 선택 노드를 뒤쪽으로　　(10) 선택 노드를 앞쪽으로　　(11) 선택 노드를 출력
(12) 모든 노드를 출력　　(13) 종료: 13

 연습 문제

Q9　연결 리스트 클래스 LinkedList⟨E⟩에 대하여 연습문제 Q1에서 수행한 과제와 동일한 방법으로 원형 이중 연결 리스트 클래스 DoubleLinkedList⟨E⟩를 작성하세요.

Q10　연결 리스트 클래스 LinkedList⟨E⟩에 대하여 연습문제 Q2에서 수행한 과제와 동일한 방법으로 원형 이중 연결 리스트 클래스 DoubleLinkedList⟨E⟩를 작성하세요.

09

트리

09-1 트리

08장에서 살펴본 리스트는 순서대로 데이터를 나열하는 자료구조입니다. 이 장에서는 데이터 사이의 계층 관계를 나타내는 자료구조인 트리를 살펴보겠습니다.

ⓒ 계층 관계란 가계도에서 볼 수 있는 부모, 자식, 형제 등의 상호 관계를 의미합니다.

트리란?

트리(tree)와 트리 관련 용어를 알아보겠습니다. 트리를 구성하는 요소는 노드(node)와 가지(edge)입니다. 각각의 노드는 가지로 연결되어 있습니다. ○는 노드, ─는 가지를 나타냅니다.

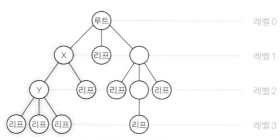

루트는 트리의 가장 윗부분에 위치합니다.

주황색으로 표시한 부분을 서브트리라고 합니다.
이때 서브트리의 X는 서브트리 안에서 루트 역할을 합니다.

[그림 9-1] 트리

루트

트리의 가장 윗부분에 위치하는 노드를 루트(root)라고 합니다. 하나의 트리에는 하나의 루트만 있습니다. 그림을 거꾸로 보면 나무 모양과 비슷하다는 것을 알 수 있습니다.

리프

트리의 가장 아랫부분에 위치하는 노드를 리프(leaf)라고 합니다. 이때 '가장 아래에 위치한다'라는 말은 물리적으로 가장 아랫부분에 위치한다는 의미가 아니라 노드가 더 이상 뻗어나가지 않는 마지막에 위치한다는 의미입니다.

ⓘ 리프를 끝 노드(terminal node) 또는 바깥 노드(external node)라고도 합니다.

안쪽 노드

리프을 제외한 나머지 노드(루트 포함)를 안쪽 노드라고 합니다.

ⓘ 안쪽 노드를 끝이 아닌 노드(non-terminal node)라고도 합니다.

자식

어떤 노드에서 가지로 연결된 아래쪽 노드를 자식(child)이라고 합니다. 노드는 자식을 여럿 가질 수 있습니다. 앞의 그림에서 X는 자식을 둘, Y는 셋을 갖고 있습니다.

ⓘ 리프는 자식을 가질 수 없습니다.

부모

어떤 노드에서 가지로 연결된 바로 위쪽 노드를 부모(parent)라고 합니다. 각 노드에서 부모는 하나뿐입니다. 앞의 그림에서 Y의 부모는 X입니다.

ⓘ 루트는 부모를 가질 수 없습니다.

형제

부모가 같은 노드를 형제(sibling)라고 합니다.

조상

어떤 노드에서 위쪽으로 뻗어 나간 모든 노드를 조상(ancestor)이라고 합니다.

자손

어떤 노드에서 아래쪽으로 뻗어 나간 모든 노드를 자손(descendant)이라고 합니다.

레벨

루트로부터 얼마나 떨어져 있는를 나타낸 값을 레벨(level)이라고 합니다. 루트의 레벨은 0이고, 루트에서 가지가 하나씩 아래로 뻗어나갈 때마다 레벨이 1씩 늘어납니다.

차수

노드가 갖는 자식의 수를 차수(degree)라고 합니다. 예를 들어 X의 차수는 2, Y의 차수는 3입니다. 모든 노드의 차수가 n 이하인 트리를 n진 트리라고 합니다. 그림 9-1의 트리는 모든 노드의 자식이 3개 이하이므로 3진 트리입니다.

ⓒ 모든 노드의 자식 수가 2개 이하이면 이진트리라고 합니다.

높이

루트에서 가장 멀리 떨어진 리프까지의 거리(리프 레벨의 최댓값)를 높이(height)라고 합니다. 그림 9-1에서 트리의 높이는 3입니다.

서브트리

트리 안에서 다시 어떤 노드를 루트로 정하고 그 자손으로 이루어진 트리를 서브트리(subtree)라고 합니다. 그림 9-1에서 주황색으로 표시한 부분은 X를 루트로 하는 서브트리입니다.

널 트리

노드가 전혀 없는 트리를 널 트리(null tree)라고 합니다.

순서 트리와 무순서 트리 살펴보기

형제 노드 사이의 순서 관계를 따지는지 그렇지 않은지에 따라 트리를 두 종류로 분류합니다. 형제 노드의 순서를 따지면 순서 트리(ordered tree), 따지지 않으면 무순서 트리(unordered tree)라고 합니다. 예를 들어 그림 9-2의 ⓐ, ⓑ는 순서 트리로 보면 다른 트리지만 무순서 트리로 보면 같은 트리라고 할 수 있습니다.

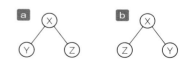

두 트리는 서로 다른 순서 트리이면서 서로 같은 무순서 트리라고 할 수 있습니다.

[그림 9-2] 순서 트리와 무순서 트리

순서 트리 탐색 살펴보기

순서 트리의 노드를 스캔하는 방법은 2가지입니다. 여기서는 이진트리를 예로 들어 살펴보겠습니다.

너비 우선 탐색(가로형 탐색)

너비 우선 탐색(breadth-first search)은 낮은 레벨에서 시작해 왼쪽에서 오른쪽 방향으로 따라가다가 한 레벨에서 탐색이 끝나면 다음 레벨로 내려갑니다. 그림 9-3은 너비 우선 탐색으로 노드를 스캔하는 과정을 나타낸 것입니다. 탐색 순서는 다음과 같습니다.

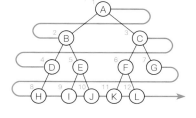

[그림 9-3] 너비 우선 탐색

A → B → C → D → E → F → G → H → I → J → K → L

깊이 우선 탐색(세로형 탐색)

깊이 우선 탐색(depth-first search)은 리프에 이를 때까지 아래로 내려가면서 탐색합니다. 리프에 도달해 더 이상 탐색할 곳이 없으면 부모에게 돌아갑니다. 그런 다음 다시 자식 노드로 내려갑니다. 그림 9-4는 깊이 우선 탐색을 진행하는 과정을 나타낸 것입니다. 그리고 그림 9-5는 노드 A를 몇 번 지나갔는지를 나타낸 것으로, 깊이 우선 탐색을 진행하면 다음과 같이 노드 A를 3회 지나갔음을 알 수 있습니다.

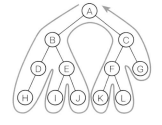

[그림 9-4] 깊이 우선 탐색

① A에서 B로 내려가기 직전에

② B에서 C로 지나가는 도중에

③ C에서 A로 돌아온 후에

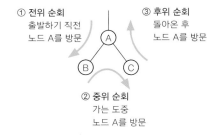

① 전위 순회
출발하기 직전
노드 A를 방문

③ 후위 순회
돌아온 후
노드 A를 방문

② 중위 순회
가는 도중
노드 A를 방문

[그림 9-5] 깊이 우선 탐색에서 가능한 방문의 종류

다른 노드의 경우도 마찬가지입니다. 두 자식 가운데 한쪽(또는 양쪽)이 없으면 노드를 지나는 횟수가 줄겠지만 노드를 지나는 최댓값은 3회입니다. 그런데 깊이 우선 탐색을 진행하면서 '언제 노드를 방문할지'는 그림 9-5와 같이 세 종류로 구분합니다.

ⓒ 친구의 집도 지나치는 것과 직접 방문하는 것은 다릅니다. 이와 마찬가지로 깊이 우선 탐색도 지나가는 것과 방문하는 것을 구분해서 생각합니다.

전위 순회(preorder)

다음과 같은 순서로 깊이 우선 탐색을 진행합니다.

ⓖ 노드를 방문하는 때가 언제인지 주의하며 읽어 보세요.

> 노드 방문 ➡ 왼쪽 자식 ➡ 오른쪽 자식

이처럼 전위 순회로 깊이 우선 탐색을 진행하면 다음과 같은 순서로 방문합니다.

> A ➡ B ➡ D ➡ H ➡ E ➡ I ➡ J ➡ C ➡ F ➡ K ➡ L ➡ G

중위 순회(inorder)

다음과 같은 순서로 깊이 우선 탐색을 진행합니다.

> 왼쪽 자식 ➡ 노드 방문 ➡ 오른쪽 자식

이처럼 중위 순회로 깊이 우선 탐색을 진행하면 다음과 같은 순서로 방문합니다.

> H ➡ D ➡ B ➡ I ➡ E ➡ J ➡ A ➡ K ➡ F ➡ L ➡ C ➡ G

후위 순회(postorder)

마지막으로 후위 순회입니다. 후위 순회는 다음과 같은 순서로 깊이 우선 탐색을 진행합니다.

> 왼쪽 자식 ➡ 오른쪽 자식 ➡ (돌아와) 노드 방문

이처럼 후위 순위로 깊이 우선 탐색을 진행하면 다음과 같은 순서로 방문합니다.

> H ➡ D ➡ I ➡ J ➡ E ➡ B ➡ K ➡ L ➡ F ➡ G ➡ C ➡ A

09-2 이진트리와 이진검색트리

이번 절에서는 단순하면서도 실제 업무 프로그램에서 자주 사용하는 이진트리와 이진검색트리를 살펴보겠습니다.

이진트리란?

각 노드가 왼쪽 자식과 오른쪽 자식 둘을 갖는 트리를 이진트리(binary tree)라고 합니다. 이때 두 자식 가운데 한쪽이 없거나 둘 다 없는 노드가 포함되어도 됩니다. 그림 9-6을 보면서 자세히 살펴보겠습니다.

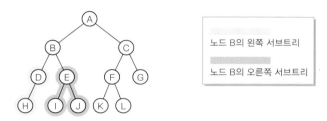

노드 B의 왼쪽 서브트리

노드 B의 오른쪽 서브트리

[그림 9-6] 이진트리

이진트리의 특징은 왼쪽 자식과 오른쪽 자식을 구분한다는 점입니다. 예를 들어 그림 9-6에서 노드 B의 왼쪽 자식은 D, 오른쪽 자식은 E입니다. 이때 왼쪽 자식을 루트로 하는 서브트리를 왼쪽 서브트리(left subtree), 오른쪽 자식을 루트로 하는 서브트리를 오른쪽 서브트리(right subtree)라고 합니다. ▧▧▧▧▧으로 표시한 부분이 B의 왼쪽 서브트리, ▧▧▧▧으로 표시한 부분이 B의 오른쪽 서브트리입니다.

완전이진트리란?

루트에서 아래쪽 레벨로 내려가는 노드가 빠짐없이 채워져 있고, 또 같은 레벨에서는 왼쪽에서 오른쪽으로 노드가 빠짐없이 채워져 있는 이진트리를 완전이진트리(complete binary tree)라고 합니다. 그림 9-7을 보면서 빠짐없이 '채우다'라는 말의 의미를 좀 더 자세히 살펴보겠습니다.

높이가 k인 완전이진트리가 가질 수 있는 노드의 최댓값은 $2^{k+1} - 1$개입니다. 따라서 n개의 노드를 저장할 수 있는 완전이진트리의 높이는 log n입니다.

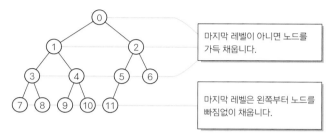

마지막 레벨이 아니면 노드를 가득 채웁니다.

마지막 레벨은 왼쪽부터 노드를 빠짐없이 채웁니다.

[그림 9-7] 완전이진트리

그림 9-7과 같이 완전이진트리에서 너비 우선 탐색을 하며 각 노드에 0, 1, 2, … 값을 주면 배열에 저장하는 인덱스와 일대일로 대응한다는 것을 알 수 있습니다.

ⓒ 완전이진트리는 06장에서 힙 정렬에 사용했습니다.

이진검색트리 살펴보기

이진검색트리(binary search tree)는 이진트리가 다음 조건을 만족하면 됩니다.

그러므로 같은 키값을 갖는 노드는 없습니다.

그림 9-8은 이진검색트리를 구현한 예입니다. 여기서 노드 5를 보면 왼쪽 서브트리 노드(4, 1)는 모두 5보다 작습니다. 그리고 오른쪽 서브트리 노드(7, 6, 9)는 모두 5보다 큽니다. 이때 이진검색트리를 중위 순회하면 다음과 같이 키값의 오름차순으로 노드를 얻을 수 있습니다.

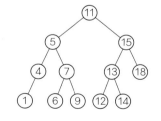

[그림 9-8] 이진검색트리

1 → 4 → 5 → 6 → 7 → 9 → 11 → 12 → 13 → 14 → 15 → 18

이진검색트리는 다음과 같은 특징 때문에 폭넓게 사용됩니다.

- 구조가 단순합니다.
- 중위 순회를 하면 키값의 오름차순으로 노드를 얻을 수 있습니다.
- 이진 검색과 비슷한 방식으로 아주 빠르게 검색할 수 있습니다.
- 노드를 삽입하는 것이 쉽습니다.

이제 이진검색트리 프로그램을 작성하면서 이와 같은 특징을 좀 더 자세히 살펴보겠습니다.

이진검색트리 만들기

이진검색트리 프로그램을 구현해 보겠습니다.

노드 클래스 Node〈K,V〉

이진검색트리의 개별 노드를 나타내는 노드 클래스 Node〈K,V〉(클래스 BinTree〈K, V〉에 정의되어 있습니다)는 다음과 같이 4개의 필드로 구성됩니다.

- key   … 키값(자료형 k는 임의의 자료형)
- data … 데이터(자료형 v는 임의의 자료형)
- left   … 왼쪽 포인터(왼쪽 자식 노드를 가르킴, 형은 Node〈K,V〉)
- right … 오른쪽 포인터(오른쪽 자식 노드를 가르킴, 형은 Node〈K,V〉)

다음 그림은 노드의 이미지를 나타낸 것입니다.

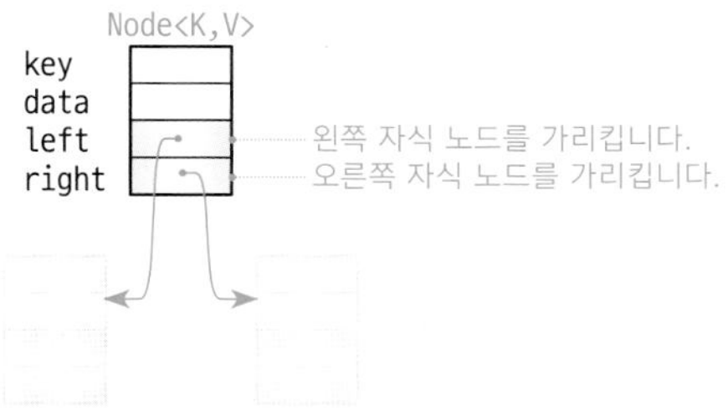

[그림 9-9] 이진검색트리용 노드를 나타내는 Node〈K,V〉의 이미지

노드 클래스 Node〈K,V〉에는 1개의 생성자와 3개의 메서드가 있습니다.

- 생성자   … 각 필드에 넣어 둘 4개의 값을 전달받아 그대로 설정합니다.
- getKey( )   … 키값 key를 그대로 반환하는 메서드입니다.
- getValue( ) … 데이터 data를 그대로 반환하는 메서드입니다.
- print( )   … 데이터를 출력하는 메서드입니다. 출력하는 것은 data입니다. 즉, data에 대해 묵시적
             으로 toString 메서드를 호출하여 얻어지는 문자열입니다.

ⓖ toString 메서드는 보충수업 8-1에서 학습했습니다.

Do it! 실습 9-1 [A]   • 완성 파일 chap09/BinTree.java

```java
01    // 이진검색트리
02
03    import java.util.Comparator;
04
05    public class BinTree<K,V> {
06        // 노드
07        static class Node<K,V> {
08            private K key;                    // 키값
09            private V data;                   // 데이터
10            private Node<K,V> left;           // 왼쪽 포인터(왼쪽 자식 노드에 대한 참조)
11            private Node<K,V> right;          // 오른쪽 포인터(오른쪽 자식 노드에 대한 참조)
12
13            // 생성자
14            Node(K key, V data, Node<K,V> left, Node<K,V> right) {
15                this.key   = key;
16                this.data  = data;
17                this.left  = left;
18                this.right = right;
19            }
20
21            // 키값을 반환
22            K getKey() {
23                return key;
24            }
25
26            // 데이터를 반환
27            V getValue() {
28                return data;
29            }
```

```
30
31      // 데이터를 출력
32      void print() {
33          System.out.println(data);
34      }
35  }
36
37  private Node<K,V> root;                          // 루트
38  private Comparator<? super K> comparator = null;  // 비교자
```

이진검색트리 클래스 BinTree⟨K,V⟩

이진검색트리 클래스 BinTree⟨K,V⟩는 2개의 필드로 구성됩니다.

- root   ⋯ 루트에 대한 참조를 넣어 두는 필드입니다.
- comparator ⋯ 키값의 대소 관계를 판단하는 비교자입니다. 이진검색트리를 생성하는 생성자에서 비교
           자를 명시적으로 설정하지 않으면 자동으로 null이 되도록 초기자 null을 주어 선언합니다.

ⓒ 루트는 08장에서 학습한 연결 리스트 클래스의 머리 노드 head에 해당합니다. 트리가 비어 있으면 루트도 없으므로 루트의 값은 null입니다.

생성자

클래스 BinTree⟨K,V⟩에는 2개의 생성자가 있습니다. 둘 다 비어 있는 이진검색트리를 생성합니다.

• 완성 파일 chap09/BinTree.java

Do it! 실습 9-1 [B]

```
40      // 생성자
41      public BinTree() {
42          root = null;
43      }
44
45      // 생성자
46      public BinTree(Comparator<? super K> c) {
47          this();        ─①
48          comparator = c; ─②
49      }
```

Ⓐ 자연 순서에 따라 키값을 비교합니다.

Ⓑ 비교자로 키값을 비교합니다.

BinTree( )

루트에 대한 참조인 root를 null로 하여 노드가 하나도 없는(비어 있는) 이진검색트리를 생성하는 생성자입니다.

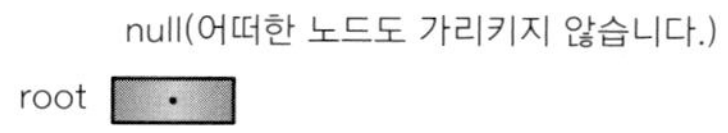

null(어떠한 노드도 가리키지 않습니다.)

root

[그림 9-10] 빈 상태의 이진검색트리

이 생성자로 생성한 이진검색트리에서는 노드 키값의 대소 관계를 판단할 때 자연 순서에 따라 수행합니다. 따라서 키를 나타내는 K의 형(type)이 Comparable 인터페이스를 구현하고 있는 Integer 클래스나 String 클래스 등에 알맞습니다.

또 다른 생성자 Ⓑ와 달리 비교자를 따로 설정하지 않으므로 비교자용 필드 comparator의 값은 null이 됩니다.

Ⓑ BinTree(Comparator<? super K> c)

인수로 비교자를 전달받는 생성자입니다. 이 생성자로 생성한 이진검색트리에서는 키값의 대소 관계를 판단할 때 전달받은 비교자에 의해 다음과 같이 수행합니다.

1 this()에 의해 인수를 전달받지 않는 생성자 BinTree()를 호출합니다. root가 null인(비어 있는) 이진검색트리를 생성합니다.

2 필드 comparator에 전달받은 c를 설정합니다.

두 키값을 비교하는 메서드 comp

2개의 키값을 비교하는 메서드입니다. 검색 · 삽입 · 삭제의 각 메서드에서 호출하는 비공개 메서드(private method)입니다.

Do it! 실습 9-1 [C]　　　　　　　　　　　　　　　　　　　　　• 완성 파일 chap09/BinTree.java

```
51    // 두 키값을 비교
52    private int comp(K key1, K key2) {
53      return (comparator == null) ? ((Comparable<K>)key1).compareTo(key2)
54                                   : comparator.compare(key1, key2);
55    }
```

이 메서드는 두 키값 key1과 key2를 비교하여 다음 값을 반환합니다.

- key1 > key2면 양수
- key1 < key2면 음수
- Key1 == key2면 0

이진검색트리에 비교자 comparator가 설정되어 있는지 그렇지 않은지에 따라 2개의 키값을 비교하는 방법이 다릅니다.

1. 비교자 comparator가 null인 경우
생성자 BinTree( )로 이진검색트리를 생성하면 필드 comparator값은 null이 되므로 비교자는 따로 설정되지 않습니다. 보충수업 3-4에서 살펴본 것처럼 자연 순서를 갖는 클래스는 Comparable⟨T⟩ 인터페이스를 구현하면서 동시에 compareTo 메서드를 구현합니다.

```
((Comparable<K>)key1).compareTo(key2)
```

key1을 Comparable⟨K⟩ 인터페이스형으로 형 변환(cast)하고 compareTo 메서드를 호출하여 key2와 비교합니다.

2. 비교자 comparator가 null이 아닌 경우
생성자 BinTree(Comparator ⟨? super K⟩ c)로 이진검색트리를 생성하면 필드 comparator에 비교자가 설정됩니다.

```
comparator.compare(key1, key2)
```

설정된 비교자 comparator의 compare 메서드를 호출하여 두 키값 key1, key2의 대소 관계를 판단합니다.

키값으로 검색하는 메서드 search
그림 9-11을 보면서 이진검색트리에서 특정 키값을 갖는 노드를 검색하는 알고리즘을 살펴보겠습니다. a 는 검색에 성공한 경우이고, b 는 검색에 실패한 경우입니다.

a 검색에 성공한 경우

이진검색트리에서 키값이 3인 노드를 검색하는 과정은 다음과 같습니다.

1 루트를 선택합니다(5). 3은 5보다 작기 때문에 왼쪽을 검색합니다.

2 선택한 노드는 2입니다. 3은 2보다 크기 때문에 오른쪽을 검색합니다.

3 선택한 노드는 4입니다. 3은 4보다 작기 때문에 왼쪽을 검색합니다.

4 3에 도착하면 검색에 성공합니다.

a 3을 검색합니다(검색 성공).

  1 5를 선택합니다. 3은 5보다 작기 때문에 왼쪽 자식 노드를 검색합니다.

  2 2를 선택합니다. 3은 2보다 크기 때문에 오른쪽 자식 노드를 검색합니다.

  3 4를 선택합니다. 3은 4보다 작기 때문에 왼쪽 자식 노드를 검색합니다.

b 8을 검색합니다(검색 실패).

  1 5를 선택합니다. 8은 5보다 크기 때문에 오른쪽 자식 노드를 검색합니다.

  2 7을 선택합니다. 8은 7보다 크기 때문에 오른쪽 자식 노드를 검색합니다. 하지만 오른쪽에는 자식 노드가 없기 때문에 검색에 실패합니다.

  4 3을 찾았습니다. 검색에 성공합니다.

[그림 9-11] 이진검색트리에서 노드를 검색하는 과정

b 검색에 실패한 경우

이진검색트리에서 8을 검색하는 과정은 다음과 같습니다.

1 루트를 선택합니다(5). 8은 5보다 크기 때문에 오른쪽을 검색합니다.

2 7을 선택합니다. 7은 리프이고 오른쪽에 자식 노드가 없으므로 더 이상 검색할 수 없습니다. 검색에 실패합니다.

이진검색트리에서 원하는 값을 찾으려면 이처럼 루트부터 시작해 현재 선택한 노드의 키값과 검색하는 값을 비교하면서 왼쪽, 오른쪽을 검색하면 됩니다. 알고리즘은 다음과 같습니다.

> 1 루트부터 선택하여 검색을 진행합니다. 여기서 선택 노드를 p로 합니다.
> 2 p가 null이면 검색에 실패합니다(종료).
> 3 검색하는 값 key와 선택한 노드 p의 키값을 비교합니다.
> • 값이 같으면 검색에 성공(검색 종료)합니다.
> • key가 작으면 선택 노드를 왼쪽 자식 노드로 나아갑니다(왼쪽 검색).
> • key가 크면 선택 노드를 오른쪽 자식 노드로 나아갑니다(오른쪽 검색).
> 4 2로 되돌아갑니다.

search 메서드는 이 알고리즘을 바탕으로 이진검색트리에서 노드를 검색합니다.

Do it! 실습 9-1 [D]　　　　　　　　　　　　　• 완성 파일 chap09/BinTree.java

```java
57      // 키로 검색
58      public V search(K key)  {
59        Node<K,V> p = root;                       // 루트에 주목
60
61        while (true) {
62          if (p == null)                          // 더 이상 진행할 수 없으면
63            return null;                           // 검색 실패
64          int cond = comp(key, p.getKey());        // key와 노드 p의 키값을 비교
65          if (cond == 0)                           // 같으면
66            return p.getValue();                   // 검색 성공
67          else if (cond < 0)                       // key 쪽이 작으면
68            p = p.left;                            // 왼쪽 서브트리에서 검색
69          else                                     // key 쪽이 크면
70            p = p.right;                           // 오른쪽 서브트리에서 검색
71        }
72      }
```

키값이 key인 노드를 검색하여 성공하면 그 노드의 데이터에 대한 참조를 반환합니다.

노드를 삽입하는 메서드 add

이진검색트리에 노드를 삽입하는 알고리즘을 생각해 보겠습니다. 노드를 삽입할 때 주의해야 할 점은 노드를 삽입한 다음에도 트리가 이진검색트리의 조건을 유지해야 한다는 점입니다. 따라서 노드를 삽입할 때는 가장 먼저 삽입할 알맞은 위치를 찾아야 합니다. 그리고 삽입할 노

드의 키와 값이 같은 노드가 이미 있을 경우 삽입할 수 없습니다.

그러면 그림 9-12를 보면서 좀 더 자세히 살펴보겠습니다. 4개의 노드(2, 4, 6, 7)로 이루어 진 이진검색트리에 노드 1을 삽입하는 과정이 **a**, 노드 1을 삽입한 뒤 이진검색트리에 노드 5 를 삽입하는 과정이 **b**입니다.

a 1을 삽입하는 과정

1 검색과 마찬가지로 따라갑니다. 추가할 값은 1은 2보다 작고, 2의 왼쪽 자식 노 드는 비어 있으므로 해당 위치를 삽입 위 치로 선택합니다.

2 2의 왼쪽 자식 노드로 1을 삽입합니다.

b 5를 삽입하는 과정

1 검색과 마찬가지로 따라갑니다. 추가할 값인 5는 4보다 크고, 4의 오른쪽 자식 노드가 비어 있으므로 해당 위치를 삽입 위치로 선택합니다.

2 4의 오른쪽 자식 노드로 5를 삽입합니다.

[그림 9-12] 이진검색트리에 노드를 삽입하는 과정

node를 루트로 하는 서브트리에 대해 키값이 key인 데이터를 삽입하는 알고리즘은 다음과 같습니다(node가 null이 아닌 경우입니다).

1 서브트리의 루트를 선택합니다. 여기서 선택 노드를 node로 합니다.
2 삽입할 키 key와 선택 노드 node의 키값을 비교합니다. 값이 같으면 삽입에 실패합니다(종료).
 • **key값이 삽입할 값보다 작으면**
  왼쪽 자식 노드가 없으면(**a**) 그곳에 노드를 삽입합니다(종료).
  왼쪽 자식 노드가 있으면 선택 노드를 왼쪽 자식 노드로 나아갑니다.
 • **key값이 삽입할 값보다 크면**
  오른쪽 자식 노드가 없으면(**b**) 그곳에 노드를 삽입합니다(종료).
  오른쪽 자식 노드가 있으면 선택 노드를 오른쪽 자식 노드로 나아갑니다.
3 2 로 되돌아갑니다.

add 메서드는 이 알고리즘을 바탕으로 노드를 삽입합니다. 삽입하는 노드의 키값은 key이고 데이터는 data입니다.

```
74      // node를 루트로 하는 서브트리에 노드<K,V>를 삽입
75      private void addNode(Node<K,V> node, K key, V data) {
76        int cond = comp(key, node.getKey());
77        if (cond == 0)
78          return;                               // key가 이진검색트리에 이미 있음
79        else if (cond < 0) {
80          if (node.left == null)
81            node.left = new Node<K,V>(key, data, null, null);
82          else
83            addNode(node.left, key, data);       // 왼쪽 서브트리에 주목
84        } else {
85          if (node.right == null)
86            node.right = new Node<K,V>(key, data, null, null);
87          else
88            addNode(node.right, key, data);      // 오른쪽 서브트리에 주목
89        }
90      }
91
92      // 노드를 삽입
93      public void add(K key, V data) {
94        if (root == null)
95          root = new Node<K,V>(key, data, null, null);   ●①
96        else
97          addNode(root, key, data);                      ●②
98      }
```

삽입은 root값에 따라 다음과 같이 수행합니다.

① root가 null인 경우

트리가 비어 있으므로 루트만으로 구성된 트리를 만들어야
합니다. new Node<K,V> (key, data, null, null)에 의해
키값이 key, 데이터가 data, 왼쪽 포인터와 오른쪽 포인터
둘 다 null인 노드를 생성하고, root가 그것을 참조하도록
합니다(그림 9-13).

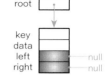

[그림 9-13] 루트만 있는 이진검색트리

◎ root는 '루트 자체'가 아니라 '루트에 대한 참조'인 것에 주의하세요.

2 root가 null이 아닌 경우

트리가 비어 있지 않으므로 addNode 메서드를 호출하여 노드를 삽입합니다. addNode 메서드는 node를 루트로 하는 서브트리에 키값이 key이고 데이터가 data인 노드를 삽입합니다.

노드를 삭제하는 메서드 remove

이진검색트리에서 노드를 삭제하는 알고리즘을 살펴보겠습니다. 삭제하는 절차가 복잡하므로 다음과 같이 세 경우로 나누어 학습합니다.

> A 자식 노드가 없는 노드를 삭제하는 경우
> B 자식 노드가 하나인 노드를 삭제하는 경우
> C 자식 노드가 둘인 노드를 삭제하는 경우

A 자식 노드가 없는 노드를 삭제하는 경우(a, b)

그림 9–14의 a 는 자식 노드가 없는 노드 3을 삭제하는 경우입니다. 이런 경우 노드 3을 가리키는 부모 노드 4의 왼쪽 포인터를 null로 업데이트하면 됩니다. 이렇게 하면 노드 3은 어디에서도 가리키지 않기 때문에 이진검색트리에서 삭제됩니다. b 도 마찬가지입니다. 삭제할 노드를 트리에서 떼어 내면 삭제 과정이 끝납니다.

a 3을 삭제하는 경우

　1 검색할 때와 마찬가지로 먼저 3을 찾아 갑니다. 그런 다음 삭제할 노드 3에서 멈춥니다.

　2 부모의 왼쪽 포인터에 null을 대입합니다.

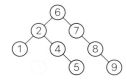

b 9를 삭제하는 경우

　1 검색할 때와 마찬가지로 먼저 9를 찾아 갑니다. 그런 다음 삭제할 노드 9에서 멈춥니다.

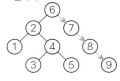

　2 부모의 오른쪽 포인터에 null을 대입합니다.

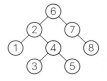

[그림 9-14] 자식 노드가 없는 노드를 삭제하는 과정

이 과정을 간단히 정리하면 다음과 같습니다.

> - 삭제할 노드가 부모 노드의 왼쪽 자식이면 부모의 왼쪽 포인터를 null로 만듭니다.
> - 삭제할 노드가 부모 노드의 오른쪽 자식이면 부모의 오른쪽 포인터를 null로 만듭니다.

B 자식 노드가 1개인 노드를 삭제하는 경우(**a**, **b**)

그림 9-15의 **a**는 오른쪽 자식 노드 1개만 갖는 노드인 7을 삭제하는 경우입니다. 이런 경우 노드 7의 위치로 노드 8을 가져와 삭제를 수행합니다. 이것이 가능한 이유는 '자식 노드 8을 루트로 하는 서브트리의 모든 키값은 부모 노드인 6보다 크다'라는 조건을 만족하기 때문입니다. 구체적으로 삭제 노드의 부모 노드인 6의 오른쪽 포인터가 삭제 대상 노드인 7의 자식 노드 8을 가리키도록 업데이트하면 됩니다. 그러면 7은 어디에서도 가리키지 않기 때문에 이진검색트리에서 삭제됩니다.

왼쪽 자식 노드 1개만 갖고 있는 경우(**b**)도 마찬가지입니다. 삭제할 노드 1의 부모 노드인 2의 왼쪽 포인터가 삭제 대상 노드의 자식 노드인 0을 가리키도록 업데이트하면 삭제 처리가 끝납니다.

a 7을 삭제하는 경우

1 검색할 때와 마찬가지로 7을 찾아갑니다. 그런 다음 삭제할 노드 7에서 멈춥니다.

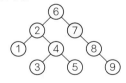

2 부모 노드인 6의 오른쪽 포인터가 7의 자식 노드인 8을 가리키도록 업데이트합니다.

b 1을 삭제하는 경우

1 검색할 때와 마찬가지로 1을 찾아갑니다. 그런 다음 삭제할 노드 1에서 멈춥니다.

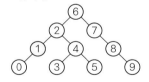

2 부모 노드인 2의 왼쪽 포인터가 1의 자식 노드인 0을 가리키도록 업데이트합니다.

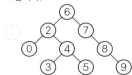

[그림 9-15] 자식 노드가 1개인 노드를 삭제하는 과정

이 과정을 간단히 정리하면 다음과 같습니다.

- 삭제 대상 노드가 부모 노드의 왼쪽 자식이면, 부모의 왼쪽 포인터가 삭제 대상 노드의 자식을 가리키도록 설정합니다.
- 삭제 대상 노드가 부모 노드의 오른쪽 자식이면, 부모의 오른쪽 포인터가 삭제 대상 노드의 자식을 가리키도록 설정합니다.

ⓒ 자식 노드가 2개인 노드를 삭제하는 경우(ⓐ)

자식 노드가 2개인 노드를 삭제하는 과정은 앞의 두 과정보다 더 복잡합니다. 그림 9-16은 노드 5를 삭제하는 경우입니다. 노드 5의 왼쪽 서브트리(노드 2가 루트)에서 키값이 가장 큰 노드 4를 노드 5가 있는 곳으로 옮겨 삭제를 수행합니다.

ⓐ 5를 삭제하는 경우

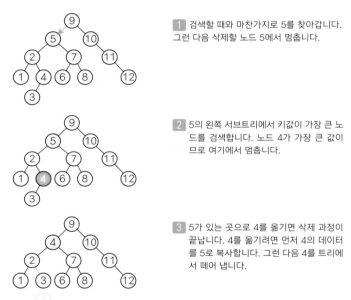

1 검색할 때와 마찬가지로 5를 찾아갑니다. 그런 다음 삭제할 노드 5에서 멈춥니다.

2 5의 왼쪽 서브트리에서 키값이 가장 큰 노드를 검색합니다. 노드 4가 가장 큰 값이므로 여기에서 멈춥니다.

3 5가 있는 곳으로 4를 옮기면 삭제 과정이 끝납니다. 4를 옮기려면 먼저 4의 데이터를 5로 복사합니다. 그런 다음 4를 트리에서 떼어 냅니다.

[그림 9-16] 자식 노드가 2개인 노드를 삭제하는 과정

이 과정을 간단히 정리하면 다음과 같습니다.

1 삭제할 노드의 왼쪽 서브트리에서 키값이 가장 큰 노드를 검색합니다.
2 검색한 노드의 데이터를 삭제 대상 노드로 복사합니다.
3 검색한 노드를 삭제합니다.
- **노드에 자식이 없으면**
  '자식 노드가 없는 노드의 삭제 순서'에 따라 노드를 삭제합니다.
- **노드에 자식이 1개만 있으면**
  '자식 노드가 1개 있는 노드의 삭제 순서'에 따라 노드를 삭제합니다.

삭제 알고리즘을 3가지 경우로 구분하여 학습했습니다. remove 메서드 이 3가지 경우를 묶어 구현했습니다.

어 구현했습니다.

• 완성 파일 chap09/BinTree.java

```
100    // 키값이 key인 노드를 삭제
101    public boolean remove(K key) {
102      Node<K,V> p = root;                       // 스캔 중인 노드
103      Node<K,V> parent = null;                  // 스캔 중인 노드의 부모 노드
104      boolean isLeftChild = true;               // p가 부모의 왼쪽 자식 노드?
105
106      while (true) {
107        if (p == null)                          // 더 이상 나아갈 수 없으면
108          return false;                         // 그 키값은 없음
109        int cond = comp(key, p.getKey());       // key와 노드 p의 키값을 비교
110        if (cond == 0)                          // 같으면
111          break;                                // 검색 성공
112        else {
113          parent = p;                           // 가지로 내려가기 전에 부모를 설정
114          if (cond < 0) {                       // key 쪽이 작으면           ■1
115            isLeftChild = true;                 // 왼쪽 자식으로 내려감
116            p = p.left;                         // 왼쪽 서브트리에서 검색
117          } else {                              // key 쪽이 크면
118            isLeftChild = false;                // 오른쪽 자식으로 내려감
119            p = p.right;                        // 오른쪽 서브트리에서 검색
120          }
121        }
122      }
123
124      if (p.left == null) {                      // p에 왼쪽 자식이 없음
125        if (p == root)
126          root = p.right;
127        else if (isLeftChild)
128          parent.left  = p.right;               // 부모의 왼쪽 포인터가 오른쪽 자식을 가리킴
129        else
130          parent.right = p.right;               // 부모의 오른쪽 포인터가 오른쪽 자식을 가리킴
131      } else if (p.right == null) {              // p에 오른쪽 자식이 없음      ■2
132        if (p == root)
133          root = p.left;
134        else if (isLeftChild)
135          parent.left  = p.left;                // 부모의 왼쪽 포인터가 왼쪽 자식을 가리킴
136        else
```

```
137        parent.right = p.left;        // 부모의 오른쪽 포인터가 왼쪽 자식을 가리킴
138    } else {
139      parent = p;
140      Node<K,V> left = p.left;        // 서브트리 가운데 가장 큰 노드
141      isLeftChild = true;
142      while (left.right != null) {    // 가장 큰 노드 left를 검색
143        parent = left;
144        left = left.right;
145        isLeftChild = false;
146      }
147      p.key  = left.key;              // left의 키값을 p로 옮김
148      p.data = left.data;             // left의 데이터를 p로 옮김
149      if (isLeftChild)
150        parent.left  = left.left;     // left를 삭제
151      else
152        parent.right = left.left;     // left를 삭제
153    }
154    return true;
155  }
```

remove 메서드는 키값이 key인 노드를 삭제합니다.

1 삭제할 키를 검색합니다. 검색에 성공하면 p는 찾은 노드를 가리키고, parent는 찾은 노드의 부모 노드를 가리킵니다.

2 A 와 B 과정을 수행하는 부분입니다. 삭제할 노드에 왼쪽 자식이 없으면 왼쪽 포인터가 null이고, 오른쪽 자식이 없으면 오른쪽 포인터가 null인 것을 이용하여 A 와 B 를 같은 절차로 수행합니다.

3 C 과정을 수행하는 부분입니다.

모든 노드를 출력하는 메서드 print
모든 노드의 키값을 오름차순으로 출력하는 메서드입니다. 오름차순으로 출력하기 위해 중위 순회 방법으로 트리를 검색합니다.

```
157      // node를 루트로 하는 서브트리의 노드를 키값의 오름차순으로 출력
158      private void printSubTree(Node node) {
159        if (node != null) {
160          printSubTree(node.left);          // 왼쪽 서브트리를 키값의 오름차순으로 출력
161          System.out.println(node.key + " " + node.data);          // node를 출력
162          printSubTree(node.right);          // 오른쪽 서브트리를 키값의 오름차순으로 출력
163        }
164      }
165
166      // 모든 노드를 키값의 오름차순으로 출력
167      public void print() {
168        printSubTree(root);
169      }
170    }
```

print 메서드는 root를 매개변수로 하여 printSubTree 메서드를 호출합니다. printSubTree
메서드는 node를 루트로 하는 서브트리의 모든 노드를 키값의 오름차순으로 출력하기 위한
재귀 메서드입니다. 그리고 출력하는 내용은 노드의 데이터입니다.

그림 9-17을 보며 재귀 메서드 printSubTree의 동작을 살펴보겠습니다. 먼저 전달받은
node가 null 참조인지 아닌지를 확인합니다. 만약 null 참조라
면 아무것도 하지 않고 원래 호출한 곳으로 되돌아갑니다. 그림
9-17에서 printSubTree 메서드는 루트인 노드 6에 대한 참조
를 매개변수 node로 전달받습니다. node가 null 참조가 아니
기 때문에 printSubTree 메서드의 동작은 다음과 같습니다.

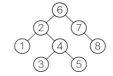

[그림 9-17] 이진검색트리

1 노드 2를 가리키는 왼쪽 포인터를 매개변수로 하여 printSubTree 메서드를 재귀적으로 호출합니다(재귀).
2 자기 자신인 노드 6의 데이터를 출력합니다.
3 노드 7을 가리키는 오른쪽 포인터를 매개변수로 하여 printSubTree 메서드를 재귀적으로 호출합니다(재귀).

이때 1, 3은 재귀 호출이므로 그 동작을 한마디로 설명할 수 없습니다. 예를 들어 1의 동작
은 다음처럼 수행합니다.

> **a** 노드 1을 가리키는 왼쪽 포인터를 매개변수로 하여 printSubTree 메서드를 재귀적으로 호출합니다(재귀).
> **b** 자기 자신인 노드 1의 데이터를 출력합니다.
> **c** 노드 4를 가리키는 오른쪽 포인터를 매개변수로 하여 printSubTree 메서드를 재귀적으로 호출합니다(재귀).

이처럼 재귀 호출을 반복함으로써 이진검색트리의 모든 노드를 키값의 오름차순으로 출력합니다.

연습문제

Q1 모든 노드를 키값의 내림차순으로 출력하는 메서드를 작성하세요.

```
void printReverse()          // 키값의 내림차순으로 모든 노드를 출력
```

Q2 가장 작은 키값을 반환하는 메서드, 가장 작은 키값을 갖는 노드의 데이터를 반환하는 메서드, 가장 큰 키값을 반환하는 메서드, 가장 큰 키값을 갖는 노드의 데이터를 반환하는 메서드를 작성하세요. 트리가 비어 있으면 null을 반환합니다.

```
K getMinKey()               // 가장 작은 키값을 반환
V getDataWithMinKey()       // 가장 작은 키값을 갖는 데이터를 반환
K getMaxKey()               // 가장 큰 키값을 반환
V getDataWithMaxKey()       // 가장 큰 키값을 갖는 노드의 데이터를 반환
```

Q3 실습 9-2 프로그램은 키값의 대소 관계를 비교자를 사용하지 않고 '자연 순서'로 판단합니다. 비교자를 사용하는 프로그램을 작성하세요.

📖 **보충수업 9-1 균형검색트리**

이진검색트리는 검색·삽입·삭제하는 과정을 효율적으로 실행하지만, 키값의 오름차순으로 노드를 삽입하는 상황에서는 트리의 높이가 지나치게 커진다는 단점이 있습니다. 예를 들어 비어 있는 이진검색트리에 키값 1, 2, 3, 4, 5의 순서로 노드를 삽입하면 그림 9C-1과 같이 트리가 직선이 됩니다(실제로 선형 리스트와 같아지므로 빠른 속도로 검색할 수 없습니다). 이럴 경우 균형검색트리(self-balancing search tree)를 사용면 좋습니다. 균형검색트리는 높이를 O(log n)으로 억제하도록 고안된 구조입니다.

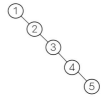

[그림 9C-1]
한쪽으로 치우친 이진검색트리

이진인균형검색트리의 종류는 다음과 같습니다.

- AVL 트리(AVL tree)
- 레드-블랙 트리(red-black tree)

이진이 아닌 균형검색트리의 종류는 다음과 같습니다.

- B 트리(B tree)
- 2-3 트리(2-3 tree)

이진검색트리를 사용하는 프로그램 만들기

다음은 이진검색트리 클래스 BinTree⟨K, V⟩를 사용하는 프로그램입니다.

☺ 이 프로그램을 실행하려면 동일한 디렉터리에 BinTree.class가 필요합니다.

Do it! 실습 9-2

• 완성 파일 chap09/BinTreeTester.java

필요: BinTree

```
01    // 이진검색트리 클래스 BinTree<K,V>의 사용 예
02
03    import java.util.Scanner;
04
05    class BinTreeTester {
06      static Scanner stdIn = new Scanner(System.in);
07
08      // 데이터(회원번호 + 이름)
09      static class Data {
10        public static final int NO   = 1;     // 번호 입력받기
11        public static final int NAME = 2;     // 이름 입력받기
12
13        private Integer no;                    // 회원번호(키값)
14        private String  name;                  // 이름
15
16        // 키값
17        Integer keyCode() {
18          return no;
19        }
20
21        // 문자열 출력을 반환
22        public String toString() {
23          return name;
```

```
24        }
25
26        // 데이터를 입력
27        void scanData(String guide, int sw) {
28            System.out.println(guide + "할 데이터를 입력하세요.");
29
30            if ((sw & NO) == NO) {
31                System.out.print("번호: ");
32                no = stdIn.nextInt();
33            }
34            if ((sw & NAME) == NAME) {
35                System.out.print("이름: ");
36                name = stdIn.next();
37            }
38        }
39    }
40
41    // 메뉴 열거형
42    enum Menu {
43        ADD(      "삽입"),
44        REMOVE(   "삭제"),
45        SEARCH(   "검색"),
46        PRINT(    "출력"),
47        TERMINATE("종료");
48
49        private final String message;          // 출력할 문자열
50
51        static Menu MenuAt(int idx) {           // 서수가 idx인 열거를 반환
52            for (Menu m: Menu.values())
53                if (m.ordinal() == idx)
54                    return m;
55            return null;
56        }
57
58        Menu(String string) {                   // 생성자
59            message = string;
60        }
61
62        String getMessage() {                   // 출력할 문자열을 반환
63            return message;
64        }
```

```
65      }
66
67      // 메뉴 선택
68      static Menu SelectMenu() {
69         int key;
70         do {
71            for (Menu m: Menu.values())
72               System.out.printf("(%d) %s  ", m.ordinal(), m.getMessage());
73            System.out.print(" : ");
74            key = stdIn.nextInt();
75         } while (key < Menu.ADD.ordinal() || key > Menu.TERMINATE.ordinal());
76
77         return Menu.MenuAt(key);
78      }
79
80      public static void main(String[] args) {
81         Menu menu;                             // 메뉴
82         Data data;                             // 추가용 데이터 참조
83         Data ptr;                              // 검색용 데이터 참조
84         Data temp = new Data();                // 입력용 데이터
85         BinTree<Integer, Data> tree = new BinTree<Integer, Data>();
86
87         do {
88            switch (menu = SelectMenu()) {
89            case ADD:                           // 노드를 삽입
90               data = new Data();
91               data.scanData("삽입", Data.NO | Data.NAME);
92               tree.add(data.keyCode(), data);
93               break;
94
95            case REMOVE:                        // 노드를 삭제
96               temp.scanData("삭제", Data.NO);
97               tree.remove(temp.keyCode());
98               break;
99
100           case SEARCH:                        // 노드를 검색
101              temp.scanData("검색", Data.NO);
102              ptr = tree.search(temp.keyCode());
103              if (ptr != null)
104                 System.out.println("그 번호의 이름은 " + ptr + "입니다.");
105              else
```

```
106                   System.out.println("해당 데이터가 없습니다.");
107               break;
108
109           case PRINT:                          // 모든 노드를 키값의 오름차순으로 출력
110               tree.print();
111               break;
112           }
113       } while (menu != Menu.TERMINATE);
114   }
115 }
```

이 프로그램에서 다루는 이진검색트리의 노드는 다음과 같은 키값과 데이터를 갖습니다.

- 키값   … Integer형의 회원번호
- 데이터 … Integer형의 회원번호와 String형의 이름을 갖는 클래스 Data

키값의 형(type)인 Integer 클래스는 Comparable 인터페이스를 구현하고 있으므로 '자연스러운 순서 매기기'가 수행됩니다. 비교자가 필요하지 않으므로 이진검색트리를 생성할 때 인수를 전달받지 않는 쪽의 생성자를 호출합니다.

실행 결과

(0) 삽입 (1) 삭제 (2) 검색 (3) 출력 (4) 종료: 0
삽입할 데이터를 입력하세요.
번호: 1 ·· {1, 이관희}를 삽입
이름: 이관희

(0) 삽입 (1) 삭제 (2) 검색 (3) 출력 (4) 종료: 0
삽입할 데이터를 입력하세요.
번호: 10 ·· {10, 홍원준}을 삽입
이름: 홍원준

(0) 삽입 (1) 삭제 (2) 검색 (3) 출력 (4) 종료: 0
삽입할 데이터를 입력하세요.
번호: 5 ·· {5, 김지유}를 삽입
이름: 김지유

(0) 삽입 (1) 삭제 (2) 검색 (3) 출력 (4) 종료: 0
삽입할 데이터를 입력하세요.
번호: 12 ·· {12, 손해루}를 삽입
이름: 손해루

(0) 삽입 (1) 삭제 (2) 검색 (3) 출력 (4) 종료: 0
삽입할 데이터를 입력하세요.
번호: 14 ·· {14, 황단우}를 삽입
이름: 황단우

(0) 삽입 (1) 삭제 (2) 검색 (3) 출력 (4) 종료: 2
검색할 데이터를 입력하세요.
번호: 5 ··· {5}를 검색
그 번호의 이름은 김지유입니다.

(0) 삽입 (1) 삭제 (2) 검색 (3) 출력 (4) 종료: 3
   1 이관희
   5 김지유
  10 홍원준 ··· 키값의 오름차순으로 모든 노드를 출력
  12 손해루
  14 황단우

(0) 삽입 (1) 삭제 (2) 검색 (3) 출력 (4) 종료: 1
삭제할 데이터를 입력하세요.
번호: 10 ·· {10}을 삭제

(0) 삽입 (1) 삭제 (2) 검색 (3) 출력 (4) 종료: 3
   1 이관희
   5 김지유
  12 손해루 ··· 키값의 오름차순으로 모든 노드를 출력
  14 황단우

(0) 삽입 (1) 삭제 (2) 검색 (3) 출력 (4) 종료: 4

보충수업 9-2 API 문서 참조하기

자바에서는 날짜와 시간을 나타내는 클래스를 비롯한 수많은 클래스를 표준 API(application programming interface)로 제공합니다. 표준 API 문서는 인터넷에 공개되어 있습니다. 다음 사이트에 접속하여 원하는 JDK 버전을 누른 후 [API Documentation] 메뉴를 선택하면 그림 9C-2와 같은 화면을 확인할 수 있습니다.

> https://docs.oracle.com/en/java/javase/index.html

◎ 그림 9C-2는 JDK 14 버전의 API 문서입니다. 이 책의 출간 시점 기준으로 최신 버전은 JDK 17입니다.

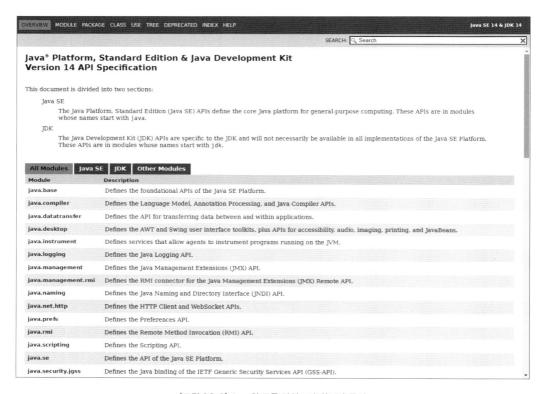

[그림 9C-2] Java의 표준 라이브러리(API) 문서

📖 보충수업 9-3 Object 클래스 이해하기

Java의 모든 클래스에서 최상위 클래스인 Object에 대한 정의를 실습 9C-1에 나타냈습니다. 몇 가지 중요한 점을 이해해 봅시다.

◎ 이번 실습은 이 책에서 학습하지 않은 내용도 있으므로 완벽하게 이해하지 않아도 됩니다.

Do it! 실습 9C-1

• 완성 파일 chap09/Object.java

```
01  // Object클래스
02  package java.lang;
03
04  public class Object {
05
06    static {
07      registerNatives();
08    }
09
10    public final native Class<?> getClass();
11
12    public native int hashCode();               ─1
13
14    public boolean equals(Object obj) {
15      return (this == obj);                     ─2
16    }
17
18    protected native Object clone() throws CloneNotSupportedException;
19
20    public String toString() {
21      return getClass().getName() + "@" + Integer.toHexString(hashCode());  ─3
22    }
23
24    public final native void notify();
25
26    public final native void notifyAll();
27
28    public final native void wait(long timeout) throws InterruptedException;
29
30    public final void wait(long timeout, int nanos) throws InterruptedException {
31      if (timeout < 0) {
32        throw new IllegalArgumentException("timeout value is negative");
33      }
```

> 이것은 정의의 한 예입니다. 자바 버전이나 플랫폼에 따라 정의는 달라집니다.

```
34        if (nanos < 0 ¦¦ nanos > 999999) {
35          throw new IllegalArgumentException(
36                "nanosecond timeout value out of range");
37        }
38        if (nanos >= 500000 ¦¦ (nanos != 0 && timeout == 0)) {
39          timeout++;
40        }
41        wait(timeout);
42      }
43
44      public final void wait() throws InterruptedException {
45        wait(0);
46      }
47
48      protected void finalize() throws Throwable { }
49    }
```

java.lang 패키지

Object 클래스는 java.lang 패키지에 속합니다. 그러므로 자바의 모든 프로그램에서 명시적으로 형 (type) import를 하지 않아도 간단한 이름으로 나타낼 수 있습니다.

native 메서드 선언

getClass 등 몇 개의 메서드는 native를 붙여 선언하고 있습니다. 이렇게 선언하는 메서드는 윈도우, macOS, 리눅스 등의 플랫폼(환경)에 의존하는 부분을 구현하기 위한 특별한 메서드입니다. 일반적으로 자바 이외의 언어로 작성합니다.

hashCode 메서드와 해시값

모든 클래스형의 인스턴스는 해시값이라 불리는 int형의 정숫값을 계산할 수 있도록 되어 있습니다. 해시값을 반환하는 것이 [1]의 hashCode 메서드입니다.

여기서 해시값은 10장에서 다루는 '해시 테이블에 저장할 때 인덱스가 되는 값'보다는 각 인스턴스를 구별하는 '식별 번호(아이디)'와 같은 것입니다. 이 hashCode 메서드는 각 인스턴스에 대해 내부적으로 부여된 해시값을 반환하도록 정의되어 있습니다. 따라서 Object 클래스의 hashCode 메서드를 오버라이드하지 않고, 상속받고 있는 클래스형 인스턴스는 프로그램 쪽에서 특별히 따로 처리를 하지 않아도 내부에서 알맞은 해시값이 주어집니다.

사용자가 만든 클래스에서 hashCode를 정의할 때 해시값을 계산하는 방법은 사용자가 임의로 선택할 수 있습니다. 다만 동일 상태(전체 필드의 값이 동일한)의 인스턴스에는 동일한 해시값을 주고, 다른 상태의 인스턴스에는 다른 해시값을 주도록 계산하는 것이 일반적입니다.

10장의 해시 클래스(실습 10-1 [A], 실습 10-3 참고) 안의 노드 클래스 Node⟨K,V⟩에서는 hashCode 메서드를 다음과 같이 정의했습니다.

```java
public int hashCode() {
    return key.hashCode();
}
```

해시 테이블 안의 각 노드(버킷)는 키와 데이터로 구성되어 있습니다. 이 메서드에서는 키(key가 참조하는 인스턴스)가 가지고 있는 해시값을 그대로 사용하도록 오버라이드하고 있습니다.

ⓒ 해시 클래스 ChainHash⟨K,V⟩와 OpenHash⟨K,V⟩에서는 각 노드를 해시 테이블에 넣어 두는 인덱스의 해시값으로 'Node⟨K,V⟩의 메서드 hashCode의 반환값을 해시 테이블의 크기로 나눈 나머지'를 사용합니다.

equals 메서드와 인스턴스의 등가성

[2]의 equals 메서드는 참조하는 곳의 인스턴스가 같은지를 판단하는 메서드입니다. 같으면 true를, 그렇지 않으면 false를 반환합니다. 이 메서드에서 수행하는 판단은 두 해시값의 정합성(서로 딱 들어맞음)을 확인하는 것이 원칙입니다. 즉, 다음 상황을 확인해야 있습니다.

> • a.equals(b)가 true일 경우 a와 b의 해시값은 서로 같은 값입니다.
> • a.equals(b)가 false일 경우 a와 b의 해시값은 서로 다른 값입니다.

ⓒ 여기서 해시값은 a.hashCode( )와 b.hashCode( )의 반환값을 말합니다.

그러므로 equals 메서드를 정의할 때는 위 상황에 맞게 hashCode 메서드를 정 의해야 합니다.

toString 메서드

Object 클래스의 toString 메서드는 '클래스 이름@해시값'을 반환합니다([3]은 해시값을 16진수로 표현한 문자열입니다). 사용자가 만든 클래스에서 이 메서드를 오버라이드할 때는 클래스의 특성이나 인스턴스 상태를 나타내는 알맞은 문자열을 반환하도록 정의합니다(보충수업 8-1).

10

해시

10-1 해시법

10-1 해시법

해시법은 검색뿐만 아니라 데이터의 추가와 삭제도 효율적으로 수행할 수 있는 방법입니다.

정렬된 배열에 새로운 값 추가

그림 10-1 a의 배열을 봅시다. 요소가 13개인 배열에서 앞쪽 10개 요소에 오름차순으로 정렬된 데이터가 저장되어 있습니다.

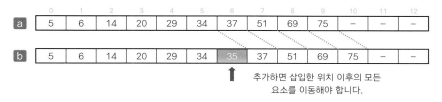

[그림 10-1] 정렬된 배열에 데이터 추가

이 배열에 35를 추가하는 과정은 다음과 같습니다.

> 1. 삽입할 위치가 a[5]와 a[6] 사이임을 이진 검색법으로 조사합니다.
> 2. 그림 b와 같이 a[6] 이후의 모든 요소를 하나씩 뒤로 이동합니다.
> 3. a[6]에 35를 대입합니다.

요소 이동에 필요한 복잡도(time-complexity)는 O(n)이므로 그 비용(cost)은 결코 작지 않습니다. 물론 데이터를 삭제하는 경우에도 똑같은 비용이 발생합니다.

해시법

해시법(hashing)은 데이터를 저장할 위치(인덱스)를 간단한 연산으로 구하여 검색, 추가, 삭제를 효율적으로 수행합니다. 그림 10-1의 a에서 배열의 키값(각 요소의 값)을 배열의 요솟수 13으로 나눈 나머지를 정리하면 표 10-1과 같습니다. 이렇게 표에 정리한 값을 해시값(hash value)이라고 하며, 이 해시값은 데이터에 접근할 때 사용합니다.
◎ hash는 '다진 고기 요리', '뒤범벅', '뒤죽박죽', '잡동사니'라는 의미입니다.

[표 10-1] 키값과 해시값의 대응

키값	5	6	14	20	29	34	37	51	69	75
해시값(13으로 나눈 나머지)	5	6	1	7	3	8	11	12	4	10

해시값을 인덱스로 하여 원래의 키값을 저장한 배열이 해시 테이블(hash table)입니다. 위 표 10-1의 해시 테이블은 아래 그림 10-2의 **a** 입니다.

◎ 예를 들어 14를 a[1]에 저장하는 이유는 해시값(13으로 나눈 나머지)이 1이기 때문입니다.

[그림 10-2] 해시에 새로운 값(35)을 추가

그러면 배열에 35를 추가하는 경우를 생각해 보겠습니다. 35를 13으로 나눈 나머지는 9이므로 **b** 처럼 a[9]에 값(35)을 저장합니다. 그림 10-1에서 값을 추가한 후에 배열 요소를 모두 옮겼던 경우와는 다르게 새로운 값을 추가하더라도 다른 배열 요소를 뒤로 옮기지 않아도 됩니다. 이렇게 키값(35)을 해시값(9)으로 변환하는 과정을 해시 함수(hash function)라고 합니다. 보통 여기에서 살펴봤듯이 '나머지를 구하는 연산' 또는 이런 '나머지 연산을 다시 응용한 연산'을 사용합니다. 그리고 해시 테이블의 각 요소를 버킷(bucket)이라고 합니다. 이제부터 해시 테이블의 요소를 버킷이라고 하겠습니다.

충돌

이어서 배열에 새로운 값 18을 추가해 보겠습니다. 18을 13으로 나눈 나머지, 즉 18의 해시값은 5이고 저장할 곳은 버킷 a[5]입니다. 그런데 그림 10-3처럼 이 버킷은 이미 채워져 있습니다. 이 경우에서 볼 수 있듯이 키값과 해시값의 대응 관계가 반드시 1대 1이어야 하는 것은 아닙니다(보통 n대 1입니다). 이렇게 저장할 버킷이 중복되는 현상을 충돌(collision)이라고 합니다.

[그림 10-3] 해시에 추가할 때의 충돌

그러므로 해시 함수는 가능하면 해시값이 치우치지 않도록 고르게 분포된 값을 만들어야 합니다.

충돌 대처법

충돌이 발생할 때 다음 2가지 방법으로 대처할 수 있습니다. 이 2가지 방법을 살펴보겠습니다.

- 체인법: 해시값이 같은 요소를 연결 리스트로 관리합니다.
- 오픈 주소법: 빈 버킷을 찾을 때까지 해시를 반복합니다.

체인법

체인법(chaining)은 해시값이 같은 데이터를 사슬(chain) 모양의 연결 리스트로 연결하는 방법으로, 오픈 해시법(open hashing)이라고도 합니다.

해시값이 같은 데이터 저장

그림 10-4는 체인법으로 구현한 해시의 한 예입니다.

ⓒ 여기에서도 키값을 13으로 나눈 나머지를 해시값으로 지정합니다.

체인법은 해시값이 같은 데이터를 사슬 모양의 연결 리스트로 연결합니다. 배열(해시 테이블)의 각 버킷에 저장하는 값은 그 인덱스를 해시값으로 하는 연결 리스트의 첫 번째 노드에 대한 참조입니다(배열 이름을 table로 지정했습니다).

예를 들어 그림 10-4에서 69와 17의 해시값은 모두 4이고, 이들을 연결하는 연결 리스트의 첫 번째 노드에 대한 참조를 table[4]에 저장합니다. 또, 해시값(배열 인덱스) 0과 2처럼 데이터가 하나도 없는 버킷값은 null 참조로 합니다.

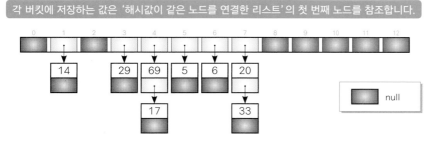

각 버킷에 저장하는 값은 '해시값이 같은 노드를 연결한 리스트'의 첫 번째 노드를 참조합니다.

해시값이 같은 데이터를 연결 리스트(사슬 모양)로 연결합니다.

[그림 10-4] 체인법으로 해시 구현

버킷용 클래스 Node⟨K,V⟩

개별 버킷을 나타낸 것이 클래스 Node⟨K,V⟩입니다. 이 클래스에는 다음 3가지 필드가 있습니다.

- key … 키값(자료형 K는 임의의 자료형)
- data … 데이터(자료형 V는 임의의 자료형)
- next … 체인에서 다음 노드에 대한 참조(자료형은 Node⟨K,V⟩)

실습 10-1은 체인법으로 구현한 클래스 ChainHash⟨K,V⟩입니다.

Do it! 실습 10-1 [A]

• 완성 파일 chap10/ChainHash.java

```
01  // 체인법에 의한 해시
02
03  public class ChainHash<K,V> {
04
05      // 해시를 구성하는 노드
06      class Node<K,V> {
07          private K key;                  // 키값
08          private V data;                 // 데이터
09          private Node<K,V> next;         // 다음 노드에 대한 참조
10
11          // 생성자
12          Node(K key, V data, Node<K,V> next) {
13              this.key  = key;
14              this.data = data;
15              this.next = next;
16          }
17
18          // 키값을 반환
19          K getKey() {
20              return key;
21          }
22
23          // 데이터를 반환
24          V getValue() {
25              return data;
26          }
27
```

```
28        // 키의 해시값을 반환
29        public int hashCode() {
30            return key.hashCode();
31        }
32    }
```

➡

제네릭 클래스인 Node⟨K,V⟩의 매개변수 자료형은 키값의 자료형 K와 데이터의 자료형 V입니다. K와 V는 독립적인 참조이므로, 예를 들어 데이터가 '회원번호, 이름, 키, 몸무게'로 구성되어 있고 '회원번호'를 키(key)로 하여 나타내면 그림 10-5 **a**와 **b**의 두 메서드를 모두 사용할 수 있습니다.

a 회원번호가 아닌 나머지 요소를 세트로 하여 클래스화   **b** 모든 요소를 세트로 하여 클래스화

[그림 10-5] 클래스 Node의 키와 데이터

자기 참조형 클래스인 Node⟨K,V⟩의 이미지를 그림 10-6에 나타냈습니다. 필드 next에 대입되는 값은 체인에 있는 다음 노드에 대한 참조입니다. 하지만 다음 노드가 없으면 null이 대입됩니다.

```
class Node<K,V> {
    K key;              // 키값
    V data;             // 데이터
    Node<K,V> next;     // 다음 노드에 대한 참조
}
```

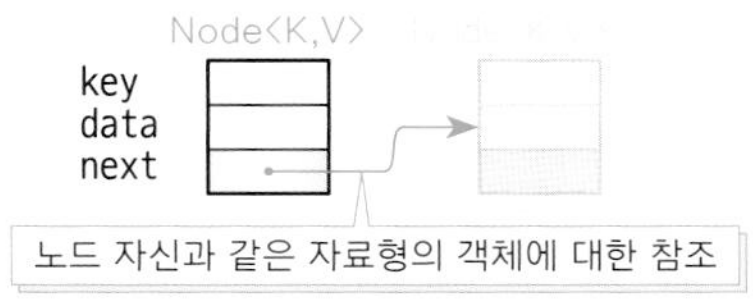

[그림 10-6] 버킷을 나타내는 클래스

Node⟨K,V⟩에는 3가지 메서드가 있습니다.

- getKey   … 키값(key)을 그대로 반환합니다.
- getValue   … 데이터(data)를 그대로 반환합니다.
- hashCode   … 키값(key)의 해시값을 반환합니다.

해시 클래스 ChainHash⟨K,V⟩의 필드

해시 클래스 ChainHash⟨K,V⟩에는 두 필드가 있습니다.

- size ··· 해시 테이블의 용량(배열 table의 요솟수)
- table ··· 해시 테이블을 저장하는 배열

생성자 ChainHash

클래스 ChainHash⟨K,V⟩의 생성자는 비어 있는 해시 테이블을 생성하며, 매개변수 capacity
에 전달받는 것은 해시 테이블의 용량입니다. 요솟수가 capacity인 배열 table의 본체를 생
성하고 capacity값을 필드 size에 복사합니다.

해시 테이블의 각 버킷은 맨 앞부터 table[0], table[1], ···, table[size − 1]로 접근할 수 있습
니다. 생성자가 호출된 직후 배열 table의 모든 요소는 null을 참조하며, 그림 10-7과 같이 모
든 버킷이 비어 있는 상태가 됩니다.

모든 버킷이 비어 있습니다(null).

[그림 10-7] 비어 있는 해시

그리고 메모리 확보에 실패하면(OutOfMemoryError) 필드 size에 0을 넣습니다.

ⓒ 해시 테이블의 요소(버킷)는 그림 10-5에 나타낸 Node⟨K,V⟩에 대한 참조형입니다. 배열 table의 모든 요소가 널로 초
기화되는 것은 참조형 배열의 기본 설정값이 널 참조이기 때문입니다.

메서드 hashValue

해시값을 구하는 메서드입니다. key의 해시값을 size(해시 테이블의 용량)로 나눈 나머지를
반환합니다.

Do it! 실습 10-1 [B]   • 완성 파일 chap10/ChainHash.java

```
34    private int size;                        // 해시 테이블의 크기
35    private Node<K,V>[] table;               // 해시 테이블
36
37    // 생성자
38    public ChainHash(int capacity) {
39      try {
40        table = new Node[capacity];
41        this.size = capacity;
```

```
42        } catch (OutOfMemoryError e) {        // 테이블을 생성할 수 없음
43           this.size = 0;
44        }
45     }
46
47     // 해시값을 구함
48     public int hashValue(Object key) {
49        return key.hashCode() % size;
50     }
```

📚 보충수업 10-1 **해시와 해시 함수 알아보기**

만약 충돌이 전혀 발생하지 않는다면 해시 함수로 인덱스를 구하는 것만으로 검색, 추가, 삭제가 거의
완료되므로 시간 복잡도는 어느 것이나 O(1)이 됩니다. 해시 테이블을 크게 하면 충돌 발생을 억제할
수는 있지만 다른 한편으로 메모리를 쓸데없이 많이 차지하게 됩니다. 즉, 시간과 공간의 절충(trade-
off)이라는 문제가 항상 따라다닙니다.

충돌을 피하려면 해시 함수는 해시 테이블 용량 이하의 정수를 되도록이면 한쪽으로 치우치지 않도록
고르게 만들어 내야 합니다. 그래서 해시 테이블 용량은 소수(素數)가 좋다고 알려져 있습니다.

키값이 정수가 아닐 경우 해시값을 구할 때 좀 더 신경을 써서 방법을 모색해야 합니다. 예컨대 실수 키
값에 대해 비트 연산(bitwise operation)을 하는 방법, 문자열 키값에 대해 각 문자 코드에 곱셈과 덧
셈을 하는 방법이 있습니다.

실습 10-1의 클래스 Node⟨K,V⟩와 실습 10-3의 클래스 Bucket⟨K,V⟩의 hashCode 메서드는 java.
lang.Object 클래스에서 정의한 메서드(보충수업 9-3)를 오버라이드(override)한 것입니다.

📚

Do it! 실습 10-1 [C]

• 완성 파일 chap10/ChainHash.java

```
52     // 키값이 key인 요소를 검색(데이터를 반환)
53     public V search(K key) {
54        int hash = hashValue(key);          // 검색할 데이터의 해시값
55        Node<K,V> p = table[hash];          // 선택 노드
56
57        while (p != null) {
58           if (p.getKey().equals(key))
59              return p.getValue();          // 검색 성공
60           p = p.next;                       // 다음 노드를 선택
61        }
62        return null;                          // 검색 실패
```

```
63        }
64
65        // 키값이 key이고 데이터가 data인 요소를 추가
66        public int add(K key, V data) {
67          int hash = hashValue(key);              // 추가할 데이터의 해시값
68          Node<K,V> p = table[hash];              // 선택 노드
69
70          while (p != null) {
71            if (p.getKey().equals(key))           // 이 키값은 이미 등록됨
72              return 1;
73            p = p.next;                           // 다음 노드를 선택
74          }
75          Node<K,V> temp = new Node<K,V>(key, data, table[hash]);
76          table[hash] = temp;                     // 노드를 삽입
77          return 0;
78        }
```

키값으로 요소를 검색하는 search 메서드

키값이 key인 요소를 검색하는 메서드입니다. search 메서드가 요소를 어떻게 검색하는지 구체적으로 살펴보겠습니다.

1. 그림 10-8 [a] 에서 33을 검색하는 경우

33의 해시값은 7이므로 table[7]이 가리키는 연결 리스트를 따라갑니다. 20 → 33으로 차례로 따라가면 검색 성공입니다.

2. 그림 10-8 [a] 에서 26을 검색하는 경우

26의 해시값은 0입니다. table[0]이 null이므로 검색 실패입니다.

검색 과정을 정리하면 다음과 같습니다.

---

1. 해시 함수로 키값을 해시값으로 변환합니다.
2. 해시값을 인덱스로 하는 버킷을 선택합니다.
3. 선택한 버킷의 연결 리스트를 처음부터 순서대로 선형 검색합니다. 키값과 같은 값을 찾으면 검색 성공입니다. 끝까지 스캔하여 찾지 못하면 검색 실패입니다.

요소를 추가하는 메서드 add

키값이 key이고 데이터가 data인 요소를 삽입하는 메서드입니다.

1. 그림 10-8 ⓐ에 13을 삽입하는 경우

13의 해시값은 0이고 table[0]은 null입니다. ⓑ와 같이 13을 저장하는 노드를 새로 만들고 그 노드에 대한 참조를 table[0]에 대입합니다.

2. 그림 10-8 ⓐ에 46을 삽입하는 경우

46의 해시값은 7이고 table[7]의 버킷에는 20과 33을 연결한 리스트에 대한 참조가 저장되어 있습니다. 이 리스트에는 추가할 값(46)이 존재하지 않으므로 리스트의 맨 앞에 46을 삽입합니다. 좀 더 자세히 설명하면 추가할 값(46)을 저장하는 노드를 새로 만들고 그 노드에 대한 참조를 table[7]에 삽입합니다. 그리고 삽입한 노드가 갖는 다음 노드에 대한 참조(next)가 20을 저장한 노드를 가리키도록 업데이트합니다(ⓑ).

요소를 삽입하는 과정을 정리하면 다음과 같습니다.

> 1. 해시 함수가 키값을 해시값으로 변환합니다.
> 2. 해시값을 인덱스로 하는 버킷을 선택합니다.
> 3. 버킷이 가리키는 연결 리스트를 처음부터 순서대로 검색합니다. 키값과 같은 값을 찾으면 키값이 이미 등록된 상태이므로 삽입에 실패합니다. 끝까지 스캔하여 찾지 못하면 리스트의 맨 앞에 노드를 삽입합니다.

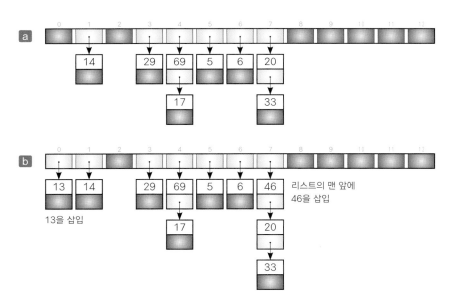

[그림 10-8] 체인법에 의한 해시의 검색과 삽입

```
80        // 키값이 key인 요소를 삭제
81        public int remove(K key) {
82          int hash = hashValue(key);          // 삭제할 데이터의 해시값
83          Node<K,V> p = table[hash];          // 선택 노드
84          Node<K,V> pp = null;                // 바로 앞의 선택 노드
85
86          while (p != null) {
87            if (p.getKey().equals(key)) {     // 찾으면
88              if (pp == null)
89                table[hash] = p.next;
90              else
91                pp.next = p.next;
92              return 0;
93            }
94            pp = p;
95            p = p.next;                        // 다음 노드를 선택
96          }
97          return 1;                            // 그 키값은 없음
98        }
99
100       // 해시 테이블을 덤프
101       public void dump() {
102         for (int i = 0; i < size; i++) {
103           Node<K,V> p = table[i];
104           System.out.printf("%02d  ", i);
105           while (p != null) {
106             System.out.printf("→ %s (%s)  ", p.getKey(), p.getValue());
107             p = p.next;
108           }
109           System.out.println();
110         }
111       }
112     }
```

ⓖ 이 프로그램은 키값을 비교하기 위해 여러 곳에서 equals 메서드를 호출합니다. 이 메서드는 보충수업 9-3에서 학습합니다.

요소를 삭제하는 메서드 remove

키값이 key인 요소를 삭제하는 메서드입니다. 그림 10-9 a에서 69를 삭제하는 경우를 예로 들어 요소를 어떻게 삭제하는지 살펴보겠습니다.

69의 해시값은 4이고, table[4]의 버킷에 저장된 참조의 리스트를 선형 검색하면 69를 찾을 수 있습니다. 그런데 69를 저장한 노드의 다음 노드는 17을 저장한 노드입니다. 그래서 b 처럼 17을 저장한 노드에 대한 참조를 table[4]의 버킷에 대입하면 노드는 삭제됩니다.

요소를 삭제하는 과정을 정리하면 다음과 같습니다.

> 1. 해시 함수로 키값을 해시값으로 변환합니다.
> 2. 해시값을 인덱스로 하는 버킷을 선택합니다.
> 3. 버킷이 가리키는 연결 리스트를 처음부터 순서대로 검색합니다. 키값과 같은 값을 찾으면 그 노드를 리스트에서 삭제합니다. 그렇지 않으면 삭제에 실패합니다.

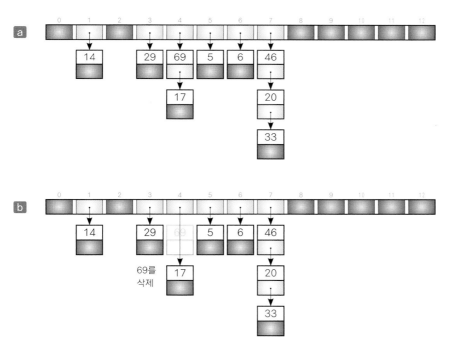

[그림 10-9] 체인법으로 해시에서의 삭제

해시 테이블의 모든 내용을 출력하는 메서드 dump

해시 테이블의 내용을 통째로 출력하는 메서드입니다. 해시 테이블의 모든 요소(table[0] ~ table[size - 1])에 대하여 다음에 오는 노드를 차례로 따라가면서 각 노드의 키값과 데이터를 출력하는 작업을 반복합니다.

그림 10-9의 **a**를 예로 들면 오른쪽처럼 출력됩니다. 해시값
이 같은 데이터는 화살표(→)로 연결합니다. 이 메서드를 실행
하면 해시값이 같은 버킷이 선형 리스트에서 사슬 모양으로 연
결된 것을 확인할 수 있습니다.

```
00
01 → 14
02
03 → 29
04 → 69 → 17
05 → 5
06 → 6
07 → 46 → 20 → 33
08
09
10
11
12
```

☺ 오른쪽 실행 예는 키값만 나타냈습니다. 실제로 메서드 dump를 실행하면 키값과
데이터가 모두 출력됩니다. 그리고 메서드 이름인 dump는 덤프 트럭(dump truck)
이 짐을 한 번 내리는 모습을 비유한 용어입니다.

실습 10-2는 클래스 ChainHash〈K,V〉를 사용한 프로그램입
니다. 처리 대상인 클래스 Data는 회원번호(정수)와 이름(문자
열)이 세트로 되어 있습니다. 키값은 회원번호입니다.

Do it! 실습 10-2

• 완성 파일 chap10/ChainHashTester.java

필요: ChainHash

```java
01  // 체인법에 의한 해시의 사용 예
02
03  import java.util.Scanner;
04
05  class ChainHashTester {
06      static Scanner stdIn = new Scanner(System.in);
07
08      // 데이터(회원번호 + 이름)
09      static class Data {
10          static final int NO   = 1;    // 번호 입력받기
11          static final int NAME = 2;    // 이름 입력받기
12
13          private Integer no;            // 회원번호(키값)
14          private String  name;          // 이름
15
16          // 키값
17          Integer keyCode() {
18              return no;
19          }
20
21          // 문자열 출력을 반환
22          public String toString() {
23              return name;
24          }
25
```

```
26        // 데이터를 입력
27        void scanData(String guide, int sw) {
28          System.out.println(guide + "할 데이터를 입력하세요.");
29
30          if ((sw & NO) == NO) {
31            System.out.print("번호: ");
32            no = stdIn.nextInt();
33          }
34          if ((sw & NAME) == NAME) {
35            System.out.print("이름: ");
36            name = stdIn.next();
37          }
38        }
39      }
40
41  // 메뉴 열거형
42  enum Menu {
43      ADD(      "추가"),
44      REMOVE(   "삭제"),
45      SEARCH(   "검색"),
46      DUMP(     "출력"),
47      TERMINATE("종료");
48
49      private final String message;      // 출력할 문자열
50
51      static Menu MenuAt(int idx) {       // 서수가 idx인 열거를 반환
52        for (Menu m: Menu.values())
53          if (m.ordinal() == idx)
54            return m;
55        return null;
56      }
57
58      Menu(String string) {               // 생성자
59        message = string;
60      }
61
62      String getMessage() {               // 출력할 문자열을 반환
63        return message;
64      }
65  }
66
```

```
67        // 메뉴 선택
68        static Menu SelectMenu() {
69          int key;
70          do {
71            for (Menu m: Menu.values())
72              System.out.printf("(%d) %s  ", m.ordinal(), m.getMessage());
73            System.out.print(" : ");
74            key = stdIn.nextInt();
75          } while (key < Menu.ADD.ordinal() || key > Menu.TERMINATE.ordinal());
76
77          return Menu.MenuAt(key);
78        }
79
80        public static void main(String[] args) {
81          Menu menu;                        // 메뉴
82          Data data;                        // 추가용 데이터 참조
83          Data temp = new Data();           // 입력용 데이터
84
85          ChainHash<Integer, Data> hash = new ChainHash<Integer, Data>(13);
86
87          do {
88            switch (menu = SelectMenu()) {
89             case ADD:                      // 추가
90                 data = new Data();
91                 data.scanData("추가", Data.NO | Data.NAME);
92                 hash.add(data.keyCode(), data);
93                 break;
94
95             case REMOVE:                     // 삭제
96                 temp.scanData("삭제", Data.NO);
97                 hash.remove(temp.keyCode());
98                 break;
99
100            case SEARCH:                    // 검색
101                temp.scanData("검색", Data.NO);
102                Data t = hash.search(temp.keyCode());
103                if (t != null)
104                  System.out.println("그 키를 갖는 데이터는 " + t + "입니다.");
105                else
106                  System.out.println("해당 데이터가 없습니다.");
107                break;
```

```
108
109            case DUMP:                              // 출력
110                hash.dump();
111                break;
112        }
113    } while (menu != Menu.TERMINATE);
114    }
115 }
```

☺ 이 프로그램을 컴파일하고 실행하려면 실습 10-1을 컴파일하여 만든 클래스 파일 ChainHash.class가 필요합니다.

여기에 나타낸 실행 결과는 해시값이 같은 회원번호 1번과 14번의 데이터가 연결 리스트에 의해 사슬 모양으로 연결되어 있습니다.

(0) 추가 (1) 삭제 (2) 검색 (3) 출력 (4) 종료: 3

```
00
01  → 14 (황단우) → 1 (이관희)  ········································· 해시값이 같은 데이터가 연결되어 있습니다.
02
03
04
05  → 5 (김지유)
06                            ························································ 해시 테이블의 내용을 출력
07
08
09
10  → 10 (홍원준)
11
12  → 12 (손해루)
```

(0) 추가 (1) 삭제 (2) 검색 (3) 출력 (4) 종료: 1
삭제할 데이터를 입력하세요.
번호: 14 ·· 14를 삭제

(0) 추가 (1) 삭제 (2) 검색 (3) 출력 (4) 종료: 3

```
00
01    → 1 (이관희)
02
03
04
05  → 5 (김지유)
06                            ························································ 해시 테이블의 내용을 출력
07
08
09
10  → 10 (홍원준)
11
12  → 12 (손해루)
```

(0) 추가 (1) 삭제 (2) 검색 (3) 출력 (4) 종료: 4

실습 10-2의 프로그램은 대화형 메뉴를 출력하고 선택하는 일을 수행합니다. 이때 사용하는 것이 열거입니다. 다른 프로그래밍 언어에서는 정수를 확장한 것으로 구현하는 경우가 많은데 자바에서는 열거를 내부적으로 클래스로 구현하므로 매우 강력하고 기능도 다양합니다. 예를 들어 계절을 나타내는 간단한 열거를 살펴봅시다.

```
enum Season {
   SPRING, SUMMER, AUTUMN, WINTER
};
```

이 열거를 컴파일하고 나면 다음과 같이 됩니다(사용자가 이런 코드를 일일이 작성하기에는 너무 번거롭습니다).

```
final class Season extends Enum<Season > {
  public static final Season[] values() {
    return (Season[])$VALUES.clone();
  }
  public static Season valueOf(String s) {
    return (Season)Enum.valueOf(Season, s);
  }
  private Season(String s, int i) {
    super(s, i);
  }
  public static final Season SPRING;
  public static final Season SUMMER;
  public static final Season AUTUMN;
  public static final Season WINTER;
  private static final Season $VALUES [];
  static {
    SPRING = new Season("SPRING", 0);
    SUMMER = new Season("SUMMER", 1);
    AUTUMN = new Season("AUTUMN", 2);
    WINTER = new Season("WINTER", 3);
    $VALUES = (new Season[] {
      SPRING, SUMMER, AUTUMN, WINTER
    });
  }
}
```

열거는 java.lang.Enum 클래스에서 파생한 서브클래스로 컴파일되며, 다음과 같은 특징이 있습니다.

- 각 열거 상수를 나타내는 서수(선언한 순서대로 할당하는 일련번호 0, 1, 2, …)는 ordinal 메서드로 조사합니다.
- 선언한 순서로 모든 열거형 값을 저장한 배열은 values 메서드로 얻을 수 있습니다.
- name 메서드와 toString 메서드 둘 다 name 필드의 값을 반환합니다. 다만 name 메서드는 final 선언이 되어 오버라이드할 수 없는 반면에 toString 메서드는 오버라이드할 수 있다는 점이 다릅니다.

앞의 프로그램 코드에 ordinal, name, toString 메서드가 없는 것은 슈퍼 클래스인 Enum 클래스에 정의된 메서드를 상속하기 때문입니다. 열거는 메서드나 필드를 자유롭게 추가하거나 인터페이스를 구현할 수 있으므로 확장성이 우수합니다.

오픈 주소법

또 다른 해시법인 오픈 주소법(open addressing)은 충돌이 발생했을 때 재해시(rehashing)를 수행하여 비어 있는 버킷을 찾아내는 방법으로, 닫힌 해시법(closed hashing)이라고도 합니다. 요소의 검색, 삽입, 삭제 과정을 그림 10-10을 보면서 자세히 살펴보겠습니다.

◎ 앞에서 소개했던 예와 마찬가지로 해시값은 키값을 13으로 나눈 나머지로 합니다.

요소 삽입

그림 10-10의 **a** 는 새로운 값(18)을 삽입하고자 할 때 충돌이 발생한 경우입니다. 이럴 때 사용하는 방법이 재해시입니다. 재해시할 때 해시 메서드는 자유롭게 결정할 수 있습니다. 여기서는 키값에 1을 더한 값을 13으로 나눈 나머지로 합니다.

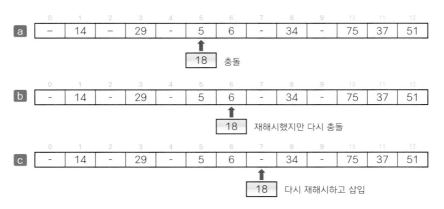

[그림 10-10] 오픈 주소법을 이용한 재해시

이렇게 재해시를 하면 (18 + 1) % 13의 결괏값 6을 얻을 수 있습니다. 그런데 b 처럼 인덱스가 6인 버킷도 데이터가 이미 채워져 있으므로 다시 재해시합니다. 그러면 (19 + 1) % 13의 결괏값 7을 얻을 수 있습니다. 따라서 c 처럼 인덱스가 7인 버킷에 새로운 데이터(18)를 삽입합니다. 이렇게 오픈 주소법은 빈 버킷을 만날 때까지 재해시를 여러 번 반복하므로 선형 탐사법(linear probing)이라고도 합니다.

요소 삭제

이제 c 에서 인덱스가 5인 값을 삭제하는 과정을 살펴보겠습니다. 인덱스가 5인 버킷의 데이터를 비우면 될 것 같지만 실제로는 그렇게 간단하지 않습니다. 인덱스가 5인 버킷을 그냥 비워 두면 해시값이 같은 18을 검색할 때 '해시값이 5인 데이터는 존재하지 않는다'라고 생각하여 검색에 실패하기 때문입니다. 그래서 각 버킷에 다음 속성 중 하나를 부여합니다.

> 1. 데이터 저장
> 2. 비어 있음 속성값(-)
> 3. 삭제 마침 속성값(★)

다음 그림에서는 버킷이 비어 있는 상태를 '-'로, 삭제를 마친 상태를 '★'로 나타냅니다. 5를 삭제할 때 그림 10-11처럼 그 위치의 버킷에 삭제를 마쳤음을 나타내는 속성값으로 '★'을 저장합니다.

[그림 10-11] 오픈 주소법의 삭제 마침 속성값과 비어 있음 속성값 사용

요소 검색

이 상태에서 값 17을 검색해 보겠습니다. 해시값이 4인 버킷을 보면 속성값이 '비어 있음(-)'이므로 검색 실패입니다. 이제 18을 검색하는 경우를 생각해 보겠습니다. 해시값이 5인 버킷을 보면 그 속성은 '삭제 마침(★)'입니다. 그래서 그림 10-12처럼 재해시를 수행하여 6인 버킷을 다시 검색합니다. 여기에는 값 6이 저장되어 있으므로 다시 재해시를 수행하여 7인 버킷을 검색합니다. 검색하는 값 18이 저장되어 있으므로 검색 성공입니다.

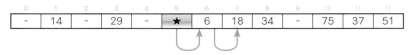

0	1	2	3	4	5	6	7	8	9	10	11	12
-	14	-	29	-	★	6	18	34	-	75	37	51

원하는 값을 찾을 때까지 재해시를 반복합니다.

[그림 10-12] 오픈 주소법 검색

오픈 주소법으로 구현한 클래스 OpenHash⟨K,V⟩를 실습 10-3에 나타냈습니다.

◎ 형 매개변수 K와 V는 체인법 프로그램과 마찬가지입니다.

Do it! 실습 10-3
　　　　　　　　　　　　　　　　　　　　　　　　　• 완성 파일 chap10/OpenHash.java

```
01  // 오픈 주소법에 의한 해시
02
03  public class OpenHash<K,V> {
04
05     // 버킷의 상태
06     enum Status {OCCUPIED, EMPTY, DELETED};      // 상태 열거형(데이터 저장, 비어 있음, 삭제 마침)
07
08     // 버킷
09     static class Bucket<K,V> {
10        private K key;                            // 키값
11        private V data;                           // 데이터
12        private Status stat;                      // 상태
13
14        // 생성자
15        Bucket() {
16           stat = Status.EMPTY;                   // 버킷이 비어 있음
17        }
18
19        // 모든 필드에 값을 설정
20        void set(K key, V data, Status stat) {
21           this.key  = key;                       // 키값
22           this.data = data;                      // 데이터
23           this.stat = stat;                      // 상태
24        }
25
26        // 상태를 설정
27        void setStat(Status stat) {
28           this.stat = stat;
```

```java
29         }
30
31         // 키값을 반환
32         K getKey() {
33             return key;
34         }
35
36         // 데이터를 반환
37         V getValue() {
38             return data;
39         }
40
41         // 키의 해시값을 반환
42         public int hashCode() {
43             return key.hashCode();
44         }
45     }
46
47     private int size;                          // 해시 테이블의 크기
48     private Bucket<K,V>[] table;                // 해시 테이블
49
50     // 생성자
51     public OpenHash(int size) {
52         try {
53             table = new Bucket[size];
54             for (int i = 0; i < size; i++)
55                 table[i] = new Bucket<K,V>();
56             this.size = size;
57         } catch (OutOfMemoryError e) {          // 테이블을 생성할 수 없음
58             this.size = 0;
59         }
60     }
61
62     // 해시값을 구함
63     public int hashValue(Object key) {
64         return key.hashCode() % size;
65     }
66
67     // 재해시값을 구함
68     public int rehashValue(int hash) {
69         return (hash + 1) % size;
```

```
70        }
71
72        // 키값이 key인 버킷을 검색
73        private Bucket<K,V> searchNode(K key) {
74           int hash = hashValue(key);         // 검색할 데이터의 해시값
75           Bucket<K,V> p = table[hash];        // 선택한 버킷
76
77           for (int i = 0; p.stat != Status.EMPTY && i < size; i++) {
78              if (p.stat == Status.OCCUPIED && p.getKey().equals(key))
79                 return p;
80              hash = rehashValue(hash);         // 재해시
81              p = table[hash];
82           }
83           return null;
84        }
85
86        // 키값이 key인 요소를 검색(데이터를 반환)
87        public V search(K key) {
88           Bucket<K,V> p = searchNode(key);
89           if (p != null)
90              return p.getValue();
91           else
92              return null;
93        }
94
95        // 키값이 key이고 데이터가 data인 요소를 추가
96        public int add(K key, V data) {
97           if (search(key) != null)
98              return 1;                         // 이 키값은 이미 등록됨
99
100          int hash = hashValue(key);          // 추가할 데이터의 해시값
101          Bucket<K,V> p = table[hash];        // 선택한 버킷
102          for (int i = 0; i < size; i++) {
103             if (p.stat == Status.EMPTY || p.stat == Status.DELETED) {
104                p.set(key, data, Status.OCCUPIED);
105                return 0;
106             }
107             hash = rehashValue(hash);          // 재해시
108             p = table[hash];
109          }
110          return 2;                            // 해시 테이블이 가득 참
```

```
111        }
112
113      // 키값이 key인 요소를 삭제
114      public int remove(K key) {
115        Bucket<K,V> p = searchNode(key);      // 선택한 버킷
116        if (p == null)
117          return 1;                           // 이 키값은 등록되지 않음
118
119        p.setStat(Status.DELETED);
120        return 0;
121      }
122
123      // 해시 테이블을 덤프
124      public void dump() {
125        for (int i = 0; i < size; i++) {
126          System.out.printf("%02d ", i);
127          switch (table[i].stat) {
128           case OCCUPIED:
129            System.out.printf("%s (%s)\n",
130                          table[i].getKey(), table[i].getValue());
131            break;
132
133           case EMPTY:
134            System.out.println("-- 비어 있음 --"); break;
135
136           case DELETED:
137            System.out.println("-- 삭제 마침 --"); break;
138          }
139        }
140      }
141    }
```

dump 메서드는 해시 테이블의 내용을 통째로 보여 주는 메서드입니다. 버킷 안에 데이터가 등록되어 있으면 키와 값을 표시하고, 그렇지 않으면 '비어 있음'이나 '삭제 마침'을 표시합니다.

실습 10-4는 오픈 주소법을 사용하는 프로그램입니다. 해시에 저장하는 데이터의 클래스인 Data 자료형은 실습 10-2의 체인법과 같습니다.

☺ 이 프로그램을 컴파일하고 실행하려면 실습 10-3을 컴파일하여 만든 클래스 파일 OpenHash.class가 필요합니다.

Do it! 실습 10-4

필요: OpenHash

```java
01   // 오픈 주소법에 의한 해시 사용의 예
02
03   import java.util.Scanner;
04
05   public class OpenHashTester {
06
07     static Scanner stdIn = new Scanner(System.in);
08
09     // 데이터(회원번호 + 이름)
10     static class Data {
11       static final int NO   = 1;     // 번호 입력받기
12       static final int NAME = 2;     // 이름 입력받기
13
14       private Integer no;            // 회원번호(키값)
15       private String  name;          // 이름
16
17       // 키값
18       Integer keyCode() {
19         return no;
20       }
21
22       // 문자열 출력을 반환
23       public String toString() {
24         return name;
25       }
26
27       // 데이터를 입력
28       void scanData(String guide, int sw) {
29         System.out.println(guide + "할 데이터를 입력하세요.");
30
31         if ((sw & NO) == NO) {
32           System.out.print("번호: ");
33           no = stdIn.nextInt();
34         }
35         if ((sw & NAME) == NAME) {
36           System.out.print("이름: ");
37           name = stdIn.next();
38         }
39       }
```

```
40      }
41
42      // 메뉴 열거형
43      enum Menu {
44          ADD(       "추가"),
45          REMOVE(    "삭제"),
46          SEARCH(    "검색"),
47          DUMP(      "출력"),
48          TERMINATE("종료");
49
50          private final String message;       // 출력할 문자열
51
52          static Menu MenuAt(int idx) {        // 순서가 idx인 열거를 반환
53              for (Menu m: Menu.values())
54                  if (m.ordinal() == idx)
55                      return m;
56              return null;
57          }
58
59          Menu(String string) {                // 생성자
60              message = string;
61          }
62
63          String getMessage() {                // 출력할 문자열을 반환
64              return message;
65          }
66      }
67
68      // 메뉴 선택
69      static Menu SelectMenu() {
70          int key;
71          do {
72              for (Menu m: Menu.values())
73                  System.out.printf("(%d) %s  ", m.ordinal(), m.getMessage());
74              System.out.print(" : ");
75              key = stdIn.nextInt();
76          } while (key < Menu.ADD.ordinal() || key > Menu.TERMINATE.ordinal());
77
78          return Menu.MenuAt(key);
79      }
80
```

```
81    public static void main(String[] args) {
82      Menu menu;                              // 메뉴
83      Data data;                              // 추가용 데이터 참조
84      Data temp = new Data();                 // 입력용 데이터
85
86      OpenHash<Integer, Data> hash = new OpenHash<Integer, Data>(13);
87
88      do {
89        switch (menu = SelectMenu()) {
90         case ADD:                            // 추가
91           data = new Data();
92           data.scanData("추가", Data.NO | Data.NAME);
93           int k = hash.add(data.keyCode(), data);
94           switch (k) {
95            case 1: System.out.println("그 키값은 이미 등록되어 있습니다.");
96                    break;
97            case 2: System.out.println("해시 테이블이 가득 찼습니다.");
98                    break;
99           }
100          break;
101
102        case REMOVE:                          // 삭제
103          temp.scanData("삭제", Data.NO);
104          hash.remove(temp.keyCode());
105          break;
106
107        case SEARCH:                          // 검색
108          temp.scanData("검색", Data.NO);
109          Data t = hash.search(temp.keyCode());
110          if (t != null)
111            System.out.println("그 키를 갖는 데이터는 " + t + "입니다.");
112          else
113            System.out.println("그 데이터가 없습니다.");
114          break;
115
116        case DUMP:                            // 출력
117          hash.dump();
118          break;
119        }
120      } while (menu != Menu.TERMINATE);
121   }
122 }
```

실습 10-4는 실습 10-2에 있는 체인법의 실행 결과와 같은 방법으로 데이터를 추가, 검색, 삭제합니다.

체인법의 실행 결과 살펴보기

해시값(1)이 같은 두 데이터 {1 이관희}와 {14 황단우}를 연결하는 연결 리스트가 '버킷 1'에 연결되어 있습니다.

실행 결과

(0) 추가 (1) 삭제 (2) 검색 (3) 출력 (4) 종료: 3
```
    00
    01 → 14 (황단우) → 1 (이관희)              ⋯⋯⋯⋯⋯⋯⋯⋯⋯ 해시값이 같은 데이터가 연결되어 있습니다.
    02
    03
    04
    05 → 5 (김지유)
    06                    ⋯⋯⋯⋯⋯⋯⋯⋯⋯⋯⋯⋯⋯⋯⋯⋯⋯⋯⋯⋯⋯⋯⋯⋯ 해시 테이블의 내용을 출력
    07
    08
    09
    10 → 10 (홍원준)
    11
    12 → 12 (손해루)
```

(0) 추가 (1) 삭제 (2) 검색 (3) 출력 (4) 종료: 1
삭제할 데이터를 입력하세요.
번호: 14   ⋯⋯⋯⋯⋯⋯⋯⋯⋯⋯⋯⋯⋯⋯⋯⋯⋯⋯⋯⋯⋯⋯⋯⋯⋯⋯⋯⋯⋯⋯ 14를 삭제

(0) 추가 (1) 삭제 (2) 검색 (3) 출력 (4) 종료: 3
```
    00
    01 → 1 (이관희)
    02
    03
    04
    05 → 5 (김지유)
    06                    ⋯⋯⋯⋯⋯⋯⋯⋯⋯⋯⋯⋯⋯⋯⋯⋯⋯⋯⋯⋯⋯⋯⋯⋯ 해시 테이블의 내용을 출력
    07
    08
    09
    10 → 10 (홍원준)
    11
    12 → 12 (손해루)
```
(0) 추가 (1) 삭제 (2) 검색 (3) 출력 (4) 종료: 4

ⓒ 실행 결과는 체인법(실습 10-2) 실행 결과의 뒷부분에 해당되는 내용입니다.

오픈 주소법의 실행 결과

나중에 추가한 {14 황단우}는 재해시한 결과 '버킷 2'에 등록되어 있습니다. 또한 이 데이터를 삭제한 후에는 '버킷 2'에 '삭제 마침' 상태로 들어 있습니다.

실행 결과

(0) 추가 (1) 삭제 (2) 검색 (3) 출력 (4) 종료: 0
추가할 데이터를 입력하세요.
번호: 1 .... {1 이관희}를 추가
이름: 이관희

(0) 추가 (1) 삭제 (2) 검색 (3) 출력 (4) 종료: 0
추가할 데이터를 입력하세요.
번호: 5 .... {5 김지유}를 추가
이름: 김지유

(0) 추가 (1) 삭제 (2) 검색 (3) 출력 (4) 종료: 0
추가할 데이터를 입력하세요.
번호: 10 .... {10 홍원준}을 추가
이름: 홍원준

(0) 추가 (1) 삭제 (2) 검색 (3) 출력 (4) 종료: 0
추가할 데이터를 입력하세요.
번호: 12 .... {12 손해루}를 추가
이름: 손해루

(0) 추가 (1) 삭제 (2) 검색 (3) 출력 (4) 종료: 0
추가할 데이터를 입력하세요.
번호: 14 .... {14 황단우}를 추가
이름: 황단우

(0) 추가 (1) 삭제 (2) 검색 (3) 출력 (4) 종료: 2
검색할 데이터를 입력하세요.
번호: 5 .... 5를 검색
그 키를 갖는 데이터는 김지유입니다.

(0) 추가 (1) 삭제 (2) 검색 (3) 출력 (4) 종료: 3

    00 -- 비어 있음 --
    01 1 (이관희)
    02 14 (황단우)
    03 -- 비어 있음 --
    04 -- 비어 있음 --
    05 5 (김지유) .... 해시 테이블의 내용을 출력
    06 -- 비어 있음 --
    07 -- 비어 있음 --
    08 -- 비어 있음 --
    09 -- 비어 있음 --

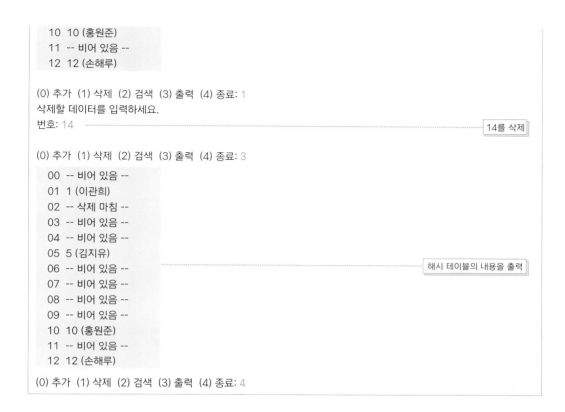

```
    10  10 (홍원준)
    11  -- 비어 있음 --
    12  12 (손해루)


(0) 추가  (1) 삭제  (2) 검색  (3) 출력  (4) 종료: 1
삭제할 데이터를 입력하세요.
번호: 14 ··········································································· 14를 삭제


(0) 추가  (1) 삭제  (2) 검색  (3) 출력  (4) 종료: 3
    00  -- 비어 있음 --
    01  1 (이관희)
    02  -- 삭제 마침 --
    03  -- 비어 있음 --
    04  -- 비어 있음 --
    05  5 (김지유)
    06  -- 비어 있음 -- ················································· 해시 테이블의 내용을 출력
    07  -- 비어 있음 --
    08  -- 비어 있음 --
    09  -- 비어 있음 --
    10  10 (홍원준)
    11  -- 비어 있음 --
    12  12 (손해루)
(0) 추가  (1) 삭제  (2) 검색  (3) 출력  (4) 종료: 4
```

연습문제 **Q1** 실습 10-2와 실습 10-4 프로그램은 회원번호를 키값으로 합니다. 이름을 키값으로 하는 프로그램을 작성하세요.

기초
단계

점프, 투 파이썬
박응용 | 432쪽

C 언어 입문
김성엽 | 576쪽

자바 완전 정복
김동형 | 856쪽

자료구조와 함께 배우는 알고리즘 입문 파이썬 편
시바타 보요 저, 강민 역 | 408쪽

자료구조와 함께 배우는 알고리즘 입문 C 언어 편
시바타 보요 저, 강민 역 | 452쪽

자료구조와 함께 배우는 알고리즘 입문 자바 편
시바타 보요 저, 강민 역 | 424쪽

응용
단계

파이썬 생활 프로그래밍
김창현 | 384쪽

깡샘의 안드로이드 앱 프로그래밍 with 코틀린
강성윤 | 720쪽

알고리즘 코딩 테스트
김종관 | 564쪽

나는 어떤
코스가
적합할까?

A 파이썬 개발자가 되고 싶은 사람

- Do it! 점프 투 파이썬
- Do it! 점프 투 파이썬 — 라이브러리 예제 편
- Do it! 파이썬 생활 프로그래밍 with 챗GPT
- Do it! 점프 투 장고
- Do it! 장고+부트스트랩 파이썬 웹 개발의 정석
- Do it! 점프 투 파이썬 — 라이브러리 예제 편
- Do it! 챗GPT+파이썬으로 AI 직원 만들기

B 자바·코틀린 개발자가 되고 싶은 사람

- Do it! 점프 투 자바
- Do it! 자바 완전 정복
- Do it! 자바 프로그래밍 입문
- Do it! 코틀린 프로그래밍
- Do it! 안드로이드 앱 프로그래밍
- Do it! 깡샘의 안드로이드 앱 프로그래밍 with 코틀린

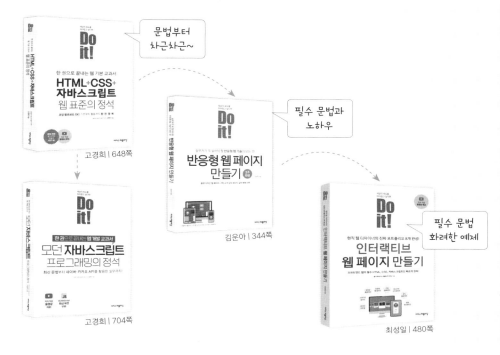

기초
단계

자바 완전 정복
김동형 | 856쪽

코틀린 프로그래밍
황영덕 | 680쪽

스위프트로 아이폰 앱 만들기 입문
송호정, 이범근 | 696쪽

안드로이드 앱 프로그래밍
정재곤 | 800쪽

깡샘의 안드로이드 앱 프로그래밍 with 코틀린
강성윤 | 720쪽

깡샘의 플러터&다트 프로그래밍
강성윤 | 712쪽

응용
단계

플러터 앱 프로그래밍
조준수 | 500쪽

리액트 네이티브 앱 프로그래밍
전예홍 | 856쪽

프로그레시브 웹앱 만들기
김응석 | 576쪽

나는 어떤
코스가
적합할까?

A 빠르게 앱을 만들고 싶은 사람

- Do it! 안드로이드 앱 프로그래밍
- Do it! 깡샘의 안드로이드 앱
  프로그래밍 with 코틀린
- Do it! 스위프트로 아이폰 앱 만들기 입문
- Do it! 플러터 앱 프로그래밍

B 앱 개발 실력을 더 키우고 싶은 사람

- Do it! 자바 완전 정복
- Do it! 코틀린 프로그래밍
- Do it! 리액트 네이티브 앱 프로그래밍
- Do it! 프로그레시브 웹앱 만들기
- Do it! 깡샘의 플러터&다트 프로그래밍